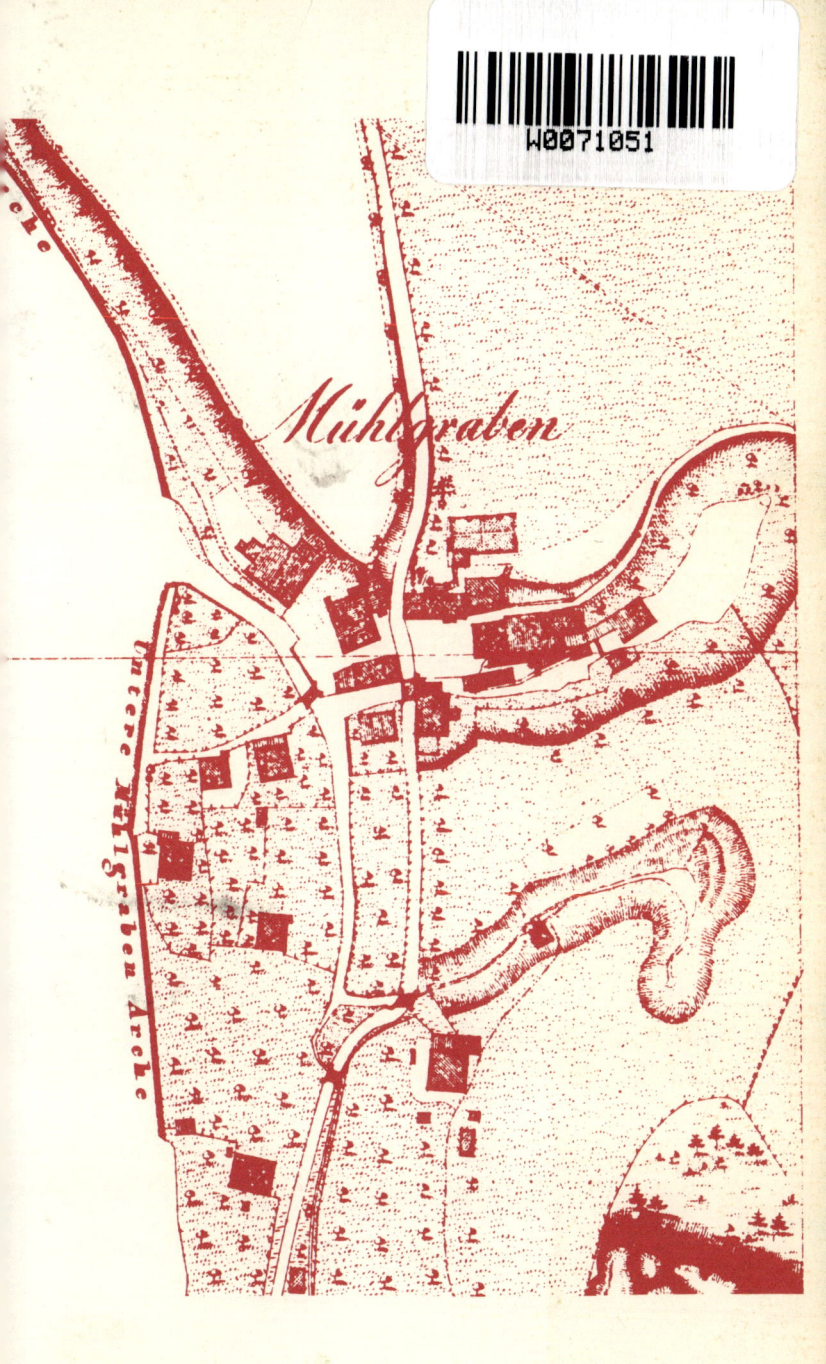

Im Jahre 1671 wurde Johann Rieder dieses Wappen verliehen

Carl Oskar Renner

Der Hof- und Leibschiffmeister Johann Rieder

Historischer Roman
aus der Zeit Max Emanuels

 Rosenheimer

© 1974 Rosenheimer Verlagshaus Alfred Förg, Rosenheim · Druck: Buchdruckerei Georg Wagner, Nördlingen · Bindung: Verlagsbuchbinderei Hans Klotz, Augsburg · Schutzumschlag: Ulrich Eichberger, München.

Das Umschlagbild zeigt ein Ölgemälde von Friedrich Gauermann »Schiffzug auf der Donau«, 1848, aus dem Historischen Museum der Stadt Wien · Das vordere Vorsatzpapier ist ein Ausschnitt aus einer alten Flußkarte mit dem Geburtsort Johann Rieders, Mühlgraben bei Erl (Wasser- und Schiffahrtkundliche Sammlung, Rosenheim) · Das hintere Vorsatzpapier stellt die Belagerung von Ofen im Jahre 1686 dar (Radierung von Joh. M. Lerch, Heeresgeschichtliches Museum, Wien).

ISBN 3-475-52097-4

Kapitelverzeichnis

Die Prunkfahrt

An der Innlände zu Kufstein standen zahlreiche Neugierige, die in der vorderen Reihe hoch zu Roß, lauter Freiherren und Grafen, die in der zweiten Reihe ehrsame Handwerker im Sonntagsstaat. Alle warteten auf die achtunddreißig bayerischen Prunkschiffe, die in den nächsten Minuten von Innsbruck hereinkommen und hier anländen mußten; alle schauten bald den Fluß hinauf, bald wieder auf den Mösner, den Schiffmeister von Wasserburg, der am Ufer auf und ab stolzierte wie ein zorniger Truthahn. Auf seinem hohen Zylinderhut wippte der Spielhahnstoß bei jedem Schritt, und das weißblaue Seidentuch, das ihm den respektablen Kropf bedeckte, flatterte im Aufwind.

Ein zusammengerackerter Bauer, der mit zwei braunen Berggeißen hinter all den Leuten vorbeiging, fragte einen Handwerksmann: »Gibt's leicht was z'sehn?«

»Freilich!« antwortete der. »Eine neue Kurfürstin kriegen s', die Bayern; ganz was Jung's.«

»Kriegen s' die aus dem Tirol?« fragte der wieder.

»Depp damischer! S' ist 'ne Welsche!«

Der Bauer fühlte sich hinreichend informiert und zog mit seinen Geißen weiter. –

Da blies ein Türmer von der Veste Geroldseck herüber; er hatte den nahenden Schiffzug ausgemacht.

Alles geriet in Bewegung. Selbst der Herr Dekan, der im Rauchmantel mitten unter den adligen Herren stand – flankiert von sechzehn Ministranten –, begann mit nervöser Hand an der Nase zu wischen und dabei tief zu schnaufen, während der Weihrauch, den der Mesner üppig ins Rauchfaß warf, den näherstehenden Rössern unbehaglich in den Nüstern kitzelte, so daß diese ebenfalls schnauften.

Der Ländhüter schleppte mit zwei Knechten eine dicke Rolle Seile zu den baumstarken Heftstecken her, denn man wußte ja nicht, ob dem Nauförgen die Anländung des großen Prunk-schiffes einwandfrei gelingen würde; der alte Breitwieser hatte zwar Erfahrung auf dem Wasser, aber auch einen unbandigen Durst in der Kehle, namentlich an einem so heißen und schwülen Tage. Da war es ihm dann Wurscht, wen er im Schiff hatte, wenn nur ein ausgewachsener Bierbanzen neben ihm stand. Und da pflegten sich halt die Heftstecken vor seinen Augen zu vervielfältigen.

Jetzt trieb das erste Schiff heran. Es war eine Zille, vierzehn Klafter lang, siebenundzwanzig Fuß breit und fünf Fuß tief, so wie sie in der Rosenheimer Gegend seit eh und je gebaut wurden. Nur den Aufbau, nämlich das Häuserl mit den zwei Zimmern und dem Gang dazwischen, darüber der Dachgarten mit dem Geländer herum, diesen Aufbau hatten sie in Inns-bruck droben gemacht; die Kraxentrager verstanden sich eben viel besser auf welsches Geziered.

Vorn am Gransl, hoch auf dem Gerüst, stand er, der Thomas Breitwieser, groß und breit wie ein Riese, und regierte das vier Klafter lange Ruder. Beidseits der Granslspitze wehten die Fähnlein von Bayern und Savoyen, weiß-blau und weiß-rot; hinten aber, auf der Stoir, saß übermannshoch der bayerische Löwe, ein herrliches Schnitzwerk aus Eichenholz.

Der Breitwieser drehte das mächtige Schiff bei; es knarzte, als es vor den Heftstecken leicht auf Sand lief. Und dann stand es. Bald legten auch die anderen an und wurden mit Seilen verheftet; es waren ebenfalls Zillen mit Aufbauten, nur nicht ganz so groß wie die erste.

Auf dieser ersten traten jetzt der bayerische Minister Graf Kurz und die Gräfin Wolkenstein hervor und winkten hinüber zu den adligen Herren auf den Rössern, bedeuteten auch zugleich dem Ländhüter, wo er das Treppengestell zum Aus-steigen anlegen solle. Als dies geschehen war, wandte sich die Gräfin wieder zurück und erschien alsbald mit der künftigen Herrin von Bayern, der Prinzessin Henriette Adelaide von Savoyen.

Alles, was da stand, hielt für etliche Augenblicke den Atem an: Welch ein schönes Menschenkind!

Die dunkelhaarige Prinzessin, in weißem Kleid und rotem Mantel, sah die Leute und lächelte; und dann winkte auch sie. Da war es, als bräche in den Herzen dieser bayerischen Herren und Schiffknechte, dieser Bürger, Bauern und Bettler ein Stauwehr zusammen: Sie begannen zu brüllen; und manche brüllten so, daß ihnen gleichzeitig die Tränen über die Backen rannen. Das war kein Gebrüll in Worten, die man hätte verstehen können, das waren Urlaute, die aus jenen Tiefen des Herzens quellen, in denen die Begeisterung noch keinen Namen hat. Da mußte auch die kleine sechzehnjährige Savoyerin weinen.

Der Herr Dekan fing sich zuerst. Er trat mit seinen Ministranten bis zum Fuß des Treppengestells hin, und während Henriette Adelaide oben auf der ersten Stufe stand, sprach er:

»Kurfürstliche Durchlaucht, Hohe Frau! Diesen 16. Juli im Jahre des Herrn 1652 wolle der liebe Herrgott dem Land und Volk der Bayern segnen, führt er uns doch die Fürstin herein. Und was für eine Fürstin . . .«

Bei diesem Wort des geistlichen Herrn erhob sich das Gebrüll abermals, so daß er für recht hielt, den Rest seiner Rede zu verschweigen und den Weg freizumachen für die Kavaliere, die sich an das Treppengestell herandrängten, ihnen voran der Oberhofmeister Baron von Metternich.

Habt recht, ihr jungen Herren! Nehmt sie und geleitet sie hinüber auf die Veste und erweist ihr dort eure Reverenz! Auch du, Ferdinand Maria, angehender Kurfürst von Bayern, der du ihr bereits seit zwei Jahren per procuram angetraut bist, geh ruhig mit hinüber! Sie wird dich, den Gleichaltrigen, sowieso nicht erkennen, wenn du wie die anderen deinen Knicks vor ihr machst, um den Saum ihres savoyen-roten Mantels zu küssen. Das wird dich zwar ärgern, nützt aber nichts: Dein Vater Maximilian, der alte Haudegen, und deine Mutter, die Habsburgerin, haben dir leider nichts Ausgeprägtes ins Kindbett eingebunden – es sei denn die hängende Schulter und den hängenden Kopf und den schüchternen Blick –, doch damit wirst du nicht viel Staat machen, und auffallen wirst du ihr schon gar nicht. Aber du hast einen Brief aus Turin, von ihrer herzoglichen Mutter; den kannst du ihr dann in einem Zimmer übergeben, wo ihr nur zu zweit seid. Da wird sie dann im zarten Gesichtchen rot anlaufen, savoyenrot; du aber wirst ihr – wie es die Wolkenstein, die hinter der Tapete lauscht, am Abend ins Tagebuch eintragen wird – den »allerkeuschesten Kuß« geben.

Während sich das auf der gewaltigen Veste Geroldseck begab, wohin sich das Schiffsgefolge der dreihundertsechzig Personen mitsamt den berittenen Kavalieren zurückzog, trug sich an der Innlände auch einiges zu.

Da war doch der Breitwieser glatt über das Treppengestell gestürzt und hatte sich dabei das linke Schultergelenk ausgerenkt. Jetzt lag er da und fluchte gottslästerlich, und der Mösner, der Wasserburger Schiffmeister, stand daneben und nannte ihn ein über das andere Mal ein »b'soffenes Schwein«. Das wurde dem Breitwieser schließlich zu dumm. Er stand auf und gab seinem Herrn mit der gesunden Rechten einen Schlag vor die Brust, daß er in den Kies taumelte. Wirklich, es war kein heldisches Bild, wie der Wasserburger Meister dalag! Der Zylinderhut hatte sich selbständig gemacht, war dahingerollt und schwebte auf den Wellen des Flusses tänzelnd davon. Die Uhrkette aber, die sich in einem harmonischen Bogen über den stattlichen Bauch des Schiffmeisters geschwungen hatte, war zerrissen, und ein paar schwere Silbermünzen davon lagen herum.

Der Breitwieser stand da wie ein gereizter Stier. Er wartete, daß der andere aufstehen würde, um ihn noch einmal anzufallen. Der jedoch ahnte das und stand nicht auf. Nach einer längeren Weile spuckte dann der Breitwieser etliche Male kräftig um sich, murmelte ein paar Flüche und torkelte zu seinem Schiff. Der Aufstieg über das Treppengestell gelang ihm nicht; so setzte er sich davor hin. Obwohl ihm das Schultergelenk sicherlich wehtat, schlief er bald ein und schnarchte laut aus dem aufgesperrten, zahnlosen Mund.

Inzwischen waren auch einige Schiffknechte ihrem Meister beigesprungen und hatten ihm aufgeholfen. Man sah seinem verzerrten Gesicht an, wie bitter die erlittene Schmach ihn ankam. Um so mehr bemühten sich jetzt die jungen Männer um ihn und putzten ihm das festliche Gewand ab, klaubten auch die Münzen der Uhrkette vom Kies auf. Er war aber sehr beherrscht, der Mösner, und hatte sich bald wieder ganz in der Hand. Er winkte einem seiner Knechte, dem Cronperger aus Rosenheim, und sagte ihm, er solle das kleinste Rennschiff nehmen und so schnell wie möglich den jungen Rieder aus dem Erler Mühlgraben heraufkommen lassen.

»Und sag ihm, er soll ein Roß nehmen, ein leichtes! Wann du aber meinen Hut siehst, nacher bringst'n mit!«

Es dauerte nicht lange, da war der Cronperger Georg unter der Kufsteiner Brücke durch, und dahin ging's.

In der Kiefer stand viel Volk am Ufer. Die Männer riefen ihm zu, wie lange es noch dauere. Er schrie zurück: »Noch zwei bis drei Stund!« – und weg war er.

Unterhalb der Auerburg hatten sie sich auch schon zusammengetan, die Audorfer und die Sensenschmiede aus Mühlbach. Sie riefen herüber, und er schrie hinüber – und schon war er hinter den Weidenbüschen verschwunden.

Als der Cronperger das Schloß Urfahrn hinter den dichten Kastanienbäumen herauslugen sah und hörte, wie der alte Rubatscher auf seiner Fähre die traurigen Lieder sang, die er aus der rätischen Heimat mitgebracht hatte, da wußte er, daß er bald am Ziel war. Er steuerte gegen das rechte Ufer hin und ländete bei der Hopfenscheune an. Der dicke Rieder, der Bierbräu, sah das freilich nicht gern, denn durch das Anländen wurden die Archenbauten zerstört; diese Archenbauten mußte er alljährlich neu errichten lassen, weil ihm sonst der gefräßige Inn das Land Stück um Stück weggerissen und die Hopfenscheune schließlich mitgenommen hätte. Verständlich, daß der Alte hier kein Anländen duldete.

»Hö, Rieder-Vater! Der Mösner schickt mich, der Schiffmeister.«

Da zog sich dem Dickwanst, der oben auf dem Kapellenberg stand, das feiste Gesicht auseinander: »Was sagst? Der Mösner Hans, der Hallodri? Birnbam, Hollerstaud'n und alle neun Teufel! Wann der dich schickt, nacher brennt's! Wo brennt's denn?«

11

»Euern Buam, den Hans, hätt er gern mögen, drin z'
Kufstein, und er möcht mit 'm leichten Roß kommen!«

»Dös auch noch!«

»Und gleich möcht er kommen!«

»Aber fliegen muß er nit!«

»Naa, fliegen net, – reiten!«

Der alte Rieder murmelte noch ein paar Herrgott-Sakra-Flü-
che vor sich hin, stieg vom Kapellenberg herunter und wandte
sich zum Bräuhaus hinüber, wo sein Sohn bei den Sudpfannen
stand. Sie wechselten ein paar Worte miteinander, und fünf
Minuten später sah man den Rieder Hans auf leichtem Gaul
davonjagen.

Sie lebten in keinem guten Einverständnis, der junge und der
alte Rieder, und zwar erst seit ein paar Monaten, seitdem
nämlich die Mutter gestorben war. Die Maria, eine kluge Frau,
eine Schwäbin aus Kempten, hatte es verstanden, die Reibe-
reien zwischen den beiden Männern immer wieder auszuglei-
chen. Jetzt aber, wo diese besänftigende Hand fehlte, prallten
die Hitzköpfe fast täglich aufeinander. Und der Alte hätte den
Jungen am liebsten außer Haus gesehen, wenn er ihn nicht zur
Arbeit so bitter nötig gehabt hätte. Das wußte der Junge genau
und nahm sich deshalb manchmal mehr Kraut heraus, als auf
seinem Teller Platz hatte. Außerdem wußte er oft nicht, wohin
mit seinen Kräften. Er war jetzt achtzehn, einen Klafter lang,
und hatte Hände wie Bärentatzen. Wenn er mit den gewaltigen
hölzernen Rührlöffeln durch die Sudpfannen fuhr und wenn
der Bierdampf um ihn herumbraute, sah er aus wie ein Riese,
der durch die Wolken rudert. Fast hätte man ihn fürchten
können. Und der Alte fürchtete ihn auch.

Der alte und der junge Rieder

Warm fielen die Strahlen der Junisonne auf die Festung, als
jetzt der Baron von Metternich sein Gästeheer durch den
Felsengang wieder hinabgeleitete zu den vielen Schiffen am

Innufer. Die Herrschaften hatten sich ein paar Stunden lang erholt, – wovon erholt, wußte niemand.

Dann stiegen sie ein, der Reihe nach, besser gesagt, nach dem Gewicht ihrer Würde:

In das große kurfürstliche Leibschiff die Prinzessin mit der Gräfin Wolkenstein; ins nächste ihre beiden Obristhofmeisterinnen, Fräulein de la Perouse und Fräulein Spaur, die einem tyrolischen Grafengeschlecht entstammte. Das dritte Schiff bewohnte Seine Exzellenz Philipp Kurz, Graf von Senftenau und Toblach, der alte Geheime Ratspräsident, den schon Kurfürst Maximilian groß gemacht hatte. Ins vierte Schiff stieg der Chevalier Louis de la Perouse, der zur angestammten Begleitung der Prinzessin gehörte, ebenso wie die beiden Theatinerpatres Pesse und Spinelli – letzterer aus Roveredo –, die als Hochdero gnädigsten Prinzessin Beichtväter im nächsten Schiff hausten. Dann das Schiff der sieben bayerischen »cavallieri«, der Grafen Rechberg, Pienzenau, Seiboltsdorf und Törring, sowie der Freiherren von Haslang, Preißing und Taufkirchen. Sie waren prächtig anzuschauen in ihren schwarzen Baretten, auf denen blaue und weiße Federn wippten. Gleich hinter ihrem Schiff folgten vier Damenschiffe mit drei italienischen Damen, drei französischen, vier bayerischen und noch einmal drei bayerischen. In einem größeren Schiff fuhren die Kammerfrau und die Kammerdienerinnen. Und dann folgten die anderen Schiffe mit der Mundküche, mit dem Oberkuchelmeister, mit dem Silberkämmerer, mit dem Tafeldecker; ein Schiff auch für den Leibarzt, eins für die Apotheke, eins für den Sekretär, zwei Offizierschiffe; ein Zöhrgadenschiff, ein großes und ein kleines für die Keller, eins für die Trabanten, eins für die Leibwäscherinnen; nicht zu vergessen das Schiff für den Sesselträger und die Sessel, das für die Garderobe der Prinzessin und auch noch eines für das Gepäck der Edeldamen; auf zwei kleineren Zillen befanden sich noch die Musikanten der Prinzessin, und auf einer dritten der Kammerzwerg und der »Kammerlappen«, was soviel heißt wie Hofnarr. Dann waren noch Roßplätten da, ebenso ein Haferschiff und eins für das Futteramt. Die insgesamt achtunddreißig höfischen Schiffe hatte der Wasserburger

Schiffmeister Mösner mit hundertsechsundfünfzig Leuten ausgerüstet.

Die Fahrt von Innsbruck her war wunderbar verlaufen, denn wegen des hohen Wasserstandes hatten die Schiffe einen »starken Gang« gehabt. Und ausgerechnet jetzt, kurz bevor man in Wasserburg endgültig anländen wollte, mußte die Dummheit mit dem Breitwieser geschehen!

Doch die Not war gebannt: Der Nachfolger des versoffenen alten Nauförgen stand bereits hoch auf dem Gerüst hinter dem Gransl des Leibschiffes, das mächtige Ruder in den festen Händen, und wartete, bis der Meister das Zeichen zum Lösen der Seile von den Heftstecken geben würde.

Jetzt gab er das Zeichen mit der erhobenen Hand – und der Ländhüter heftete ab.

Der Rieder Hans nickte dem Stoirer zu, das ist der, welcher das rückwärtige Ruder führt. Der ließ seine Stoirseite langsam ins Gerinne gleiten, so daß das herrliche Schiff im Kies knirschte und dann wegtrieb. Und während der Rieder nun auch mit seinem Ruder stark nach links ausschlug, furchte sich die Granslseite in einem weiten Bogen ebenfalls ins Gerinne. Der Schiffmeister Hans Mösner hatte vom Ufer aus erwartungsvoll zugeschaut. Jetzt überzog ein Grinsen der Zufriedenheit sein Gesicht, und mit einem Handgruß winkte er dem davonfahrenden Rieder zu.

Der junge Mann schluckte die Anerkennung des Meisters hinunter wie einen guten Tropfen Wein, denn es war schon eine Ehre für ihn, anstelle des flußerfahrenen Thomas Breitwieser das Prunkschiff mit der künftigen Kurfürstin von Bayern zu steuern.

Sie war ohne Zweifel ein hübsches Ding, die Kleine! Jetzt stand sie hinter ihm am Geländer des Dachgartens und schaute hinüber aufs Kaisergebirge.

Ob sie vielleicht Heimweh hat? Ihre schwarzen Kirschaugen sind ein bißchen verhangen, so wie wenn ein Morgentau über sie gekommen wär, ein sehr frischer, der erst nach etlichen Stunden weicht. Verstehen könnt man's! Sie kommt von jenseits der Alpen, von Turin. Dort ist doch alles anders, wie die

Weinhändler erzählen: Ein anderer Himmel und andere Häuser und ein anderes Wasser; und die Mädchen dort lachen auch ganz anders als hierzulande; viel lustiger und mit viel mehr Gesang in der Stimme . . . Ja, ja, kleine Kurfürstin, in Bayern, da lacht man anders und vor allem weniger! Die Bayern haben nämlich nichts zu lachen. Sie sind in dem dreißigjährigen Krieg arg zerzaust worden, und der alte Kurfürst Maximilian, der voriges Jahr gestorben ist, hat seine Untertanen die Härte seiner achtundsiebzig Lebensjahre fühlen lassen, freilich nur zu ihrem Nutzen; denn jetzt ist Bayern ein reiches und gesundes Land. Und das kaum vier Jahre nach dem schrecklichen Kriege! Nun, vielleicht lernen sie 's Lachen wieder, die Bayern, wenn du, kleine Savoyerin, ihre Herrin sein wirst!

So dachte der Rieder Hans über Henriette Adelaide.

Sie aber, die ihn vor sich auf dem Gerüst das große Ruder meistern sah, dachte auch nach – über ihn.

Was sind das doch für Männer! dachte sie. Herrlich gewachsen wie Bäume in der Orangerie. Dieser Jüngling steht da wie der Charon in Dantes Göttlicher Komödie. In seinen hohen Lederstiefeln und unter dem gestickten Gürtel sieht man förmlich die gebändigte Kraft, und wenn er – wie jetzt -- die Jacke abstreift und die Hemdärmel hochkrempelt, gewahrt man auf den braunen Armen das Spiel eiserner Muskeln und Sehnen. Wehe oder wohl dem, den solche Arme umschlingen!

Als die Prinzessin sich bei diesem Gedanken ertappte, erweckte sie sofort Reue und Leid und gelobte sich, noch vor Nacht dem Pater Pesse die Sünde der begonnenen Unkeuschheit zu beichten.

Gleichwohl wandte sie sich dann an die Wolkenstein, die devot einige Schritte hinter ihr stand, und fragte sie, ob es das bayerische Hofzeremoniell erlaube, mit diesem Schiffmann zu reden. Die würdige Gräfin erklärte mit ihrer spitzen Stimme, daß einem solchen Gespräch nichts im Wege stünde, solange die Frau Kurfürstin-Mutter nicht da sei. Die, eine Habsburgerin, sei nämlich nach spanischem Hofzeremoniell erzogen worden und fände ein solches Gespräch sicherlich verwerflich.

»Bon!« sagte Henriette. »Dann will ich mit ihm reden!«

»Halten zu Gnaden, Euer Durchlaucht, aber der Mann spricht sicher nicht französisch!«

»Dann werdet Ihr übersetzen, Gräfin!«

»Außerdem muß er das Schiff regieren, wenn anders wir nicht in Gefahr kommen sollen!«

»Wann ist die Fahrt für diesen Tag zu Ende?«

»Wir werden zur Nacht in Rosenheim zuländen, nach etwa drei Stunden, werden aber die Schiffe nicht verlassen, Durchlaucht!«

»Er darf doch das Schiff auch nicht verlassen?«

»Er darf nicht!«

»Bon, dann werden wir vor Nacht mit ihm ein Glas Wein trinken!«

»Mon dieu, Durchlaucht! Wenn das Hochdero Frau Schwiegermama erfährt! Sie wird mich vom Hofe jagen!«

»Dann hole ich Euch nach zwei Jahren wieder zurück; dann bin nämlich ich die Kurfürstin!«

Henriette Adelaide wandte sich energisch ab.

Während die Gräfin Wolkenstein, seelisch die Hände ringend, hinter der selbstbewußten Prinzessin weiter verharrte, näherte sich der Schiffzug dem Dörfchen Kiefersfelden. Hier bot sich ihnen ein Schauspiel dar. Denn wie alle Jahre hatten die Kieferer Schmiede auch in diesem wieder ihre »Passion« gespielt. Und weil sie es durchaus verstehen konnten, daß die künftige Kurfürstin nie in ihre Theaterhütte kommen würde, so waren die Spieler in vollem Ornat herausgezogen ans Innufer, hatten sich zu einem malerischen lebenden Bild aufgestellt und wollten so die neue Herrin begrüßen.

Hätten sie gewußt, wie empfänglich und begeistert die Prinzessin gerade für diese Kunstart war, wer weiß, ob die hohe Frau einer Einladung nicht stattgegeben hätte. Sie stand da und staunte. Sie hörte nicht die Freudenrufe der übrigen Dörfler, sie winkte ihnen auch bloß routinemäßig zu; ihr Herz schlug allein für diese Komödianten. Und sie hörte auch nicht auf, unentwegt die Wolkenstein zu fragen.

Die aber erklärte mit gescheiter Betonung, daß die Schmiede allen anderen Handwerkern schon von alters her etwas vorausgehabt hätten, etwas Unheimliches und Berückendes zugleich. Denn schon Hephaistos und Daidalos, die beiden griechischen Sagenhelden, seien ebenso wie der germanische Schmied Wieland von dem göttlichen Hauch des Künstlerischen umzaubert gewesen. So denn auch diese Schmiede von Kiefersfelden! Eingekeilt zwischen Wasserstürzen und Feueressen und getragen von der gewaltigen Kraft ihrer Arme, fänden die Geister dieser Menschen Freiheit in der dichterischen Erregung, und unter ihren rußigen Fürtüchern schlügen phantasiebeschwingte Herzen, die solcher Verzückungen ebenso bedürften wie des täglichen Brotes.

Oh, das hatte die Wolkenstein schön gesprochen! Und sie sonnte sich selbst im Wohllaut ihrer geglückten Rede.

Doch darauf hatte die Prinzessin kaum gehört. Sie hatte nur diese schlichten Menschen bewundert, und in der Stille ihres Herzens revidierte sie jetzt ein Vorurteil: Man hatte ihr in Turin oft gesagt, die Leute im Land der Bayern seien rüde wie ihre Winter und ungeschlacht wie ihre Berge. Bon, mögen sie's sein! Wo aber solche Menschen wuchsen wie dieser Schiffmann da und wie diese Schmiede, die jetzt in der Ferne zu verschwinden begannen, da mußte doch wahrhaftig mehr Leben und mehr Liebe zu Hause sein als in manchen zart flimmernden Gefilden des sonnigen Südens!

Bei Audorf, nahe der Auerburg, wiederholten sich die Jubelrufe des biederen Gebirgsvolkes; bald glitt man an Urfahrn vorüber und am Mühlgraben bei Erl, wo sich der Cronperger mit dem Rennschiff dem großen Zuge wieder anschloß. Der alte Rieder stand abermals auf seinem Kapellenberg, den Hut ehrfurchtsvoll in der Hand, und schaute. Und wie so oft schon bewunderte er im stillen auch heute wieder seinen Sohn Johann, den Büffel, der sich nichts mehr sagen lassen wollte. Schade um den Bengel, denn der würde niemals das Sach hier im Mühlgraben übernehmen! Und was sollte dann daraus werden? Mag er's doch verkaufen und dahinfahren, heut auf diesem, morgen auf jenem Schiff! Er hat keinen inneren Halt nicht, da drin in der Seel! Wie ein Windhund ist er! Nur mit den Weibern, da ist er kein Windhund! Und doch wär's langsam Zeit, daß er hinter ihnen drein wär! Weiß der Himmel, jede Nacht könnt er eine andere haben, so wie er aussieht! Aber nein, er kümmert sich nicht um sie. Da war er selber schon ein anderer gewesen! Und auch heut noch! Müßt er nit noch Trauer tragen wegen seiner Alten, es hätt ihn schon etliche Mal gelüstet, der oder jener feisten Dirn ans Brusttücherl zu langen . . .

Mit derlei ungebührlichen Gedanken ging der alte Rieder nun ins Sudhaus zurück. Er sah, daß die Bräuknechte ihre Arbeit taten und trotz des heißen Nachmittags immer noch ziemlich nüchtern waren. So wandte er sich jetzt dem Wohnhaus zu.

Als er die schwere Eichentür hinter sich zumachen wollte, stand da ein Zigeunermädchen, ein dunkelhäutiges, und starrte ihn aus den großen, geschreckten Augen an.

Gespräche

Das Kranzhorn strahlte in der späten Nachmittagssonne, als die Prunkschiffe bei Windshausen nun ganz auf bayerisches Gebiet gelangten.

Die Gräfin Wolkenstein war in einem ständigen Erklären und Berichten und konnte sich gar nicht genug tun, das Land der Bayern zu preisen, das sich jetzt fächerförmig öffnete, nachdem die Berge langsam zurücktraten: Dort drüben zur linken Hand der Hohe Madron; auf seiner runden Kuppe hatte der alte Stamm der Fagana noch seine heidnischen Opferfeuer entfacht, damals im sechsten Jahrhundert, als die Bayernstämme dieses herrliche Land in Besitz genommen hatten.

Und dann der Berg gleich dahinter, der Petersberg, von dessen romanischem Kirchlein drei Glocken der Prinzessin einen hochklingenden Willkommensgruß entgegenläuteten; hier hatten einst fromme Mönche ihren Christengott gegen die wilden Götter der Druiden ins Feld geführt. Und es war eine saure Arbeit gewesen, ehe sich diese harten Bauernnacken unter das Joch Christi gebeugt hatten. Hier bei Windshausen aber, zwischen den beiden Burgen Kirnstein links und dem Kitzstein rechts, da hatten sie dann im ritterlichen Mittelalter, besser gesagt, im raubritterlichen, eine dicke Kette quer in diesen Innfluß gelegt. Und waren die Schiffe der städtischen Kaufherren mit Wein und Salz und Weizen dahergekommen, so hatten die ausgehungerten Schnapphähne die Kette hochgezogen. Und wehe dem Kaufmann, der da nicht abgeladen hatte!

Weiter hinten, wo der Berg wie ein steiler Backenzahn aus der Ebene aufragt, ist die Neubeurer Burg zu sehen. Hier werden die auf den Hals Gefangenen und die Zigeuner nächtens eingesperrt. Am Tag aber müssen sie Ruderdienste verrichten oder in den Mühlsteinbrüchen am Berg bei Altenbeuern schuften, bis ihnen das Blut unter den Fingernägeln herausquillt. Ja, ja, so hat's der alte Herr Maximilian angeordnet – Gott hab ihn selig! Er war ein strenger, aber auch ein gerechter Herr. Und wie sparsam er war! Sicher hat die Frau Kurfürstin-Mutter ihm diese Sparsamkeit abgeschaut.

Da wandte sich Henriette Adelaide mit heftiger Gebärde der Gräfin zu: »Sparsamkeit ist sicher eine Tugend; doch leicht ist sie mit Geiz gepaart!«

»Oh mon dieu, Prinzessin! Wenn Ihre Durchlaucht dieses Wort gehört hätte!«

»Uns will scheinen, daß sie noch ganz andere Worte hören wird! In Turin erzählt man sich bei Hofe, daß die bayerische Kurfürstin in einem Schloß, genannt Schleißheim, am späten Abend mit einer Laterne durch die Kuhställe streiche, zu sehen, ob die Mägde richtig ausgemistet hätten. Stimmt das?«

»Die edle Frau ist eben sehr umsichtig!«

»Was heißt hier umsichtig? Die Fürsten pflegen für ihre Ställe und für die Belange des Ausmistens einen oder mehrere Stallmeister und Stallknechte zu haben! Ferner wird erzählt, man sähe sie täglich im Hühnerhaus die Hennen begreifen, ob sie schon Eier legten; so errechne sie sich im voraus den Ertrag und wisse genau, ob sie bestohlen werde! Gräfin, habt Ihr schon einer Henne hinten hineingegriffen?«

»Aber gnädigste Prinzessin!«

»Antwortet, Gräfin! Habt Ihr schon?«

»Welch ein schrecklicher Gedanke!«

»Also habt Ihr noch nicht! Schämt Euch, daß Ihr nicht so sparsam seid wie Eure Herrin! – Und noch ein Glanzstückchen erzählt man sich von ihr: Sie mache sich jeden Vormittag in der kurfürstlichen Kuchel zu schaffen und schaue den Köchinnen auf die Finger und den Köchen in die Töpfe!«

»Damit übertreibt man, Prinzessin! Denn in der Kuchel Ihrer Durchlaucht arbeitet überhaupt keine Köchin; nur zwei häßliche Mädchen und ein alter Koch aus Wien, – ihr Leibkoch schon seit fünfzig Jahren.«

»Und der künftige Kurfürst, Unser Bräutigam, hat er keinen Leibkoch?«

»Der Herr Kurprinz pflegt mit seiner Frau Mutter zu speisen.«

»Pflegt er vielleicht auch mit ihr zu schlafen, Wir meinen, das gleiche Zimmer zu teilen? Wir haben nämlich erfahren, daß vor dem Frühgottesdienst in der Residenz zu München nicht geheizt werden darf. Es wäre also denkbar, daß man aus Gründen der Sparsamkeit ein Zimmer weniger heizt.«

»Eure Rede, Prinzessin, klingt verletzend. Ein Glück, daß Euch die schöne, unbeschwerte Jugend diese Worte diktiert!«

»Macht Uns Unsere jungen Jahre nicht zum Vorwurf, Gräfin Wolkenstein! Leicht könnten Wir daraus entnehmen, daß Ihr Uns beneidet!«

»Und wie ich Euch beneide! Nicht allein wegen Eurer jungen Jahre und des damit verbundenen Reizes Eurer Gestalt, sondern vor allem wegen des Glückes, dereinst Fürstin dieses Landes und Gemahlin seines Fürsten zu sein.«

»Schmeichlerin! Jetzt redet Ihr, als wäret Ihr am Hofe des Franzosenkönigs geschult worden!«

»Merci!« Und mit devoter Verbeugung zog sich die Gräfin drei Schritte zurück.

Während die Prunkschiffe jetzt an der Schopperstatt zu Altenmarkt, am Fuß des Neuburer Berges, vorüberglitten, bedachte Henriette Adelaide noch einmal das eben beendete Gespräch. Da drüben also werden sie gefangengehalten, die landfahrenden Zigeuner und die zum Tode Verurteilten, und zwar nach den strengen Verordnungen des verstorbenen Kurfürsten Maximilian. Ihr Schwiegervater muß ein seltsamer Herr gewesen sein. Eine Residenz soll er sich in München erbaut haben, die man schon als das achte Weltwunder bezeichnet hat. Andererseits hatte er ein Reskript erlassen, das auf Ehebruch bei Männern eine fünfjährige und siebenjährige Landesverweisung setzte und im wiederholten Pönfall sogar das Schwert.

Bei ehebrecherischen Frauen machte das Reskript einen Unterschied: Bürger- und Bauersfrauen drohte eine fünfjährige Landesverweisung, adligen Damen dagegen der Verlust aller Ehrenrechte ihres Standes; im wiederholten Pönfall aber ging es allen miteinander — genau wie bei den Männern — an Kopf und Kragen.

Wenn der am Turiner Hof gelebt hätte! Oder überhaupt in Savoyen! Er hätte das Herzogtum entvölkert! So wird es denn in München streng nach den Gesetzen der Moral hergehen. Wenn sich nur auch ihr künftiger Gemahl daran hält! Leider sind die Gesetze der Fürsten oft nur für die anderen gegeben.

Neben den großen Schiffen kam jetzt mit schnellem Ruderschlag des Cronpergers das Rennschiff vorbei; der Schiffmeister Hans Mösner stand aufrecht darin. Er wollte in Rosenheim die drei Länden prüfen und ob die Ländhüter an den Heftstecken bereitstünden.

Ja, und da schimmerten auch schon fern in der Abendsonne die roten Dächer des Rosenheimer Schlosses.

Rosenheim!

Die kluge Gräfin Wolkenstein wandte sich wieder an die Prinzessin und zitierte den lyrischen Satz der Laudatio des Rosenheimer Bürgersohnes Matthias Widmann, den dieser bei seiner Promotion auf der Universität zu Ingolstadt anno 1611 gesprochen hatte: »Bayerns Rosengarten! Euer Städtchen ist es, Männer des weisen Rates, dem die reizende Umgebung, die lebensbehagliche Luft, der bequem anströmende Inn, der blühende Handel, das inwohnende Bürgerglück und die zierlichen Bauwerke unter den übrigen Städten bayerischen Bodens jene Grazie schufen, daß selbst die Huldgöttin der Blumen, die

Rose, mit ihrem Purpurlicht sich in eures Städtchens Schild und Namen verwebte!«

»Scheint aber ein kleiner Ort zu sein«, sagte darauf die Prinzessin.

»Ein kleiner Ort«, bejahte die Gräfin, »der innerhalb seiner vier hochgetürmten Torhäuser, Mauern und Sperren keine zweitausend Menschen zählt; doch ein Ort, den Bayerns Fürsten lieben als die Eingangstür in ihr gelobtes Land.«

»Dann werden auch Wir Rosenheim lieben!«

Als nun das große Schiff an die erste Lände gleich oberhalb der Brücke heransteuerte, stand der Mösner schon da, ebenso die vierundzwanzig Mann des »Marktfähndls«, um dem hohen Fräulein aufzuwarten. Dies geschah denn auch dadurch, daß sie unverzüglich vier Salven losbrannten, während die auf den Mauern versammelten Bürgerinnen mit bunten Tüchern winkten. Und wieder war es wie in Kufstein: Als sich die jugendliche Prinzessin zeigte, rauschten Beifall und Jubelgeschrei über den Fluß und wollten nicht aufhören.

Weil es bekannt gemacht worden war, daß die Prinzessin mit dem großen Gefolge die Nacht über auf den Schiffen verbleiben wolle, bestiegen jetzt der Pflegsverwalter, der Kastner und der amtierende Bürgermeister die große Prunkzille, begleitet von sechzehn niedlichen Mägdlein, deren jedes einen üppigen Rosenstrauß in den Händen hielt. Die Kinder sahen besonders lieblich aus, weil acht von ihnen ganz weiß gekleidet waren und rote Rosen trugen, während es bei den acht anderen gerade umgekehrt war. Sie hefteten ihre Blumen ringsum ans Geländer, so daß es schien, als wüchse die Prinzessin mitten aus den Rosen.

Die Herren sagten ihre Sprüchlein auf, der Pflegsverwalter das seine sogar auf französisch; Henriette Adelaide dankte. Dann spielten die Marktpfeifer auf der Brücke ein paar schöne Weisen, während hinter ihnen in abendlicher Glut die Sonne unterging.

Bald war auf den Schiffen und im Markt die gewohnte Ruhe wieder eingekehrt, und überall gedachte man des Vesperbrots.

Johann Rieder besprach sich vom Gransl herab mit Meister

Mösner und dem Cronperger, der daneben stand. Der Cronperger und der Rieder waren nämlich Freunde. Und weil der Cronperger in Rosenheim zuhause war – er hatte erst das Jahr zuvor hier eingeheiratet –, wollte er, daß der Freund wenigstens auf ein paar Stunden mit zu ihm käme. Der Mösner hatte auch gar nichts dagegen und wollte eben für den Rieder das Schiff besteigen, da wandte sich die Gräfin Wolkenstein an diesen und erklärte, die Prinzessin lade ihn auf ein Glas Wein zu sich; er solle sich bereit machen.

Als der Schiffmeister das vernahm, meinte er, indem er schelmisch zum Rieder hinaufblinzelte: »Hans, i wett, du wirst noch ein groß Viech!«

Da war also nichts mit dem Besuch beim Freund Georg!

Bereit machen! Die hat gut reden! dachte sich Johann Rieder und stieg von dem hohen Gestell in die Tiefe seines Schiffes hinab. Bereit machen! Er hat nicht einmal ein Hemd zum Wechseln bei sich; und das rohleinene, das ihm wie eine Brünne am Leibe klebt, ist durchgeschwitzt.

Plötzlich fuhr es ihm durch den Kopf: Der Mösner Hans!

Er neigte sich über den Rand hinaus und rief dem Schiffmeister, der schon ein gutes Stück weggegangen war, mit lauter Stimme nach: »He, Meister, komm no amol z'ruck!«

Der Mösner kam, und Johann erklärte ihm seine Notlage.

»Dös werd'n wir glei ham!« sagte der und schickte den Cronperger mit dem Rennschiff zurück zur Haferplätte, auf der er seine Behausung hatte. Und eine Viertelstunde später konnte Johann ein blitzsauberes rotkariertes Hemd über den frischgewaschenen Leib streifen. Nachdem er sich dann noch ein paarmal mit den langen Fingern durch die Haare gefahren war, erachtete er die Vorbereitungen auf das angekündigte Ereignis für beendet und wartete.

Er wartete eine Viertelstunde und noch eine.

Er wartet, denn er ist einsichtsvoll genug, zu wissen, daß die Prinzessin erst ihr Abendessen einnehmen muß, ehe sie sich ans Weintrinken machen kann. Nun dauert ihm dieses Abendessen aber doch etwas lange, zumal jetzt auch noch zwei Priester aus einem Schiff weiter hinten daherkommen und offenbar noch mitessen wollen. Seinetwegen ist's ja nicht, denn er hat Zeit; die ganze Nacht hat er Zeit. Es ist auch nicht seines Hungers wegen, nein, denn in der Hinsicht hat er sich in der Hand. Was ihn ärgert, ist, daß man erst getan hat, als müsse er sich derstöß'n – und jetzt läßt man ihn einfach so dahinwarten. Und überhaupt, was kann dieses junge Ding von ihm wollen? Ihn ausfragen? Nun, da wird sie nicht viel Glück haben, denn hierin sind die Riederischen empfindlich. Die Riederischen kamen ja nicht auf der Wassersuppen dahergeschwommen; sie haben seit unvordenklichen Zeiten im Mühlgraben ein gutes Bier gebraut, auf das sogar einmal der Herr Pankraz von Freyberg auf Hohenaschau ein Loblied gesungen hat. Und der Herr Pankraz, der soll vom Bier etwas verstanden haben, denn er war Bergmann; die Bergleut aber jagen was hinter die Halskrause, wenn der Tag lang ist!

Die Riederischen sind also keine Heurigen! Das sollten die da droben schon bedenken, wenn sie ihn warten lassen! Er hat sich ihnen nicht aufgedrängt, er nicht! Sie drängen sich auf! Und was den Wein angeht – wer weiß, ob die da droben schon solch edle Weine getrunken haben wie er! Zum Beispiel damals – knapp zwei Jahr ist's her –, als er mit dem Mösner Hans die herrlichen Fässer Südwein von Hall in die Kaiserstadt Wien gebracht hat! Der Wein war übrigens für den Kaiser bestimmt. Damals hatten sie ein Fäßlein auf die Seite gebracht, die Schiffleut all miteinand; denn schließlich kann ja so ein Fäßlein auch ins Wasser fallen und hin sein! Das war ein Wein! Ihm hatten sie ja nicht so viel gegeben, als er gerne getrunken hätt; aber trotzdem hat er's verstehen können, daß die alten Schiffknechte von Schwaz bis Wien überhaupt nicht mehr nüchtern gewesen sind . . .

Mitten in diesen nicht sehr heiteren Gedanken rief ihn die Gräfin Wolkenstein. Er stieg zu ihr hinauf, und sie erklärte ihm: »Die gnädigste Prinzessin spricht noch nicht gut deutsch, sondern wird mich fragen, was sie von dir wissen will, und ich werde es übersetzen. Verstehst du?«

»Ist schon recht!« antwortete er und folgte ihr in die kleine Retirade, wo die beiden Theatinerpatres und die Prinzessin bereits beisammensaßen. Er mußte sich tief bücken, als er durch die Tür schritt, und auch drinnen stieß er mit dem Kopf an die Decke. Er machte eine Verneigung, die gar nicht einmal so linkisch ausfiel, wie man es von einem Schiffmann erwartet hätte. Sie gab ihm ein Zeichen, und er setzte sich auf die blausamtene Bank. Und dann fing das Gespräch an.

»Du hast Unser Schiff gut gesteuert. Wir haben nicht die leiseste Angst gehabt.«

»Prinzessin, ich hab's ja auch gelernt. Und wenn ich's nit verstünd, meint Ihr, der Schiffmeister hätt mir das Steuer in die Hand druckt?«

»Du weißt, ich komme aus einem anderen Land und kenne Bayern noch nicht; was findest du an eurem Bayernland am schönsten?«

»Ich bin kein Bayer nit, Prinzessin, sondern komm aus dem Tirol.«

»Wie kommt es dann, daß du ein bayerisches Schiff steuerst, noch dazu ein fürstliches?«

»Wir an der Grenz haben's nit so mit dem Hüben und Drüben. Nur die Herren mit den geschwollenen Köpfen, die wo das Regieren machen, die fuhrwerken allweil in ihrem Landl umeinand wie die Wespe im Honigglasl und tun, wie wenn alles, was draußerhalb von dem Glasl ist, ganz und gar etwas anderes wär und daß man es ja nit hereinlassen dürfet.«

»Eine erstaunlich tolerante Haltung, würdig eines Fürsten; den kleinen Mann adelt sie! – Wie heißt du?«

»Johann Rieder.«

»Jo'ann Rieder, Wir haben ein besonderes Vertrauen in deine Steuerkunst. Wir sähen es gern, wenn du auch fernerhin in Unseren Diensten verbliebest.«

»Möcht's wohl, Prinzessin, aber das müßt Ihr dem Mösner sagen, der die Leut zusammensucht, wann er sie braucht und wo er sie braucht.«

»Steht dieser Mösner bereits in bayerischen Diensten?« Henriette wandte sich mit dieser Frage an die Gräfin. Die Wolkenstein bekundete mit einer wortlosen Geste zunächst ihre Unkenntnis, meinte aber dann, daß es nach ihrem Wissen

bisher noch keinen Hofschiffmeister gegeben habe. Im Bedarfsfall sei jeweils ein Wasserburger oder ein Rosenheimer, manchmal wohl auch einer aus Neubeuern, in Pflicht genommen
worden. Denn im allgemeinen habe es der kurfürstlich-bayeri-
sche Hof nicht mit den Flußfahrten.

»Wie immer auch! Johann Rieder, Wir werden an dich
denken, wenn Wir abermals zu Schiff gehen sollten. Daß du
Uns dann und in alle Zukunft wieder gut steuerst, darauf
wollen Wir trinken!«

Als da Henriette dem Rieder das Glas hinhielt um anzusto-
ßen, wurden sogar die griesgrämigen Gesichter der beiden
Theatinerpatres von einem leichten Schimmer der Heiterkeit
überhuscht, denn soviel Leutseligkeit hätten sie der Savoyerin
nicht zugetraut. Die Wolkenstein freilich glaubte hinter dieser
Leutseligkeit noch etwas anderes wittern zu müssen, wagte aber
nichts anzudeuten; denn wer selbst einmal im Glashaus gesessen hat, darf nach einem anderen, der just darin sitzt, nicht mit
Steinen werfen! Und die Wolkenstein war schon in vielen Glas-
häusern gesessen, – und heute noch . . .

Henriette stellte dem jungen Manne noch ein paar Fragen
über die Weiterfahrt am anderen Tage, trank ihm noch einmal
zu und ließ ihn dann durch die Gräfin hinausgeleiten. Es
dauerte nicht lange, da verließ auch Pater Spinelli das Schiff;
nur Pater Pesse blieb noch ein Weilchen, um – wie der alte Graf
Kurz zu sagen pflegte – die zarte Seele abzustauben, die der
Prinzessin nämlich; denn die der Wolkenstein war weder zart,
noch wäre das Abstauben ersprießlich gewesen, es sei denn, der
gute Pater hätte sich eines handfesten Drahtbesens bedient.

Langsam stieg die erquickende Kühle der Nacht aus dem
Inn. Ein paar Fische schnappten noch über die Wellen, ein paar
verschreckte Vögel flogen hurtig heimwärts, und der Schlum-
mer breitete sich aus über Fluß und Lände, über das keimende
Land vor dem Wilden Kaiser.

Nach Wasserburg

Johann Rieder hatte eben sein Hemd gewaschen und über das Steuerruder gehängt; es baumelte im leisen Nachtwind leicht hin und her. Jetzt lehnte er daneben und schaute hin zum Rosenheimer Brückentor, wo der Nachtwächter mit der Laterne vorüberging. Auch einer, der nicht schlafen darf! Genauso wie die Knechte des Ländhüters, diese g'scherten Hammel, mit denen man kein anständiges Wort reden kann, weil sie nur Zoten reißen. Im Grunde genommen sind's arme Hund; mit dem schweinischen Maul täuschen sie sich über ihre bittere Notlage hinweg. Denn wer mag schon zum Ländhüter als Knecht gehen! Landfahrer und ausgediente Soldaten, die dieser dreißigjährige Krieg als trauriges Mahnmal hinterlassen hat. Und dabei darf man noch froh sein, daß sie wenigstens für den Ländhüter taugen; denn wehe, wenn all dieses heimatlose und gestrandete Volk noch unterwegs wär! Die Bauern auf den Einödhöfen, besonders aber ihre Weiber, wissen davon ein kläglich Lied zu singen. Doch der gottselige Herr Maximilian hat in den drei Jahren nach dem Kriege mit diesem Gesindel aufgeräumt, und denen, die dem Galgen entronnen sind, hat er einen heilsamen Schrecken eingejagt.

Ob der junge Herr Ferdinand Maria in die Fußstapfen seines Vaters treten wird? Es ist nicht anzunehmen! Denn wie man so hört, ist er ein bescheidenes Herrlein mit einem butterweichen Gemüt. Freilich, wenn er jetzt diese Prinzessin heiratet, könnte es sein, daß das Bayernland auch weiterhin eine feste Hand spürt; die Kleine scheint nämlich allerhand Schwung aus ihrem Südland mitzubringen. Schon wie die schaut! So was Kohlschwarzes von Augen, und wie das ständig hin und her flackert! An ihm, dem Rieder, scheint sie ja den Narren gefressen zu haben. Wie wär's sonst möglich, daß sie mit ihm einen Wein getrunken hätt? Und ihr Schiffmann soll er auch werden! Na ja, Dirndl, zu München werden dir solche Flausen schon vergehn! Bist halt eine Welsche, und die sind hitzig; der Bayer wird dich abkühlen! Und wenn nit er, dann seine Mutter; die aber ganz gewiß, denn die soll Haare auf den Zähnen haben, einen ganzen dicken Zopf voll! Herrgott sakra!, 's ist schon ein Jammer mit den alten Weibern . . .

Als die Mitternacht vorbei war, kam der Mösner ins Schiff und schickte den Rieder schlafen. Gleich nach Sonnenaufgang wollte man weiterfahren, um noch vor dem Mittag in Wasserburg zu sein, wo diese Naufahrt enden sollte. Ein junger Mensch, auch wenn er noch so fest ist, braucht eine Handvoll Schlaf, sonst fehlt ihm am Tag der klare Blick für das, was der Fluß an Geheimnissen verbirgt; und wo verbirgt er keine?

Die Sonne war noch nicht aufgegangen, da standen die Rosenheimer schon wieder auf der Mauer und auf der Brücke. Auch die vom »Marktfähndl« rückten mit den Pfeifern auf. Alle wollten sehen, wie die Prunkschiffe abländen würden; vor allem aber wollten sie die Prinzessin noch einmal sehen. Ob sie überhaupt schon aus den Federn gekrochen ist? Nun, wenn nicht, dann hat jetzt der Pflegsverwalter auf dem Schloß droben dafür gesorgt: er hat nämlich soeben zwölf Kanonenschüsse losdonnern lassen. Hat man die gehört, dann ist einem das Schlafen vergangen.

Jetzt stand auch der Erler Wind auf; der macht frisch und beschert eine gute Fahrt.

Da hefteten die Knechte des Landhüters ab, und der Rieder ergriff das Ruder. Wieder erhob sich das Jubelgeschrei.

Als die Glocken den Tag anläuteten, fuhr man bereits an Westerndorf vorüber, wo einst das römische Brückenkastell Pons Oeni stand. Fast jedes Jahr, wenn drinnen im Gebirg der Schnee schmilzt, tritt hier der Inn über die Ufer und reißt alle Archbauten der Rosenheimer Flußbaumeister wieder weg. Die verdienen freilich damit ihr gutes Geld; aber sachte will die Hofkanzlei zu München nichts mehr zahlen, weil die Herren glauben, die Baumeister täten keine gute Arbeit. Es wird sicher noch soweit kommen, daß sie ein paar Höflinge herausschicken, ein paar Gepuderte, die ein wenig an die Isar oder die Amper hingerochen haben. Täuscht euch nicht, ihr Herren, der Inn ist kein Bacherl nicht! Der Inn ist ein Strom, und wenn er grollt, dann will er sein Opfer haben, ob Feld, ob Hof, ob Vieh, ob Mensch! Da läßt er sich durch keine Archen eindämmen, ganz gleich, welcher Herkunft sie sind. Bleibt also ruhig in München und zahlt lieber; denn die zu Rosenheim verstehen sich auf ihren Inn besser!

Bei Pfunzen vernahm man auf einmal ein eigentümliches dumpfes Rauschen unter dem Schiff. Entsetzt schrie die Gräfin Wolkenstein: »Rieder, was hat das zu bedeuten?«

Der lächelte und antwortete ihr über die Schulter: »Keine Angst, Frau Gräfin, das ist der Schotter; man hört ihn mancherorts gehen, und hier geht er besonders laut.«

»Wird er uns schaden, der Schotter?«

»Nit, wann man drüber wegfährt, Frau Gräfin!«

»Fährst du drüber weg?«

»Will's hoffen!«

»Und wenn du nicht drüber wegkommst? Was dann?«

»Ja, was dann? Dann wären wir eben ländgefahren!«

»Was heißt das?«

»Das heißt, daß wir auf dem Schotter sitzeten und warten müßten auf ein stärkeres Gerinn.«

»Hast du ein solches Ländfahren schon erlebt?«

»Ja freilich, Frau Gräfin!«

»Ist's gefährlich?«

»Ja mei, Frau Gräfin, die Schiffahrt ist allweil gefährlich. Alles, was schön ist, ist gefährlich!«

»Wie meinst du das?«

»So wie i's gesagt hab!«

»Mir scheint, du bist ein ganz Schlauer!«

Sie drohte dem Rieder mit dem Zeigefinger und wandte sich zum Gehen. Sie ging aber nicht, sondern hoffte, der junge Mann werde das eben in Gang gekommene doppeldeutige Gespräch fortsetzen, denn sie liebte solche Art. Der aber tat ihr den Gefallen nicht. So mimte sie denn noch ein Weilchen Freude und Gefallen an der Landschaft und zog sich dann zurück.

Jetzt sah man zur Linken das Kloster Rott in seinem jammervollen Zustand, hatten es doch die Schweden auf und auf gebrandschatzt und dann in Schutt und Asche gelegt. Die inzwischen aus dem Tirol heimgekehrten Mönche waren aber schon dabei, das Ruinenfeld zu räumen. Wer hätte je gedacht, daß die einst so großherzige Stiftung des Pfalzgrafen Kuno von Rott einmal so daniederliegen würde!

Nicht anders war es dem Kloster der Dominikanerinnen in Altenhohenau dort drüben zur Rechten ergangen. In ihrer kindlichen Einfalt hatten die frommen Frauen gehofft, die räuberischen Horden würden in Ehrfurcht an ihrer geweihten Stätte vorüberziehen. Welch ein sträflicher Irrtum! Die Schweden hatten nicht bloß das Kloster, sondern auch jede einzelne Nonne so schmählich geschändet, daß ihrer mehr als die Hälfte daran elend zugrunde gegangen war. Die Übriggebliebenen und die große Schar der Novizinnen werkelten jetzt ebenfalls in den Trümmern herum und suchten, beteten und weinten zugleich.

Am weitesten waren die Aufräumungsarbeiten bei den Benediktinern gediehen, die im Kloster Attel auf dem linken Hochufer des Inn hausten. Ihnen hatten die Schweden zwar auch übel mitgespielt, doch dank der Tatkraft ihres Abtes und der wunderbaren Hilfe des gekreuzigten Heilandes von Maria-Elend waren jene Gottverächter nicht an den vergrabenen Klosterschatz herangekommen. Dieser Schatz erleichterte jetzt den Wiederaufbau.

Als der Rieder das große Schiff um das Gries, eine langgezogene Sandbank, herumsteuerte, stand da ein alter Mann in einem sackleinenen Kittel. Immer und immer wieder hob er die Hände auf wie ein Pfarrer bei der Messe; zwischenhinein machte er segnende Handbewegungen. Die Gräfin Wolkenstein, die mit der Prinzessin wieder am Geländer des Dachgartens lehnte, rief dem Rieder zu: »Was will der Mann? Oder ist er irrsinnig?«

»Sagt nit irrsinnig, Frau Gräfin, denn es ist ein Heiliger!«

Und dann erzählte er, daß dieser alte Mann der Klosterfischer Wolfgang Hackl sei, der vor etlichen zwanzig Jahren eben jenes Kruzifix aus dem Inn gefischt habe, das man jetzt drüben in der Wallfahrtskirche Maria-Elend verehre. Viele Pilgerscharen kämen alljährlich hierher und fänden in ihren Nöten Tröstung und Hilfe. Ja, es seien sogar schon Wunder geschehen.

Freilich habe der alte Mann ein paar Eigenheiten; man müsse aber seinen Segen schon ernst nehmen, denn ohne Grund hätte ihn der Herrgott das Kreuz nicht aus dem Inn herausfischen lassen.

Der Rieder machte ein Kreuzzeichen auf Stirne, Mund und Brust. Die beiden edlen Damen schauten sich zunächst kurz an und schlugen dann ebenfalls das Kreuzzeichen über sich.

Jetzt fuhr auch der Mösner Hans mit dem Cronperger auf dem Rennschiff vorbei; sie mußten ja die Ankunft in Wasserburg vorausmelden. Denn es sollte ein großes Empfangszeremoniell geben. So hatte man es den Schiffmeister allergnädigst wissen lassen.

Inzwischen hatte auch auf allen Schiffen das große Putzen und Herrichten, das feierliche Ankleiden und Schminken und Pudern begonnen. Wehe dem Edelmann oder der Edelfrau, an denen die regierende Kurfürstin-Mutter ein Makel entdeckt hätte! So bieder und einspännig sie sonst war – ging es um das spanisch-österreichische Hofzeremoniell, konnte sie unerbittlich sein. Und dieses Zeremoniell ließ sie sich bei bestimmten Anlässen gern heraushängen, damit jedermann wüßte, daß sie eine Habsburgerin und eine Tochter des zweiten Kaisers Ferdinand sei.

Der Prinzessin war nicht sehr feierlich zumute. Dazu kam, daß es jetzt auch noch zu regnen anfing, leise zwar, aber eindringlich. Es war ein warmer Regen, so wie ihn die Bauern im Juni lieben, aber halt ein Regen. Und für einen Staatsempfang, für die Entfaltung eines spanisch-österreichischen Hofzeremoniells ein gänzlich ungeeigneter Regen, ein Regen, der imstande ist, alle bräutlichen Gefühle im Herzen einer sechzehnjährigen Prinzessin aus Welschland zu ersticken, besonders dann, wenn diese befürchten muß, ab jetzt von einer griesgrämigen Schwiegermutter ins Gebet genommen zu werden.

Ein unerquicklicher Regen!

Der Rieder Johann aber steht da wie eine Wettertanne. An ihm fließt der Regen nieder wie das quellfrische Gerinn, das einer Bergwand entspringt. Menschen dieses Schlags scheinen im Regen erst so recht zu wachsen und zu werden!

Sie muß ihm ein Geschenk machen!

Sie wandte sich an die Wolkenstein, und diese verschwand für eine kurze Zeit. Als sie zurückkam, trug sie eine kleine Schatulle. Adelaide nahm sie und rief dann in ihrem noch arg gebrochenen Deutsch den jungen Mann an:

»Jo'ann Rieder!«

Der drehte sich ein wenig um.

»Du 'ast Uns viel Pläsier gemackt; voici ein Souvenir!«

Rieder sah sie einen Augenblick an, nahm die Schatulle und sagte: »Vergelt's Gott!« Dann steckte er sie vorn an der Brust in den Bausch seines nassen Hemds.

Und abermals lästerte die Wolkenstein in ihrem Herzen. Denn in der Schatulle befand sich eine kleine Kostbarkeit, ein nautisches Uhrwerk, das man in Turin für den Schiffmeister gekauft hatte. Ja, ja! und jetzt kriegt es dieser Grünschnabel! Freilich, ein bezaubernder Grünschnabel! – Prinzessin! Prinzessin! So ist der junge Wein, wenn er zu gären beginnt! Da vergißt er auf Namen und Herkunft und gebärdet sich genauso wie der ganz gewöhnliche Plempel . . .

Wasserburg!

Stadt und Hochgericht Wasserburg – der Galgenberg, den man in der Ferne erblickte, bewies es. Hier kreuzten sich viele Handelswege Bayerns, hier kam viel Volk durch, südländisches und ostländisches, und darum brauchte man den Galgen.

Die alten Hallgrafen, die vormaleinst auf der Linburg bei Attel hausten, haben schon gewußt, wie sicher und fest der Platz zwischen den hohen Steinwänden war, die den Inn zu einer Schleife zwangen, in der er sich fast selber wieder begegnet. Darum haben sie ja auch ihren Sitz in die hier errichtete »Wasserburg« verlegt. Die Salzstraße von Reichenhall und die Poststraße von Salzburg führten über die Wasserburg nach München und brachten Gutes und Böses mit, Reichtum und Räuber. Darum das Hochgericht, darum wohl auch die Kapuziner, die mitzogen, wenn man einen auf der Kuhhaut hinausschleifte.

Jetzt bog der Rieder bei der Kapuzinerinsel in die Schleife; das gewaltige Ruder knirschte im Sand und quietschte in der

Der Hof- und Leibschiffmeister Johann Rieder im Jahre 1713
Nach einer Kopie des Ölgemäldes von 1713
im Heimatmuseum Rosenheim

Stift Lambach um 1795

Furkel. Und dann fuhren sie auch schon unter der gedeckten Brücke durch, zwischen dem fünften und sechsten Joch, wie sich's gehörte. Es folgte das große Manöver der Auffahrt bei den Heftstecken.

Hinter denen hatten sich auf dem feinen Sand die Regentin und Kurfürstin-Mutter mit dem gesamten bayerischen Hofstaat versammelt, ihr zur Seite die beiden minderjährigen Söhne. Der Hofstaat war ganz nach dem Vorbild des kaiserlichen geordnet: Neun Kämmerer, der Oberstjägermeister und der Haushofmeister Külmeier, der zugleich Hofoberrichter war; hinter diesen der Oberhofmarschall, der Obriststallmeister und Johann Sebastian von Imsland, der Hauptmann der Leibgarde, der sich auch schon als Gesandter verdient gemacht hatte. Neben diesen obersten Hofbeamten standen die Vertreter der fünf bayerischen Erbämter, der Erblandhofmeister von Haslang mit dem Stab, der Erbtruchseß von Waldburg, der Erbmarschall von und zu Gumppenberg, der Erbschenk von Preysing und der Landjägermeister von Törring. In einem kleinen Halbkreis hinter diesen Hofchargen hatten sich die zehn Hofräte von der Ritterbank mit den zwölf Hofräten von der Gelehrtenbank postiert, die letzteren sämtlich im breiten Doktorhut.

Hinter all diesem Gefolge in großem Halbkreis eine Eskadron Kürassiere mit zweihundert Arquebusierreitern, alle unter dem Kommando des Obersten von Benighausen. Zu diesen Arquebusierern hatte einst der gottselige Herr Maximilian selbst gehört; deshalb trugen sie alle den obersten Goldknopf ihrer weißblauen Uniform mit schwarzem Flor überzogen.

Wie zu einem Amphitheater geordnet, stand diese prächtige Suite der Regentin Maria Anna da. Niemand bewegte sich, niemand sprach, selbst die Pferde regten sich kaum. Der leise niederfallende Regen machte Menschen und Tieren ein stilles Herz, machte sie gehalten und in sich selbst versammelt.

Als sich jetzt das Gransl des Hauptschiffes in den Sand an der Lände hineinbohrte, dröhnten von den Mauern der Stadt sechzehn Kanonendonner; da schien dann auf einmal alles aufzuwachen, was Leben hatte.

Selbst die in ihrer steifen Grandezza fast erstarrte Frau Regentin nahm das Riechtüchlein aus der linken in die rechte Hand und führte es mit vornehmer Gebärde kurz an die habsburgische Nase heran, nicht um zu schneuzen, sondern bloß um dem Tüchlein seinen Eigenwert zu bestätigen.

Die beiden Flügel der Reiterei setzten sich auf einen Befehl ihres Obersten hin nach der Lände zu in Bewegung, bis sie die ersten Heftstecken erreicht hatten. Die Knechte schleppten auch hier ein Treppengestell herbei, und als sie sich wieder zurückgezogen hatten, eröffnete Graf Kurz das Zeremoniell. Er schritt auf die hohe Frau Regentin zu, erwies ihr die höfische Reverenz und meldete die Ankunft der bräutlichen Prinzessin Henriette Adelaide von Savoyen. Dann streckte er ihr seine Rechte mit dem feinen langgestulpten Spitzenhandschuh in Brusthöhe entgegen. Sie legte ihre schwarzgekleidete Linke darauf. Aber erst als die Prinzessin ihren Fuß auf die erste Sprosse der Treppe gesetzt hatte, begann auch die Regentin in gemessener Hoheit voranzuschreiten; nicht zu weit, sondern nur ein Drittel des Weges. Die beiden anderen Drittel hatte die Savoyerin zurückzulegen; so stand es zu lesen im Artikel 73 einer »Spanischen Hofordnung« von 1546, signiert von weiland Seiner Kaiserlichen Majestät Karl V.

Dort wurde auch verlangt, daß sich die angehende Schwiegertochter – auch jetzt wieder in ihrem Savoyenrot – vor der Herrin auf das linke Knie niederzulassen und in dieser demütigen Haltung solange zu verharren habe, bis die Hoheit ihr mit beiden Händen unter die Ellenbogen greifen werde. Erst dann sei sie würdig, den allergnädigsten Handkuß zu absolvieren und von Ihrer Hoheit den Willkommengruß in Form einer angedeuteten Umarmung entgegenzunehmen. Zu reden habe sie nicht, sondern nur zu antworten. Und weil die Frau Regentin keiner anderen Sprache als der deutschen mit stark wienerischem Einschlag mächtig war, würde sich sowieso kein längeres Gespräch ergeben, wenn einmal die protokollarisch festgelegten und von Adelaide auswendig gelernten Begrüßungsworte deklamiert worden seien.

Alles vollzog sich nach der Vorschrift. Ihre kurfürstliche

Hoheit strahlte in beherrschter Genugtuung oder »Satisfaction«, wie man seit neuestem in München zu sagen pflegte.

Als auch die Deklamierung einigermaßen zur allerhöchsten Zufriedenheit vollzogen war, fuhren sechsundvierzig Galawagen vor. Der erste, ein Achterzug, für die Regentin und ihre beiden Söhne, der zweite, ein Sechserzug, für die Prinzessin, den Grafen Kurz und die Gräfin Wolkenstein. Die übrigen Wagen wurden genau nach Weisung des Haushofmeisters Külmeier besetzt.

Die Trauung fand vier Tage darauf nach dem Brauch im Hause Wittelsbach abends um neun Uhr in aller Stille in der Hofkapelle statt.

Johann Rieder traf sich mit den anderen Nauförgen beim Schiffmeister Mösner, um sich auszahlen zu lassen. Dann verschwanden die meisten in den Wasserburger Gastwirtschaften. Nur fünf warteten vor dem doppelgiebligen Rathaus auf den Zeiselwagen, der auch nachts zwischen Passau und Kufstein verkehrte. Die fünf waren der Rieder, der Cronperger aus Rosenheim, der Wolf Hupfauf aus Neubeuern, der Pankraz Hueber aus Nußdorf und aus Pfraundorf der Melchior Gerer. Sie hatten den gleichen Heimweg und machten sich nicht viel aus der Sauferei. Außerdem waren alle, ausgenommen der Rieder, jung verheiratet und sehnten sich nach ihren Frauen.

Rieder blieb bei seinem Freunde Georg Cronperger zu Rosenheim über Nacht. Es gelüstete ihn einfach nicht, noch an diesem Tage in den Mühlgraben zurückzukehren. Schon wegen des Vaters nicht, dessen schleimige Art ihm in der Seele zuwider war. Der war genauso wie der Annas in der Erler Passion, den er darum auch so meisterlich darzustellen verstand: Nach außen freundlich, voller Teilnahme, lächelnd und die Hände reibend – nach innen falsch, hinterhältig und lauernd.

In der Wiesengasse wurden die beiden Männer von Cronpergers junger Frau Barbara, einer geborenen Underseerin, herzlich begrüßt, obwohl sie sich in allem schon sehr hart tat, denn in den nächsten Tagen mußte sie niederkommen. Sie war sehr schön, die Barbara, und genauso alt wie der Rieder. Hätte er die Jahre gehabt, um heiraten zu können, dann wäre sie gewiß die Seine geworden. Außerdem hatte sie noch das ansehnliche Haus mit in die Ehe gebracht; der Cronperger, der aus Kirchdorf stammte, hatte sich nur hineinzuhocken brauchen ins gemachte Nest. Glück muß man haben!

Man saß zu viert um den schweren Tisch herum, die Mutter Underseerin hatte sich den jungen Leuten zugesellt. Sie zeigte voll Stolz die silberne Bärmutterkröte, die sie hatte machen lassen droben beim Albrecht Scheuchenstuel, dem Goldschmied. Die anderen bewunderten das Kunstwerk und lächelten dabei.

»Da lachts ös! Aber morgen mach i mei Wallfahrt nach Kirchwald. Und der Pater Michael, der kriegt den Brotz'n da; und wann er den Brotz'n hing'hängt hat zu unserer himmlischen Ärztin, nacher wird die Barbara kein Versehn net habn. Ös seids halt noch z'dumm und verstehts dös net!«

Damit packte die Mutter Underseerin ihre Votivkröte wieder in das blaukarierte Tücherl und schob's in die Tasche ihres weiten Rockes. Sie schmunzelte dabei. Jetzt hatte sie es ihnen wieder mal gesagt, den jungen Leuten! Aber Gott bewahre, sie hatte niemanden beleidigen wollen! Darum holte sie gleich einen Wein, einen roten aus dem Südtirol. Der verscheucht alle Bitterkeit und macht ein frohes Herz.

Da tranken sie auf eine gesegnete Niederkunft der jungen Cronpergerin.

Jaromira

Andern Tags wanderten die Mutter Underseerin und Johann Rieder ins Inntal hinauf gen Nußdorf.

Schon während der Nacht hatte es aufgehört zu regnen. Die Sonne stand golden über dem Wendelstein.

Als die beiden Wanderer bei Altenbeuern vorbeikamen, hörten sie aus dem Mühlsteinbruch das Hämmern der Sträflinge und das Geschrei der Aufseher. Sagte die Underseerin: »Gestern auf Nacht habn s' einen Zigeuner übern Markt zogen; der ist ihnen auskommen, ein ganz ein jungs Bürscherl. Gleich geweint hat er. Und d' Leut haben gesagt, daß ihm 's Weiberl davongelaufen ist, und er hätt's halt gesucht und hätt's net gefundn.«

»So! 's Weiberl ist ihm davongelaufen. Und wo is's hingelaufen?«

»Ins Tirol!«

»Dann wird man's ja finden, drin im Tirol. Bei uns sind d' Jager scharf auf die Zigeuner!«

»Sind halt aa Menschen!«

»Freilich sind's Menschen; aber stehl'n tun s' wie d'Raben!«

Die Underseerin sagte nichts mehr, und so schwiegen sie beide, bis sie nach Altenmarkt kamen, wo die Neubeurer Schiffmeister ihre Schopperstatt hatten, die Schiffswerft, und die Altenmarkter galten als die besten Schiffbaumeister zwischen Kufstein und Wasserburg. Darum zählten sie auch nicht zu den armen Leuten wie manch andere im Inntal, sondern ließen sich gern von den Bauern und Kleinhäuslern schön grüßen. Auch erschienen sie sonntags stets im letzten Augenblick in der Neubeurer Kirche, damit die anderen, die armen Schlucker, hören konnten, wie sie mit ausgestrecktem Arm ein paar Silbermünzen sachte in den Opferstock hineinklingen ließen.

Man war eben wer!

Der junge Rieder war in Altenmarkt, wie überhaupt im Inntal, kein Unbekannter. Vor allem kannten ihn die Mädchen zwischen fünfzehn und zwanzig, und manch einer von ihnen lief das Wasser im Mund zusammen, wenn sie ihn sah. Aber das war ja gerade der Jammer, daß der Hans nichts wissen wollte von den Weibern im allgemeinen und von denen zu Altenmarkt im besonderen. Die waren ihm zu aufgeblasen – halt wie ihre Väter; und er konnte sich nichts Widerlicheres vorstellen als eine aufgeblasene Dirn.

So schaute er auch kaum hin, als sie jetzt allenthalben unter ihren Haustüren standen und mit süßem Geflöte »Grüaß Gott beinand!« sagten. Dieses »beinand« galt zwar beiden, gemeint war aber nur er; welches Schoppermeisterstöchterl wär denn nicht gern die Hauswirtin vom Bräu im Mühlgraben geworden!

Freilich redete man auch schon in der Rosenheimer Gegend davon, daß der junge Rieder am Bierkochen keine sonderliche Freud habe, sondern daß er es mit dem Mösner halte und am liebsten auf dem Inn sei.

Wer soll bloß einmal das reiche Sach übernehmen?

Ob der alte Rieder noch einmal heiraten wird? Ausgeschlossen ist nichts bei dem alten Bazi. Mit seinen knappen fünfzig Jahren hat er nämlich noch allerhand drauf! Und es gab sogar etliche noch recht junge Weiber entlang dem Inn, die dem alten Bierbrauer mit geschmatzten Händen in die Kammer gefolgt wären – trotz seines dicken Ranzens –, wenn sie nur einmal sein Sach gekriegt hätten. Denn darüber gab's keinen Zweifel, daß ihn früher oder später ein Schlagerl streifen würde – und wie stünde man dann da!

Dem jungen Rieder waren all diese Gedanken seiner Umwohner nicht fremd, und deshalb hegte er gegen die Leut eine stille Abneigung, namentlich gegen die Weibsleut. Bewegt sich denn das Dasein nur zwischen Bett und Beutel? Die alte Underseerin wußte natürlich auch um das Gerede über den jungen und den alten Bräu aus dem Mühlgraben und empfand eine leise Genugtuung dabei; denn darüber war sie sich im klaren, daß der junge Bräu ihre Barbara geheiratet hätt, wenn der Cronperger nicht gekommen wär. Aber es war schon gut so, daß sie jetzt den Georg hatte. Der Georg ist ein braver Mensch, und fleißig ist er auch. Und wenn er auch bloß ein gewöhnlicher Schiffmann ist, so verdient er beim Mösner dennoch sein gutes Geld, und saufen tut er auch nicht. Was will man mehr!

Mit diesen und anderen einschlägigen Gedanken waren die beiden Wanderer nach Nußdorf gekommen. Hier trennten sich ihre Wege. Die Underseerin mußte den Berg hinauf zum Bruder Klausner nach Kirchwald, Johann Rieder verfolgte den Weg weiter gegen Windshausen.

Er hätte leicht hurtiger vorankommen können, aber es pressierte ihm nicht. Außerdem rumorte in ihm ein ganz unlustiges Gefühl, dem er zwar keinen rechten Namen geben konnte, das ihn aber quälte; als ob ihm angst wär, nach Hause zu kommen. Freilich, seit dem Tod der Mutter empfand er das Heimkommen stets als fad und lausig, so wie wenn man in einen moderigen Keller hinuntersteigt. Nur die Anna zog ihn noch an, die alte treue Seele, die schon den Vater auf ihren Armen getragen hatte. Zu keiner Zeit seines Lebens hätte er sagen können, wer ihm lieber gewesen sei, die Mutter oder die Anna. Nur daß halt die Mutter jünger war und hübscher; dafür klangen aber die Worte der Anna wärmer und so ruhig wie das Trockenbacherl, das in Erl durch die Wiese rinnt.

In Windshausen unterhielt er sich eine Zeitlang mit den Tiroler Grenzern und lud drei von ihnen, die gerade keinen Dienst hatten, in die Schenke ein. Die gehörte, wie noch etliche andere im Umkreis, den Riedern. Der Huber, der sie in Pacht hatte und darum das Rieder-Bier ausschenken mußte, war ein schmieriger Gesell. Er wuiselte um den Johann herum wie ein Kanzleidiener. Das war aber nur Theater, denn er stand beim Bräu mit mehr als vierzig Eimern Bier in der Kreide.

Die drei Grenzer waren froh, daß ihnen einer einen Krug stiftete. Der Posten bei Windshausen war nämlich im ganzen heiligen Land Tirol am schlechtesten bezahlt; es war ja auch ein Strafposten. Wer hierher kommandiert wurde, der hatte sicher etwas ausgefressen, meistens irgendwo ein unehelich Kind in die Welt gesetzt. Dergleichen ahndeten die Herren der ehemaligen Grafschaft sehr, wenn sie sich auch selber droben zu Innsbruck hart taten, die eigene Kebshecke zu ernähren. Aber das ist der Lauf der Welt: Der Ober hackt den Unter wie der alte Hahn die kleinen Göckel; dabei ist doch der Misthaufen für alle da.

Es war schon spät am Nachmittag, als Johann Rieder endlich in Erl beim Passionsspielhaus vorbeikam und von drinnen heraus das laute Deklamieren der Spieler hörte. Sie probten wieder einmal, denn an einem der nächsten Sonntage sollten die Aufführungen beginnen. Da mußte also der Vater als Hoherpriester Annas auch drinnen sein – Gott lob! So würde er ihm drunten im Mühlgraben nicht gleich in die Hände laufen.

Bei der Kirche stieg er die steinerne Treppe hinauf zum Gottesacker. Dort an der Mauer auf der Epistelseite befand sich das Familiengrab der Rieder. Darin ruhte als Letztverstorbene seine Mutter. Neben ihr das tote Kind, ein Mädchen, sein Geschwisterl. Mit siebenundvierzig Jahren war sie noch einmal schwanger geworden, nachdem man allgemein geglaubt hatte, sie sei nach seiner schweren Geburt unfruchtbar. Unfruchtbar war sie nun freilich nicht gewesen, aber gesund auch nicht, und so hatte unser Herrgott bei dieser Entbindung alle beide zu sich geholt.

Johann betete drei Vaterunser und schritt dann beschwingt dem Mühlgraben zu. Er betrat die Wohnstube und dann die Kuchel, fand aber die Anna nicht. Er rief ein paarmal und ging dann den Berg hinauf, hinter zur Mühle; die lag am Stauwehr bei der blauen Quelle. Auch sie gehörte den Riedern, wurde aber die letzten Jahre kaum mehr betrieben; höchstens daß man in den Herbstmonaten die Ölquetsche laufen ließ. Und richtig, da saß die Anna und strickte. Seltsam! Wie konnte sie jetzt, kurz vor dem Abendessen, Zeit haben zum Stricken?

»Grüß Gott, Anna! Daß Ihr nit in der Kuchl seids?«

»Hab nix mehr verloren in der Kuchl!«

»I hab das Gefühl, Anna, Ihr spinnt!«

»Komm, Hans, hock di her!«

Er setzte sich voller Neugier zur alten Magd hin, und sie erzählte, daß gestern gegen Abend eine junge Zigeunerin ins Haus gekommen sei. Mit der habe sich der Bräu eine Zeitlang unterhalten und sei dann gleich mit ihr hinaufgegangen in die Kammer, der Saubär. Und erst am späten Morgen sei er mit ihr wieder heruntergekommen, und dann hätten sie zusammen Milch getrunken, und dann habe er zu ihr, der Anna, gesagt, daß die Jaromira von jetzt ab im Mühlgraben bleiben werde und ihr ein wenig an die Hand gehen solle, damit sie sich auch ein bisserl schonen könne, habe er gesagt, der zahnete Vergeltsgott, der zahnete! »Und wie s' gessen gehabt ham, sind s' wieder in d' Kammer gegangen! – Jetzt sagst kein Wörtl mehr!«

»Woll, woll!« erwiderte der junge Rieder und stand von der Bank auf. »Und wo is s' jetzt, die Zigeunerin?«

»Wann s' net in der Kuchl ist, wird s' in der Kammer sein. Aber dös sag i, Hans: 's Weiberl alleins ist net schuld! Dein Vater, der schlitzohrete Bauernspitz, der hat'n Teifl in sich!«

». . . 'n Teifl in sich!« wiederholte Johann tonlos und verließ die Alte. Als er ans Sudhaus kam, merkte er, wie die Brauknechte hinter den Pfannen grinsten und nur auf den Augenblick warteten, ihm eine dreckige Bemerkung über seinen Vater anzuhängen. Deshalb kam er ihnen zuvor und sagte: »Was meinen Vater angeht, das beredet mit ihm selber, nit mit mir!« Damit hatte er ihnen den Wind aus den Segeln genommen.

Und nun die Zigeunerin!

Gerade als er das Sudhaus verließ, huschte sie vor ihm über den Weg und trippelte hinunter zur Hopfenscheune. Ist das ein kleines Ding, dachte er, sieht ja noch aus wie ein Halbwüchsiges! Und mit Riesenschritten ging er ihr nach, denn er wollte Klarheit haben.

Unten beim hohen Tor der Hopfenscheune blieb die Zigeunerin stehen, lehnte sich lässig an den Angelbalken und wartete auf ihn. Und da stand er vor ihr wie der Lehrer vor dem zerknirschten Schulmädchen; nur daß die Zigeunerin keineswegs zerknirscht dreinschaute. Im Gegenteil, sie lachte ihn an, zeigte dabei ihre blendendweißen Zähne und sagte mit stark böhmischem Ton:

»Herr Johann, wollen Hand zeigen?«

Da wußte er nicht, wie ihm geschah, und reichte ihr die Hand hin. Sie ergriff sie und drehte sie, um auf die Innenfläche zu schauen: »Nicht scheene Hand, nur groß. Nicht immer scheenes Leben, Herr Johann, aber großes Leben und reiches Leben. Und immer wieder Frau, wo Mann ist tot.«

Da riß er entrüstet seine Hand zurück und herrschte das Mädchen an: »Ich brauch deine Lügenmärchen nicht! Was willst du bei uns?«

Sie sah ihn sehr ernst an: »Ich Jaromira Rotkova. Haben müssen heiraten Mann, was ist Schwein, wildes Schwein. Ich weglaufen von Mann. Hierher laufen in Brauhaus zu Vater. Vater ist auch Schwein, aber fettes und nicht wildes. Bitte, Herr Johann, mich lassen bleiben in Brauhaus! Ich viel arbeiten.«

»Wie alt bist du?«

»Siebzehn!«

»Und wo ist dein Mann?«

»In Rosenheim; müssen Steine klopfen.«

»Was hat er verbrochen?«

Sie machte mit ihrer kleinen Hand die Bewegung des Stehlens.

»Und wie lange muß er?«

»Fünf Jahr!«

»Aber unsere Anna will dich nicht.«

»Ich bin nicht Schwein. Vater mich ziehen in Bett.«

»Und wenn die Jäger kommen?«

»Mich nicht finden!«

»Da wär ich nicht so sicher!«

»Jäger mir ein Ohr abschneiden, zweites Ohr nicht!«

Bei diesem Wort strich sie mit der rechten Hand ihr üppiges blauschwarzes Haar zurück und zeigte dem jungen Rieder, daß ihr eine Ohrmuschel fehlte. Es war nämlich der Brauch in Böhmen, den Zigeunerinnen, die man einmal des Landes verwiesen hatte, bei ihrer Rückkehr ein Ohr abzuschneiden und sie einmal um den Galgen herum auszupeitschen.

Als Johann diese Verstümmelung sah, empfand er Mitleid. »An mir soll's nit liegen. Wenn du hierbleiben willst, so bleib! Es ist Sache des Vaters. Ich selbst bin sowieso am längsten im Hause gewesen!« Und er wandte sich zum Gehen. Da faßte Jaromira Rotkova ihn leicht am Arm. »Herr Johann Frau Anna alles sagen und bitten für mich!« In ihren Augen flackerte ein wirrer Glanz wie bei einem gehetzten Wild.

Johann nickte und ging wieder hinauf und hinter die Mühle, wo die Anna immer noch saß und strickte. Er erklärte ihr ganz kurz, daß man einen Menschen, der in seinen paar jungen Jahren schon so viel mitgemacht und erduldet habe, nicht einfach vor die Tür setzen dürfe; das sei unchristlich. Und daß die Jaromira Rotkova in Vaters Kammer gewesen sei und vielleicht auch fürder dort sein werde, dürfe man nicht ihr, sondern müsse man ganz allein dem Vater als Schuld ankreiden.

Die alte Frau schaute den jungen Rieder lange an. Dann legte sie das Strickzeug weg, erhob sich und ging wieder in die Küche wie eh und je.

Kurze Zeit darauf kam der alte Rieder von der Probe zurück.

Als er seinen Sohn sah, begannen seine Augen zu lauern. Er suchte zu erspähen, was wohl hinter der hohen, trotzigen Stirn des hartherzigen Buben vor sich ginge. Johann sprach kein Wort.

Auch beim Abendessen, als sich die Brauknechte mit an den Tisch setzten, wurde nicht über die Zigeunerin gesprochen, obzwar jeder merkte, daß sie in der Kuchel mit der Anna hantierte. Alle hatten freilich das Gespür, daß es so auf die Dauer nicht weitergehen könnte; aber niemand fühlte sich im Augenblick beherzt genug, eine erste Frage zu stellen.

Eine gute Woche zog sich das so hin. Da stand eines Morgens der Bürgermeister von Erl, der alte Matthias Audorfer, unter der Haustür und verlangte den Bräu zu sprechen. Der sei noch im Bett! – Dann solle er aufstehen und vorkommen ins Gemeindehaus! – Ob das gleich sein müsse. – Woll, woll, das müsse gleich sein!

Der Audorfer ging wieder, und die Anna weckte den Bräu.

Der stand eine Stunde später in der Kanzlei des Gemeindehauses.

Matthias Audorfer war ein würdiger alter Bauer. Vor vierundzwanzig Jahren hatten sie ihn vom Erler Berg geholt und zu ihrem Bürgermeister gemacht, weil seine Rechtschaffenheit weitum bekannt war. Er redete nicht viel.

»Bräu, du hast eine Zigeunerin aufklaubt. Solches geht nit!«

»Hab s' nit aufklaubt, Audorfer, sie ist mir ins Haus kommen.«

»So, sie ist dir ins Haus kommen. Und wer hat sie bei dir in d' Kammer gesteckt?«

»Gesteckt?«

»Wie i sag!«

»Ja, vareck, mitgangen is's!«

»Wennst einen Anstand hättest, tätest nit fluchen!«

»Wer gibt Euch 's Recht, Audorfer, mit mir so aufzudrehn?«

»Staad bist, Bräu! So groß wann d' wärst, wie d' dumm bist, nacher könntest leicht aus der Dachrinne saufen! Jetzt frag i noch amal: Wer hat's Zigeunerweib bei dir in d' Kammer gesteckt?«

»Dergleichen geschieht überall!«

»Darfst du das sagen, wo du bei der Passion mitspielst?«

»Was in meine vier Wänd g'schieht, geht niemand nix an!«

»Nacher sag ich dir, Bräu: mit'm Passionsspielen ist es aus! Hast mich?« Matthias Audorfer erhob sich an seinem Tisch, ließ den Rieder-Bräu stehen und begab sich in das Zimmer nebenan.

Der Rieder verließ die Kanzlei wie ein getretener Hund. Je näher er aber dem Mühlgraben kam, desto mehr festigte sich in ihm die Verstocktheit, und er raunte sich Mut zu: Jetzt ist es schon, wie es ist!

Als er die Wohnstube betrat, blieb er unter der Tür wie angenagelt stehen: in der Ecke unter dem Herrgott saß nämlich der Pfarrer, der alte Adam Trumblschlager, und sagte: »Grüß di Gott, Rieder-Bräu!«

Der Rieder erwiderte den Gruß mit verquetschter Stimme und dachte: Na also! Jetzt auch noch die Posaune des Jüngsten Gerichts!

Er stülpte seinen Hut auf den Holznagel an der Tür, ging zum Wandschrank und entnahm ihm einen irdenen Krug mit zwei Krügerln. Dann setzte er sich zum Pfarrer und schenkte wortlos von dem wasserklaren gebrannten Südtiroler ein. Und beide tranken. Adam Trumblschlager, krumm, weißhaarig und mit zahnlosem Oberkiefer, war einer von jenen geistlichen Herren, die nicht argumentieren, beweisen und entscheiden, sondern nur einladen. Seine Rede war nicht fordernd und nicht gewalttätig. Er konnte noch an das Gute im Menschen glauben, weil er es selber übte. Darum sagte er:

»Rieder-Bräu, böse Zumutungen kennzeichnen mehr den, der sie macht, als den, gegen welchen sie gemacht werden; ich mute dir nichts Böses zu, aber du weißt, warum ich dasitz.«

»I weiß, Herr Pfarrer, und i sag Euch: Es stimmt, was die Leut umeinanderratschen im Dorf. Es stimmt, i hab ein Zigeunerweib. Und i werd's behalten und werd's leicht gar einmal heiraten, wann's mi mag. Und wann's mi nit mag, aber bleiben will, nacher soll's bleiben. Mit meine neunundvierzig Jahr kann i nit leben wie der Einsiedel aufm Kirchwald!«

Und er lehnte sich im Stuhl zurück, so daß ihm der dicke

Bauch noch stärker hervorquoll. Das sah fast aus, als wollte er den Pfarrer herausfordern. Der nickte ein paarmal und meinte dann sehr bedächtig:

»Der Mensch braucht gemeinhin mehr Lieb, als wir denken, insonderheit der Zigeuner; der ist bei uns im heiligen Land Tirol weiß Gott eine geschundene Kreatur. Wenn's aber schon verheiratet ist, das junge Weib?«

»Es ist verheiratet, aber er, der ihr Mann ist, muß Mühlstein brechen zu Altenbeuern, fünf Jahr lang. Ob er's schafft?«

»Fünf Jahr schafft's keiner!« antwortete der Pfarrer und fügte hinzu: »Aber du mußt warten!«

Da entstand eine Pause, denn der Rieder wußte nicht, was er im Augenblick sagen sollte. Schließlich griff der Pfarrer das Wort wieder auf: »Und was sagt dein Johann dazu?«

Ein verächtlicher Zug strich über das aufgedunsene Gesicht des Bierbrauers, als er sagte: »Muß ihm nit Rechnung legen!«

»Mußt nit; 's ist aber dein einziger!«

»Grad deswegen bleibt die Zigeunerin in der Kammer! Ein Bua muß her, der einmal das Sach übernimmt, ein echter Bräu, kein Schiffmann nit wie der Johann!«

Bedenklich zuckte der alte Pfarrer die Schultern: »Der Glaube versetzt Berge – so steht's in der Heiligen Schrift. Könnt sein, daß du noch einen Buam kriegst. Wichtiger aber scheint mir der Friede, der Friede auf deinem Hof und im ganzen Dorf. Und einen solchen Frieden, mein lieber Rieder, kannst nur haben, wann du ihn gibst, und kannst ihn nur geben, wann du ihn hast.«

Wieder entstand eine lange Spanne des Schweigens. Am Ende sagte der Pfarrer, indem er sich mühsam im Herrgottswinkel erhob: »Wir dürfen vom Glück nit zu viel verlangen. Das Streben danach ist dem Menschen weniger notwendig als die Kunst, sich in den Kümmernissen dieses Daseins zu trösten und unerschütterlich ein guter Mensch zu bleiben.«

»Ein guter Mensch, sagt Ihr, bei dem Buam und in dem Dorf?« Das klang spöttisch.

Der würdige Mann faßte den Rieder leicht am Ärmel: »Unsere Güte muß grenzenlos sein; dabei gerät sie freilich manchmal arg in die Nähe der Dummheit. Doch das ist ihr Schicksal.«

Pfarrer Adam Trumblschlager verließ den Mühlgraben und kehrte zu seinem Widum ins Erler Dorf zurück. Dabei stützte er sich mit der Rechten auf einen derben Stock, in der Linken hielt er den Rosenkranz, dessen Perlen ihm langsam durch die Finger glitten. Er betete für den Rieder.

Die Sommerwochen gingen dahin. An allen Sonntagen spielten die Erler ihre Passion für die vielen, die von hüben und drüben, aus dem Tirol und aus Bayern kamen. Denn nach dem mörderischen Dreißigjährigen Kriege war noch viel Frömmigkeit in den Herzen der Menschen, und die meisten erkannten, daß man Leben und Gesundheit dem Himmel verdanke. Es war darum ein gutes Werk, sich an Christi Tod zu erbauen und nach Erl zu pilgern.

Die kleine Rolle des Hohenpriesters Annas hatte der Matthias Audorfer selbst übernommen. Der Rieder-Bräu war in diesem Jahr der einzige Ortsbewohner, der die Passion nicht besuchte. Das verargten sie ihm sehr. Denn nicht genug, daß er Schande über das Dorf gebracht hatte – jetzt mimte er auch noch den Verächter!

Ob man's ihm nit verleiden sollte?

Die Haberer

Beim Huber Toni in der Schenke zu Windshausen kamen an den Abenden dieser Sommersonntage mehr gestandene Bauern und Handwerker aus Erl zusammen als sonst. Und sie saßen hinter ihren Bierkrügen wie die Duckmäuser, taten die Köpfe eng zueinander und redeten nur hinter der hohlen Hand. Eines Tages aber schickten sie den Huber, den Wirt, zum Rechenauer Andrä in die Kiefer, hinüber ins Bayerische, und ließen diesen alten Sensenschmied ersuchen, er möge zu Mariä Himmelfahrt nach Windshausen kommen.

Und der Rechenauer Andrä kam.

Was sie von ihm wollten?

Etwas, das es im heiligen Land Tirol nicht gab, wohl aber drüben in Bayern, jenseits des Innflusses: Sie wollten, daß dem Rieder-Bräu im Mühlgraben einmal tüchtig Haberfeld getrieben werde. Wenn den noch etwas zur Vernunft bringen könnte, dann vielleicht nur ein richtiges Haberfeldtreiben, so wie solche Volksjustiz in den Märkten Miesbach, Holzkirchen, Gmund, Tegernsee und Rosenheim beheimatet war.

Der Rechenauer war einer von den Haberermeistern und hatte seinen Bezirk zwischen Rosenheim und Kufstein. Ihm unterstanden etwa drei- bis vierhundert Haberer. Er hatte sie fest in der Hand, auch die jungen Burschen, und übte sein Amt niemals zur Gaudi aus, sondern immer »im Namen Kaiser Karls vom Untersberg« in gerechter Sache. Jedermann wußte das, es wußten das auch die Erler Bürger.

Und so saßen sie jetzt um den Rechenauer in der Windshauser Schenke und erzählten ihm, was sich nun schon seit Mitte Juli im Mühlgraben zutrug. Der Rechenauer, ein stattlicher Mann mit eisenharten Händen, hörte sich die Reden ruhig an und gab dann zweierlei zu bedenken: Erstens sei das Haberfeldtreiben eine rein bayerische Rechtsordnung, so daß er erst bei seinem Vorgesetzten, dem Haberfeldmeister, Rat einholen müsse, ehe er ihnen eine Zusage geben könne. Zweitens seien da die drei Tiroler Grenzer, die unbedingt entfernt oder abgelenkt und abgehalten werden müßten, wenn das Treiben ohne Störung verlaufen solle. Die Klärung dieser zweiten Frage sei ihnen anheimgegeben, während er sich um eine Antwort auf die erste bemühen werde. In vierzehn Tagen könne man sich wieder treffen.

Als die vierzehn Tage um waren, hatte der Septemberregen eingesetzt. Er ließ den Inn anschwellen und weichte die Wege auf; bisweilen versank man bis über die Knöchel im Schlamm. Keine Zeit zum Haberfeldtreiben, weil jeder an den Spuren erkennen konnte, woher die Treiber gekommen waren. Und gerade das wollte der Haberfeldmeister vermieden wissen. Also mußte man warten, bis der Regen nachgelassen hatte, und außerdem mußte es eine Neumondnacht sein. Was die Grenzer betraf, so würde man die in der Schenke mit Bier vollaufen lassen, in das man etliche harte Schnäpse mischen werde. Nach zwei Stunden seien die dann so blau, daß man sie hinauswerfen könne in den Heustadl. Der frische Heuduft werde sie dann noch mehr benebeln, so daß sie nach dem Erwachen Köpfe haben würden wie Tränkscheffel. Von ihnen drohe also keine Gefahr.

Mitte September hörte es auf zu regnen. Vom Spitzstein pfiff der Wind ins Tal herein; er war kalt, aber er trocknete alle Wege ab.

Und dann kam die Nacht vor dem Fest des heiligen Matthäus, eine Neumondnacht. Bei der Sensenschmiede am Mühlbach über dem oberen Audorf hatten sich ungefähr zweihundertachtzig Haberer versammelt; aus dem ganzen Bezirk des Rechenauers waren sie zusammengekommen, alte und junge. Die Alten um der gerechten Sache willen, die Jungen mehr um des Bieres willen, das sie sich beim Rieder-Bräu erhofften; denn einem Bräu Haberfeld zu treiben, das kommt im Jahrhundert höchstens zwei- oder dreimal vor. Da muß man sich dranhalten!

Hinter der Schmiede, dem Luegsteinsee zu, dehnte sich ein weiter Platz; dort standen sie, die Gesichter mit Ruß geschwärzt, das Kinn mit langen Hanfbärten bekleistert, auf dem Kopf den Stopselhut, der mit einer Feder geziert war. Ein paar schwelende Fackeln beleuchteten die wogende Schar mit Dreschflegel, Pfannen und Ratschen, sie blitzten auf den Sensen, den Kuh- und Hausdachglocken, auf den Blechkannen, Trompeten, Posaunen und Hörnern. Wer dergleichen Instrumente nicht besaß, der schwang einen dicken Prügel oder einen langen Bergstock.

Ein wenig abseits lag ein altes Salzfaß. Der Rechenauer ließ es in die Mitte seiner Leute rollen und stellte sich darauf. Eine Fackel beleuchtete sein grimmig bemaltes Gesicht. Alle schwiegen, und er sprach: »Ehvor wir unser gerechtes Werk beginnen, laßt uns schwören den heiligen Schwur, so da lautet: Ich schwöre bei meinem Leben, – unverbrüchliches Schweigen zu wahren – über unseren Habererbund – und über das heutige

SERENISSIMA PRINCEPS AC DÑA DÑA
HENRIETA ADELAIDIS,
VTRIVSQVE BAVARIAE, AC PALATINATVS SVPERI
ORIS DVCISSA, COMES PALATINA RHENI, ELECTRIX LAND
GRAVIA IN LEICHTENBERG, NATA REGIA PRINCEPS SABAVDIAE
ET PEDEMONTII
H. D. C.

M. Küsell, Henriette Adelaide von Savoyen
Kupferstich, Stadtmuseum München

Kurfürst Max Emanuel von Bayern, 1679—1726

Treiben. – Nicht List, nicht Gewalt, – nicht Kerker und nicht Tod – soll je mich bewegen, – diesen Schwur zu brechen, – so wahr mir Gott helfe! Amen.«

Mit dumpfer Stimme hatten sie ihm die Eidesformel nachgesprochen. Dann zogen sie hinab ins Dorf.

Niemand sprach ein Wort; man hörte nur die stapfenden Mannsstiefel und die knirschenden Wagenräder.

Bei Urfahrn gelangten sie an die Innfähre.

Der Rechenauer klopfte den alten Fährmann Rubatscher aus seiner Behausung, zahlte die gehörige Summe und regelte dann selber die Überfahrt. Fünfmal mußte der Rubatscher übersetzen.

Als sie wieder alle beisammen waren, überquerten sie noch den Dorfweg und schlichen sich in halber Höhe durch die Felder bis auf die Wiese, die oberhalb eines Fichtenwäldchens über der blauen Quelle des Mühlgrabens lag. Hier bildeten sie einen großen Kreis. Darauf schickte der Rechenauer zwanzig handfeste Männer hinunter zum Wohnhaus und befahl ihnen, den alten Rieder-Bräu »herauszuheischen«.

Die Männer klopften laut an die Haustür und an die Fenster der Kuchl. Da tat sich über ihnen ein Laden auf, und der Bräu brummte herab: »Was soll's denn sein?«

Einer erwiderte: »Wir sind die Haberer und heischen dich heraus aus deinem Hause, so wie du bist, im Hemd und ohne Hose!«

In dem Augenblick tat es drunten bei der Hopfenscheune einen gewaltigen Krach: ein paar Männer hatten die beiden hohen Scheunentorflügel aus den Angeln gehoben und niederfallen lassen; zugleich schlugen sie mit Dreschflegeln auf die dürren Bretter und Bohlen. Das dröhnte hohl und war weit über die Grenzen des Dorfes hinaus zu hören.

Und wieder sagten die bei der Haustür: »Hast du uns verstanden, Rieder-Bräu? So wie du bist, im Hemd und ohne Hose!«

Da wurden dem Brauer die Knie ganz weich. So wie er war, kam er aus der Kammer die Treppe herab. Sie nahmen ihn in ihre Mitte und geleiteten ihn hinauf zu den anderen. Sie stellten ihn in den Kreis und beleuchteten ihn ringsum mit einigen Fackeln. Welch eine Jammergestalt!

Nun verlas der Rechenauer, an dessen Seite einer mit einer Laterne stand, verschiedene Bauernnamen aus Erl, vor allem aus Rieders Nachbarschaft, und bei jedem Namen schrie einer von den Haberern »Hier!« Von den Genannten war natürlich kein einziger zugegen. Dann fuhr der Haberermeister fort:

>»Einer ist hier dabei,
den tun wir nicht kennen,
Geißfüß hat er zwei,
wie möcht er sich wohl nennen?
Ich bild mir's schon ein:
Der Teufel muß es sein!«

Jetzt erhob sich ein fürchterlicher Lärm, auf allen Instrumenten wurde wild geblasen. Tags darauf erfuhr man, daß sogar die in Kufstein den nächtlichen Spuk von Erl gehört hatten. Plötzlich brach der Lärm ab. Der Meister begann mit der Anklage:

>»Ich wußte nit, daß unter die Säu
zu zählen sei der Rieder-Bräu.
Jetzt weiß ich's aber und sag es euch allen:
Ein Zigeunerweib ist ihm in das Bett gefallen.
Leicht hat er's auch hineingezogen,
denn der alte Bräu ist sehr verlogen,
hat nit umsonst in der Passion
voreinst gespielt den Judensohn,
den Annas, den alten schlechten Bruder,
der wo gewest ist ein falsches Luder.
Jetzt, Haberer, krachts mit die Büchs'n
und weckts auch noch die Zigeunerschicks'n!«

Wieder erhob sich der Lärm von vordem, dazu schossen sie jetzt auch noch aus Büchsen und aus Böllern.

Jaromira stieg, von niemandem bemerkt, aus einem Fenster auf der Rückseite des Hauses und schlich in die Lagerkeller, die in den Kapellenberg hineingebaut waren. Hier zündete sie eine Kerze an, stellte sie unter die Tür und machte sich dann an dem großen Bierzuber zu schaffen. Aus seinem Lederbeutelchen schüttete sie etwas Staubähnliches in den Zuber und rührte es dann mit dem großen Holzlöffel hinein.

Das Licht und das Weib sahen aber jene Haberer, die immer noch bei den Scheunentorflügeln standen und, wenn es galt, mit den Flegeln daraufschlugen. Der Lärm war inzwischen wieder verstummt, und der Rechenauer setzte seine gereimte Rede fort:

»Da steht der Rieder wie beschissen;
sie haben ihn hinausgeschmissen
aus der Passion, wie sich's gehört,
weil solch ein Bock die Andacht stört.
Doch braut er immer noch sein Bier,
und dieses Bier, das trinken wir.
Hinfüro wolln wir's nit mehr trinken!
Er soll in seinem Bier versinken,
soll selber saufen sein Gebräu,
auf daß sein Wanst noch besser gedeih!
Dies tut in dieser nächtlichen Stund,
ihr Haberer, dem ganzen Inntal kund!«

Abermals setzte der große Lärm ein. Zwei von denen bei der Hopfenscheune taten freilich nicht mit, sondern kamen eilends zum Rechenauer gerannt und meldeten ihm, was sie gesehen hatten: »Ganz gewiß, 's war das Zigeunerweib!« Der Meister ließ den Lärm noch eine Weile weitertoben und gab dann das Schlußzeichen. Nachdem er noch ein Hoch auf den allergnädigsten Herrn Kurfürsten Ferdinand Maria ausgerufen hatte, womit er ungewollt zu erkennen gab, daß sie aus dem Bayerischen gekommen waren, entließ er den Rieder in sein Haus und ordnete zugleich an, in den Lagerkellern nach der Zigeunerin zu suchen. Nichts konnte den Männern willkommener sein als dieser Befehl.

Das immer noch in der Tür stehende Kerzenlicht lenkte sie in die gewünschte Richtung.

Wie eine Horde verdurstendes Vieh wälzten sie sich in den Keller hinein, ergriffen gierig die herumstehenden Kannen und schöpften unaufhörlich aus dem großen Zuber. Manche konnten das Bier gar nicht so rasch saufen, als sie es sich in die Kehle hineinlaufen ließen; es floß ihnen beidseits aus dem Maul heraus und rann am Hals herunter. Und immer wieder schöpften sie und soffen und soffen. »Hienfüro wolln wir's nit mehr trinken!« hatte der Haberermeister vorhin gesagt; – jetzt lehnte er selbst mit einer Kanne am Türpfosten und zog sich mit der anderen Hand den Hanfbart weg, um beim Trinken nicht behindert zu sein.

An das Zigeunerweib aber, das sie hier hatten aufstöbern wollen, dachte keiner mehr. Die meisten dachten überhaupt nichts mehr, sondern wankten aus dem Keller hinaus und hinunter zum Inn. Soviel wußten sie noch, daß sie von jenseits des Flusses gekommen waren und also auch wieder hinüber mußten; daß die Fähre weiter oben war, wußten sie nicht. Ihrer drei griffen in der Finsternis ein kleines Rennschiff, das hinter der Hopfenscheune an der schmalen Lände angepflockt lag, nestelten es los und torkelten mit noch vier anderen hinein. Bald hatte der immer noch stark angeschwollene Fluß das Schiff in seine Mitte gerissen; er spielte mit ihm und warf es dann vor Windshausen an den großen Stein, der aus seiner Mitte herausragt. Das Schiff zerschellte, und fünf von den sieben Männern zog der Ländhüter am anderen Morgen bei den Pfeilern der Rosenheimer Brücke ans Ufer; die beiden anderen wurden später bei Attel geborgen.

Von den übrigen Haberern fand etwa die Hälfte den Weg zur Fähre und wurde vom Rubatscher noch ans bayerische Ufer übergeholt. Die anderen übermannte der Schlaf und ein jähes inneres Frösteln; wo sie standen, brachen sie in der feuchten Wiese zusammen. Dort sah man sie in der Herrgottsfrühe noch liegen. Als dann die Sonne aufging, rappelten sie sich auf und schwankten wie geschlagene Krieger ebenfalls zur Fähre.

In den folgenden zwei Wochen aber war der Rosenheimer Doktor Malachias Geiger bis hinauf zur Kiefer fortwährend unterwegs, um an jenen Männern den Rotlauf zu kurieren, von dem ansonst nur die Schweine befallen werden . . .

Das Haberfeldtreiben beim Rieder-Bräu hatte in Erl noch ein Nachspiel. Der Bürgermeister Matthias Audorfer meldete das Ereignis pflichtgemäß an seinen Bezirkshauptmann nach

Kufstein, meldete auch, daß in jener Nacht von den drei Grenz-
posten keiner sei gesehen worden, weil sie – wie ermittelt –
nach vorausgegangener Sauferei »sich in einem Heustadl eines
gesunden Schlafes erfreuet« hätten. Auf die rein bayerische
Landeszugehörigkeit der Haberer pochte der Bürgermeister in
seiner Meldung nicht, wußte er doch, daß auch dem Bezirkshauptmann an gut nachbarschaftlichen Beziehungen viel gelegen war; und warum sollte man sich diese durch eine solche
Lausbüberei trüben lassen! Der Bezirkshauptmann zog darauf
die drei Grenzer von ihrem Posten ab und schickte sie in die
Festungshaft nach Rattenberg. Hier wurden sie innerhalb von
zwei Jahren so ernüchtert, daß sie am Ende starben.

Nicht so bitter erging es dem Rechenauer Andrä. Ihn setzte
der Haberfeldmeister von Miesbach einfach ab und schloß ihn
aus dem Bunde der Haberer aus mit der Warnung, daß er des
Todes sei, wenn er Geheimnisse des Bundes verriete.

Und wie sah es im Mühlgraben aus?

Gleich am Morgen nach jener Neumondnacht erschienen die
Nachbarn beim Rieder und machten ihn verantwortlich für den
Schaden in ihren Ställen. Infolge des fürchterlichen Lärms der
Haberer hätten sich die Kühe von den Ketten losgerissen und
wären über das Jungvieh und die Schweine gestolpert. Sie
hätten sie niedergetreten und bei dem allgemeinen Schrecken
und Schreien auch sich selbst verletzt. Allen Schaden sollte der
Bräu ersetzen, denn nur seinetwegen seien die bayerischen
Haberer gekommen!

Der Rieder hörte sich das alles an, sagte aber kein Wort,
sondern ließ die Bauern stehen und ging hinab ins Sudhaus.
Hier erwartete ihn eine zweite bittere Überraschung: Von den
Brauknechten war keiner da. Im Lauf des Tages ließen sie ihm
dann durch ein paar Kinder sagen, daß sie nicht mehr bei ihm
arbeiten wollten. Ebenso kamen die Wirte von Niederndorf,
Ebbs und Oberdorf, zahlten ihre restlichen Bierschulden und
erklärten, sie würden sich einen anderen Bräu suchen.

Als sie dann am Abend allein miteinander bei Tisch saßen,
sagte Johann zu seinem Vater: »I brauch ein Roß und ein
Geld!«

Der alte Rieder stand auf, ging zum Wandschrank und kramte dort herum. Als er an den Tisch zurückkam, sagte er: »Hundert Gulden, mehr hab i nit! Und ein Roß nimmst dir!«

Aus der Höhe des Geldbetrages erkannte Johann, daß der Vater damit rechnete, er werde ihn endgültig verlassen. So bedurfte es also keiner weiteren Erklärung. Er erhob sich, ging in den Stall und schüttete seinem Blauschimmel noch einmal reichlich Hafer auf. Darauf begab er sich in seine Kammer und richtete alles, was er an Kleidung und Wäsche besaß, in einen großen Fellsack hinein. Den verheftete er dann hinten an dem Sattel. In der Kuchl holte er sich zwei Kerzen, einen Feuerstein und ein Stück Schwamm, aus dem Schupfen ein kleines Brecheisen, mit dem man erfolgreich zuschlagen konnte.

Dann war die Nacht da.

Johann führte sein Roß aus dem Stall, schwang sich hinauf und ritt ins Dorf hinein. Beim Brunnen band er den Schimmel fest und stieg die Treppe zum Friedhof hinauf. Hinten an der Kirchenmauer, wo er das Grab seiner Mutter wußte, zog er eine Kerze heraus und zündete sie an. Dann kniete er sich nieder und las auf der Blechtafel des geschmiedeten Kreuzes: »Hier ruhet in Gott Maria Riederin, Bräuwirtin aus dem Mühlgraben, eine Tochter des Florian Schnetzer, eines Flößermeisters zu Kempten im Allgäu. Zu früh, o Herr, von uns genommen, ist sie gewiß zu dir gekommen. R. i. p.« Er betete noch ein Vaterunser und verließ das Grab, auf dem die Kerze im leisen Nachtwind flackerte.

Als er zu seinem Roß kam, stand die Zigeunerin Jaromira da und fragte:

»Herr Johann, wohin?«

Er antwortete ihr aus dem Sattel: »Zum Großvater!«

Beim Fürstabt

Johann Rieder ließ seinen Blauschimmel ruhig durch die Nacht gehen. Manchmal stieg er sogar ab und schritt nebenher.

Ihm pressierte es nicht, noch nicht. Im Gegenteil, er wollte zu Rosenheim beim Cronperger Georg absteigen, ehe er das Bayernland verließ, und mußte sich darum Zeit lassen, weil ihm die Torknechte vor Sonnenaufgang sowieso nicht öffnen würden.

Er dachte nach.

Was wird aus dem Vater werden? Er wird sich gewiß nicht unterkriegen lassen. Er wird wieder heiraten – die Blauschwarze oder eine andere – und wird Kinder haben, vielleicht auch einen Sohn, der das Braugewerbe weiterführt. Denn er ist noch jung genug, der Vater.

Mit ihm, dem Johann, hatte er kein Glück gehabt, schade! Sie verstanden sich nicht. Der Vater war ein Raffer, ein Leutschinder und Leutbetrüger. Aus allen holte er das Letzte heraus und hatte dann für die Ausgeräuberten nur noch einen Blick der Verachtung. Johann hatte ihn bisweilen zur Rede gestellt. Da hatte er bloß erwidert: »Meinst, die machten es mit mir anders?« Darauf gab es keine Antwort.

Sicherlich war die Mutter an Vaters Hartherzigkeit seelisch zugrunde gegangen, denn sie besaß eine stille Art, Gutes zu tun. Immer, wenn er ihr da draufgekommen war, hatte er sie zusammengebrüllt und hatte geflucht, daß einem hätte Hören und Sehen vergehen können. Die Mutter war aber deswegen nicht irre geworden, sie hatte geschwiegen und weitergetragen. Nur manchmal, wenn es ihr bis an den Hals gestiegen war, hatte sie sich aufgemacht, war auf den Kirchwald gegangen und hatte sich beim Einsiedel ausgeweint, zwei- oder dreimal jedes Jahr, die letzten Jahre öfter. Und dann war sie noch einmal schwanger geworden, wo ihr doch der Wechsel schon arg zugesetzt hatte. Das hätte nicht sein dürfen! Aber so war der Vater: Alles hatte für ihn dazusein, für ihn zu schaffen, auch für ihn zu bluten; und die Mutter hatte für ihn sogar sterben müssen.

Unter solchen Gedanken kam Johann Rieder vor das Rosenheimer Inntor geritten. Beim Cronperger in der Wiesengasse zog er den Blauschimmel in den Hinterhof und hängte ihm den Häckselsack um. Die Barbara kam ihm entgegen, leicht wie eine Feder. Seit der Geburt ihrer Tochter Salome war sie fast noch hübscher geworden. Sie machte traurige Augen, als er ihr sein Vorhaben erzählte. Da werde man sich ja wohl Jahre lang nicht mehr sehen! – Auch die alte Underseerin schüttelte fortwährend den Kopf, weil sie nicht fassen konnte, daß es zwischen Vater und Sohn keine Brücke mehr geben sollte.

Der Georg war nicht daheim, sondern mit dem Schiffmeister Mösner irgendwo in Österreich unterwegs. Johann ließ ihn grüßen und bat, er möge dem Mösner und den anderen bekannten Schiffleuten auch einen schönen Gruß sagen. Ob sie sich noch einmal wiedersehen würden, sei zwar möglich, aber fraglich. Da weinten die zwei Frauen, so daß sich Johann beeilte, hinauszukommen.

Bald hatte er Rosenheim hinter sich.

Er ritt dem Gebirge zu, denn die Wege dort schienen ihm sicherer zu sein als die im flachen Land. Abgehalfterte Landsknechte und sonstige Marodebrüder trieben sich lieber in der Nähe befahrener Landstraßen herum; da gab es eher etwas zu ergaunern als weiter drinnen in den Bergen.

Am dritten Tage kam er nach Pfronten und gegen Abend über Nesselwang und Durach nach Kempten. Als er hier nach dem Flößermeister Schnetzer fragte, wurde er erst inne, daß Kempten aus zwei getrennten Städten bestand, aus der älteren Reichsstadt und der jüngeren Stiftsstadt, und daß diese beiden Gemeinwesen einander heftig befehdeten. Schließlich erfuhr er aber doch, daß der Schnetzer in der Reichsstadt wohne und auch in ihren Diensten stehe.

Es war schon fast dunkel, als er an dessen stattlichem Hause anklopfte.

Der Großvater erkannte seinen Enkelsohn natürlich nicht, denn er hatte ihn noch nie gesehen. Er war deshalb auch sehr zugeknöpft, als Johann seine Absicht äußerte, bei ihm wohnen und in seine Dienste treten zu wollen. Darüber könne man morgen reden; jetzt solle er essen und dann schlafen gehen! Johann war zu müde, als daß er einer deutlicheren Erörterung seiner Lage fähig gewesen wäre. So aß er denn und ging zu Bett.

Er schlief bis in den hohen Tag hinein.

Als er aufgestanden war und eine Milchsuppe gegessen hatte, redete der Großvater mit ihm. Als Katholik möge er sich doch an den Fürstabt wenden, der eben dabei sei, seine Stiftsstadt wieder aufzubauen. Er suche gute Flößer, die ihm das Holz aus den Wäldern im Gebirge auf der Iller herausflößten bis hinunter nach Ulm in die Donau. Der Fürstabt brauche nämlich für seine Bauten viel Geld und verkaufe deswegen auch viel Holz, besonders an den Gagstädter in Ulm.

Und wie komme man an den Fürstabt heran?

Das sei nicht sonderlich schwierig. Meist hänge es von der Laune des gestrengen Herrn ab, manchmal sei er sehr leutselig, bisweilen auch sehr abweisend; je nachdem, wie ihm die Kräutelmahlzeit gemundet habe. Er esse nämlich kein Fleisch und führe darauf seine Gabe der Weissagung zurück.

Johann erkannte, daß er auf den Großvater eine falsche Hoffnung gesetzt hatte. Der konnte ihm nicht helfen, selbst wenn er gewollt hätte, er konnte aber auch gar nicht wollen, weil er viel zu viel Angst hatte um sein eigenes Fortkommen. Wie klein und erbärmlich doch der Mensch wird, wenn über seiner Zukunft nur der Brotkorb hängt!

Der Fürstabt hielte sich gegenwärtig auf seinem Inselschlößchen im Niedersonthofener See auf, erfuhr Johann, und er sattelte seinen Blauschimmel – es sollte das letzte Mal sein – und ritt hin. Am Anlegeplatz vor dem geräumigen Seehaus stand ein rotlivrierter Mann, der einen kleinen Degen trug. Johann stieg aus dem Sattel, machte eine Verneigung und fragte ihn, ob es möglich sei, den Herrn Fürstabt zu sprechen.

Woher er denn komme und was er wolle?

Er komme vom Innfluß aus dem Tiroler Gebirg und sei ein erfahrener Schiffmann; jetzt wolle er ein Flößer werden.

Ein Flößer? Und er habe Erfahrung auf dem reißenden Wasser?

Wie denn auch nicht! Der Inn sei ein ganz anderes Wasser als dieses Bacherl von Iller da! Übrigens habe er selbst die neue bayerische Kurfürstin auf ihrem Prunkschiff von Kufstein hereingesteuert bis auf Wasserburg. Das könne zu München jederzeit erfragt werden.

Da sperrte der rotlivrierte Mann zu seinen großgewordenen Augen auch noch den Mund auf und meinte: »Bigoscht, da muscht no a bitzele warte, nacha kannscht überfahre!«

Eine halbe Stunde später stand der hochgeschossene Johann Rieder dem kleinen barfüßigen Fürstabt Roman Giel von Gielsberg im Empfangssalon des Inselschlößchens gegenüber. Welch ein Unterschied! Der Sohn eines Bierbrauers aus einem Winkel der Grafschaft Tirol vor einem geistlichen Reichsfürsten, der den Titel trug »Erzhofmarschall Ihrer Majestät der Kaiserin des Heiligen Römischen Reiches Deutscher Nation«!

Mit Wohlgefallen schaute der Fürst dem langen Rieder in die Augen und gewahrte dann voller Bewunderung die riesigen Hände. Kein Wunder, daß der die junge Savoyerin hatte steuern dürfen!

»Ist sie immer noch so wild, die kleine Adelaide?«

»Fürstliche Gnaden, das kann i nit sagen.«

»Hat sie mit dir nicht gesprochen? Sie kann doch ihr Mundwerk nicht halten!«

»Doch, fürstliche Gnaden, sie hat! Sie hat mir sogar ein zünftigs Uhrwerk geschenkt.«

»Dacht ich mir's doch! – Und warum bist du nicht bei Ihr geblieben? Der Kurfürst in Bayern muß doch einen solchen Mann brauchen können.«

»Jetzt braucht s' mi sicherlich noch nit, weil s' gesagt hat: Johann Rieder, hat s' g'sagt, Wir werden an dich denken, wenn Wir abermals zu Schiff gehen sollten!«

Der Fürstabt lächelte: »Und in der Zwischenzeit, bis sie wieder zu Schiff geht, willst du Stiftsflößer sein?«

»Wenn's Euer fürstlichen Gnaden belieben möcht!«

»Es beliebt! Du gehst jetzt hinunter zu unserem Ländplatz an der Iller und meldest dich beim Flößermeister Aich, sagst ihm, daß du vom Fürstabt kommst und er dich einweisen soll!«

»Vergelt's Gott, Euer Gnaden!«

»Und noch eins! Da hast du einen Dukaten. Geh in die Reichsstadt zum Lerner und kauf dir alles, was ein Illerflößer braucht. Auch dem sagst du – aber sag's ihm ganz leise ins Ohr –, daß dich der Fürstabt schickt!«

»Noch mal vergelt's Gott!« Johann wollte sich zum Gehen wenden.

»Ja, und dein Salär, das interessiert dich wohl gar nicht? Das Stift zahlt dem Flößer in der Woche einen Gulden, dem Oberflößer eineinhalb, und dem Flößermeister zweieinhalb Gulden in der Woche. Zum kommenden Frühjahr bist du, so Gott will, Flößermeister!«

Der hohe Herr lächelte gnädig, und Johann Rieder verließ das Inselschlößchen. Er ritt in die Stadt zurück und verkaufte seinen Blauschimmel für neunzehn Gulden. Dann begab er sich zum Lerner und tat, wie der Abt ihn geheißen, legte ihm auch gleich den Dukaten hin. Der alte Kaufmann nickte voller Genugtuung. Er wohnte zwar in der Reichsstadt, hielt es aber mit dem Stift. Weil er sogar im Inneren Rat der Stadt saß, waren seine Nachrichten, die er dem Stift insgeheim zugehen ließ, stets sehr wichtig und versetzten den Fürstabt in die Lage, den häufigen Gehässigkeiten der Reichsbeamten wirkungsvoll zu begegnen.

Lerner richtete nun selbst alles her für den langen Burschen aus Tirol. Zuerst die mächtigen Stiefel, die man über den ganzen Oberschenkel hinaufziehen konnte; dann die hellgrüne Wolljacke mit den Hirschhornknöpfen (so etwas Ähnliches trug man ja auch beim Rieder daheim, nur nicht aus Wolle); als Abschluß der Bekleidung eine wuchtige Ledertasche mit Messingschloß. Je prunkvoller dieses Schloß war, desto bedeutender war der Flößer – für ihn suchte der Lerner ein ganz großes heraus, das sogar mit vielen kunstreichen Schnörkeln verziert war, eine seltene Hammerarbeit. Folgte schließlich das zusammengerollte Seil, das der Flößer auf langer Axt oder einem Bohrer über den Schultern trug. So gerüstet, erschien der Rieder am frühen Nachmittag beim Flößermeister Aich am stiftsherrlichen Ländplatz.

Der Meister war auf seine Ankunft schon vorbereitet worden und erklärte, noch ehe Johann ein Wort vermeldet hatte, der Herr Fürstabt habe für ihn im Gärtnerhaus des Hofgartens – die Schweden hatten übersehen, es anzuzünden, – eine Schlafstatt richten lassen.

Darauf begann die Unterweisung.

Zunächst galt es, Flöße zusammenzustellen. Dafür lagen auf dem Ländplatz alle Arten von Holz: Langholz, Bretter, Scheiter, Stangen und Latten, in kleineren Mengen sogar Schindelholz. Langholz und Schindelholz erhielten vor allem die Bauleute in der holzarmen Gegend des Donaurieds bei Ulm; Scheiter gingen an die Bäcker, Brauer und Ziegler in den Orten entlang der Iller.

Man hatte zu unterscheiden zwischen dem Einmann- und dem Zweimannfloß. Ein solches sollte jetzt zusammengebaut werden, denn er selbst, der Meister, werde mit seinem neuen Mann auf die erste Fahrt gehen. Siebzig Stämme wurden aufgelegt und mit Weiden und Birkennägeln verbunden, die längsten in der Mitte. Zwei langschäftige Ruder wurden aufgesetzt, ein vorderes und ein hinteres. Dann schlichtete man achthundert zöllige Bretter, wie solche die Tischler und Schreiner brauchten, gut ausgewogen in die Mitte. Anstatt dieser Bretter konnten natürlich nach Bedarf auch Scheiter geladen werden, und zwar jeweils fünfundfünfzig Ster.

Das Einmannfloß, so erklärte Meister Aich, würde übrigens genauso gebaut, nur eben bloß aus dreißig bis vierzig Stämmen, und es trüge fünfhundert Bretter oder zwanzig Ster Scheiter.

Bereits in der ersten Stunde ihrer gemeinsamen Arbeit wurde Aich gewahr, wie geschickt der neue Mann sich anstellte. »Bischt koi Dummer it!« sagte er treuherzig und klopfte dem Rieder auf den Oberarm, weil er auf seine Schulter nur mit Mühe hinaufgelangt hätte. Und er schickte einen Buben, der just vorbeikam, um eine Kanne Bier. Als der zurück war, setzten sie sich auf ihr halbbeladenes Floß, und Aich packte einen mächtigen Riegel Käse aus einem verknoteten blaukarierten Tuch. Dann ergriff er die Kanne und grinste: »Drei Doppelliter, darf i sage, füllen erscht de Flößermage!«

Das sind Aussichten, dachte Johann, da sind die Allgäuer ja gleich trinkfester als die Bayern!

Gegen sieben Uhr abends lag das Floß angepflockt an der Lände. Morgen früh mit Sonnenaufgang wollten sie die Fahrt beginnen.

»Mir hau a guts Wasser; also siebe Stund bis Ulm!« Mit diesem Wort verabschiedete sich der Flößermeister, nachdem er den Rieder noch bis zum Gärtnerhaus im Hofgarten gebracht hatte.

Eine Schlafstatt hatte ihm der Fürstabt im Gärtnerhause zugesagt. Das da war aber viel mehr als eine Schlafstatt, das war eine Wohnung mit einem Kochherd und zwei Stuben, in denen erlesene Möbel standen, Möbel, die sicherlich einer der Stiftsherren einmal mitgebracht hatte, als er in den reichen Orden eingetreten war. Was war das bloß für ein Bett! Das war so breit, daß man sich hätte der Quere nach hineinlegen können; selbst er, der Johann, hätte das gekonnt. Und Bücher standen da in einem hohen Gestell hinter geschliffenen Glasscheiben, freilich lauter französische. Im zweiten Raum prunkte ein schwerer Tisch mit dem Erdball darauf. Wenn man bei diesem Erdball an einer Kurbel leierte, bewegte sich das ganze Ding, und sogar der Mond war noch da und bewegte sich mit.

Zwei Gärtnerfamilien lebten auch mit im Hause; die machten dumme Gesichter, als sie den langen Mann sahen. Weil aber der Flößermeister mitgekommen war, sagten sie nichts, sondern beeilten sich, hinter ihren Türen zu verschwinden. Johann schlief in dem breiten Bett so gut wie schon seit Wochen nicht mehr. Als aber Meister Aich am anderen Morgen an sein Fenster klopfte, war er sofort auf.

Als die Sonne hinter dem Breitenberg bei Pfronten emporstieg, ländeten sie mit ihrem Floß in Kempten ab. Eine einzige große Regel gibt's für den Flößer, hatte der Aich kurz zuvor noch gesagt: Der Stromstrich geht bei jeder Biegung von Außenseite zu Außenseite. Nun, das bedeutete für den Johann nichts Neues, nur mochte es bei der Flößerei von größerer Wichtigkeit sein als bei der Schiffahrt.

Sie kamen zügig voran.

Bei Mooshausen sahen sie ein anderes Floß vor sich. Kaum hatte der Mann, der es steuerte, sie erkannt, lenkte er aufs Ufer zu. Meister Aich erklärte dazu, es sei ein ungeschriebenes Gesetz, daß den Kempter Flößern auf der Iller jedermann auszuweichen habe. Ebenso hätten die Kempter entlang des gesamten Flusses in den Herbergen ihren eigenen Stammtisch, der ihnen von niemandem streitig gemacht werden dürfe.

Bald waren sie auch in Balzheim. Und wieder erklärte der Meister, daß man in dieser Gegend sehr bedachtsam fahren müsse, weil die reichsunmittelbare Herrschaft Balzheim ihre Profosen auf dem Wasser habe, die gewisse Gerechtigkeiten ausübten und einen ungeschickten Flößer jederzeit zum Anländen zwingen könnten, was dem Verlust des Floßes gleichkäme.

An der Lände von Dietenheim hefteten sie freiwillig an, weil der Meister beim Seiler Michael Egel etliche Flößerseile bestellt hatte, die er eben mitnehmen wollte. Bei Kirchberg taten sie dasselbe; hier nahmen sie etliche Sack voll birkenhölzerner Nägel auf, die die Familie des Veit Joser besser schnitzte als jeder andere.

Ein Stück hinter Kirchberg sahen sie dann den hohen Turm des Ulmer Münsters aufragen; sie waren nahe am Ziel. Doppelte Vorsicht sei jetzt geboten, sagte der Meister, weil man bald in die Donau einmünden werde, die an der Stelle heimtückkische Strudel und Wirbel bilde, schon manches Floß sei hier zerrissen worden.

Die Stadt Ulm besaß drei Länden an der Donau. Für die Stiftsflößer war die Herdbruckertorlände bestimmt, während die Flößer der Reichsstadt an der Gänstorlände anheften mußten. Die kleineren Leute benützten die Ziegellände.

Flößermeister Aich von Stift Kempten hielt jetzt auf seine Lände zu. Schon von weitem rief er dem Donauzoller, der mit Weib und Kindern dastand, das bekannte Wort zu: »Fang auf, fang auf!« Darauf hatte der Zoller dem Flößer ein dickes Seil zuzuwerfen, das dieser geschickt auffangen und sich daran selbst ans Gestade hinziehen mußte. Damit war dann die Fahrt beendet. Das Abladen der Bretter geschah unter der Aufsicht des Zollers; ebenso hatte sich der um die Pferde zu kümmern, die mit Schleifkarren das Langholz an Land zogen.

Meister Aich aber ging mit seinem Gesellen in die »Gifthütte«, eine Gastwirtschaft der Stiftsflößer. Hier hinterlegten sie auch die Seile und die Birkennägel, die ein Kempter Fuhrwerk gelegentlich mitnehmen mußte. Als sie gegessen und getrunken hatten, machten sie sich gleich wieder auf den Rückweg, für den man insgesamt zweiundzwanzig Stunden brauchte – bei halbwegs erträglichem Wetter.

Nach dieser ersten unternahm Johann Rieder noch einige Fahrten allein auf Einmannflößen, bis dann Mitte Oktober die Witterung so schlecht wurde, daß der Abt befahl, für dieses Jahr die Tätigkeit auf dem Wasser einzustellen. Dafür mußten die Männer jetzt ins Gebirge, in die Stiftswaldungen nach Reichenbach, Fischen und Langenwang, einige sogar bis Kornau, um den Fällern beim Abholzen zu helfen. Diese Arbeit war sehr geschätzt, denn hier heraus kam der allergnädigste Herr Fürstabt nie; er hätte ja sonst – wie die alten Fäller spotteten – barfuß durch den tiefen Schnee waten müssen, und das war seinem Krautsuppenkörper nicht bekömmlich. Freilich, der Krautsuppe verdankte er die Kunst des Weissagens und des zweiten Gesichts; diese Kunst rührte aber hier im Gebirge nicht an; möglich, daß es ihr ebenfalls zu kalt war, der Kunst.

Die Holzfäller rissen sich also bei der Arbeit kein Bein aus, sondern kamen oft tagelang nicht aus ihren Waldhütten heraus, wenn der Schneesturm über die Kanzelwand oder die Mädelegabel hereinstrich. Samstags gingen dann die, die in der Nähe wohnten, heim zu Weib und Kind, und wer Weib und Kind noch nicht hatte, der suchte sich wohl hinten in Oberstdorf oder drunten in Sonthofen seinen Zeitvertreib. So hielten sie's aus bis Montag früh.

Wer freilich weiter drinnen wohnte, im eigentlichen Stiftsland, der durfte alle vierzehn Tage schon freitags heim, mußte aber dafür jeden zweiten Samstag arbeiten. Diese Regelung traf auch für den Rieder zu, berührte ihn aber nicht; es wäre ihm im Gegenteil sogar lieber gewesen, wenn er den ganzen Winter über im Wald hätte bleiben können. Doch der Abt wollte das nicht.

So hockte er denn an diesen freien Tagen in seinen Gartenhausstuben und lernte aus einem französischen Wörterbuch, das er in jenem hohen Bücherschrank gefunden hatte. Und weiß der Himmel, dieses Lernen machte ihm Spaß! Besonders seitdem er – es war zu Anfang des Märzmonats gewesen – am

Rathaus in der Reichsstadt einen Anschlag, eine »Information«, in der französischen Sprache gelesen hatte, die er mit wenigen Ausnahmen von oben bis unten übersetzen konnte.

Am Sonntag Oculi jedoch hatte für ihn die Herrlichkeit des Holzfällens und des Wörterlernens ein Ende. An diesem Sonntag wurde nämlich in den Kirchen das Evangelium von der Teufelsaustreibung verlesen, und da wurden auch die Flößer wieder aufs Wasser ausgetrieben. Das war Brauch seit eh und je.

Das Theater im Salzstadel

Auf solche Weise vergingen dem Rieder zwei Sommer und drei Winter, und man schrieb das Jahr 1655.

Der Fürstabt hatte ihn inzwischen zum Flößermeister erhoben; er selbst hatte seinen französischen Wortschatz soweit ausgedehnt, daß er sämtliche Bücher in dem Schranke mit Leichtigkeit lesen konnte. Nur die Aussprache begriff er nicht; das hatte er schon wiederholt gemerkt, wenn Leute in seiner Nähe französisch redeten. Da verstand er rundweg nichts. Dies bekümmerte ihn aber weiter nicht, denn wer würde schon ihm, einem Flößer, auf französisch kommen! Das war die Sprache der hohen Herren in den Kanzleien und auf den Gerichten, die Sprache der Barone, der Grafen und der Fürsten, vielleicht auch die Sprache der Großmauligen und der Angeber. Zu all denen zählte aber der Rieder nicht, und darum gab er sich mit seinen Büchern zufrieden.

Inzwischen war der Sommer angebrochen.

Eines Samstags im Juli wurde Johann Zeuge eines merkwürdigen Gesprächs, das etliche seiner Flößer in einem Schupfen auf der Lände beim Aufräumen des Werkzeugs führten. Einer erzählte, man müsse unbedingt einmal in die Reichsstadt gehen, und zwar in das Theater, das sie dort im oberen Salzstadel seit knapp einem Jahr eingerichtet hätten.

Was es denn da gebe?

Nun, eine Komödie halt, aber was für eine! Eine, wo man

dem Fürstabt schwer auf die Finger klopfe. Da trete nämlich ein Komödiant auf, der dem Abt aufs Haar gleiche. Und der lasse Reden los gegen die Bauern und überhaupt gegen die armen Leute, ganz wilde Reden. So sage er zum Beispiel einen Satz, den der Abt auch in Wirklichkeit gesprochen habe, nämlich: »Unsere Untertanen sind Leibeigene und müßten es sich sogar gefallen lassen, daß man ihnen den Leib aufschneidet, die Eingeweide herausnimmt und dann die Füße in sie hinein-stellt!«

Ob da unsereiner wohl auch hingehen könne?

Ja freilich! Die Komödie sei ja zu allererst für die Leute aus dem Stiftsland gedacht. Sie sollten auf diese Weise kennenler-nen, was für ein gottloser Wüterich und niederträchtiger Gewaltmensch ihr Herr sei. Die aus dem Stiftsland würden sogar ganz umsonst in den Salzstadel eingelassen.

Nun, dann werde man also hingehen . . .

Johann beschloß, die Komödie auch zu besuchen, um zu sehen, wie arg die Reichsstadt gegen seinen Herrn hetzte.

Die Sonne rüstete sich gerade zum Untergang, als er vor dem Salzstadel ankam. Viel Volk drängte sich da zusammen. Einige von den Reichsstädtischen kannte er und grüßte sie. Unter diesen befand sich auch der Kaufmann Lerner. Der tat aber sehr fremd; wahrscheinlich wollte er nicht zeigen, daß er viele Stiftsleute kannte. Aus der Stiftsstadt gewahrte Johann außer seinen Flößern noch eine große Menge anderer, die er zwar kannte, mit denen er aber nichts zu schaffen hatte. Unter diesen schritt auch eine junge Frau mit im Gedränge, die ihr üppiges braunes Haar zu zwei Zöpfen geflochten hatte, die ihr über die Brüste herabhingen bis in den Schoß. Ein bißchen ähnelte sie der Cronpergerin, nur schaute sie strenger drein, hatte auch einen abweisenden, fast spöttischen Zug um ihre Lippen. Sie stammte auch aus der Stiftsstadt, und er hatte sie auch schon einige Male gesehen, aber wo und wann?

Während er nachsann, geriet er auch ins Gewühl und wurde mit in das Innere des Salzstadels hineingetragen, die schmale Treppe hinauf, in den mit matten Lampen erleuchteten Thea-terraum. Da waren Bänke aufgestellt aus schlichten Holzbrettern, ohne Lehne, ohne Ordnung. Jeder verschob sie, wie es ihn gutdünkte, und setzte sich, wie es ihm gefiel. So nahm auch er Platz. Und siehe, vor ihm saß die Frau mit den langen Zöpfen. Er konnte jetzt auf ihren wohlgeformten weißen Nacken sehen, den sie vorhin noch züchtig mit einem feinen Tuch verhüllt hatte; jetzt war es ihr offenbar zu warm geworden. Kein Wunder bei diesem Dunst und dieser Schwüle.

Da läutete man von der Bühne her mit einer Symphonie von Kuhglocken, und der Vorhang, der aus Sackleinwand bestand, wurde auf eine Seite gezogen. Ein Mann in der Tracht von Graubünden trat vor und kündete das Spiel an: Ein grausam Spiel, genannt »Die Eidgenossen am Buchenberg«, wird jetzt zu schauen sein. Man möge stille sitzen, und keiner rede drein. Wem's nicht gefalle, der solle nicht zanken, sich aber beim Herrn Fürstabt schön bedanken!

Dieser gezielte Streich gegen den Herrn der Nachbarstadt wurde mit lautem Beifall belohnt, doch nicht von allen, namentlich nicht von allen Stiftsleuten. Denn wenn er auch hart war, der Fürstabt, so hatte er ihnen seit dem Ende des mörderischen Krieges doch immer Arbeit und Brot verschafft; wer den Hunger kannte, wußte das zu schätzen.

Nun trat jener Komödiant auf, der sich genauso hergerichtet hatte wie Herr Roman Giel. Er war klein, trug die schwarze Benediktinerkutte und ging barfuß. Hinter ihm kam ein Lakai mit einer mächtigen Schüssel, darauf in großen Lettern geschrieben stand »Kräutersuppe«. Viele Männer im Saale brüllten laut auf, als sie die Schrift entziffert hatten. Dann setzte sich der Komödiant mit der gleichen Umständlichkeit hin, wie Roman Giel es zu tun pflegte, schaute augenrollend in die Höhe und sprach: »Wir haben eine Erleuchtung!« Erwiderte darauf der Lakai: »Ihr habt Hunger! Leicht verschlingt Ihr a Stücker funfzig Baure? Wär doch was!«

Das Volk brüllte abermals.

Jetzt trat ein Ritter herein, der sich als Stiftshauptmann Walther von Hohenegg vorstellte und erklärte, er habe seine dreizehnhundert Mann beisammen und werde auf den Buchenberg ziehen, um daselbst die dreihundertvierunddreißig eingefallenen Eidgenossen über die Klinge springen zu lassen. »Fürchst dich it?« fragte ihn der Lakai. Entrüstet wehrte der Ritter ab: »G'fürcht und g'frore hot's mich no nie! Ich fürcht mich it für tausend Gulde!« – »Wenn dir aber de Baure funfzigtausend Gulde gebe für de Stiftskirch und de Residenz? Fürchst dich au jetzt no it?« Blitzartig fuhr der Komödiant in die Höhe und schrie: »Natürlich fürchtest du dich, Hauptmann! Wir befehlen dir, daß du dich fürchtest! Wie könnten wir sonst bauen?«

Und wieder schrien und plärrten sie im Saal.

Doch plötzlich standen ein paar Zuschauer auf und zogen schnuppernd die Nasen hoch. Wirklich, es roch nach Rauch! Und mit einem Male brachen vom Seitenaufgang zur Bühne lichte Flammen hervor. Im Nu hatten sie den Vorhang erfaßt und schossen ins Gebälk hinauf, in die Dachsparren, und ergriffen die Schindeln. Die waren so prasseldürr, daß sie wie Zunder brannten und dann stückweise auf die Leute herabfielen. Viele wurden getroffen, und ihre Kleider fingen Feuer.

Im ersten Entsetzen wußte keiner so recht, was zu tun wäre. Dann aber drängten alle nach der Treppe zu, und weil diese zu schmal war, versuchten einige von den Bänken aus über die anderen hinwegzuspringen, um so den Treppenabgang eher zu erreichen. Da wurden ein paar ältere Leute und die hilflosen Frauen einfach niedergetreten.

Johann Rieder sah, wie eben die Junge mit den Zöpfen vor ihm zusammenbrach, weil ein wilder Bursche sich beim Abspringen von der Bank auf sie gestützt hatte. Und die anderen, die Nachdrängenden, hätten sie sicherlich zertrampelt, wenn Johann sie nicht hochgerissen und wie ein Bündel unter den linken Arm geklemmt hätte. Mit seiner langen Rechten schuf er sich Platz und gelangte ans Fenster. Es war nur mit einem einfachen Holzladen geschlossen. Er schlug den Laden auf und schaute hinaus. Da stand angelehnt ein langer Wiesbaum, der reichte noch eine Elle über das Fenster. Wie eine Katze sprang der Rieder den Baum an und umklammerte ihn mit den Beinen, während er die Frau immer noch an sich hielt. Da begann sich der Baum zu bewegen und drohte seitlich wegzugleiten. Noch ehe er aber so recht zum Fallen kam, war der Rieder an ihm hinuntergerutscht und stand.

Die junge Frau schien das Bewußtsein verloren zu haben; wie leblos hing sie in seinem Arm. Er trug sie ein Stück abseits und legte sie behutsam auf einen Grasflecken, den schon der Tau genetzt hatte. Als das kühle Naß ihre Schläfe berührte, erwachte sie, setzte sich auf und starrte in das lodernde Feuer, das jetzt schon das ganze Dach des Salzstadels ergriffen hatte. Dann sah sie den Rieder neben sich stehen. Ihre Starre löste sich, und sie fing an zu weinen.

»Jetzt braucht Ihr nichts mehr zu befürchten«, meinte er beruhigend, »sagt mir lieber, wo Ihr wohnt, damit ich Euch heimbringen kann!«

Nach einer Weile erwiderte sie gleichgültig: »In der Bauhütte.«

Nun wußte er, wo er sie schon gesehen hatte.

Der Salzstadel war völlig niedergebrannt, vom Theater keine Spur mehr geblieben. Die Leute waren zwar noch herausgekommen, viele aber hatten Brandwunden erlitten, besonders Frauen, denen glühende Schindelteile ins Haar gefallen waren.

Und überall stellte man die Frage: Wer ist der Brandstifter? Die meisten hielten auch gleich eine Antwort bereit: Nur jemand aus der Stiftsstadt! Einer, den der Fürstabt gedungen hat! Im reichsstädtischen Rathaus begann man Listen aufzustellen über die Theaterbesucher an jenem Abend. Wer immer dazu Angaben machen konnte, vor allem über diejenigen, die in seiner Nähe gesessen hatten, wurde gebeten auszusagen. Zwei Wochen später, als niemand mehr aussagte, fingen die Stadtrichter an, sich jeden einzelnen genau anzusehen, vor allem hinsichtlich seiner Gesinnung und seiner Stellung zum Fürstabt. Dabei wurden auch die Möglichkeiten erwogen, wie und auf welche Weise der einzelne einen so rasch um sich greifenden Brandherd hätte legen haben können; denn die Gesinnung allein zünde keine Häuser an.

Unter diesen möglichen Brandstiftern wurde natürlich auch

der Stiftsflößermeister Johann Rieder erwähnt, wußte man doch, daß er vom Abt persönlich in Dienst genommen worden war, was sonst nur wenigen widerfuhr. Weil sich aber der alte Schnetzer für die Unbescholtenheit seines Enkelsohnes einsetzte und meinte, der zugewanderte Tiroler verrichte seine redliche Arbeit und schere sich wohl kaum um das Kempter Gezerr, wurde der Rieder von der Liste der Verdächtigen gestrichen. Als bedeutsam fügten sie hinzu, daß vor allem die Rettungstat an jenem jungen Weibe auf seine Lauterkeit schließen lasse; denn wer einen Brand gelegt habe, bringe sich selbst rechtzeitig in Sicherheit und leiste sich nicht solche Bravourstücke.

Das Bravourstück gelangte bald auch an die weit ins Land hinaushorchenden Ohren des Herrn Fürstabts, und der junge Flößermeister wurde wieder ins Inselschlößchen geladen.

»Johann Rieder, warum bist du in jenes Komödienhaus gegangen? Hast auch du dich erlustigen wollen an dem Gespött über deinen Herrn?«

»Gott bewahre, Euer Gnaden! Ich hab nur wollen sehn, was da eigentlich los ist, weil die Flößer hinter meinem Rücken allerhand getuschelt haben.«

»Und da ist dir ein ansehnlich Weibchen in die Arme gelaufen.«

»Ansehnlich schon, aber gelaufen nit, Euer Gnaden! Hab's mit größter Not noch aufklauben können, sonst hätten sie's zertrampelt.«

»Gefällt sie dir, unsere Barbara Hackl? Sie stammt übrigens aus Wien.«

»Sie ist mir seit dortmals nit mehr unterkommen, wo ich sie hab heimbracht in die Bauhütten zur Mutter.«

»Dann weißt du auch gar nicht, warum sie in Unseren Diensten steht?«

»Wie sollt ich's wissen, Euer Gnaden, wann ich tagein, tagaus meine Arbeit tu?«

»Und sonntags, was treibst du sonntags?«

»Euer Gnaden werden lachen: Sonntags lern ich französisch!«

Und der Rieder erzählte, wie er dazu gekommen war. Fürstabt Roman war darüber so entzückt, daß er ihn sofort prüfte. Leider stellte er die völlige Unzulänglichkeit der Aussprache fest. Darum gab er Rieder den Rat, sich bisweilen mit jener Barbara Hackl zusammenzusetzen; denn einmal spreche sie ein recht gutes Französisch, und dann sei sie ihrem Lebensretter ja schließlich zu Dank verpflichtet. Zum Schluß erhöhte er seinem Flößermeister das Salär noch um einen halben Gulden im Monat.

Damit glaubte der hohe Landes- und Kirchenfürst eine gute Sache eingefädelt zu haben, denn Barbara Hackl aus Wien war eine vierundzwanzigjährige Witwe, und dergleichen Weib darf nicht ohne Mann sein, wenn anders ihre Kunst nicht flöten gehen soll. Sie übte nämlich eine sehr rare Kunst aus, um deretwillen er sie sich verpflichtet hatte: Über dem Chorgestühl der neuen, hochragenden Stiftskirche St. Lorenz sowie an deren abgeschrägten Eckpilastern schuf sie köstliche Stuckintarsien, die man in der Fachsprache Scagliola-Arbeiten nannte.

Die Themen dieser Bildplatten haben nichts mit der Kirche oder Religion zu tun; die Künstlerin stellte prunkvolle Innenräume dar, wirkliche und magische Landschaften, mit Menschen, die schemenhaft dahinwandeln wie Figuren aus tausendundeiner Nacht; mit Burgen und Schlössern, mit Bergen und Flüssen, die wie aus der Verzauberung geboren wurden.

An einem sonndurchfluteten Julisonntag begab sich nun Johann Rieder — sozusagen auftragsgemäß — die zwei- oder dreihundert Schritte von seinem Gärtnerhaus hinüber zur Bauhütte. Die beiden Frauen waren nicht wenig erstaunt, als der große Mann unter der niedrigen Tür ihrer Behausung stand. Mit dem Charme und der Unbekümmertheit, die den Wienern eigen waren, luden sie ihn zum Sitzen ein und kamen gleich auf seine Tätigkeit zu sprechen. Daß er ihr entfernterer Landsmann war und aus Erl kam, hatten sie bereits erfahren.

Er sei also im Hochstift Kempten mit der Flößerei betraut. Ob er denn noch nie Angst gehabt habe vor den Gefahren, die doch allenthalben unter dem gleißenden Spiegel des Wassers lauerten?

Nun, die Gefahren zu Wasser seien kaum größer als die zu Lande. Wenn man noch dazu, so wie er, mit dem Wasser, an dem Wasser und auf dem Wasser aufgewachsen sei, fehle nichts. Dabei müsse man auch bedenken, daß die Tücken des Inn mit denen der Iller gar nicht verglichen werden dürften. Wann höre man denn hierzulande schon einmal von einem Wassermann, das heiße von einem, der in der Iller den Tod gefunden habe? Dagegen am Inn! Wer möchte die Wassermänner zählen, die er alljährlich zwischen dem Schwyzerland und der fürstbischöflichen Stadt Passau in Bayern zu sich hole! Mit den Gefahren zu Wasser verhalte es sich übrigens genauso wie mit denen zu Lande: Man müsse sie kennen und ihnen dann ausweichen. Waghalsigkeit ziehe da wie dort das Unglück herbei.

Das aber sei der große Unterschied zwischen den Wasser- und den Landwegen: Die Stille und die Beschaulichkeit und das Alleinsein, Alleinsein mit sich, mit dem Element und dem Herrgott darüber. Einer, der nur die staubigen Landstraßen befahre, wisse das überhaupt nicht zu ermessen. Am ehesten gleiche das Wasser noch den hohen Bergen. Auch auf denen erfahre der Mensch das einsame Glück, für das es zutiefst keinen Namen gebe; man müsse es einfach spüren, da drinnen in der Brust spüren. Wer es aber gespürt habe, der könne darüber nicht reden.

Johann Rieder wunderte sich plötzlich über sich selbst: Was waren das für Worte, die er da gesprochen hatte!

Es wunderten sich aber auch die beiden Frauen. Was ist das doch für ein Mensch! Im Sommer ein Flößer, im Winter ein Holzfäller. Ein junger Mann, der nun schon seit Jahren von daheim fort ist, den es aber – wie man hört – immer noch nach der Heimat zieht. Ist er ein Abenteurer, der sein Glück entzaubern will? Wenn ja, dann entzaubert er es jeden Tag, wenn er auf seinem Floß steht.

Barbara Hackl begann abermals: »Johann Rieder, erlaubt mir die Frage: Warum seid Ihr nicht am Inn, sondern an der Iller?«

»Jungfer Hacklin . . .«

»Heißt mich nicht Jungfer, denn ich bin eine Wittib, seit

mein Mann an der Lungenschwindsucht starb; heißt mich einfach Barbara!«

»Also, Barbara! Euch ist der Mann gestorben, mir die Mutter. Und weil mit dem Vater kein Auskommen nit war und weil er Schande gebracht hat übers Haus, hat's mich wegtrieben. Gern bin ich nit fort vom Inn, aber jetzt hab ich die Iller gern.«

»Und Ihr gedenkt im Allgäu zu verbleiben?«

»Wenn ich's wüßt, Barbara, tät ich's Euch sagen.«

»Mich hält's nirgendwo. Mich hält's nur immer eine Weile dort, wo sie meine Arbeit brauchen. Über Jahr und Tag bin ich dann weg. Deshalb haben wir auch keine Wohnung, sondern wir kampieren nur.«

»Kann's verstehen und auch wieder nit!«

»Ihr wohnt im Gärtnerhaus?«

»Ihr solltet's Euch ansehen, wenn Ihr die giftigen Zungen nit scheut.«

»So giftig ist keine Zunge, daß ich ihretwegen etwas nicht täte, was ich tun will!«

»Ihr habt ein hartes Gemüt, Barbara.«

»Mein lieber Johann, man braucht's, wenn man auf sich allein gestellt ist.«

»Wenn Ihr in meine Wohnung kommt, dann kann ich Euch auch gleich um etwas bitten.«

»Ihr mich?«

»Der Herr Fürstabt hat es mir geraten. Ihr sollt mir helfen, daß ich's Französische gescheit aussprechen lern; wissen tu ich es schon.«

»Das versteh ich nicht, Johann Rieder.«

»Werd's Euch schon erklären.«

Noch am gleichen Tage besuchte Barbara Hackl den Rieder im Gärtnerhaus, zeigte ihm auch am gleichen Tage noch ihre kunstreichen Arbeiten in der Stiftskirche, soweit sie beendet waren.

Von da ab trafen sie sich immer wieder im Gärtnerhaus, wenn auch die beiden Gärtnersfrauen daran ihre Schnäbel wetzten.

Kurz bevor die Flößerei in diesem Herbst eingestellt wurde,

nahm der Rieder die Hacklin einmal mit aufs Floß und fuhr sie
bis hinaus nach Ulm; sie hatte ihn darum gebeten. Es war
einer der schönsten Tage, die Johann je auf der Iller erlebt
hatte; nicht nur deshalb, weil die Barbara bei ihm war, sondern
wegen des herrlichen, gottgelobten Himmels, der sich über dem
Lande wölbte und mit seinem Licht noch einmal alle Zauber
der Allgäuer Berge und Täler beschwor. Barbara empfing auf
dieser Fahrt eine solche Fülle neuer innerer Gesichte, daß sie
einige davon während des folgenden Winters auf drei weiteren
Scagliola-Tafeln verewigte. Der Fürstabt sprach sie sogar darauf an, hatte er doch von jenem Ausflug erfahren, besonders,
daß sie dabei Stiefel angehabt habe wie ein richtiger Flößer und
in der »Gifthütte« zu Ulm auch für einen solchen angesehen
worden sei. Er freute sich im stillen darüber, daß er die Wege
dieser zwei Menschen ein bißchen auf einander zugeordnet
hatte, hoffte er doch beide seinem Hofe zu erhalten, sie als das
Genie, und aus ihm wollte er sich einen verläßlichen Beamten
formen, einen jener lautlos wirkenden Männer, deren Tatkraft
Berge versetzt. An redefreudigen Herren hatte er nämlich
mehr als genug.

Dann fiel der Winter ins Land, für Johann Rieder der vierte
in der Fremde. Fürstabt Roman Giel von Gielsberg ordnete an,
daß der junge Mann diesmal nicht zum Holzfällen auszuschik-
ken sei, sondern in der Hofkammer den Dienst eines zweiten
Kuriers zu versehen habe, vorab für die Post auf weiten Strek-
ken.

Mit dieser neuen Aufgabe war für Rieder ein Gang in die
Hofschneiderei verbunden, um sich eine rote Livree anmessen
zu lassen, so wie sie den fürstäbtlichen Höflingen zustand. Als
er Tage später in dieser Aufmachung zu Barbara kam, wurde
sie so heiter gestimmt, daß sie ihm an den Hals stürzte und ihn
einen »lackierten Affen« nannte. So wenig schmeichelhaft dieses Wort auch war, so sehr freute sie sich, daß er nicht mehr
jeweils zwei Wochen hoch droben in den verschneiten Wäldern
hausen mußte.

Um diese Zeit waren nun auch im Inneren Rat der freien Reichsstadt Kempten die Nachforschungen über den Brandstifter im Salzstadel erfolgreich zu Ende gediehen; der Übeltäter stand eindeutig fest: Es war der Kaufmann Joseph Lerner. Zunächst hatte man ihm geheime Beziehungen zur Stiftsstadt nachweisen können; dann war in seinem Hause ein Schreiben der Hofkanzlei gefunden worden, darin man ihm ein französisches Feuerwerk zu schicken versprach, das »den alten, morschen Stadel in Windeseile« schlucken würde. Schließlich hatte auch noch einer der Komödianten unter Eid ausgesagt, er habe den Lerner vor Beginn der Darstellung beim Bühnenaufgang herumhantieren sehen und hätte ihn sogar gefragt, was er da zu schaffen habe. Das vom Stadtgericht anschließend vollzogene peinliche Verhör, bei dem man den alten Mann wiederholt mit glühenden Nadeln gestochen hatte, vermochte die bereits gegebenen Tatsachen noch zu erhärten, so daß der Urteilsspruch lautete: Für den gemeinschädlichen Brandstifter – Tod auf dem Scheiterhaufen.

Fürstabt Roman legte sich durch zwei Bittschriften um Gnade für den Kaufmann ins Mittel. Sie wurden jedoch mit der Bemerkung abgewiesen, Seine fürstäbtliche Hoheit hätte sich das vorher überlegen sollen, ehe Sie den Lerner zur Brandlegung angestiftet habe. Man werde übrigens nicht versäumen, die leidige Affaire beim Reichstag in Regensburg anzuhängen, so wie man die Kaiserliche Hofkanzlei in Wien bereits eingehend unterrichtet habe. Von dort aus sei man sogar vertraulich bemeldet worden, daß der Geisteszustand Seiner Fürstäbtlichen Hoheit möglicherweise zu tiefem Bedauern Anlaß gebe.

Diese empörende Antwort der Reichsstadt ließ erkennen, daß die Dinge für den Fürstabt nicht zum besten standen. Er mußte sich also um Freunde bemühen, die auch dem Kaiser zu Gesicht stünden. Das waren die beiden Wittelsbacher, der geistliche Kurfürst in Köln und der weltliche Kurfürst in München. Während nun in der Reichsstadt die Vorbereitungen für die Hinrichtung des alten Lerner getroffen wurden, verfaßte man in der Stiftsstadt mit fieberhafter Geschäftigkeit Sendschreiben an die Wittelsbacher. Und just an dem Tage, es war der 26.

November 1655, an welchem vor dem Kaiserbrunnen beim Rathaus die Schragen für den Scheiterhaufen errichtet wurden, verließ hoch zu Roß der fürstäbtliche Hofkurier Johann Rieder die Stiftsstadt und ritt auf München zu.

Madame l'Electrice

Das war ein anderes Reiten als vor gut drei Jahren! Damals hatte er sich in üblen Herbergen mit Handwerksburschen herumschlagen müssen. Jetzt stand es ihm als dem Kurier eines Landesfürsten zu, in den Städten die Stationen der Kaiserlichen Post zu beanspruchen und sie um die Besorgung von Unterkunft und Wechselpferd zu bemühen. Und wie sie um ihn herumhüpften, diese Posthaltersknechte! Das machte die rote Livree aus, zusammen mit dem gestickten Wappen auf Satteldecke und Schatulle! Und wie sie ihn grundsätzlich nur französisch ansprachen, in Memmingen, in Landsberg und in Augsburg! Freilich, jetzt konnte er ihnen antworten, wenn es auch ein bißchen holperig ging: Dafür wußte er aber Wörter, die die anderen nicht einmal ahnten. Das hatte ihm sogar die Barbara bestätigt, als selbst sie manchmal gestehen mußte, dieses oder jenes Wort noch nie gehört zu haben.

Der Winter dieses Jahres 1655 hatte sich bisher noch recht gnädig angelassen. Der fürstäbtliche Kurier Johann Rieder war rüstig vorangekommen, wenngleich er auch manchmal die Waden in den Stiefelschäften nicht mehr spürte, von den Zehen gar nicht zu reden. Nun ja, der Kurier kann sich die Jahreszeiten nicht aussuchen, und beim Holzfällen in den Allgäuer Bergen hatten ihn die Fröste meistens noch ärger geplagt.

Am 30. November vormittags, just zur Zeit der Ablösung der Wache auf dem Barbakane vor dem Neuhauser Tor, dem heutigen Karlstor, stellte ihn der kurfürstliche Weibel.

Wer er sei und wohin er wolle?

So, so! Kurier sei er! Nun ja, eigentlich sehe man ihm das ja an! Und vom Herrn Fürstabten zu Kempten komme er, und zu dessen Münchner Geschäftsträger wolle er, zum Herrn Baron Bernhard Renner von Allmendingen. Aber wo wohnt er denn, dieser Herr von Allmendingen? Wo wohnt er denn bloß? Das sei doch der, welcher auch die Interessen des Herrn Fürstpropstes von Ellwangen wahrnehme? Natürlich muß das der sein! Ein recht leutseliger Herr – und ein Weinheber! Wenn der im Weinstadel drunt sitze – »Ja, richtig! in der Burggassen wohnt er, gleich schräg gegenüber vom Weinstadel, in einem der noblichten Bürgerhäuser! Aber natürlich, der Herr Baron von Allmendingen! Ja, wenn der im Weinstadel sitzt, und er sitzt jeden Abend dort, da kann man sehen, welche Mengen edlen Weines die schwäbische Reichsritterschaft hinter die Halskrause zu jagen versteht! Ja, ja! Also nur zu! In die Burggassen! – Sepp, fauler Knecht, stinkfauler! Führ den Herrn Kurier in die Burggassen zum Herrn Baron Renner von Allmendingen! Und daß du mir bald wieder da bist!«

Der Baron empfing den Kurier überaus freundlich, nahm ihm die Schatulle ab und wies ihm dann eine Dachkammer an, damit er sich von den Strapazen seines Ritts erhole; eine »bayerische Brotzeit« werde man ihm sofort bringen.

Die Brotzeit ließ nicht lange auf sich warten, und die alte Frau, die sie brachte, erinnerte den jungen Mann gleich an die Anna, daheim im Erler Mühlgraben. Ob sie noch lebt? Und ob sie mit der Zigeunerin zurechtkommt? Und der Vater? – Nun, an den denkt man lieber nicht! Er ist aus seinem Herzen ausgezogen, und die Kammertür, hinter der er wohnte, ist zugeschlagen; es gibt keinen Schlüssel.

Gibt's keinen mehr?

Johann Rieder wußte nicht, wo er ihn suchen sollte . . .

Nachdem er das gute Pfund Schweinspreßsack mit Genuß verzehrt hatte, befreite sich der junge Mann von seiner durchfeuchteten Uniform, hüllte sich in die schafwollenen Bettdekken und schlief ein.

Was man beim ersten Schlaf in einem fremden Bett träumt, geht in Erfüllung, heißt es. Bis zum Abend, da ihn die alte Frau mit dem Essensgeschirr weckte, hatte er nichts geträumt. Wozu sollte er auch? In den drei Jahren, seit er von daheim ausge zogen war, war ihm mehr in Erfüllung gegangen, als er je zu träumen gehofft hatte. Nur das mit der Barbara Hacklin konnte nicht richtig sein; da mußte ein Wandel geschaffen werden. Aber wie? Einen Wandel schaffen, hieße, sich gegen gewisse Absichten des Herrn Fürstabts stellen. – Johann Rieder war nicht verwegen genug, dies zu planen.

Der Weibel am Neuhauser Tor hatte keine Sprüch gemacht, als er die Trinkfestigkeit des Herrn Barons von Allmendingen gerühmt hatte. Der Kurier Rieder war von ihm in den Weinstadel mitgenommen worden. Andere adlige Herren in der Stadt nahmen Anstoß an dieser Leutseligkeit des Schwaben; doch scherte er sich nicht darum. Er wußte, daß man ihm in seinen Jahren nicht mehr viel am Zeug flicken würde, denn sein Sohn war gegenwärtig Erbschenk des Fürstabtes, und sein Großonkel, der berühmte Johann Renner von Allmendingen, hatte selber das hohe Stift als Fürstabt dreizehn Jahre lang regiert und im Sinn des Trienter Konzils zu reformieren versucht – ohne Erfolg freilich, weil sich die Stiftsherren damals hartnäckig gesperrt hatten. Nun, dafür büßten jetzt ihre Nachfolger um so härter auf Schwabelsberg unter den Launen des »wundertätigen« Herrn Giel von Gielsberg.

»Johann Rieder, wie sieht's aus mit den Prophezeiungen des Herrn Fürstabts? Gehen sie in Erfüllung?«

»Mir ist darüber nichts bekannt, Herr Baron!«

»Du weißt aber doch, daß er das zweite Gesicht hat und in die Zukunft schauen kann?«

»Vielleicht sagt man ihm das nur nach, boshafterweise.«

»Du nimmst ihn in Schutz. Das ehrt dich, ändert aber nichts an der Tatsache, daß er spinnt.«

»Darf ich etwas fragen, Baron von Allmendingen?« Johann Rieder lenkte das Gespräch auf einen anderen Weg.

»Du darfst fragen, was du willst, Rieder; nur ist's fraglich, ob ich dir antworten kann und antworten darf.«

»Kennt Ihr die junge Frau Kurfürstin?«

»Madame l'Electrice?«

»Drei Jahre ist's her, da hab ich ihr Schiff von Kufstein auf

Wasserburg gesteuert; da hat sie sich sogar kurz mit mir unterhalten.«

»Das ärmste Weib in diesem Bayernland! Denn wenn jedes Weib, das dem Manne keinen Sohn bringt, arm ist, dann ist eben das Weib, das am höchsten gestellt ist, auch das ärmste.«

»Und da gibt's keinen Arzt nit, der ihr helfen könnt?«

»Arzt? Was soll der Arzt, wo der Zeuger fehlt? Es sei denn, er nimmt auch diese Aufgabe wahr.«

»Verstehe ich Euch recht . . .«

»Natürlich verstehst du mich recht! Und ihr schiebt man die Misere in die Schuhe; es ist niederträchtig!«

Während sich der Baron heiß redete, trat der Wirt zu den beiden, der bedächtige Franz Liegsalz: »Grüaß Ihnen Gott, Herr Baron! Was habt Ihr uns da für einen schmucken Herrn einibracht?«

»Liegsalz, wenn s' Stiftsländle der Schuh drückt, nacher schreit's nach uns; und der da ist der Schreier.«

Dabei deutete er auf den Rieder.

Der Wirt setzte sich zu ihnen und winkte einer Dirn, ihm den Weinkrug zu bringen: »Respekt vor die Leut im Stiftsland Kempten!«

Lächelnd erwiderte der Rieder: »Gastgeb, dann müßtet Ihr Euren Respekt dem Land Tirol erweisen, bin nämlich von Erl! Aber Ihr sollt's nit, denn was ist schon ein simpler Kurier gegen einen Gastgeb im Münchner Weinstadel!«

»Junger Freund, ein Weinhaus ist allweil nur so gut oder so schlecht wie seine Gäst, und die Gäst sind so gut oder so schlecht wie sein Wein!«

Und schmunzelnd trank der redselige Weingastgeb seinen beiden Tischgenossen zu. Mit dem Baron von Allmendingen verband ihn ja schon seit langem eine herzliche Freundschaft. Der schlaue schwäbische Herr wußte nur zu gut, daß man bloß im Weinhaus herumzuhorchen brauchte, um die Schwingungen der Volksseele zu wittern; denn wenn der Rebensaft die Zungen gelöst hat, dann strömen die Lippen von Wahrheit über. Und so hatte er hauptsächlich über den Liegsalz erfahren, daß die Camarilla um den Kabinettschef, den alternden Grafen

Kurz, einen teuflischen Plan gegen die junge Kurfürstin ausgeheckt hatte.

Aus der verständlichen Sorge um das Erlöschen der Dynastie heraus wollte nämlich Graf Kurz den jüngeren Bruder des Kurfürsten, den Herzog Max Philipp, mit Maria Elisabeth von Braunschweig vermählen. Der Kanzler Öxl war sogar schon in Braunschweig gewesen und hatte dem Grafen die Prinzessin mit den satten Worten geschildert: »Eine dralle Dirn mit zwiefacher Miederschnur und roten Wänglein, zur Satisfaction im Bett wohl capable.« Wenn also die Savoyerin kein Kind herbringen sollte, würde man früher oder später die Braunschweigerin in ihre Position einrücken lassen, und der lendenlahme Ferdinand Maria müßte das einsehen, ob er wollte oder nicht.

Dies war der niederträchtige Plan, der in den Herzen der Herren und Bürger in Bayern, die sich um des Landes Wohl bekümmerten, zusehens mehr an Boden gewann. Auch jetzt unterhielten sich der Baron und der Weinwirt über dieses Anliegen, und Johann Rieder horchte zu und war entsetzt. »Was kann denn ein junges Weib dafür, wenn der Mann nichts taugt?«

»Freili', mei liaber Tirolerbua, recht hast!« erwiderte der Liegsalz. »Aber was macht die Bäuerin, wann ihr der Bauer kein'n Buam net macht? Sie geht zum Großknecht! Und die welsche Circe hat sich den Arzt Simeoni kommen lassen. Draußt zu Heilbrunn richtet der ihr die Badstuben her.«

»Du hast ein ganz ungewaschenes Maul, Liegsalz!« sagte da der Baron.

»Ungewasch'n oder net, Herr Baron!« entgegnete der Weinwirt. »Mir wär's nur recht, wann die Fürstin net blöder wär als wie die Bäuerin!«

Das Gespräch drohte gefährlich zu werden, falls es in die unrichtigen Ohren käme. Daher brach der Baron es ab. Er bemerkte noch kurz zum Rieder: »Mir scheint, deine vorhin gestellte Frage ist hinreichend beantwortet!«

Johann Rieder schlief in der Dachkammer nach dem überreichen Genuß des Weines bis in den hohen Tag hinein.

Als er die Augen aufmachte, stand die alte Frau wieder in seiner Kammer, – zum vierten Mal, wie sie sagte –, und bot ihm das Frühstück an. Ob er auch gleich das Mittagessen haben wolle, fragte sie noch, denn der Herr Baron habe das seine schon beendet und beabsichtige, eine Schlittenfahrt zu machen, wozu er den Herrn Kurier einlade.

Ja, das Mittagessen, bitte, auch gleich, und er freue sich auf die Schlittenfahrt.

Blendendes Sonnenlicht, gepaart mit grimmiger Kälte, lag über Stadt und Land, als sie durch das Schwabinger Tor hinausfuhren. An der Residenz hatten fünfzehn kurfürstliche Schlitten gestanden, ein Zeichen, daß auch die hohen Herrschaften auszufahren gedachten.

»Das, was der Gastgeb gestern abend erzählt hat, Rieder, das hat alles seine Richtigkeit; aber man darf es nicht sagen.«

»Und Ihr meint, Herr Baron, daß der Herr Kurfürst nit wird imstande sein . . .«

»Genau das meine ich!« unterbrach der von Allmendingen. »Aber ich halte die Savoyerin für beherzt genug, das zu tun, was der Liegsalz mit seiner Rede von der Bäuerin angedeutet hat. Und niemand im Bayernland wird ihr's verargen, nicht einmal Madame, ihre Schwiegermama. Sie am allerwenigsten, denn sie kennt ihren Sohn bis hinein in die tiefsten Falten seines Wesens. Nicht ohne Grund hat sie sich sang- und klanglos von allen Mitregierungsgeschäften zurückgezogen, um täglich stundenlang inbrünstig zu beten. Und während das Gespräch über die Kinderlosigkeit des Fürstenpaares in aller Munde ist, haben ihre Lippen noch kein Sterbenswörtchen darüber verloren. Dabei hatte sie zu Anfang der jungen Frau das Leben zur Hölle gemacht. Wüßte sie nicht, daß der Hund beim Kurfürsten begraben liegt, sie schlösse sich mit Begeisterung der Idee des Grafen Kurz hinsichtlich der Braunschweigerin an.«

Weiß der Himmel, es ist nicht alles Gold, was glänzt! – Der Rieder ließ noch einmal jene Fahrt von Kufstein nach Wasserburg in der Erinnerung vorüberziehen; vor guten drei Jahren war es. Mit welch seligen Erwartungen mochte sie damals über die Alpen gekommen sein! Und heute?

Da hörten die beiden Schlittenfahrer hinter sich das große Schwirren des kurfürstlichen Geschirrsilbers, und ein Trabant ritt auf mächtigem Roß heran und rief: »Attention! Madame l'Electrice!«

Der Kutscher des Barons lenkte sein brav trabendes Rößlein zur Seite und hielt es an. Der von Allmendingen und sein Gefährte erhoben sich und zogen die Fellmützen ab.

Da sausten die Schlitten vorbei. Im letzten saß sie. Ihr zur Seite ritt der zwanzigjährige Kurfürst Ferdinand Maria und lenkte das Viergespann ihres vergoldeten Schlittens. Sie winkte den beiden mit dem kleinen Fausthandschuh zu, ihre Augen verweilten kurz auf Johann Rieders Gestalt; dann schaute sie weg, drehte sich aber gleich wieder um und winkte noch einmal.

Hatte sie ihn erkannt? Oder verwechselte sie ihn mit jemand anders?

Der Baron hatte nichts wahrgenommen. Er ließ seinen Schlitten wieder in den Schwabinger Weg einbiegen, setzte umständlich die Mütze auf und meinte: »Er hütet sie wie seinen Augapfel, was die Camarilla nicht hindern wird, auf ihr herumzutreten wie auf einem Putzlumpen!«

Barbara Hacklin

In jenen Tagen, als Johann Rieder in München weilte, entbot der Fürstabt Roman Giel von Gielsberg die Bauleute seiner Stiftskirche zu sich auf das stark befestigte Schloß Liebenthann. Die wichtigste Person unter diesen war der neue Baumeister Johann Serro aus Graubünden. Hans Ludwig Ertinger war auch geladen; er hatte die Aufgabe übernommen, mit seiner Schule das Chorgestühl zu schnitzen, das an den Wänden der achteckigen Kuppel aufgestellt werden sollte. Zu Häupten eines jeden Chorstuhles wurde eine Scagliolaplatte angebracht; darum befand sich auch Barbara Hacklin unter den Geladenen.

Baumeister Serro schätzte sie sehr, nicht nur wegen ihrer vortrefflichen Arbeit, sondern mehr noch ihres feinen, zurückhaltenden Wesens wegen. Mit ihr konnte man, selbst wenn man gewollt hätte, nicht streiten. Nicht etwa, daß sie keine eigene Meinung vertreten hätte, im Gegenteil; aber sie hatte jene verbindliche Art zu reden, der man von vornherein geneigt sein mußte, und so lösten sich alle Differenzen auf wie Zucker in heißem Wasser. Daß Serro die junge Witwe auch noch aus anderen Gründen verehrte, suchte er tunlich zu verschleiern. Dem Fürsten war es jedoch schon aufgefallen. Er hatte sich deshalb vorgenommen, die seelischen Tiefen oder Untiefen der Künstlerin abzutasten, um sich dann einen Reim darauf zu machen, was seinen Floßmeister und Kurier betraf.

Zu den fachlichen Gesprächen hatte der Herr einige Männer seiner Hofkammer zugezogen, weil diese über die finanziellen Möglichkeiten befinden mußten und sich dem Fürsten fortwährend widersetzten, weil sie nicht einsehen konnten, daß man nach dem großen Kriege und seinen Verwüstungen nicht an weit notwendigere Bauten als an die Errichtung einer so prunkvollen Kirche dachte; an ein Pilgerhaus, ein Krankenhaus, an eine Schule und an ein paar Handwerkshäuser, an eine Mühle, an Bäckereien, Scheunen und Stallungen und an ein anständiges Gesindehaus. An dieses vor allem, denn das Gesinde hause in elenden Holzbuden und treibe himmelschreiende Unzucht, von den ständigen Krankheitsfällen gar nicht zu reden. Daß der Herr Fürstabt ein Stockhaus habe errichten lassen, sei zwar richtig und gut, dieses werde aber hauptsächlich deshalb immer wieder bevölkert, weil es den armen Leuten an dem Allernötigsten gebräche, was des Leibes Notdurft erheische. Denn selbst die Heiligen des Himmels müßten zu Dieben und Verbrechern werden, wenn man sie ewig hungern und frieren ließe. Diese harten Reden der Hofkammerherren quittierte der Fürst mit der Bemerkung, die Jünger Christi hätten sich auch empört, als Maria Magdalena kostbares Öl über seine Füße gegossen habe, und hätten gemeint, man hätte das Geld für das Salböl lieber den Armen geben sollen. Wenn er sich auch nicht mit Christus vergleichen wolle, so werde es doch im fürstlichen Stift Kempten immer wieder einmal Äbte geben, die sich der Armen annähmen, er aber fühle sich jetzt berufen, dem Herrn ein hohes Haus zu bauen und werde sich durch keinerlei Bedenken daran irremachen lassen.

Auf dieses Wort des Fürsten hin erhob sich einer – es war der Konventuale Bernhard Gustav von Baden-Durlach – und erklärte, er könne nicht verstehen, wie dem Herrgott ein hohes Haus gefallen sollte, an dessen Ziegeln das Blut der geschundenen Bauern klebe. Sprach's und verließ die Versammlung.

Eisiges Schweigen herrschte, bis der Fürst aufstand und die Gesellschaft der Geladenen verließ. Erst am Abend befahl er sie wieder zu sich. Die Beratung verlief ohne Erregung und in sehr gemessener Kürze. Die Herren der Hofkammer versprachen, die erforderlichen Geldsummen durch Einführung eines Passier- und Brückenzolls auf dem zum Hochstift gehörigen Teil der Iller aufzubringen. Mit der Freude über diesen Gedanken kehrte auch die gute Laune des Abtes zurück, und man unterhielt sich bis in die tiefe Nacht hinein sehr angeregt, beflügelt durch einige Kannen Weins.

Mitten in dieser Stimmung stellte der hohe Herr an die Hacklin ganz unvermittelt die Frage, wann sie etwa zu heiraten gedächte. Über das zarte Gesicht der jungen Frau huschte eine leichte Röte: »Wenn Ihr, Eur Gnaden, damit den Johann Rieder meint, so muß ich gestehen, daß ich gerade in den letzten Tagen klar erkannt habe, wie unheilvoll eine eheliche Verbindung mit ihm für uns beide wäre.«

»Barbara«, antwortete der Fürst, »du bist uns keine Erklärung schuldig, namentlich nicht in diesem Rahmen!«

»Warum nicht? Jedermann weiß seit einem halben Jahr, wie herzlich ich dem Rieder verbunden bin und daß dies nicht nur aus dem Gefühl der Dankbarkeit heraus so ist, weil er mir das Leben gerettet hat. So soll auch jedermann wissen, daß ich ihn deshalb nicht heiraten werde, weil er für mich nur ein angenehmes Anhängsel wäre; dafür ist er nämlich zu schade. Johann Rieder braucht eine Frau, die sein Herz zum Blühen bringt und die Fülle seiner noch verborgenen Fähigkeiten zur Entfaltung. Ich würde ihm diese Frau niemals sein können, denn ich bin um einige Jahre älter als er, was freilich bei gegenseitigem Wohlwollen zu überbrücken wäre.

Nicht zu überbrücken ist dagegen die Tatsache, daß ich weder eine geschmeidige Gattin noch eine aufopferungswillige Mutter bin; ich bin eben bereits vergeben, verheiratet an meine Kunst. Sie zeugt in mir, und ich gebäre ihr das, was mich berechtigt, in dieser Versammlung hier zu sitzen. Es gibt ja nicht viele meines Geschlechts, die sich solcher Gunst erfreuen können. Um so mehr will ich mich meiner Berufung würdig erweisen und alles abtun, was ihr hinderlich sein könnte, auch wenn ich damit mir und anderen Schmerzen verursache.«

»Was sagt dazu unser Rieder?«

»Das weiß ich nicht, Euer Gnaden, denn noch habe ich nicht mit ihm darüber gesprochen. Ich weiß nur, daß ich ihm wehtun werde, so wie ich mir selbst wehtun muß. Vielleicht ist es aber gerade richtig, daß Ihr, mein Fürst, es eher wißt als er; denn ich weiß, wie sehr Ihr unserer ehelichen Verbindung geneigt gewesen wäret.«

»Wir erwarten ihn in den nächsten Tagen aus München zurück.«

»Sein erster Gang wird zu Euch, sein zweiter zu mir sein. Ich bitte Euch, laßt es mich sein, die dies hier ausgebreitete Geheimnis meines Herzens mit ihm bespricht!«

»Barbara Hackl, wir danken dir für dein Vertrauen und bewundern dein reiches Herz, in das du uns einen Blick gewährt hast! Dein Entschluß möge euch beiden frommen!«

Da beherrschte auf einmal ein ganz anderer Ton die nächtlicherweile versammelte Gesellschaft, eine fast weihevolle Stimmung, die der Fürstabt noch mit der Bemerkung unterstrich: »Barbara, an dir ist zu erkennen, daß die große Kunst eine Gnade ist. Denn das, was du in dieser Stunde zu uns gesagt hast, das hast du nicht aus dir gesagt, sondern ein gnädiger Gott hat dir's ins Herz gesetzt. Wir wollen ihm danken, du und wir mit dir!«

Am 6. Dezember, dem Festtag des heiligen Nikolaus, den die Schiffleut verehren, kehrte Johann Rieder aus München zurück. Unverzüglich überreichte er dem Großdekan beim fürstlichen Hof- und Regierungsrat seine Schatulle mit der Antwort des

Barons Bernhard Renner von Allmendingen. Den Fürstabt selbst traf er nicht an, denn der weilte noch auf Schloß Liebenthann. Am Abend begab er sich in sein Gärtnerhaus, heizte gründlich ein, säuberte sich und ging dann hinüber in die Bauhütte, wo Barbara noch mit Farben an einer Skizze arbeitete. Die Mutter hatte sich bereits schlafen gelegt.

Und er begann zu erzählen mit der strahlenden Frische eines Buben, der zum ersten Mal die große Welt gesehen. Besonders rühmte er die Münchner Stadt, ihre Befestigungsanlagen, ihre Kirchen, den Alten Hof und die neue Residenz.

Barbara kannte die Stadt, hatte sie doch bereits in ebendieser Residenz Beweise ihrer Kunst geliefert und manch Neues hinzugelernt. Sie hatte bei dieser Gelegenheit sogar Max Philipp, den Bruder des Kurfürsten, häufig gesehen, weil er ihr bei der Arbeit gern zugeschaut hatte, bis dann seine Frau Mutter, damals noch Residentin, gekommen war und ihn unter nicht immer sanften Worten mitgenommen hatte, weil es sich für einen Prinzen nun einmal nicht schicke, einen Handwerker aufzusuchen ohne Begleitung eines Kammerherrn, zumal wenn dieser Handwerker eine Frau sei.

Als Johann Rieder dann noch von seiner Begegnung mit der schlittenfahrenden Kurfürstin erzählte und wie sie noch einmal umgeschaut habe, glaubte Barbara den Zeitpunkt gekommen, ihre Absichten zu eröffnen:

»Nach dir werden sich noch viele Frauen umdrehen, Johann, und noch vielen wirst du das Herz beunruhigen, genauso, wie du's mir getan hast.«

Johann Rieder horchte: »Es klingt fast wie ein Vorwurf, Barbara.«

»Ein Vorwurf soll's nicht sein, wohl aber eine Absage an das, was zwischen uns war in dem letzten halben Jahre.«

»Absage oder Endpunkt?«

»Du hast recht: Endpunkt! Denn Absage klingt nach Reue; mir scheint jedoch, daß wir nichts zu bereuen haben. Ein Ende aber muß sein, deinetwegen und meinetwegen!«

»Du hast es also auch gespürt, Barbara! Du bist nämlich um einige Spannen Geist zu groß für mich. Und es wär nit bloß verwegen, sondern gradaus dumm von mir, wollt ich mir einbilden, wir paßten zusammen. Zu Anfang, in den ersten Wochen, hab ich das nit erkannt; inzwischen aber ist mir's klar geworden, und ich dank dir, daß du mir jetzt so entgegenkommst. Grad darin seh ich wieder, wie groß du bist, Barbara!«

»Das vom Großsein und vom Geisthaben sagst du zwar sehr schön, es ist aber nicht an dem. Nein, Johann, es geht allein darum, daß ich nicht die Frau sein kann, die du brauchst und die du verdienst . . .«

Barbara Hackl wiederholte dann die Gründe, die sie schon in der Gesellschaft beim Fürstabt ausgeführt hatte. Um die beiden jungen Menschen wehte jetzt ein Hauch von Stille, wie man ihn bei einem herbstlichen Sonnenuntergang empfindet, der einen glückhafteren Morgen verheißt. Sie waren beide selig gewesen miteinander und hofften, es auch fürderhin zu sein ohneeinander. Da war nicht Schuld und darum auch nicht Reue, sondern nur Liebe; eine Liebe von der Art, wie sie reinen Geistern anstehen mag.

Rauhnächte

Bereits am 15. Dezember dieses Jahres 1655 saß der Kurier Johann Rieder wieder im Sattel und ritt nach Köln. Hier regierte der andere bedeutende Wittelsbacher, den der Fürstabt für sich zu gewinnen suchte.

Für Johann Rieder war der Ritt an den Rhein keine reine Freude. Abgesehen von der Kälte, die jetzt grimmig eingesetzt hatte, empfand er mit jedem Tage mehr und mehr sein hohlgewordenes Herz. Barbara hatte sich während des verwichenen halben Jahres doch tiefer da hinein gegraben, als er es hatte wahrhaben wollen. Er kam sich jetzt vor wie schales Wasser oder wie abgestandener Wein; vor beiden kann man sich eines gewissen Ekels nicht erwehren. In seiner Verdrossenheit begab er sich zu Köln in eine Badestube, nicht zuletzt deshalb, weil er seinen durchfrorenen Körper aufwärmen wollte. Als er aber das widerliche Treiben der hochachtbaren Bürgersleute sah, erfaßte ihn ein neuer Ekel, und er zog sich in sein Quartier im Domhof zurück.

Und am Heiligen Abend war er wieder in seinem Gartenhaus in der Kempter Stiftsstadt.

Im stillen hoffte er, Barbara würde sich in diesen festlichen Tagen wenigstens auf einen kurzen Augenblick sehen lassen. Weil sie aber von ihm dasselbe erhoffte, kam es zu keiner Begegnung, und am Tage der Unschuldigen Kinder war Johann Rieder bereits wieder unterwegs, diesmal zunächst nach Sankt Gallen. Von da aus sollte er bei günstiger Witterung über Samaden ins Untere Engadin reiten und in der Nähe von Tarasp am Inn einen jungen Mann erwarten, einen Maler, der vom Kloster Säben herüberkäme. Ihn sollte er heil nach Kempten bringen, damit er bei der Ausgestaltung von St. Lorenz mitwirke. So hatte es Baumeister Serro gewünscht. Die Mönche in Sankt Gallen waren rührend um den Kurier besorgt und wollten ihn gar nicht weiterziehen lassen, weil sie meinten, man müsse in den Rauhnächten Mensch und Tier vor überall, sonderlich aber im Gebirge drohenden Naturgewalten behüten. Doch Johann meinte, diese Nächte unterschieden sich wohl kaum von allen übrigen; Winternächte seien immer rauh. Und mit reichlicher Wegzehrung, einer Doppelpistole und einem zweiten Roß versehen, trat er in der Morgenfrühe des Neujahrstages 1656 seinen abenteuerlichen Ritt über Appenzell, Ragaz und Chur an. Als er nach drei Tagen durch die Graubündener Berge kam, bat er den Mönchen von Sankt Gallen vieles ab; denn hier schienen bisweilen die wildesten Teufel losgelassen und bemüht zu sein, alles, was da lebt, zu vernichten.

Schließlich gelangte er bei Samaden ins Obere Engadin und stand am Ufer des Inn.

Fast wie ein Gebet kamen ihm da die Worte von den Lippen: »Das bist du also, du junger Inn, der du mir weit drunten im Tirolerland manches Wiegenlied gesungen hast! Freilich hast du uns auch manches Unglück gebracht. Du hast meinen Vätern viel Land an den Ufern weggefressen, und wenn du Eis führtest, haben wir uns im Mühlgraben hingekniet in der Stube, die Mutter, die Anna und ich, und haben den Rosenkranz gebetet. Und die vier Wasserheiligen haben wir angerufen: Heiliger Christophorus, heiliger Nikolaus, heiliger Rupert, heiliger Täufer Johannes, bittet für uns und laßt alle Wassernot an uns vorübergehn! Hier sieht man's dir gar nit an, junger Inn, wie heimtückisch du sein kannst! Und doch fühle ich mich mit dir verwachsen! Wenn du nach Tagen oder Wochen am Erler Mühlgraben vorbeikommst, sag einen schönen Gruß hinauf! Und wenn du dann bei Rosenheim bist, stoß kräftig an die sieben Brückenjoche, daß es der Cronperger Georg hört und seine schöne Barbara!«

Als Johann Rieder sich bei diesem Selbstgespräch ertappte, sagte er laut: »Blödsinn!« und wandte seine Rösser dem nahen Ort zu, wo er am schwarz qualmenden Kamin die Herberge vermutete. Dort kehrte er ein, denn es neigte sich der Tag.

Die Wirtin machte zunächst Miene, als könnte sie ihn nicht behalten; schließlich versöhnte sie sich aber mit dem Glanz seines Kuriergewands und den Wappen auf Schatulle und Satteldecke. Sie wies ihm eine niedrige Kammer an, die über der geräumigen Küche lag und darum behaglich warm war.

Als er sich von seinen vereisten Kleidern befreit hatte, stieg er die knarrende Treppe in diese Küche hinab. Die Wirtin setzte ihm ein üppiges G'röschtl vor, unterließ aber dabei nicht, sich zu verwundern, daß er es wage, sich in diesen Tagen und Nächten außerhalb der behüteten Heimstatt herumzutreiben. Ob er denn nicht wisse, daß gerade hier am Inn in den Rauhnächten die »wilden Schöffleut« ihr Unwesen hätten, weil sie für ihre Laster nach dem Tode zur Ruhelosigkeit verdammt seien und rastlos und ziellos stromauf und stromab irren müßten? – Ja, was denn das für »Schöffleut« wären, nachdem der Inn doch erst weit drunten hinter Finstermünz die ersten kleinen Schifflein trüge? – Das könne sie ihm schon erzählen! Diese Schöffleut, das seien nämlich Tiroler, die vor mehr als zweihundert Jahren in der Gegend von Hall einen anderen Schiffmann, einen Bayern, halbtot geschlagen und dann ins Wasser geworfen hätten. Als sich dann dieser armselige Mann mit seiner allerletzten Kraft an den Rand des Schiffes geklammert und um Erbarmen gefleht habe, hätten sie ihm mit einem Ruder auf die Hände geschlagen, so daß er habe auslassen müssen und ertrunken sei. Vor seinem letzten Untertauchen aber habe er die Verfluchung getan, seine Mörder und alles Volk am Inn sollten von dem Tage an, an welchem man seinen Leichnam in geweihte Erde versenken werde, dreihundert Jahre lang keine Ruhe finden. Dieser Fluch erfülle sich und werde sich noch hundert Jahre lang in den Rauhnächten weiterhin erfüllen; erst dann würden jene verwunschenen Schöffleut in die ewige Ruhe eingehen.

Mit einem fast schaudererregenden Tonfall in der Stimme hatte die Wirtin diese Geschichte erzählt. Rieder und die anderen eidgenössischen Gäste, die inzwischen eingetreten waren, hatten reglos zugehört. Ja, ja, so ist das in den Rauhnächten am Inn! Gnade Gott dem, der draußen ist und die wilde Jagd der verfluchten Schöffleut erleidet!

Johann wunderte sich, daß so viele junge Leute zusammenkamen; von daheim wußte er, daß meistens nur die Alten abends noch zu einem Dämmerschoppen ausgingen. Doch was fochten ihn die eidgenössischen Bräuche an! Er war müde und beeilte sich mit seinem G'röschtl, um hinaufzukommen in seine warme Kammer.

Er wünschte allen eine gute Nacht; sie antworteten mit brummender Stimme. Das klang, als hätten sie ihn gar nicht gerne in ihrer Nähe. Aber auch das störte ihn weiter nicht.

Er schaute noch einmal in den Stall nach seinen beiden Rössern, fand, daß sie gut versorgt waren, und betrat dann seine Kammer. Er hörte noch ein paar Minuten lang das Gemurmel der Gäste unten in der großen Stube – dann überfiel ihn der tiefe Schlaf.

Wie lange er gelegen hatte, wußte er nicht, als ihn das Weinen eines Mädchens aufweckte, das neben seinem Bett kniete. Ruckartig fuhr er auf und griff nach der Pistole.

Das Mädchen jammerte: »Herr, helft mir! Jetzt zaubern sie einen bösen Geist auf mich herab.«

»Wer? Wo?«

»Meine eignen Leut. Hinten im Salettel. Helft mir, bittschön! Ich fürcht mich!«

Er erhob sich langsam und warf sich den schweren Schafspelz um die Schultern, den ihm die Mönche von Sankt Gallen als Pferdedecke mitgegeben hatten. Schutzsuchend schmiegte sich die etwa Siebzehnjährige an ihn und ließ seinen Arm nicht los.

»Wo ist dieses Salettel?«

»Kommt, Herr! Aber Ihr müßt sehr leise sein!«

Ohne Licht führte sie ihn aus der Kammer quer über den Dachboden bis zum schmalen Durchgang einer Brandmauer. Hier drang ihnen der süße Duft von Weihrauch und gedörrter Myrte entgegen. Als Rieder sich jetzt über die Brandmauer beugte, erblickte er die unbedeckten Dachsparren und darunter die ganze Versammlung derer, die zuvor mit ihm in der Gaststube gesessen hatten. Sie hatten sich rings an den Wänden aufgestellt und starrten auf die Mitte, wo innerhalb eines Kreidekreises ein Magier mit hoher Mütze und schwarzem, weitwallendem Mantel vor einem Glutbecken stand und ein großes Pergamentblatt über die aufsteigenden Düfte schwenkte. Dann griff er in das Becken, zog ein Stäbchen Holzkohle heraus und schrieb damit auf das Pergament in großen Buchstaben den Namen »Leila«.

»Das bin ich!« flüsterte das Mädchen und klammerte sich noch enger an Rieder.

Der Magier legte darauf das Pergament mit dem Namen nach unten auf den Boden, stellte seinen rechten Fuß darauf und ließ sich auf das linke Knie nieder. In der rechten Hand hielt er eine brennende Kerze aus weißem Wachs, die leicht eine Stunde aushalten konnte. In dieser Stellung blickte er empor und sprach mit hohler, unheimlicher Stimme: »Ich grüße und beschwöre dich, o prächtiger Mond in den Wolken, euch, prächtige Sterne über den Bergen, und dich, leuchtendes Licht, das ich in der Hand halte! Bei der Luft, die ich atme, bei dem Atem in mir, bei der Erde, die ich berühre, beschwöre ich euch!«

Nach diesen Worten wandte sich der Magier erklärend an die Umstehenden: »Bevor ich jetzt den Geist aufrufe, werfe ich in diese Glut das Holz der Aloe, ein Quentchen Ambra, Zimt und Knoblauch, eine Prise Moschus, einen Teil vom Hirn des Adlers und vom Blut des schwarzen Hahnes; dazu Myrtenblüten, Rosenblätter, rotes Sandelholz, Wermut und Narzisse!«

Nachdem er dies alles in das Becken gestreut hatte, ergriff er mit der Linken einen Stab und fuhr mit trompetender Stimme fort: »Bei allen Namen der Geisterfürsten, die in dieser Materie leben, bei dem unaussprechlichen Namen ON, der alle Dinge erschaffen hat, bei den erhabensten Namen Adonai, El, Elohim, Elohe, Zebaoth, Elion, Escherce, Jah, Tetragrammaton und Sadai, bei dir, o strahlender Engel Gabriel, und dem Planeten Merkurius, bei Michael und Melchidael, ich beschwöre euch bei allen heiligen Namen Gottes, daß ihr eure Kraft herabsendet, um den Körper, die Seele und die fünf Sinne des Mädchens Leila, dessen Name hier unter meinem Fuße geschrieben steht, heimzusuchen, zu quälen und zu plagen, damit sie zum Louis komme und seinen Wünschen willfahre und niemanden in der Welt liebe, besonders nicht den Florian von Tarasp!«

Dann machte der Mann mit dem Stab und dem Licht wilde Gebärden und setzte seine Beschwörung fort: »So soll sie es nicht aushalten können – so soll sie heimgesucht werden – so soll sie leiden – so soll sie gequält werden! Geht also schnell! Geht, Chorozon, und du, Rhabdos, der Würger, geh, Hagith, der du die Liebe und die Schönheit regierst! Geht schnell, Melchidael, Bareschas, Zazel, Firiel, Malcha und alle jene, die bei euch sind! Ich beschwöre euch bei dem großen lebendigen Gott, meinen Willen zu tun, und ich verspreche, euch zufriedenzustellen!«

Diese Formel wiederholte der Magier noch zweimal und steigerte sich dabei immer heftiger in eine Ekstase hinein. Schweiß stand ihm auf der Stirn und floß in Bächlein an seinen Schläfen herab.

Am Ende zog er einen weißen Hahn aus einem Körbchen hervor und hieb ihm mit einem großen Messer den Kopf ab. Und während der Hahn, den er bei den Füßen hielt, zuckend über dem Glutbecken verblutete, schloß der Magier seine Zeremonie mit diesen Worten ab: »O ihr Herren der Finsternis!

Weil ihr meinen Forderungen nachgekommen seid, erlaube ich euch hiermit zu gehen, ohne Menschen oder Tieren Schaden zuzufügen! Geht, sage ich, aber seid bereit und willens, wiederzukommen, wann immer ich euch durch diese heiligen Riten beschwöre! Und möge der Friede Gottes immer zwischen mir und euch herrschen! Amen.«

Wie wenn ein Blitz sie getroffen hätte, stand Leila neben Johann Rieder und starrte ihn entsetzt an. Auch ihn hatte das fürchterliche Ritual ein wenig verwirrt. Als er aber sah, wie aus der Reihe der Eingeweihten ein junger Mann hervortrat und dem Magier einige Münzen in die Hand zählte und wie die Wirtin das gleiche tat, da fühlte er wieder den festen Boden unter den Füßen. Er legte den Arm um die Schultern des Mädchens und fragte: »War das der Louis? Und die Wirtin, ist sie deine Mutter?«

Leila nickte nur und fing dann wieder an zu weinen.

»Wir werden ihnen die Suppe versalzen!« sagte er dann und fragte sie noch, ob es sinnvoll wäre, wenn er sie zu jenem Florian nach Tarasp brächte. Da strahlte sie plötzlich und flüsterte: »Nur eine Nacht, wenn ich bei ihm bin, so müssen sie mich heiraten lassen!«

Leise, wie sie gekommen, schlichen sie zurück. Dabei sagte er ihr, daß sie anderen Tags auf dem Wege innabwärts auf ihn warten möge, etwa in der zehnten Stunde.

Sie verschwand nach der Seite hin, und er begab sich wieder in seine Kammer. Nach einer Weile hörte er unter sich in der großen Stube das Gemurmel wie am Abend. Die Adepten kehrten also zurück. Dem Klirren der Gläser nach zu schließen, genehmigten sie sich noch einen stärkenden Nachttrunk.

Im Engadin

Beim Frühstück, das ihm die Wirtin recht lieblos hinschob, erkundigte sich Johann Rieder, wie lange er wohl bis Sils brauchen werde. Er stellte diese Frage bewußt, weil er die Frau von seinem Wege, der in die entgegengesetzte Richtung führte, ablenken wollte. Sie gab ihm eine Erklärung, aus der er erkannte, daß sie von Entfernungen keine Ahnung hatte, wie das ja bei den Einheimischen meistens so ist.

Es schneite in dicken Flocken, als er seine Rösser aus dem Stall zog und dann in den Vormittag hineinritt. Bald war die Herberge nicht mehr zu sehen; er konnte seinen eingeschlagenen Weg ändern.

Die Kälte ist gebrochen, dachte er. Und dann dachte er: Wie lange wird es wohl der Wirtin verborgen bleiben, daß die Tochter ihr entwichen ist? Und was kann sie unternehmen, wenn sie es erfahren hat?

Diese letzte Frage erschien ihm nicht unbedeutend, denn übelwollende Menschen konnten aus der Tatsache, daß er dem Mädchen Fluchthilfe leistete, den Vorwurf der Entführung ableiten und ihm einen Strick drehen. Während er diesen Gedanken ernsthaft nachhing, sah er Leila mit einem Male vor sich im Windschatten einiger buschiger Arven stehen. Lächelnd sah sie ihm entgegen und zeigte ihm ihre schönen Zähne.

»Ich bin nicht weiter gekommen«, sagte sie, »und dann habe ich auch nicht weiter gewollt, weil ich ganz plötzlich eine große Angst verspürt habe wegen der Wölfe.«

»Gibt es denn Wölfe hier?« fragte er besorgt.

»Natürlich gibt es Wölfe! Jedes Jahr gibt es sie. Sie schleichen bei Nacht um die Häuser herum und brechen sogar in die Ställe ein.«

Johann Rieder stieg aus dem Sattel und hob das Mädchen auf das andere Roß hinauf, über dessen Rücken er das dicke Schaffell geschnallt hatte. Dann gab er ihr die Zügel in die Hand.

»Ob ich da nicht herunterfallen kann?«

»Freilich kannst du das! Mußt dich halt an den Gurten festhalten.«

Sie lächelte ihn an: »Der Herr wird ein bißchen auf mich aufpassen müssen, denn ich sitze jetzt das erste Mal auf einem Pferd.«

»Halten kann ich dich natürlich nit!« erwiderte er und schwang sich auf sein Roß.

»Der Herr kommt sicher aus dem Tirol; seine Sprache verrät ihn. Kommt er wohl gar von drunten aus Finstermünz? Dort habe ich eine Tante und einen Onkel; zu denen könnte ich auch gehen, wenn der Florian mich noch nicht brauchen kann.«

»Ist das möglich, daß er dich noch nit brauchen kann?«

»Das ist schon möglich, Herr. Der Florian ist zwar ein sehr guter Junge, aber sein Vater, der Herr Bäckermeister, könnte Sperenzien machen und mich nicht hineinlassen.«

»Ja, weiß er denn nit, daß der Florian dich mag?«

»Das weiß er schon, aber er rechnet sicher nicht damit, daß ich schon jetzt komme.«

»Hättest eben noch warten müssen!«

»Lieber Herr, ich kann doch nicht warten, bis der Louis mich von der Stelle weg in seine Schmiede holt! Und er hätte mich heute oder morgen geholt; sein Vater hat sich ja schon seit Jahren mit meiner Mutter zusammengetan und hat ihr auch die Schulden bezahlt, die sie beim Juden hatte, drunten in Zürich.«

»Da bist du also der Kaufpreis gewesen.«

»Nur der halbe, Herr; denn die andere Hälfte des Kaufpreises ist meine Mutter selber.«

»Saubere Zuständ!« sprach der Rieder und schaute das Mädchen von der Seite an. Schwatzt sie nicht daher wie ein Kind von zehn Jahren? Es wär kein Wunder, wenn der »Herr Bäckermeister« Sperenzchen machen und sie nicht hineinlassen würde! »Kennst du den Weg nach Tarasp?«

»Den kenne ich sehr wohl, Herr; wir werden aber heute noch nicht bis dorthin kommen, sondern nur bis Zernez.«

»Und in Zernez, kennst du da eine Herberge, in der wir sicher absteigen können?«

»Absteigen schon, aber nicht sicher. Deswegen habe ich mir etwas anderes ausgedacht, und ich hoffe, daß der Herr damit einverstanden ist.«

Bei dieser Bemerkung huschte ein feuriger Schimmer über ihre Augen. So gefiel sie dem Rieder, und er dachte sich: Wer weiß, aus welchem Kuckucksei sie ausgeschlüpft ist. In diesen eidgenössischen Bergen haben alle möglichen Völker ihre Spuren hinterlassen, angefangen von den Puniern, über die Zimbern und Teutonen zu den Römern, die Alemannen, die Burgunder, die Westgoten und schließlich die Hunnen; nicht zu reden von den Galliern, die sich zu allen Zeiten in die Berge flüchteten, wenn sie den Gefahren der Ebene nicht mehr gewachsen waren. Immer wieder sind die Feuer der Leidenschaft in den Hütten dieser Täler erglüht, wenn die fremden durchziehenden Männer die spärlichen Stunden ihrer Nächte erhellten.

Die ganze Zeit waren sie auf dem linken Ufer des Inns dahingeritten. Jetzt hörte es langsam auf zu schneien; fahl stand die Sonne über dem Piz Mezzem. Drüben drohten vom steilen Felsen die Trümmer der Burg Gardavall.

»Der Bischof Volkard hat sich dieses steinerne Nest 1251 als Talwacht bauen lassen«, sagte Leila, »jetzt gehört es einem meiner Vettern.«

»Wozu dient es ihm?« fragte Rieder.

»Der Herr wird lachen: Es dient ihm als Steinbruch. Er hat sich nämlich unten bei Zus eine Mühle gekauft. Er will sie jetzt ausbauen, und in Gardavall findet er die besten Hausteine.«

»Dein Vetter muß ein wohlhabender Mann sein, wenn er eine so mächtige Ruine kaufen konnte.«

»Gewiß ist er das. Er hat ein paar Jahre als Soldat in Frankreich gedient und gegen die Liga gefochten; das hat ihm viel eingebracht. Der Herr wird ihn bald kennenlernen, weil wir bei ihm zu Mittag essen werden.«

»Hast du nit Angst, daß er dich verrät?«

»O nein, das tut der Giscard nicht. Im vergangenen Herbst haben wir eine Woche lang bei ihm gewohnt, der Florian und ich, und niemand hat's erfahren.«

Sie ritten durch den kleinen Ort Zus. Hier stand beherrschend ein hoher Turm, angeblich das Überbleibsel eines Stammhauses des eidgenössischen Adelsgeschlechts der Planta. Gleich hinter diesem Burgflecken, kurz vor dem Eingang zu einer tannenbewachsenen Schlucht, gelangten sie zur Mühle.

Während Johann Rieder die Rösser versorgte, ging das Mädchen in das Wohnhaus. Sie fand aber nur die Wirtschafterin und ein paar Knechte vor; der Vetter war nicht daheim.

Nachdem sie gegessen hatten, packte Leila einen Fellsack voller Nahrung, während Rieder um eine Metze Hafer bat.

Bald waren sie wieder unterwegs.

Der Ritt durch die Schlucht hatte seine Tücken, denn der Weg war nicht breit, und tief unter ihnen donnerte der Inn durch zerklüftetes Gestein. Als sich aber am Ende der Schlucht das Tal weit öffnete, sahen sie Zernetz vor sich liegen mit einer neuerbauten Kirche und dem schmucken Stammschloß der Wildenberger. Hier rauschte auch durch die Schlucht, genannt la Serra, von rechts der wilde Spöl-Fluß herein und gesellte sich dem Inn zu. Langsam neigte sich die Sonne zum Abend und verschwand hinter dem Scaletta-Horn.

»Hast du dir schon darüber Gedanken gemacht, wo wir die Nacht zubringen werden?« Johann Rieder fragte und bemerkte wieder, daß sie ihn mit ihren kleinen Zähnen anbleckte.

»Ich weiß ein stilles Haus in der Samodoigna.«

»Was ist das, die Samodoigna?«

»Gleich wird sie beginnen, Herr. Es ist wieder eine Felsenschlucht am Inn, aber noch viel enger als die obere und dicht bestanden mit Tannen und Fichten. Sie ist über eine Stunde lang und reicht fast bis nach Süs hinunter. Mitten drin im Forst liegt ein verlassenes Jägerhaus; dort haben wir auch schon gewohnt mit dem Florian.«

Johann stutzte: »Und die Rösser?«

»Es ist auch ein Stall dort und viel Heu für die Fütterung der Rehe.«

»Muß man da nit irgendwo um Erlaubnis fragen?«

»Wer viel fragt, Herr, geht viel um! Wahrscheinlich gehört das Haus den Wildenbergern; doch seit Jahr und Tag ist kein Jäger mehr dort gewesen. Sie lassen es verfallen, wie es den Anschein hat.«

»Das gibt uns nit das Recht, dort einzudringen.«

»Wir dringen doch nicht ein, Herr, sondern benützen es nur für eine Nacht. Außerdem lege ich einen halben Franken auf das Fensterbrett. Vielleicht legt der Herr auch einen halben hin.«

Jetzt führte der Weg steil zum Inn hinab; die Samodoigna

öffnete sich, in dieser winterlichen Pracht schaurig und schön zugleich.

Wohl eine halbe Stunde ritten sie dahin, ohne daß eins von ihnen ein Wort verlor. Bis sich mit einem Male die Schlucht zu einer Lichtung weitete, an deren Rande das Jägerhaus unter ein paar mächtigen Fichtenästen lag.

Leila ritt voraus.

Als sie abgesessen war, trat sie mit der Miene der Zugehörigkeit vor die Haustür und zog den hölzernen Riegel hoch. Die Tür war offen.

Es dunkelte schon merklich, als Rieder hinter dem Mädchen eintrat.

Da stand ein steinerner Herd, sehr niedrig; an einem Dreifuß hing ein angerußter Kessel darüber. In der Feuerstätte lagen noch angekohlte Buchenhölzer.

»Da kann der Herr sehen, daß seit dem Herbst kein Mensch diese Stube betreten hat; denn das Holz hier stammt noch vom Florian.«

Gleich hinter der Herdstatt hingen an einem Wandgestell einige Pfannen und Töpfe. Daneben lag üppig ausgebreitetes Schüttenstroh mit ein paar strohgefütterten Kopfkissen aus Sackleinwand. Die zwei kleinen Fenster beiderseits der Tür waren völlig verschneit und ließen keinen Lichtstrahl ein.

Während Leila sich wortlos am Herd zu schaffen machte, ging Johann Rieder hinaus und führte die Rösser um das Haus herum. Hinten öffnete er das kleine Scheunentor. Wohliger Heuduft drang ihm entgegen; auch die beiden Tiere empfanden ihn genüßlich und eilten hinein. Er halfterte sie ab und band sie an einem Strebebalken fest. Dann schüttete er ihnen Hafer vor, nahm ihnen Sattel und Schaffell ab und streichelte sie. Dabei überlegte er, ob er nicht die bevorstehende Nacht hier bei seinen Rössern zubringen müßte.

Da hörte er das Mädchen hinter sich.

»Ich werde mich fürchten, wenn der Herr nicht bald in die warme Stube kommt.«

Sie sprach's und faßte ihn am Arm. Da wußte er, daß die Rösser während der Nacht allein in der Scheune sein würden.

Als er mit dem Mädchen wieder die Stube betrat, brutzelten in einer Pfanne zarte Speckscheiben. Jetzt entnahm sie dem Fellsack Eier und Brot. Die Eier zerschlug sie über dem Speck, das Brot legte sie auf ein kleines ausgebreitetes Mundtuch. Eine Flasche voll wasserklarer Flüssigkeit, die nach Enzian roch, stellte sie daneben.

»Darf ich den Herrn zu Tisch bitten?« sagte sie lächelnd und rückte die Pfanne vom Herd auf ein Brett neben das Mundtuch. Sie mußten sich auf einige Holzscheiter setzen, denn es gab in der Stube weder Tisch noch Stühle.

»Ich wünsche dem Herrn einen gesegneten Appetit, und mir selber wünsche ich ihn auch!« Sie reichte dem Rieder Messer und Gabel.

»Das hast du gut gerichtet!« sagte er. »Und wie rasch du warst!«

»Auch der Florian hat mich gelobt«, erwiderte sie und lächelte wieder.

Johann Rieder empfand diese ständigen Hinweise auf den Florian störend. Deshalb fragte er ganz geradeheraus: »Wenn dein Florian erfährt, daß du mit mir in diesem Jägerhaus genächtigt hast, was wird er sagen?«

»Fürs eine, Herr, wird er's nicht erfahren; und fürs andere hat er mir noch nichts zu schaffen. Oder meint der Herr, der Florian lebe in Tarasp wie ein Klosterbruder? Und selbst wenn er so lebte, ist das seine Sache.«

Darauf wußte er nichts zu antworten.

Sie stand auf, räumte das Geschirr weg und legte einige große Buchenhölzer auf die Herdstätte. Dann nahm sie das Schaffell und breitete es über das Stroh; er tat mit den Roßdecken dasselbe. Darauf knöpfte sie ohne Scheu das Miederkleid auf und streifte den dicken, langen Rock ab. Mit ihrem kindlich strahlenden Gesicht und ausgestreckten Armen wandte sie sich so dem Rieder zu: »Ich bitte den Herrn, mich zu nehmen, denn ich kann meinen Dank für die Rettung nicht anders entrichten!«

Sie schmiegte sich an ihn . . .

Tags darauf passierten sie schon in den Vormittagsstunden die uralte Ortschaft Süs, die die Romanen Susch nannten. Hier erhebt sich mitten aus dem Tal auf steilem Hügel eine alte Befestigungsanlage, von der die Umwohner behaupteten, sie stammte noch aus der Römerzeit.

Während hinter dem Ort das rechte Ufer des Inns sehr steil abfiel, leuchteten jetzt auf dem linken im fahlen Sonnenlicht die drei alten Etruskerstädte Lavin, Guarda und Ardetz malerisch über dem breiten Bergrücken auf. Das ganze Tal schien den beiden jungen Menschen wie in einen Ring gefaßt, von den eisbedeckten Gipfeln der Silvretta auf der einen und den dicht bewaldeten Vorbergen auf der anderen Seite umschlungen. Aus vielen Seitentälern stürzten die Bergbäche rauschend nieder und fielen dem Inn in seinem tiefgefurchten Bett in die Arme. Johann Rieder blieb eine Weile staunend stehen, bis das Mädchen sagte:

»Man kann es wohl verstehen, daß schon im sechsten Jahrhundert der vorchristlichen Zeit römische Kolonisten sich gerade hier niedergelassen haben, als sie vor den Galliern auf der Flucht waren.«

»Woher weißt du das alles?« fragte er.

Sie lachte: »Da staunt der Herr! Bis vor sieben Jahren sind wir Schweizer Eidgenossen immer noch Reichsgenossen gewesen; da haben wir gute Instruktoren gehabt, sogar in den hohen Tälern. Und ich habe immer gut aufgepaßt, wenn der Herr Magnus in Samaden aus der Vorzeit erzählt hat.«

Johann fragte sich, ob der angehende Bäckermeister Florian in Tarasp wohl werde zu schätzen wissen, was für eine Frau ihm da ins Haus kam. Daß sie ihm vielleicht bei gegebener Gelegenheit aus der Schnur gehen werde, damit würde er sich freilich abfinden müssen. Denn sie lebte wie ein Naturkind, und die Religion hatte in ihrem Herzen noch kaum Maße und Schranken gesetzt.

»Eine Frage, Leila: Betest du?«

»Lieber Herr, wenn ich in Not bin, bete ich; und wenn ich nicht in Not bin, lebe ich.« Sie drehte ihr Roß ab und ritt weiter. Das Gespräch gefiel ihr nicht.

Die Straße stieg steil an und führte hinter Lavin durch ein Felsentor, hinauf nach Guarda. Hoch über dem Inn mußten sie ein zweites Felsentor passieren, um dann in einen stillen Lärchenwald einzureiten. Dahinter dehnte sich im freien Feld Ardetz aus, überragt vom Schloß Steinsberg mit seinem festgefügten Turm.

Als sie auch diesen Ort hinter sich gelassen hatten und über einige wüste Schutthalden hinweggeritten waren, stand vor ihnen in der strahlend-kalten Mittagssonne das stattliche Schloß Tarasp, der Sitz der österreichischen Vögte. Das Mädchen saß ab, er auch.

Sie wandte sich an ihn und faßte seine Hand: »Ich danke dem Herrn noch einmal! Schuldig bin ich ihm nichts mehr. So wünsche ich noch eine gute Weiterreise und eine glückliche Heimkunft! Die Menschen sind wie die Uhren mit verschieden langem Perpendikel, jede hat ihre eigene Gangart. Aber einmal, da geschieht's, daß ihr beiderseitiges Tick-tack sich im gleichen Augenblick auslöst. Dann ist es, als schlüge in zwei Herzen nur ein einziger Schlag.« Sie kehrte sich schnell von ihm ab.

»Bleib Gott befohlen, Leila!« rief er ihr nach und faßte seine Rösser.

Der Maler

Johann Rieder kramte in seiner Satteltasche nach einem Schreiben, das ihm Baumeister Serro mitgegeben hatte.

Es war an den Maestro Innocencio Mezzi gerichtet, der sich im Badeort Vulpera bei Tarasp aufhalten sollte, um sich an den dortigen eisenhaltigen Trinkquellen zu erlaben. Seine einstigen Lehrmeister, die Mönche von Kloster Säben, hatten nämlich festgestellt, daß er an Blutarmut litt, und waren darum mit einem Arzt in Vulpera übereingekommen, der erst zweiundzwanzigjährige Künstler solle einige Wochen lang von diesem Sauerbrunnen genießen. Der Arzt hatte ihm zusätzlich geraten, sich täglich eine Zeitlang in den Mofetten, den dortigen Dunsthöhlen, zu bewegen und den salzhaltigen Dampf zur Kräftigung der Lungen einzuatmen.

In den frühen Nachmittagsstunden trafen sich die beiden jungen Männer in dem Hospiz, das von Kapuzinern geleitet wurde. Rieder übergab das Schreiben.

Maestro Mezzi strahlte, als er es gelesen hatte. Wann denn die Reise in das fürstliche Stiftsland beginnen solle?

Zwei Tage müsse man den Rössern Ruhe gönnen; der Übergang über die Berge habe ihnen sehr zugesetzt.

Innocencio Mezzi war ebenfalls mit zwei Rössern ausgerüstet. Er begann sofort zu packen. Farben, Pinsel und Leinwandrollen, dazu eine Menge von Mappen richtete er so her, daß damit ein Roß doppelseitig beladen werden konnte.

In den Abendstunden gesellte er sich zu Rieder, der sich neben ihm ausnahm wie ein Riese, und fragte unaufhörlich nach dem Fürstabt, nach dem Baumeister, nach dem Fortgang der Arbeiten bei Sankt Lorenz, nach dem Wetter im Allgäu und nach dem dortigen Menschenschlag.

Rieder empfand Wohlgefallen an dem kleinen, sprühenden Mann, der beim Reden mit seinem ganzen Körper herumfuhrwerkte. Dabei war er gar kein Italiener, sondern stammte aus einer rätischen Familie und hieß Metz.

»Und warum habt Ihr Euch dann den welschen Namen zugelegt?«

»Lieber Herr, das ist so fast ein Gebot der Selbsterhaltung, wenn man unter welschen Malern arbeitet. Und mein Meister war der alte Bernardo Strozzi zu Venedig.«

»Dann solltet Ihr nicht nach Kempten, sondern an den Münchner Hof gehen; dort haben sie jetzt eine Kurfürstin aus dem Welschland.«

»Ihr meint die Henriette Adelaide aus Turin? Von der redet man quer durch die ganze Lombardei, und jedermann wundert sich, daß sie ausgerechnet an den kranken Bayernprinzen geraten ist.«

»Ist der Bayer krank?«

»Ich weiß es nicht, doch sagt man's, weil sie keine Kinder kriegt.«

Während sie miteinander redeten, schaute der kleine Maestro unentwegt auf Rieders Hände, und zwar so auffällig, daß Johann ihn schließlich fragte.

Lächelnd erwiderte er: »Vergebt meinen unbeherrschten Augen, aber Hände und Gesichter sind für mich der Acker, aus dem meine Kunst wächst wie dem Bauer der Weizen. Und Eure Hände, Herr, sind wie die eines Propheten, segnend und würgend. Darf ich sie zeichnen?«

Dabei zog er ein Blatt aus seiner Mappe und nahm einen feinen Staedtler aus dem Futteral, einen jener Bleistifte, die in Nürnberg gemacht wurden und in allen Bauhütten und Künstlerstuben bekannt waren. Und während Mezzi von dem und jenem erzählte, gestaltete sein flinker Stift Rieders große Hand, die ruhig wie ein Gedenkstück vor ihm auf dem Tische lag.

Bald traten auch die beiden gastlichen Kapuziner herzu und betrachteten staunend das Können des jungen Meisters, bestaunten auch die mächtige Hand, und einer der Mönche meinte mit verhaltener Scheu: »Wo die hinfällt, dort wächst kein Gras mehr!«

Am Tage nach dem Dreikönigsfest begaben sich die beiden jungen Männer auf die Weiterreise. Für den Maestro würde bald ein neuer Lebensabschnitt beginnen; für den Rieder wohl auch. Denn in all den letzten Wochen war ihm klar geworden, daß diese Botenreiterei nicht das war, was er sich vom Leben erwartete. Und darum würde er, heimgekehrt nach Kempten, den Herrn Fürstabt bitten, er möge ihn ab dem Sonntag Oculi, was der dritte Fastensonntag ist, wieder ausziehen lassen auf die Iller, damit er in Gottes freier Natur auf den gleitenden Wellen allein sei wie vordem. Ja, auch in den kommenden Wintern möge er ihn von Kurierdiensten befreien, denn das Holzfällen im Hochgebirg sei ruhiger und für Leib und Seel ersprießlicher.

Innocencio Mezzis Gedanken dagegen waren nicht so auf Stille und Beschaulichkeit abgestimmt. Er erwartete sich unter Baumeister Serros Führung den großen Durchbruch für seine Kunst, und das nicht ohne Grund, hatte er doch schon in

Venedig zu Bernardo Strozzis hoffnungsvollsten Schülern gezählt.

So ritten die beiden jungen Herren, von ungleichen Zukunftsplänen getragen, schweigend das Inntal hinab, überquerten bei Martinsbruck den Fluß und kamen nach Nauders. Auf der Paßhöhe von Finstermünz schaute Johann Rieder noch einmal ins Engadin zurück. Eine kleine Wehmut beschlich ihn. Dann tat sich ihnen das Oberinntal auf. In der Ferne glänzten die Türme des Schlosses Siegmundsried und die weißgetünchten Mauern des Rieder Kapuzinerklosters.

In der Mittagsstunde waren sie auf der Pontlatzer Brücke.

In Landeck verließen sie das Inntal und gelangten am späten Abend ins Hospiz Sankt Christoph an der Arlbergstraße.

Der andere Tag führte sie hinab ins Klostertal nach Stuben, ein ärmliches Dorf, in dem es nicht einmal eine Herberge gab. So beschlossen sie, den beschwerlichen Ritt nach Schröcken anzutreten, um am Fuße der Mädelegabel vorbei vielleicht noch Oberstdorf zu erreichen.

Ihre Rösser, gute Klosterzucht aus Säben und Sankt Gallen, zeigten sich allen Strapazen gewachsen und brachten die Reiter am Fest des heiligen Papstes Hyginus wohlbehalten, wenn auch reichlich durchfroren, in die Stiftsstadt Kempten.

In den folgenden Wochen trafen sie sich öfters, und Mezzi, der sich jetzt Innozenz Metz nannte, freute sich bei jeder Begegnung. Er redete mit viel Bewunderung von Frau Barbara Hackl, deren Kunst er nicht genug rühmen konnte. Dabei glomm in seinen Augen jenes Licht, das zugleich eine verräterische Beleuchtung des Herzens ist, und Johann Rieder dachte: Armer Innozenz, auch du wirst eines Tages erfahren, daß sie die innersten Türen verschlossen hält!

Das Frühjahr kam.

Mit dem Sonntag Oculi durfte der Rieder seine Flößerei wieder aufnehmen. Er stand hochaufgerichtet auf seinen Stämmen und geleitete sie sicher die Iller hinab bis Ulm, – wie eh und je.

Das ging so bis in den Herbst hinein. Und als man dann die Flößerei einstellen mußte, wurde dem Rieder tatsächlich erlaubt, wieder hinauszuziehen ins Gebirg zu den frei lebenden Holzfällern.

Diesen war heuer eine andere Aufgabe gestellt worden. Es galt nicht mehr wie bisher, die geschlagenen Stämme auf fünf bis sieben Klafter zusammenzuschneiden, sondern diesmal mußten es auserlesene Bäume sein, von geradem Wuchs, und durften die Länge von siebzehn Klaftern nicht unterschreiten, weil sie als Bauholz für das Kloster Prüfening bei Regensburg bestimmt waren. Die dortigen Klosterbrüder, ebenfalls Söhne des heiligen Benedikts, nur nicht vom Adel, wie die in Kempten, hatten sich nämlich erbötig gemacht, dem hohen Herrn Fürstabt bayerisches Getreide als Gegenleistung zu liefern, nur müsse die Verflößung auf Iller und Donau, hin und her, vom Flößermeister in Kempten besorgt werden, weil der von Prüfening schon zu alt sei und man einen jüngeren für diese verantwortungsvolle Aufgabe noch nicht gefunden habe.

Roman Giel von Gielsberg war auf dieses brüderliche Angebot aus Prüfening gern eingegangen, weil seine durch den vergangenen Krieg stark dezimierten Bauern einfach nicht mehr imstande waren, das fürs Stiftsland lebensnotwendige Getreide zu erzeugen. Das gewünschte Holz konnte er in seinen strotzenden Wäldern leicht schlagen und im kommenden Jahr durch seinen Johann Rieder hinunterflößen lassen.

Als Rieder von diesem Vorhaben erfuhr, war ihm, als schlösse man vor ihm einen großen Fensterladen auf und gäbe einen Blick frei in ein weites Land: Donauflößer! Die Herren und Knechte in der Hofkammer, bei denen er als Kurier tätig gewesen war, konnten seine Freude nicht verstehen und schüttelten die Köpfe über soviel Unverstand, als sie ihm diese bevorstehende Aufgabe mitteilten. Auf sein ehrliches Bedenken, daß er die Donau nicht kenne, wurde ihm geantwortet, der alte Flößer aus Prüfening komme und werde ihn bei der ersten Fahrt begleiten; nur solle er sich die nötigen Knechte bald abrichten, denn man werde beginnen, sobald die Iller eisfrei sei, selbst vor dem Sonntag Oculi.

Die Wintermonate draußen im Gebirg wollten ihm schier nicht vergehen.

Wie vordem kehrte er nur alle vierzehn Tage heim in sein Gärtnerhaus; es zog ihn nichts mehr in die Stiftsstadt.

In den Weihnachtstagen dieses Jahres 1656, die Rieder zu Hause verbrachte, geschah nun das, was er schon vor knapp einem Jahr geahnt hatte: Am Nachmittag des Heiligen Abends trat Meister Innozenz Metz bei ihm ein.

Oh, das war nicht mehr der geschmeidige, sprühende Maestro Innocencio Mezzi, wie er ihn kannte, das war nur noch sein Schatten!

»Sie hat mich stehen lassen wie einen begossenen Hund! Sie hat mich weggelegt wie ein abgeschabtes Kleid! Sie behandelt mich wie einen abgehalfterten Landsknecht, wie einen alten Besen, den man in die Kiesgrube wirft!«

Johann Rieder begann zu reden, erst ganz allgemein; dann aber erzählte er, daß auch er geglaubt habe, mit Barbara ein Glück zu zweit aufbauen zu können. Leider hätten sie beide übersehen, daß Barbara nicht eine Frau zum Heiraten, sondern nur zum Bewundern sei. »Und von Euch, Meister Metz, gilt dasselbe: Ihr, der Ihr mit der gleichen künstlerischen Begabung gesegnet seid wie sie, auch Ihr seid nit bloß für einen Menschen da, sondern für die vielen, die sich am Werk Eurer Hände und Eures Herzens aufrichten wollen. Darum müßt auch Ihr die innersten Türen verschlossen halten! Solange Ihr das nit zustande bringt, solange werdet Ihr kein frohes Herz nit haben. Der Mensch kriegt selten eine Gabe umsonst; in irgendeiner Form und Weise muß jeder bezahlen!«

Der gute Maestro sah das wohl ein, aber sein leidenschaftliches Herz litt weiter. Es litt so stark, daß Baumeister Serro sich in der Osterzeit gezwungen sah, den Fürstabt aufzusuchen und ihm zu erklären, er könne den jungen Herrn nicht mehr brauchen, seine Arbeit tauge nichts mehr.

Darauf kam es zu jener großen Aussprache, die für das Leben des jungen Maestro wegweisend wurde. Vielleicht ist es die Sehergabe Roman Giels gewesen, die ihm in jener frühsommerlichen Abendstunde die rechten Worte eingab, Worte, die aus dem Maler Innozenz Metz, dem großen Schüler des großen Bernardo Strozzi, einen kleinen Benediktinerbruder machten, nicht im adeligen Hochstift Kempten, sondern in der stillen Zelle des einfachen Klosters Prüfening an der Donau.

Auf einem der nächsten großen Flöße sollte er mit dahin fahren.

Donauflößer

Schon am Sonntag Reminiscere hatte Johann Rieder an der Lände der Kempter Stiftsstadt mit der Aufbereitung des ersten Floßes für Prüfening begonnen. Er wurde beraten vom alten Lorenz Pfander, der schon zwei Wochen zuvor von dort gekommen war. Pfander stammte aus Ulm und war schon in den besten Mannesjahren in den Dienst des ehrwürdigen Donauklosters getreten. Er kannte diesen Strom mit all seinen Schönheiten und Widerwärtigkeiten.

Mit fünf Knechten richteten sie also an der Illerlände vier Flöße, je siebzehn Klafter lang und dreieinhalb Klafter breit. Diese sollten dann an der Donaulände in Ulm mit Weiden und Birkennägeln zu einem mächtigen Floß verheftet werden. Je sieben Ruder vorn und hinten sowie eine Hütte in der Floßmitte würden die Ausrüstung des mächtigen Gefährts beenden.

Es war ein feierlicher Augenblick, als sich am Freitag nach Reminiscere in aller Herrgottsfrühe die sieben Männer entblößten Hauptes neben ihrer Floßhütte niederknieten und beteten:

»Heiliger Ritter, Sankt Sebastian,
Wir armen Sünder rufen dich an:
Willst uns bei Gott die Gnad erwerben,
Daß wir den gähen Tod nit sterben!«

Dann bekreuzten sie sich, wickelten die Ländseile von den Heftstecken und winkten dem Ländhüter und den vielen Neugierigen, die bei ihm standen, mit fröhlichen Juchzern zu.

Der Pfander und der Rieder begaben sich alsbald aufs Vorderg'stöß, den vorderen Teil des über sechzig Meter langen Floßes, während die fünf kernigen Knechte die Ruder des Hinterg'stößes bedienten, nachdem einer von ihnen das Heftseil zusammengewickelt und in die seitlich hängende Ausfahrzille gelegt hatte.

»Bei dem Wasser wird's eine gute Naufahrt!« sagte der alte Klosterflößer.

»Und wie lange wird's dauern?« fragte der Rieder.

»Fünf Täg, mehrer it!« erwiderte der andere. Dann begab er sich zur Floßhütte, holte das »Freifahnderl« heraus und heftete es auf den Hüttenfirst. Damit war allen Donaumautnern und allen Zollern angezeigt, daß das Floß mautfrei war, weil es sich ja nicht um verkäufliches, sondern gegen Getreide einzutauschendes Holz handelte.

Als er wieder zum Rieder kam, meinte er: »Mit den Leipheimern is it zu spaßen; die brauchen Leut zum Aufknüpfen für ihr Hochgericht.« Und wirklich stieß kurz vor Leipheim ein Rennschiff mit zwei städtischen Schergen zu ihnen. Die streng blickenden Männer verlangten Aufklärung wegen des »Freifahnderls«, und als sie diese erhalten hatten, verließen sie ohne Gruß das Floß.

»Das glaubst du doch auch, Johann, daß die sich ärgern!« sagte der Pfander und zwinkerte mit den klugen Augen. »Was ein rechter Stadtknecht is', das muß sich doch ärgern, wann ihm ein solch Floß durch die Lappen geht!«

Vor Abend trieb das Floß in Donauwörth an die Heftstecken gegenüber dem Salzstadel. Die Knechte baten Rieder, er möge sie einen Sprung in die Stadt gehen lassen; sie wollten zurück sein, ehe noch die Tore verriegelt würden.

»'s is eine böse Stadt!« brummte der Pfander und machte es sich in der Floßhütte bequem. »Hab sie noch it betreten!«

»Warum böse?« fragte der Rieder.

Da erzählte ihm der Pfander die schreckliche Bluttat, die im Jahre 1256 droben auf der Burg Mangoldstein geschehen war. In der Nacht vom 17. auf den 18. Januar hatte Herzog Ludwig der Strenge seine junge Gemahlin, Maria von Brabant, gezwungen, ihr Haupt auf den Holzblock zu legen. Und als dem Henker der erste Streich fehlgegangen war und er noch etliche Male nachschlagen mußte, hatte der eifersüchtige Herzog selbst den letzten Streich getan. Zuvor jedoch soll er eine Hofdame vom Turm in die Tiefe gestoßen, eine andere erdolcht haben. Rieder fragte, ob der grausame Fürst zu einer solchen Tat Grund gehabt habe. »Fast möcht man's meinen«, erwiderte der Alte, »denn die mächtigen Herzöge von Brabant haben zu dem Mord an einer Ihrigen still geschwiegen.«

Kaum hatte der Türmer von der Pfarrkirche herab den Torschluß angeblasen, da kamen auch die Flößerknechte singend und johlend durch das Ledertor heraus, um sich zum Schlafen in der Hütte einzurichten. Der Pfander empfing sie mit ungnädigen Worten und drohte, ihnen das Salär zu kürzen, falls sich eine solch gottlose Szene noch einmal wiederholen sollte. Als sie aber eingeschlafen waren – und das geschah im Handumdrehen –, brummte er dem Rieder zu, er sei mit ihnen sehr zufrieden und könne durchaus verstehen, daß sie sich nach diesem schweren Tage hätten vollaufen lassen; er selber sei ja vor Jahrzehnten genauso gewesen. »Aber von wegen der Zucht kann man's it durchgehen lassen!«

Der Pfander wollte die Wache nach der Mitternacht übernehmen. Von den Flößerknechten war in dieser Nacht nichts mehr zu erwarten, und ohne Wache konnte man das Floß nicht lassen. Sie sagten sich also »Gute Nacht!«, und der Pfander zog sich auch in die Hütte zurück.

Johann Rieder lehnte sich an eines der vorderen Ruder und schaute hinüber zur Stadt, in der sich jenes grausige Schicksal zugetragen hatte. Auf dem Turm brannte ein Licht, und der Rempter der Deutschordensherren war noch hell erleuchtet; sonst schliefen sie in Donauwörth.

Jetzt stiegen feuchte Nebel aus dem Strom und zogen über die Stadt hin. Sie verwischten die Lichter und machten sie milchig. Ein frostiger Lufthauch strich sachte vom Süden her und wehte in den Nebelschwaden wie in langgezogenen Fahnen. Ob es in jener Jännernacht auch so war?

Der Rieder schaute mit müden Augen hinauf zum Burgberg. Da schien ihm, als öffnete sich dort eine eisenbeschlagene Tür, eine kleine Turmtür, und eine Hofdame ward herausgestoßen und fiel in die Tiefe. Sie schrie, während sich ihr Kleid aufblähte, und streckte die Hände nach ihm aus. Er sah für einen Augenblick ihr bleiches Gesicht und erkannte sie: Es war die Cronpergerin, die Barbara, aus der Wiesengasse zu Rosenheim. Er wollte hineilen, wollte ihr beispringen, fand aber die Kraft nicht; ihn lähmte ein neues Gesicht. Eine große Prozession zog von der Burg herab und kam drüben zum Ledertor heraus. In der Mitte schritt der Herzog, ihm zur Seite die andere Hofdame mit dem Dolch in der Brust und Maria von Brabant mit dem Schwert im Nacken. Beide Frauen hielten die Augen tief gesenkt, als wollten sie ihn, den Rieder, nicht bemerken; aber er wußte gleich, wer sie waren: Die Hofdame glich aufs Haar der jungen Leila von Samaden, und die Herzogin der anderen Barbara, der Hacklin mit den zwei langen Zöpfen. Schweigend bewegte sich diese schauerliche Prozession am Ufer vorbei. Ganz zu hinterst trippelte, die flackernde Ölfunzel in beiden Händen, Jaromira, die braune Zigeunerin, und schaute fortwährend zu ihm herüber. Und er las von ihren kirschroten Lippen die Frage: »Herr Johann, wohin?« Sich selbst aber hörte er antworten – genauso wie damals –: »Zum Großvater!« Da knickten dem Rieder die Knie ein; er fiel an der Ruderfurkel nieder. Aber gleich erhob er sich wieder und rieb sich die Augen.

Waren es die Nebelgeister oder die Donauweibchen, die ihn genarrt hatten? Er schüttelte den Kopf, als wollte er damit auch all die Gestalten abschütteln. Das gelang ihm auch. Nur Jaromiras Stimme klang hartnäckig in seinen Ohren weiter: Herr Johann, wohin?

Ja, wohin, Johann Rieder?

Du gehst ins vierundzwanzigste Lebensjahr, in dem deine Altersgenossen schon verheiratet sind und Kinder haben. Was hast du vor mit deinem Leben? Willst du Flößer und Holzfäller bleiben bis ans Ende deiner Tage? Knecht im Dienste der Mönche? Du bist zu feig oder zu faul, eine Familie zu gründen und dich auf eigene Füße zu stellen! Du hast Angst vor Verantwortung und wählst darum den bequemeren Weg, den Weg der Schlamperei. Du nimmst dir da ein Weib und dort eins, und jedesmal hast du danach einen schalen Geschmack im Herzen. Das darf dich nicht wundern! Denn Unser Herrgott hat die

Menschen nicht zur Hurerei erschaffen. Selbst bei den Viechern tun sich Mann und Weib zusammen, um Brut und Hecke zu erhalten. Ihr aber, seid ihr denn nicht mehr als die Viecher?

Johann Rieder fühlte sich schwach. Abermals sank er an der Furkel zusammen und hockte da wie ein Häufchen Elend. In seinem Kopfe sauste das Blut und hämmerte hart an den Schläfen. Und er wäre da sitzengeblieben, wenn nicht der Pfander zur Übernahme der zweiten Wache herangetappt wäre. Er befühlte dem Rieder die Schlagader und brachte ihn dann in die Hütte. Er gab ihm einen schweren Weingeist ein, bettete ihn hin und warf, was an Decken vorhanden war, über ihn. »Schwitzen mußt, Johann, bis dir 's Wasser in den Ohrmuscheln steht!«

Am frühen Samstagmorgen ländeten sie ab.

Lorenz Pfander erklärte den Knechten, die noch arg verschlafen dreinschauten, man werde das starke Gerinn meiden und ganz sachte in der Nähe des Ufers dahinschwimmen, denn er wolle bereits in Neuburg wieder an die Heftstecken gehen, und zwar wegen des Rieder, der einen Arzt brauche.

Die Knechte waren's natürlich zufrieden.

Kurz vorm Elfuhrläuten fuhren sie an der Hohen Schanz und am Kalvarienberg von Neuburg vorbei und hefteten das mächtige Floß gegenüber dem Bräuhaus in der unteren Vorstadt an. Hier stand ja das Kloster der Barmherzigen Brüder, und die hatten sicher einen Frater, der sich auf die Heilkunst verstand.

Der Pfander schickte einen Knecht ins Kloster und ließ sagen, daß er seinen Kranken unmöglich zu den Brüdern bringen könne, denn er sei ganz voll innerer Hitze.

Eine halbe Stunde später betrat der Frater medicus die Floßhütte. Er betastete den jungen Mann und machte ein bedenkliches Gesicht: Das sehe ganz nach einer Seuche aus, so wie man sie während des Schwedenkrieges in der Stadt gehabt habe. Er werde den Siechen jetzt zur Ader lassen, dürfe ihn aber nicht ins Spital aufnehmen, ehe er nicht mit dem Bürgermeister gesprochen habe.

Lorenz Pfander entgegnete, daß er sich nicht von dem Kranken trennen wolle, darum denn auch der ehrwürdige Frater den Bürgermeister nicht zu belästigen brauche. Eine solche Anzeige hätte nämlich zur Folge gehabt, daß man sie alle ins Siechenhaus gebracht hätte, wo sie erst richtig krank geworden wären.

Der Frater legte also den Schnepper an und zapfte dem Rieder eine Maß Blut ab. Außerdem empfahl er, die Hütte mit Kräutern auszuräuchern, damit durch die giftigen Dünste, die der Kranke ausatme, die anderen nicht angesteckt würden. Ferner solle man ihm Umschläge mit Essig machen. Gegen Abend wolle er dann noch einmal aufs Floß kommen. Dem Bürgermeister wolle er nichts melden; sie müßten ihm aber versprechen, daß keiner von ihnen weder die hohe Stadt noch die Vorstadt betrete.

Pfander versprach es, und der Bruder ging mit Segenswünschen vom Floß.

Johann Rieder war nach dem Aderlaß eingeschlafen; als sich aber die Sonne zum Untergang neigte, begann er wieder unruhig zu werden. Er redete wirres Zeug, wobei er häufig die Namen Leila und Jaromira erwähnte.

Der Barmherzige Bruder, der sich jetzt eine gute Stunde zu ihm setzte, meinte schließlich: »Mir scheint, ein Beichtiger tät hier ebenso not wie ein Arzt. Trachtet, daß ihr bald nach Prüfening kommt!«

Als beim Sonnenaufgang alle Kirchenglocken über Neuburg den Sonntag, den dritten in der Faste, ankündigten, war es mit dem Rieder so schlecht bestellt, daß der Pfander glaubte, er müsse ihn mit der Letzten Ölung versehen lassen. Weil aber niemand vom Floß gehen durfte, erwies sich dieser fromme Gedanke als hinfällig.

In der zehnten Stunde, gerade als der Pfarrgottesdienst begonnen hatte, kam der Bruder medicus ein letztes Mal. Er nahm wieder einen Aderlaß vor und sagte dann: »Wenn Unser Herrgott ihn lieb hat, so bringt ihr ihn noch bis Prüfening; danach möge der Himmel seine Seele haben!«

Nach dem Gottesdienst ländeten sie ab, und am Abend gingen sie vor dem Kloster Weltenburg abermals an die Heftstecken. Hier fühlte sich der alte Lorenz Pfander auf heimischem Boden, denn hier wohnten ebenfalls Benediktiner wie in Prüfening. »Die haben sicherlich kein solches G'scheiß wie die Barmherzigen!« meinte er zu den fünf Knechten, und gemeinsam legten sie den Rieder, der schon seit etlichen Stunden ohne Besinnung war, auf ein paar Bretter und trugen ihn ins Kloster.

Dort kannte man den Prüfeninger Flößermeister wie einen eigenen. Er sagte dem Bruder Pförtner nur ein paar Worte, und sogleich eilte der Bruder Infirmarius herbei und ließ den jungen Mann in die Krankenstube bringen, die Infirmarie. Nach dem Abendessen erschien sogar der Abt Matthias Abelin selbst in der Stube und erkundigte sich nach dem Befinden des Kranken. Der Infirmarius wagte noch keine Voraussage zu machen, sondern wollte erst die Wirkung eines Kräuterbads abwarten.

Unverzüglich richtete er dem immer noch besinnungslosen Rieder den Zuber her, mischte Kräuter hinein und sprach einige Segenssprüche dazu. Diese waren so verworren, daß niemand hätte behaupten können, sie stammten nicht aus dem alten heidnischen Brauchtum der Bajuwaren.

Gerade als die Klosterglocke die Mönche zum nächtlichen Stundengebet der Complet zusammenrief, packten sie – der Infirmarius und der Pfander – den entkleideten Rieder und versenkten ihn bis zum Hals in den dampfenden Zuber. »Adjutorium nostrum in nomine Domini – Unsere Hilfe ist im Namen des Herrn!« betete der Mönch, zückte eine Reisbürste und schrubbte damit kräftig den Rücken und die Brust des Kranken, den der alte Flößer festhielt. Der Rieder begann zu stöhnen und zu husten und spuckte einen rostroten Schleim aus.

»'s ist die Lunge«, sagte der Bruder. »Eine Pestilenz hat einen Lungenlappen ergriffen. Walte Gott, daß sein Herz die Roßkur verkraftet!«

Sie packten ihn abermals und setzten ihn in einen zweiten Zuber, in den sich aus einer Holzrinne frisches Quellwasser ergoß. Der Kranke wollte sich aufbäumen, doch lähmte ein neuerlicher Hustenanfall seine Kraft.

Und nun ging das grausame Eintauchen etliche Male hin und her: hie heiß, hie kalt. Danach wickelten sie ihn, naß, wie er war, in ein paar Schafwolldecken, trugen ihn zurück in die Infirmarie und öffneten dort das Fenster.

»Wenn die kühle Nachtluft und die klare Frische über dem Strom das Bedürfnis seines Odems befriedigt, dann wird er den morgigen Tag schauen; wo nicht – requiescat in pace!«

Die Nacht war hart, und der Abt ließ es sich nicht nehmen, dem Rieder noch gegen Morgen die heilige Wegzehrung zu bringen, als dessen Abwehrkräfte völlig zu erlahmen begannen. Vor der Frühmesse kam der hohe Herr abermals, schickte den Bruder Infirmarius zu Bett und übernahm selbst die Wache. Dabei verrichtete er aus einem großen Buche sein priesterliches Stundengebet. Währenddessen überfielen den Rieder erstmals ein paar Augenblicke ruhigen Atemholens, wobei auch die Verzerrung aus seinen Gesichtszügen wich.

In der zehnten Stunde betrat der Pfander die Krankenstube und verabschiedete sich. Er wollte das Floß abheften, um noch vor Abend in Prüfening zu sein. Ob ihn der Rieder erkannte, als er ihm mit der Hand über die Stirn fuhr, war nicht auszumachen – wahrscheinlich nicht.

Um Mittag kehrte der Krankenbruder zurück, fühlte den Puls seines Schützlings und erklärte dem Abt, daß nach etwa fünf Tagen die Krisis kommen werde. Diese Zeit müsse das Herz die Bluthitze noch überdauern.

Und Rieders Herz überdauerte.

Wie auf Befehl wich die Hitze am siebenten Tage und räumte einem Zustand völliger Erschöpfung das Feld. Rieder war wieder bei Besinnung, vermochte aber, angeredet, kaum zu antworten. Der Bruder quirlte jetzt rohe Eier in das starke Klosterbier und gab ihm diesen Krafttrunk löffelweise ein. Rieder erholte sich langsam.

In der Karwoche stand plötzlich Lorenz Pfander unter der Tür; er war mit der Gegenlieferung Getreide unterwegs nach Kempten und nauwärts wolle er abermals ein großes Floß steuern. Lächelnd fragte er den Rieder, ob er mit ihm rechnen dürfe.

»Wenn's Unserem Herrgott gefällt, übers Jahr!« antwortete der und bat den alten Mann, er möge beim Herrn Fürstabt in

Kempten berichten, was sich zugetragen habe. Ob er selbst je wieder in die Stiftsstadt zurückkehren werde, sei recht ungewiß; denn sollte er erst genesen, müsse er seine Dienste dem Kloster Weltenburg antragen, hier habe man ihm ja das Leben gerettet. Der Herr Giel werde das gewiß verstehen. Die Hofkammer wolle ihm das noch ausstehende Salär mitschicken.

Der Krankenbruder Hilarius führte den Rieder in diesen Kartagen auch zum ersten Mal hinaus in den Klostergarten. Es war zwar noch ein mühseliges Gehen, denn der junge Mann glich dem Knochengerüst, über das man eine Haut gespannt hat; aber beide freuten sich. Und der Bruder erzählte aus der reichen Geschichte des Klosters und von der bedeutenden Vorgeschichte dieses Gebiets am Donaudurchbruch, als noch die alten Kelten ihr Eisen drüben am Michelsberg geschmolzen hatten, jenes Eisen, das sogar den Ägyptern bekannt war.

Johann Rieder genoß die Erzählungen des Bruders und überhaupt die Stille von Weltenburg – und er gesundete.

Am hohen Festtag der Auferstehung Christi trafen sich zu Weltenburg die Äbte Benedict Eisenhardt von Attel am Inn und Roman Stoeger von Rott am Inn sowie der hochwürdige Herr Johann Walterfingen, Weihbischof und Abt vom Schottenkloster in Wien; dieser hatte Jahre zuvor seine feierlichen Profeßgelübde in die Hände des Herrn Abtes Abelin von Weltenburg abgelegt. Es ging bei dieser Zusammenkunft um den Wiederaufbau der von den Schweden zerstörten Klöster – oder, ganz nüchtern ausgedrückt, um die Frage: Wer konnte wem und wie helfen?

Tagelang wurde beraten und berechnet, und am Ende stand fest, daß die beiden Herren von Attel und Rott weitaus die ärmsten waren; ihrer müsse man sich zuerst annehmen. Und weil ihre Klöster am Inn lägen und der Inn schon seit urgrauen Tagen all seine Anwohner ernährt habe, müsse das Heil abermals mit Hilfe des Innflusses gewirkt werden.

Aber wie?

Herr Walterfingen aus Wien brachte einen bemerkenswerten Plan vor: Attel und Rott sollten sich zusammentun, sollten

Schiffe auf den Inn legen und einen Handel mit bayerischem, vielleicht sogar ungarischem Getreide hinaus ins Land Tirol beginnen. Im Gegenzug könnten Schwazer Bergwerksgüter und Waren aus dem Welschland bis hinab nach Wien und noch weiter gebracht werden, wofür man den Österreichern wiederum Wachauer Wein abnehmen und ins Bayernland einführen könnte. Alles in allem werde durch einen solchen Überlandhandel ein gutes Geld verdient. Einzelne deutsche Landesfürsten hätten diesen Vorteil schon längst erkannt, und – von Frankreich ausgehend – sei dieses Handelssystem unter dem Namen Merkantilismus allenthalben in Schwung.

Die Äbte der beiden Innklöster stellten die Frage, woher sie denn die erforderlichen Schiffe nehmen sollten. Und ferner, wer in ihrem Auftrag den Getreidehandel mit den gäubödischen Bauern betreiben könnte, weil es ja nicht anginge, daß die Mönche des heiligen Benedicts mit den G'scherten um Gulden und Kreuzer feilschten – nicht zu reden von den Gefahren, die dabei den frommen Brüdern durch die oft bedürftigen Dirnen drohten, wie es ja die vergangenen Jahrzehnte des Krieges sattsam bewiesen hätten.

Der ersten Frage begegnete der Wiener Herr mit dem Angebot, er werde zu Innsbruck oder Hall die für den Anfang unbedingt erforderlichen Tiroler Plätten bauen lassen; auf deren Bezahlung wolle er gerne warten, bis sich das Unternehmen eingespielt habe. Was jedoch die andere Frage beträfe, nämlich die Durchführung des Handels, da müßten sie schon selber zusehen.

Darauf ließ sich nun Herr Matthias Abelin vernehmen: Sein Plan sei zwar noch in etwas verfrüht, aber wenn der kranke Johann Rieder, Flößermeister von Stift Kempten und gebürtig aus Erl im Tirol, – er befinde sich in der Infirmarie –, wenn der mit Gottes Hilfe Gesundheit und Kraft wiedererlange, dann werde er sicherlich dem Orden des heiligen Benedictus lieber am Inn als auf der Iller dienen wollen. Außerdem habe er in früheren Jahren den Inn bereits als kundiger Schiffmann befahren. Schließlich dürfte es ihm, dem Sohne eines Bierbräus, nicht schwer fallen, mit den oft störrischen Bauern handelseinig zu werden. Er, der Abt, wolle sofort die Meinung des jungen Mannes erkunden lassen.

Johann Rieder sagte zu, doch erklärte Bruder Hilarius, daß vor Pfingsten selbst mit einer ganz bescheidenen Tätigkeit seines Schützlings nicht zu rechnen sei, wofern man den Heilungsprozeß nicht gefährden wolle.

Dagegen hatten die würdigen Herren nichts einzuwenden, zumal der Bau der erwähnten Schiffe ja auch etliche Monate beanspruchen würde.

Während die Wochen dahingingen und Rieders Kräfte sich festigten, ländete eines schönen Junitages der alte Lorenz Pfander mit einem großen Floß beim Kloster Weltenburg an. Er brachte einen Reisenden mit, den Maler Innozenz Metz, der nach Prüfening wollte, um daselbst als Novize einzutreten. Beide wurden herzlich empfangen, besonders der angehende Confrater, von dessen Kunst man schon erfahren hatte. Abt Abelin bedauerte im stillen, daß der junge Maestro nicht Weltenburg, sondern Prüfening erwählt hatte.

Das Wiedersehen mit Johann Rieder löste bei beiden ein paar verschämte Tränen aus. Metz brachte auch Rieders Habseligkeiten mit, darunter vor allem das nautische Uhrwerk der damaligen Prinzessin von Savoyen. Das Wichtigste aber war ein Schreiben des Fürstabts von Kempten: »An Unseren lieben, getreuen Joannem Rieder, Unseren Flößermeister und Kurier! – Unseren allergnädigsten Gruß zuvor! Wir haben von deinem Siechtum gehört und sind darob also bestürzt gewesen, daß Wir stante pede mit Unseren Hausgenossen auf Schloß Liebenthann eine Novene ad sanctum Christophorum, den Patron aller, so am Wasser sind, begonnen haben. Auch ließen Uns die Äbte von Rott und Attel wissen, daß sie zum Wiederaufbau ihrer Klöster deiner sehr dringend bedürften, also daß Wir ihren Wünschen stattgeben und dich aus Unseren Diensten entlassen. Du bist Uns in währender Zeit von fünf Jahren ein treuer Diener gewesen, und hätten Wir dich für immer in Unseren Diensten wissen mögen. Als Beweis Unserer besonderen Huld übersenden Wir dir ein Kreuz mit einer Partikel Unseres

Kirchenpatrons, des heiligen Martyrers Laurentius, und verbleiben zu Gnaden. Gegeben in Unserem festen Schloß Liebenthann: Romanus princeps et abbas Campodunensis.«

»So fügt sich alles in seine Ordnung«, sagte Rieder zum Maler, der das Kempter Schreiben mitgelesen hatte. Was hatte sich doch alles bei den beiden jungen Männern schon in die Ordnung gefügt! In eine Ordnung, an die weder der eine noch der andere je zu denken gewagt hatte!

Auf die Künstlerin Barbara, die Hacklin, kamen sie nicht zu sprechen, denn keiner wollte im Herzen des anderen eine Stelle berühren, die da wie dort noch wund oder zumindest noch nicht geheilt war.

So nahmen sie also am anderen Morgen voneinander Abschied. Beide lächelten, weil sie nicht weinen wollten. Selbst der alte Pfander rotzte durch die hohle Hand, als er das große Vorderruder des Floßes vom Pflock löste, und brummelte in sich hinein: »Ja, gibt's denn des aa!«

Freunde am Inn

Rieders Reise von Weltenburg nach Attel war für den Montag nach Trinitatis vorgesehen. Er sollte über Abensberg und Landshut reiten.

Der Abt hatte ihm ein gutes Roß geschenkt. Er wünschte ihm jetzt auch Gottes Segen für seine neue Aufgabe und versicherte ihn seiner uneingeschränkten Unterstützung. Bruder Hilarius ging mit dem Reisefertigen in aller Herrgottsfrühe noch einmal in die Klosterkirche. Sie knieten vor dem Allerheiligsten nieder, und jeder dankte auf seine Weise, daß alles bis zu dieser Stunde so gnädig gediehen war. Wer hätte denn damals an jenem Fastensonntag eine solche Wendung zum Guten zu hoffen gewagt!

»Vergiß nicht, Johannes«, sagte Bruder Hilarius, »daß wir dich lange Zeit verwöhnt haben! Du hast es gebraucht. Doch jetzt ist diese Zeit um. Den Tagen der Schonung müssen die

Tage der Härte folgen, die Tage und die Jahre des Mannes. Laß dich nicht bedauern, vor allem aber bedaure du dich selbst nicht! Und noch eins, Johannes: Heirate! Männer, die nicht um Gottes willen auf die Hausfrau verzichten, sondern nur der Bequemlichkeit halber, fallen aus dem Rahmen der Schöpfung. Unser Herrgott müßte sie, hätte er dem Menschen nicht einen freien Willen gegeben, entmannen lassen. Ich weiß, daß du verstehst, wie ich's meine!«

Rieder zuckte mit den Achseln, lächelte und meinte: »Ihr habt gut reden, Bruder Hilarius! Man kann doch nit einfach hergehen und sagen: Komm, Dirndl, heirat mich! Einmal hab ich gemeint, es könnt glücken; dann war's aber doch nichts.«

»Ich glaub nicht, daß bei solch einem gewaltigen Vorhaben ein einziger Versuch genügt.«

»Mag sein, Bruder; aber ein gebranntes Kind scheut das Feuer. Das soll jedoch nit heißen, daß ich Junggesell bleiben wollt!«

»Nun, so behüt dich Gott, Johannes! Und merk dir noch dieses: Der erste Schritt in ein erfülltes Leben heißt aufhören, den Sinn unseres Tuns nur am Ergebnis zu messen.«

Rieder schwang sich in den Sattel. Der Schwarzfuchs, den der Hafer stach, trabte zum Klostertor hinaus, in Richtung Abensberg. Soeben ging die Sonne auf.

Am dritten Tag seiner Reise kam Johann Rieder nach Wasserburg, das für ihn vor allem die Erinnerung an jene Prunkfahrt barg. Unverzüglich begab er sich zu seinem ehemaligen Schiffmeister Mösner.

Der würdige Herr saß über seinen Büchern und rechnete, als der junge Mann bei ihm eintrat; er erkannte ihn zunächst nicht. Dann aber war die Freude des Wiedersehens groß.

Rieder erzählte, wie es gekommen war, daß er nun Klosterschiffmeister werden sollte, und bat den Alten, ihm seinen guten Rat nicht zu versagen.

»Ja, ja«, sagte der, »so seid ihr Jungen! Da pfuscht ihr unsereinem ins Geschäft, und dann wollt ihr auch noch, daß wir euch dabei helfen! Aber hab keine Sorge net, Rieder, auf unserm Inn können noch viele Schiffe fahren und noch viele Schiffleut ihr täglich Brot verdienen. Wichtig ist, daß du gute Männer kriegst und daß du sie in guter Zucht hältst. Bezahl sie ordentlich, bezahl sie zur rechten Zeit, und laß unter ihnen kein unchristlich Treiben net einreißen! Verlang von ihnen net zu wenig, laß sie aber feiern, wann sie's brauchen! Und du selber führ einen sauberen Lebenswandel, daß dir keiner am Zeuge flicken kann! Denn wer Hörige hat, muß ein wenig Herrgott sein!«

Sie saßen bis in die tiefe Nacht hinein und besprachen all die hunderterlei kaufmännischen Gepflogenheiten, die der Vierländerhandel zwischen Ungarn, Österreich, Bayern und Tirol mit sich brachte. »Und kümmer dich um eine redliche Hausfrau, die zusammenhält, was du schaffst! Du wirst manch eine kennenlernen zwischen Griechisch-Weißenburg und Hall, die es arg nach deinem Bett gelüstet, aber am ärgsten sind die in Wien. Mußt du in der Kaiserstadt anländen, so laß dir einen Stoppelbart wachsen und wasch dich drei Tage zuvor net, auf daß du stinkst. Nur so kannst du dir die Menscher vom Leib halten, – und manchmal hilft auch das noch net.«

Rieder bat dann den alten Schiffmeister, ihm den Cronperger zu überlassen, der ja sein Freund sei und dem er ein Stück Mitverantwortung übertragen wolle.

»Den Cronperger kriegst net, Rieder. An dem hängt mein halbes G'schäft!«

»'s ist gut, Mösner-Vater, reden wir nit mehr drüber!«

Der in harter Arbeit ergraute Mann bot dem jungen Schiffmeister in seinem reichen Hause eine schöne Kammer zum Schlafen an. Als Rieder dann im Bett lag und den Tag überdachte, fiel ihm als bedeutsam auf, daß nach dem Bruder Hilarius nun auch der Mösner eine Heirat empfohlen hatte. Er wies aber diesen Gedanken abermals als verfrüht ab: Womit sollte er denn jetzt Frau und Kind ernähren?

Am anderen Tage ritt er über Attel und Rott den Inn hinauf nach Rosenheim, ließ aber alle drei Ortschaften hinter sich und lenkte sein Roß nach Neubeuern. Dem Schwarzfuchs war die Müdigkeit anzumerken, als er von Altenmarkt den steilen Berg hinanschritt; die Hitze des Tages flimmerte noch über dem abendlichen Inntal. Das wappengezierte Tor stand angelweit offen und lud zu gastlicher Einkehr in das festungsartige Rund des kleinen Ortes. Klein, aber reich; denn hier hausten sie, die selbstbewußten Schiffleut vom Inn, in ihren stattlichen Häusern, deren Giebel mit den erlesenen Werken der besten Lüftlmaler des Chiemgaus geziert waren.

Drunten am Marktplatz wohnten die Hupfauf, ein altes Innfahrergeschlecht. Jetzt war der junge Wolf Hupfauf Schiffmeister geworden. Sie kannten sich gut, der Johann und der Wolf, so wie das eben bei den Großkopfeten der Brauch ist, ganz gleich, ob sie diesseits oder jenseits der Grenze wohnen. Außerdem war der Hupfauf nur wenig älter als der Rieder.

Wolf stand gerade auf der steinernen Treppe unter der Haustür, als Johann seinen Fuchs zur Tränke an den Marktbrunnen führte. Er schaute hin. Den Mann kannte er doch! Oder täuschte er sich? Diese lange, durchwachsene Gestalt, die mächtigen Hände, das konnte nur einer sein, der Bräubua von Erl!

Johann Rieder hatte auch hinübergeschaut und seine Lippen zu einem schmalen Lächeln verzogen.

»Hast mich noch nit?« fragte er.

»Freilich hab ich dich, du Himmelsfechter, ausg'schamter! Macht sich aus dem Staub und sagt kein Wort net!«

Die jungen Männer gingen aufeinander zu und faßten sich an beiden Händen.

»Gut schaust aus, Wolf!« sagte der Rieder.

»Was man von dir net grad sagen könnt!« antwortete der Hupfauf.

»Ja mei, wann eins dem Tod noch in der letzten Minuten von der Schippe heruntergesprungen ist!«

»Komm ins Haus, Johann, und erzähl!«

Der Hupfauf gebot einem Knecht, das Roß zu versorgen, und führte seinen Gast in die Stube, wo ihn die junge Frau, eine Rossezüchterstochter von Roßholzen, gleich wie einen Altbekannten begrüßte. Und als sie seinen Namen hörte, war er ihr auch nicht mehr unbekannt, obwohl sie ihn nie gesehen hatte; der Name des Sohnes vom Riederbräu zu Erl war ja bis auf den Samerberg gedrungen.

»Ich glaub, es gibt heut noch etliche Dirndln bei uns droben, die sich einmal den jungen Rieder eingebildet hatten!« Sie lachte übers ganze Gesicht.

»Eingebildet hatten sich ihn viele den Inn entlang; und welche hat ihn gekriegt?« Der Hupfauf fragte, nur um etwas zu sagen.

»Bis jetzt schaut der junge Rieder noch alleinig unter der Bettdecken heraus. 's könnt aber sein, daß sich daran was ändert die nächsten Jahr.« –

Es war Nachmittag, es wurde Abend, es senkte sich die Nacht über den Heuberg herein, und die drei jungen Menschen saßen und erzählten und berieten. Das, worum es jetzt vor allem ging, waren die Roßleut, die der Rieder für die Gegenfahrt seiner künftigen Klosterschiffe brauchte. Dazu erklärte Wolfs junge Frau, daß sie genug Verwandte hätte droben am Samerberg, die sich eine Ehr draus machen täten, wenn er sie holte. Sie werde die Sache gleich in die Hand nehmen, und bis zum Herbst werde er seine Ross und seine Leut haben.

Dann kam die Rede auf den Mühlgraben in Erl; Johann selbst schnitt sie an. Gott sei's geklagt, mit dem Riederbräu geht's bergab, gesundheitlich wie auch geschäftlich. Mit der Haberergeschichte damals war es angegangen, wegen der Zigeunerin. Dabei scheint der Bräu einen ganz guten Riecher gehabt zu haben, denn die Zigeunerin hat neben der alten Magd das Regiment in die Hand genommen. Und bis heut hat sie 's, wie es heißt, nicht aus der Hand gegeben. Freilich, viel los ist nicht mehr mit dem Rieder-Bier; die paar Wirtschaften, die es noch ausschenken, kann man an fünf Fingern abzählen. Das rührt aber hauptsächlich daher, daß der Bräu ganz elend und krank ist.

»Krank?« fragte Johann. »Was fehlt ihm denn?«

Ja, was ihm fehlt!

Wolf Hupfauf und seine Frau schauten sich ein bißchen verlegen an. So recht weiß eigentlich niemand, was ihm fehlt. Es geht aber die Rede, er habe die spanische Krankheit, und die stamme von der Zigeunerin. Die Zigeuner sollen nämlich durch die Bank mit dieser Krankheit behaftet sein, sie schade ihnen

jedoch nicht mehr, weil ihre Organe durch die jahrhunderte-
lange Vererbung sich daran gewöhnt hätten. Jeder andere aber,
der sich mit ihnen einläßt, wird angesteckt. Das jedenfalls wird
erzählt, wenn man irgendwie auf den Rieder-Bräu zu sprechen
kommt.

»Und die Jäger oder die Gendarme, machen die der Zigeunerin nit zu schaffen?«

Gott bewahre! Seitdem damals die Haberer das von ihr
verhexte Bier gesoffen haben, hat jedermann einen heiligen
Respekt vor ihren geheimen Kräften. Man läßt sie in Ruhe.
Und sie tut auch niemandem was zu leide. Der Rieder-Bräu
jedenfalls wird von Tag zu Tag weniger und geht sachte ein wie
die Butterblume auf der dürren Wiese.

»Und der Rosenheimer Doktor?«

Der hat ihm am Anfang ein paar Male besucht; jetzt geht er
nicht mehr hin. Es sei schon zu spät, wie er sagt.

»Zu spät? Und er zählt noch keine sechzig!« Johann Rieder
schüttelte nachdenklich den Kopf.

Nach einer Weile des Schweigens fragte Wolf Hupfauf:
»Hast du dir überlegt, was aus dem ganzen Sach wird, wenn's
deinen Vatern erwischt?«

»Ich bin kein Bräu nit!« erwiderte Johann und fegte mit einer
heftigen Handbewegung dieses ganze Gespräch vom Tisch.

Er schlief bis in den späten Morgen hinein. Nicht einmal das
Frühgeläut der gegenüberliegenden Kirche hatte ihn aufge-
weckt. Wahrscheinlich hatte auch der gute Südwein ein übriges
getan.

Rieder blieb also noch zum Mittagessen, bei dem die junge
Hauswirtin abermals versicherte, sie werde dafür sorgen, daß er
im Herbst Ross' und Reiter habe. Beim Abschied sagte er zu ihr:
»So eine wie dich müßt ich kriegen!« Da wurde sie rot im
Gesicht bis in den Hals hinab und wandte sich weg. Die beiden
jungen Männer aber lachten.

Johann Rieder verließ Neubeuern durch das Salzburger Tor
und ritt auf Nußdorf zu — warum, wußte er selbst nicht. Ob es
ihn heimzog nach Erl?

Kurz vor Nußdorf klang ihm die kleine Glocke vom Kirchwald droben entgegen: Freitag, drei Uhr nachmittag, Jesus stirbt am Kreuz. Wir beten dich an, o Herr Jesus, und preisen dich, denn durch dein heiliges Kreuz hast du die ganze Welt erlöst! So hatte er stets mit seiner Mutter gebetet, wenn sie freitags in der Fastenzeit zum Kreuzweg in die Kirche gegangen waren. Einmal hatte er ihn mit ihr sogar hier gebetet, auf dem Wege hinauf zum Einsiedel am Kirchwald. Und jetzt stand er wieder da am Fuße des Berges, kurz vor der ersten Bildsäule.

Er stieg ab, führte das Roß in den nahen Bauernhof und kehrte zur ersten Station zurück: Jesus wird zum Tode verurteilt – Jesus nimmt das Kreuz auf seine Schultrn – Jesus fällt das erste Mal unter dem Kreuze . . . Er schritt langsam den steilen Bergpfad hinauf, von einer Bildsäule zur anderen, und bedachte das Leiden Christi, bedachte auch seinen eigenen seelischen Standort. Der Herrgott hatte ihm das Leben neu geschenkt und hatte ihn damit angewiesen, erneut zu schaffen; denn jeder in der Welt ist berufen, etwas zur Vollendung zu bringen. Jetzt kamen Menschen auf ihn zu, die Taten erwarteten, die mit dem Einsatz seiner Kräfte rechneten, die auf ihn zählten. Gewiß, auch bei dem Herrn Fürstabt hatte er seinen Pflichtenkreis gehabt; aber nur einen kleinen: Er hatte Baumstämme durchs Wasser geschleust. Jetzt wird er Schiffe haben, große Schiffe mit wertvoller Fracht, und auf diesen Schiffen Menschen, die auf ihn hören, denen sein Rat oder Befehl Leben und Sterben, Heimkehr oder Tod in den Wassern bedeuten kann. Das ist jetzt seine Aufgabe, die er vollenden muß, auch unter Mühen und Sorgen und Schmerzen vollenden, so wie Christus seine Aufgabe auf dem Kreuzwege vollendet hat. – Wir beten dich an, o Herr Jesus Christus, und benedeien dich, denn durch dein heiliges Kreuz hast du die ganze Welt erlöst, – auch wenn es diese Welt oft nicht einsieht und nicht erkennt!

Ganz in sich gekehrt, kam Johann Rieder bei der Klause auf dem Kirchwald an. Der Einsiedel empfing ihn, wie der Vater einen heimkehrenden Sohn empfängt. Sie setzten sich auf die Holzbank vor der jämmerlichen Behausung, und der alte Mann fing an zu reden: »Bei der fünften Kreuzwegstation hast du erwogen, wie die fromme Frau Veronika Jesus ein Schweißtuch dargereicht und er darein sein Antlitz geprägt hat. Wir alle, die wir Christen sind, tragen das Schweißtuch Veronikas in unseren Herzen, das Schweißtuch mit der Prägung des göttlichen Gesichts. Was immer wir tun und lassen muß vor dieser Prägung bestehen können; und nicht nur das, es müßte sogar selbst etwas von dieser göttlichen Prägung an sich tragen und um sich ausstrahlen.«

»Wie schön Ihr das sagt, Bruder Klausner! Sagt mir aber auch, ob ich jetzt heimgehen soll zu meinem Vater, ich meine, zum Rieder-Bräu in den Mühlgraben bei Erl.« Und Johann schaute bei diesen Worten dem Einsiedel gerade ins Gesicht.

Der machte ein Kreuzzeichen auf seinen Mund und antwortete nach einer Weile: »Öffne meine Lippen, Herr, auf daß ich dein Wort künde! – Junger Mann, deine Rückkehr nach Erl wird dem Vater nicht nützen und nicht schaden; für dich selbst aber birgt sie eine Gefahr, der du nicht gewachsen bist, noch nicht. Kehr deshalb um!«

Der fromme Mann muß es ja wissen, dachte sich der Rieder, als er den Berg wieder hinunterging – und abends, kurz bevor die Knechte das Tor schlossen, ritt er zu Rosenheim über die beiden Brücken.

Es war ein heißer Junitag gewesen, die Häuserwände und die Pflastersteine strahlten jetzt noch die gespeicherte Hitze aus.

Als er in der Wiesengasse an Cronpergers Haustür klopfte, wurde ihm nicht geöffnet, weil die Großmutter, die Mutter und die Tochter hinten im kleinen Wurzgarten saßen und unter dem Haselstrauch auf die Kühle der Nacht und den möglicherweise heimkehrenden Hausvater warteten. Der Rieder zog also seinen Fuchs in die Durchfahrt und von da in den geräumigen Stall, der leer stand. Mit dem Tod des alten Underseer hatten sie nämlich die Landwirtschaft an den Nagel gehängt; der Georg verdiente sein gutes Geld mit der Schiffahrt.

Durch ein Stallfenster rief Johann Rieder in den Garten: »Da könnt einer ja Kisten und Kasten wegtragen und die dicke Geldkatze obendrein!«

Erst rührte sich niemand. Dann aber kam die Barbara dahergerannt: »Ja, bist du's denn wirklich? Ich hab erst meinen Ohren net traut!« Und sie packte ihn am Arm und führte ihn in die kleine Laube.

Sie hatten noch keine halbe Stunde miteinander geredet, da tat sich das Gartentürl auf, und Georg Cronperger stand vor ihnen, braun im Gesicht und an den Armen wie der heilige Dreikönig Caspar bei der Krippe. Die beiden Freunde betrachteten sich und prüften gegenseitig in ihren Gesichtern die Hinterlassenschaft der verflossenen fünf Jahre. Zufrieden mit dem Ergebnis, schlug der Cronperger dem anderen auf die Schulter – der Schlag mit der Hand eines Schiffmanns hat Charakter! – und sagte: »Johann, wenn sie dich auch schon im Sarg hatten, die Weltenburger Mönche, so hast du dich doch ganz ordentlich gegen den Deckel gestemmt; man sieht dir die Mühsal noch an.«

»Woher weißt du von meiner Krankheit?«

»Der Mösner hat's erzählt, hat auch gesagt, daß du mich hast haben wollen.«

»Wird nix draus.«

»Nix! Schade!«

»Bist Mösners rechte Hand?«

»Und die Hälfte von seiner linken. Hätt dich net im Stich g'lassen, aber ich kann's dem alten Manne net antun.«

»Wenn die Treu und die Freundschaft streiten, nacher sollt die Treu allweil den Sieg haben!«

»Dank dir, Johann!«

Der Rieder blieb in Rosenheim auch über Nacht; das Haus war geräumig, so geräumig, daß die Hälfte leer stand. Georg Cronperger, ganz der Schiffahrt verschworen, besaß nicht den inneren Schwung, manche sich anbietende Möglichkeit zu nützen. Er liebte die Ruhe und pflegte die Zufriedenheit. Der Mensch braucht nicht mehr als das Lebensnotwendige; alles, was darüber hinausgeht, schafft Kopfzerbrechen. Nach diesem Grundsatz lebte und handelte er. Frau und Schwiegermutter freilich waren eine andere Gangart gewöhnt und hatten lange gebraucht, sich der gemächlichen Kirchdorfer Genügsamkeit des neuen Hausvaters anzupassen. Oft wußten sie mit der vielen Muße nichts anzufangen und gingen auf die Gassen, um zu ratschen. Weil sie aber auch wußten, daß die Ratscherei nicht zu den Tugenden zählt, fingen sie an, Bücher zu lesen. Barbara las sogar französische, denn sie hatte zu den wenigen auserwählten Rosenheimer Bürgerstöchtern gezählt, die die Latein- und Französischschule besuchen durften. Dem Georg Cronperger behagte dieses »hochnäsige Gemache« allerdings auch nicht, obwohl er sich nicht verhehlen konnte, daß er selbst daran die Schuld trug. Er hatte aber bisher geschwiegen, weil die Bücher vom Herrn Dekan bei Sankt Nikolaus stammten. Der konnte nun keine mehr herleihen, weil er keine mehr hatte, – außer den lateinischen, die jedoch nur von Sünde und Buße handelten und nicht verständlich waren.

Dafür machte sich jetzt aber der Herr Pflegsverwalter, Johann Benno von Wolfswiesen, erbötig; er konnte mit französischen Büchern aushelfen. Und was für Bücher das waren! Georg Cronperger verstand zwar nichts davon; man brauchte jedoch nur die darin verstreuten Kupferstiche anzusehen, die sagten alles! Und das ärgerte ihn. Denn der von Wolfswiesen sorgte in seinem ganzen Amtsbereich bei den Bauernmägden für einen gesunden Nachwuchs. Der Mann war kein Umgang für die Barbara! Die lenkte sowieso aller Augen auf sich, wenn sie übern Markt ging. Wenn jetzt auch noch die Besuche des Pflegsverwalters hinzukämen, wär ein handfester Skandal fertig. Darum – und das Wort hatte der hochwürdige Herr Dekan gesagt – darum wehre den Anfängen!

Aber wie?

»Bisher hat er die Bücher stets durch einen Schloßknecht geschickt; was mach ich, Johann, wenn er eines Tages selber dahergeritten kommt? Und das zu einer Zeit, wo wir wochenlang auf'm Wasser sind? Bei welchen Anfängen fang ich an mit der Abwehr?«

»Georg, du kennst doch deine Barbara!«

»Freilich! Aber steter Tropfen höhlt den Stein! Und der vom Schloß herunterfällt, ist ein hartnäckiger Tropfen! Mit dem Brieferlschreiben hat's bereits angefangen zu tröpfeln.«

»Hast du mit der Barbara schon geredet?«

»Wie wär's, wenn du mit ihr reden tätst? Sie hält so viel auf dich.«

»Nit gern, Georg!«

Wehre den Anfängen!

Tags darauf redete er mit ihr. Es traf sich so, weil der Cronperger geschäftlich nach Neubeuern zum Hupfauf geritten war. Und Johann Rieder erkannte mit Schrecken, daß die Ehe der beiden nicht mehr heil war; die langen Wochen der Trennung hatten sie zermürbt. Dazu die Untätigkeit Barbaras auf der einen, die häufige Erschöpfung Georgs auf der anderen Seite, und nun noch das hinterlistige Werben des Pflegsverwalters. Barbara sah die Gefahr und litt darunter. Sie bat den Rieder, ihr gegen den Schloßherrn zu helfen, in einem der letzten Briefe hätte er ihr bereits seinen Besuch in der Abendstunde angekündigt, sie solle ihn nur wissen lassen, wann »der Schiffmann« unterwegs wäre.

»In dem Fall, Barbara, ist Offenheit die erste Hilfe. Wir müssen mit dem Georg drüber reden.«

»Um Gottes willen, Johann! Wenn der mich schlägt?«

»Warum sollt er dich schlagen? Ist doch noch nix geschehn?«

»Aber weil ich ihm die Brieferl net gezeigt hab.«

»Barbara, erst red ich mit'm Georg, nacher müssen wir einen gemeinsamen Plan aushecken; da kannst du dann zeigen, wie ernst es dir ist, daß deine Ehe sauber bleibt.«

Die alte Underseerin, die das Gespräch mit angehört hatte, gab nun auch ihren Senf drein und machte der Tochter Vorhaltungen: »Hab dir's immer schon gesagt, daß des mit die geborgten Bücher nix ist! Braucht eins ja bloß die schweinischen Bilder z'sehn!«

»Haben s' dir leicht net gefallen? Warum hast du s' dann angeschaut?«

Es war ein unerquickliches Gespräch. Johann Rieder ging hinaus auf die Gasse. Da kam, eine Handglocke schwingend, der Ratsdiener Jakob Pontifeser daher. Eine fröhliche Kinderschar umringte ihn. An jeder Straßenecke blieb er stehen, läutete kräftig nach allen Seiten und verkündete laut, indem er sich auch nach allen Seiten drehte, daß zu Mittag nach dem Angelus der Herr Pflegsverwalter beim Mittertor eine Regierungsverordnung zu vermelden habe, weshalb aus jeder Hausgemeinschaft zumindest eine Person zugegen sein müsse, widrigenfalls besagte Gemeinschaft mit einer Abstrafung von einem halben Gulden zu rechnen habe.

Der Rieder dachte sich: Eine der beiden Frauen wird schon hingehen, wenn nicht inzwischen der Georg zurückkehrt. Er selber gehörte ja nicht zur Hausgemeinschaft; er, ein Tiroler, gehörte ja nicht einmal ins Land.

So schlenderte er durch die Gassen von Rosenheim.

Wie oft war er doch schon vorübergefahren, wie oft eingekehrt! Nie hatte er Zeit gehabt, zu schauen. Heute hatte er Zeit, oder besser, heute wollte er sich die Zeit nehmen und schauen. Denn bedachte er's recht, so würde Rosenheim in seiner bevorstehenden Tätigkeit als Schiffsmeister bedeutsam sein. Hier führte von Traunstein her die Salzstraße nach Schwaben durch; an der Lände von Rosenheim mußte alles vorbeiziehende Getreide angeschüttet werden; hier kreuzten die Schiffe mit Etschwein aus dem Süden und Ungarwein aus dem Osten; Baumöl, Weinbeerln, Reis und Mandelkern wurden auf der Rosenheimer Schranne feilgeboten; die Saumrosse wie auch die Wasserrosse vom Samerberg wechselten an jedem Donnerstag, dem Markttag, hier ihre Besitzer. Handwerk, Handel und Ackerbau waren die Erwerbsquellen der Bürgerschaft.

Als der Rieder nach seinem Rundgang wieder vor dem Mittertor ankam, fanden sich dort schon die ersten Bürger ein. Trotz der Junihitze trugen sie Hut und Mantel, denn so ziemte es sich, wenn man eine hohe Weisung aus München entgegenzunehmen hat.

Da kamen auch schon vier Reiter vom Inntor daher: Der Herr Pflegsverwalter, sein Schreiber Johannes Weiß und seine beiden Prokuratoren, der ältere Alexander Jahl und der jüngere Thomas Kirchbeck. Der Schreiber, eine Rolle in der Hand, saß ab und begab sich hinein ins Mittertor, in die Amtsstube des Rosenheimer Marktschreibers, die über der Durchfahrt lag. Dort wurde jetzt ein Fenster aufgemacht. Johannes Weiß schaute mit kalter Amtsmiene auf die Bürgerschaft herab, während sich der Herr von Wolfswiesen mit seinen Prokuratoren seitlich beim Brunnen aufstellte, das Gesicht voll Hoheit der Bürgerschaft zugewandt.

Bei Sankt Nikolaus war jetzt der Uhrenzeiger auf die Mittagsstunde gerückt, und der Türmer läutete den Angelus. Alle zogen die Hüte vom Kopf und beteten still: »Der Engel des Herrn brachte Maria die Botschaft...«

Johann Rieder, der etwas weiter hinten stand, konnte nicht andächtig beten. Sein Blick ruhte dauernd auf dem Pflegsverwalter, und in sein Herz schlich sich der schier frevelhafte Gedanke ein: Wenn das der Engel des Herrn ist, der die nun folgende Botschaft bringt, dann müßte unter den himmlischen Heerscharen gründlich ausgemistet werden!

Der letzte Glockenton verhallte, und in die Stille hinein begann der Schreiber mit seiner krähenden, aber weittragenden Stimme: »Kurbayerische Quartierordnung, Unsere Offiziers und Soldaten betreffend, allem Volk in Bayern kund und zu wissen: Erstens: Müssen Unsere Offiziers und Soldaten aus Gründen des Heeresdienstes im Frieden in den oder jenen Ort eine Zeitlang einquartiert werden, so haben sie über ihre Verpflegung und Service hinaus ein Tafel- oder Kuchelgeld nicht zu fordern. Zweitens: Es soll kein Offizier einige Geldpressur vornehmen. Drittens: Es soll kein Offizier unter Service etwas mehreres verstehen als Holz, Salz, Licht und Liegestatt, aber nicht Tischgewand, Gewürz, Essig und so weiter. Viertens: Die Soldatenweiber sollen das Betteln über Land lassen. Fünftens: Nur solche Weiber sollen beim Regiment geduldet werden, welche ein schriftliches unverdächtiges Zeugnis über eheliche Einsegnung vorweisen können. Sechstens: Die Soldaten sollen des Antastens der Weibsbilder auf den Gassen, wie bis anhero verübt worden, sich enthalten. Siebtens: Das Balgen

129

unter Offizieren und Soldaten soll bei Lebensstrafe verboten sein. Achtens: Den Soldaten soll das Tabaktrinken nur auf offener Gasse gestattet sein. Neuntens: Weder Offiziere noch Soldaten sollen sich mit Viehhandel, Schlachten und Ausverkaufen den Bürgern zum Nachteil befassen. Und schließlich zehntens soll der gemeine Soldat, um von schädlichem Müßiggang abgehalten zu werden, sowohl tags als nachts fleißig Wachen beziehen und von Zeit zu Zeit exerziert werden.«

Der Pflegamtsschreiber ließ seine Pergamentrolle wieder zusammenlaufen, während sich unter den Bürgern ein Murmeln der Zustimmung, gepaart mit eifrigem Kopfnicken, bemerkbar machte; die Rosenheimer hatten nämlich viel unter Einquartierungen zu leiden.

Diese stille Zustimmung konnte natürlich dem Pflegsverwalter nicht gefallen, war doch er es, der diese Belastungen der Bürgerschaft genehmigen mußte. Um nun möglichst rasch den sich anbahnenden Diskurs zu beenden und wieder wegzukommen, rief er jetzt selbst in die Menge: »Hat jemand zu soeben gehörter Regierungsverordnung eine Frage, dann rede er!«

Alle schauten um sich.

Da schrie der Rieder von ganz hinten: »Herr Pflegsverwalter, zählt es ebenermaßen zu den verbotenen Pressuren, wenn ein Offizier oder anderer hoher Herr mittels Brieflein sich bei einer Weibsperson zur Abendstunde einlädt, während der Eheherr just außer Haus ist?«

Scheu und erwartungsvoll zugleich waren die Blicke aller auf den Herrn von Wolfswiesen gerichtet, denn jedermann wußte, daß er dergleichen Praktiken schon wiederholt bei Rosenheimer Bürgerstöchtern ausgeübt hatte.

Der hohe Herr wurde fahl im Gesicht.

»Komm näher«, rief er, »damit ich dich besser verstehen kann!«

»Näher komm ich nit«, gab Rieder laut zurück, »aber ich kann meine Frage noch einmal deutlich wiederholen!«

»Wie heißt du?«

»Ich glaub nit, hoher Herr, daß es ein Bewenden hat, wie ich heiß'!«

»Ich kann nicht so schrein wie du!«

»Dann flüstert doch Eure Antwort dem Schreiber zu; der kräht so schön!«

Da riß der Pflegsverwalter sein Roß an den Zügeln, daß es sich aufbäumte. Die vorn stehenden Bürger stoben ängstlich auseinander. Johann Rieder mischte sich unter das Volk, das gegen die Kirche hin besonders dicht geschart war, und entwich unbemerkt seitwärts, bis er in die Wiesengasse kam. Hier war nur die Barbara daheim, denn ihre Mutter hatte sich zur Versammlung begeben, weil der Georg von Neubeuern noch nicht zurückgekehrt war.

Johann erklärte ihr kurz, was geschehen war. Sie bewunderte ihn. Darauf meinte er, sie brauche ihrem Georg vorderhand nichts zu sagen über den Wolfswiesen, es sei denn, er verlange von ihr nähere Auskunft. Vom Schloßherrn jenseits des Inns werde sie wohl zunächst verschont bleiben; nur müsse sie ihm fürderhin die kalte Schulter zeigen, denn er werde jetzt vielleicht seinen Stolz darein setzen, sie doch noch unterzukriegen. Wenn er bei ihr nachforschen lasse, wer der Mann gewesen sei, der ihn am Tor gestellt habe, dann möge sie ihm ruhig seinen Namen sagen und auch nicht verschweigen, daß er der Freund ihres Mannes sei.

Als Rieder gerade sein Roß aus dem Stall ziehen wollte, kam Georg Cronperger von Neubeuern zurück. Seine Schwiegermutter hatte ihm bereits erzählt, was sich vor dem Mittertor zugetragen hatte.

»Fürchtest net, Johann, daß er dir auflauert?«

»Wann ich mich jetzt gleich aus dem Staub mach, komm ich noch ums Eck!«

»Ich dank dir auch schön, Johann!«

Sie gaben sich die Hand.

»Ja, fast hätt ich's vergessen: Der Wolf Hupfauf läßt dir sagen, daß er dir den Handel mit den Mühlsteinen gern abgeben möcht, wenn du ihn nehmen willst. Ihm selber wird's zuviel.«

»Wenn du ihn vor mir triffst, Georg, dann sag ihm, daß ich die Mühlsteine übernehme. Und nun Gott befohlen!«

»Pfüat Gott, Johann!«

Der verließ durch das Wiesentor eilends den Schauplatz seiner Unbotmäßigkeit. –

Den Bauch voller Wut, kehrte Herr Johann Benno von Wolfswiesen auf das Schloß zurück. Wer konnte es sein, der es gewagt hatte, ihn, den Verantwortlichen für Recht und Förderung der allgemeinen Wohlfahrt im weiten Bereich zwischen dem Inn und dem Chiemsee, zwischen der Mangfall und der Attel, wer konnte es gewagt haben, ihn so herauszufordern? In seinem ganzen Leben war er noch nie so bloßgestellt, so in aller Öffentlichkeit abgekanzelt worden wie durch diesen fahlgesichtigen Unbekannten! Und dann war der Feigling untergetaucht. Das Dümmste an der ganzen Geschichte aber ist, daß man ihm nicht einmal nachstellen kann, denn der Mann weiß zuviel, sonst hätte er sich diese Herausforderung niemals leisten können. Aber eins kann man: Man kann bei dieser Barbara Cronpergerin einen Lauscher ansetzen. – Und es müßte mit allen neun Teufeln zugehen, wenn man da nichts erführe!

Zukunftspläne

Kurz vor Einbruch der Nacht ritt Johann Rieder in das arg zerstörte Attel ein. Er wurde gleich zu Herrn Benedict Eisenhardt, dem vierzigsten Abt des altehrwürdigen Klosters, geführt. Der begrüßte ihn wie einen bereits bekannten Angehörigen des Hauses. Rieder müsse für die nächsten Monate mit einer Mönchszelle vorlieb nehmen, denn auf die klösterlichen Nebenhäuser für Gäste und Gesinde und für die Ministerialen könne der Dachstuhl nicht vor dem Herbst gesetzt werden; dort sei dann auch eine geräumige Wohnung für den Schiffmeister vorgesehen. Vor allem aber müsse man das Kirchlein am Fuße des Klosterberges vollenden, das man an die Stelle bauen lasse, wo vormals der Klosterfischer Hatzl jenes heilige Gnadenkreuz gefunden hatte, zu dem die frommen Gläubigen scharenweise aus dem weiten Umkreis hergepilgert kamen. Diese

Wallfahrten seien auch ein Segen für das Kloster, weil die Pilger manch beachtliches Scherflein in die Opferstöcke würfen. Ohne diese Almosen hätte man ja sowieso mit dem Bauen nie beginnen können.

Als dann der Abt den jungen Mann in die vorgesehene Zelle führte, sagte er noch lächelnd: »Freilich geht's nicht an, Johann Rieder, daß du irgendeine Weibsperson hier hereinbringst; hier herrscht Klausur. Wirst also wie einer von den Unsrigen leben müssen!«

»Was mir nit sonderlich schwerfallen wird, Euer Gnaden. Denn wer so nahe beim Friedhoftürl gestanden ist wie ich, der braucht eine Zeit, bis er sich wieder auf das besinnt, was Ihr meint.« –

Im Monat Juli wird, ebenso wie im Dezember und Jänner, der Inn mit Schiffen kaum befahren: Im Juli führt er zuviel Schmelzwasser, im Winter zuviel Eisrinnen. Rieder hatte also vier Wochen Zeit, seinen Getreide- und sonstigen Handel in Ruhe zu bedenken und aufzubauen. Außerdem hatte der Herr Schottenabt Walterfingen von Wien sagen lassen, daß mit der Fertigstellung der Schiffe in Hall vor Ende August nicht zu rechnen sei. Man solle aber gleichwohl zu Attel und zu Rott nicht müßig sein, sondern den Schiffmeister hinaufschicken nach Hall, und zwar zum Schoppermeister Christoph Schmidhauser, um den immer wieder zu bedrängen; der habe es nämlich übernommen, die Schiffe zeitgerecht zu liefern.

Als Johann den Namen Schmidhauser vernahm, mußte er lächeln, denn der war nämlich sein Onkel; er hatte eine Schwester seines Vaters geheiratet. Deren Sohn, der ebenfalls Christoph hieß, mußte mit dem Johann ungefähr gleichen Alters sein. Die werden Augen machen, wenn ich komme, sie zu »bedrängen«!

Gleich am anderen Tag – es war der letzte Sonntag im Juni – begab sich Johann zu Herrn Roman Stoeger, dem Abt von Rott, um auch ihm seine Aufwartung zu machen. Der würdige alte Herr, den die Schweden in grausamer Gefangenschaft gehalten hatten, war körperlich ein gebrochener Mann, besaß aber das Auge und das Herz eines Heiligen.

»Um unserer Sünden willen«, sagte er, »haben uns die Feinde das Haus zerbrochen, als sie im achtundvierziger Jahr Wasserburg belagerten. Ob wir es wieder aufbauen können, das wird, junger Mann, nicht zuletzt von deiner Tatkraft abhängen; denn wir Mönche sollten nicht so sehr um das Zeitliche besorgt sein, sondern mehr den ewigen Gütern nachjagen. Unser Kloster war stets zuerst ein Gebetskloster. Wir haben freilich auch noch hörige Bauern in Haar vor München. Sprich mit ihnen, aber schinde sie nicht!«

Getreu dieser Weisung des Abtes ritt nun Johann Rieder zu den Hörigen der beiden Klöster und verhandelte mit ihnen vor allem wegen des Absatzes der zu erwartenden Getreideernte. Dabei sah er manches Elend und hörte von den vielen Grausamkeiten, die die Schweden, aber auch andere herumstreunende entlaufene Soldaten verübt hatten. Oft sagten ihm die jungen Bauern, indem sie auf das eine oder andere Kind hindeuteten: »Da schaut Euch den Schwedenbalg oder das Böhmakenfrüchterl an!« Und die jungen Bäuerinnen senkten dabei verschämt ihre Blicke, sie konnten ja nichts dafür, daß ihnen Gewalt angetan worden war!

Er ritt auch ins gäubödige Land hinein, bis in die Straubinger Gegend, und fand da und dort einen größeren Bauern, mit dem er handelseinig wurde. Mancherorts waren die Felder wegen der langjährigen Verwüstung noch nicht ertragreich genug; dafür war aber Schlachtvieh zu haben oder Schmalz und Unschlitt für die Tiroler Bergwerke am Falkenstein, auf der Schwader und im Bruderwald, desgleichen bei Kastengstatt und Häring.

Eines Tages war Johann Rieder wieder in Neubeuern beim Wolf Hupfauf, der ihm ja den Mühlsteinhandel angetragen hatte. Gemeinsam besichtigten sie die beiden Brüche, die Wolfsschlucht in Neubeuern und in Altenbeueren, droben über der Kirche, den Bruch, in dem die Sträflinge arbeiteten. Als Rieder sich hier nach einem Zigeuner namens Rotek erkundigte, sagte ihm der Aufseher, der arme Hund sei schon vor drei Jahren eingegangen, aber nicht so sehr wegen der harten Arbeit, sondern aus lauter Sehnsucht nach seiner Frau, die ihm davongelaufen war. Sie befände sich übrigens in Erl beim Rieder-Bräu und sei ein hübsches Ding, habe freilich den alten Bock so ziemlich ruiniert. Der Aufseher wurde dann sehr verlegen, als der Hupfauf ihm erklärte, daß die Mühlsteine nunmehr an diesen Johann Rieder, den Sohn des »alten Bockes«, abzugeben seien.

Wolf hatte natürlich auch erfahren, was damals zu Rosenheim am Mittertor geschehen war und daß der Herr Pflegsverwalter die Cronpergerin bereits hatte aushorchen lassen; sie hätte ihm sogar Rieders Namen genannt.

»Das hab ich gewollt! Er soll ruhig wissen, mit wem er's zu tun hat, wenn er künftig in eine Ehe einbricht oder eine Magd schwängert. Ich hab nämlich bei meinen Besuchen auf dem Land etliche seiner handfesten Niederträchtigkeiten vernommen. Glaub mir, bin selber auch kein Heiliger nit, aber die Sauereien, die der vollbringt, stinken zum Himmel!«

»Wirst sehr aufpassen müssen, Johann, daß du ihm oder seinen Leuten net im Finstern begegnest; denn die Nacht sieht nix und hört nix und kann net klagen. Wo aber kein Kläger ist, dort ist auch kein Richter net.«

»Hab noch von den Sankt Gallener Mönchen eine Pistole, mit der man eine kleine Stadtmauer niederlegen könnt. Möcht dem hohen Herrn nit raten, mir nächtens zu begegnen!«

»Unter uns, Johann! Steht's dafür, daß du dich für die Cronpergerin so ins Geschirr legst?«

»Ich versteh dich nit ganz, Wolf!«

»Meinst du, daß die viel wert ist?«

»Wolf, laß du dein junges Weiberl wochenlang allein und sag ihr dann, wenn du heimkommst, daß du müd bist wie ein Hund. Was glaubst, was deine Anna-Maria tun wird?«

»Eine Stuben voller Kinder müßt die Cronpergerin haben, dann täten ihr die französischen Flausen schon vergehen! Wir haben vier, und das langt bei einer fünfjährigen Ehe.«

»Du kannst doch nit den Cronperger mit dir vergleichen! Kinder wollen auch ernährt werden. Und was ein Schiffmeister sich leisten kann, das kann der Schiffmann noch lange nit!«

»Zu dem Anwesen in der Wiesengasse gehört eine ganze

Menge Felder. Die hat der Georg alle verpachtet – leicht hat er sie verpachten müssen! Der Underseer mit seiner Alten hat sie noch bewirtschaftet. Warum kann's die Barbara net? Ist sie sich zu sauber für den Kuhstall?«

Darauf brach der Rieder das Gespräch ab. Etwas war nicht zu verkennen: Die Barbara pflegte ihr gutes Aussehen mehr, als es der Frau eines Schiffmanns zustand. Doch was ging das ihn an und den Hupfauf? –

In Nußdorf besuchte Rieder noch die Kalkbrüche und kam auch mit einigen dortigen Gewerken ins Geschäft. Als dann Mariä Himmelfahrt vorüber war, reiste er über Wörgl, Rattenberg, Jenbach und Schwaz hinauf nach Hall zum Onkel Christoph Schmidhauser. Der erkannte den Neffen nicht, aber Tante Agnes, die Schwester des Rieder-Bräus, wußte sofort, daß es nur der Sohn der schwäbischen Maria, der Schnetzerin, sein konnte; das verrieten ganz und gar seine ebenmäßigen Gesichtszüge. Die Freude des Wiedersehens nach wer weiß wieviel Jahren war groß und wurde merklich größer, als Johann berichtete, er sei der Klosterschiffmeister und komme, sich zu erkundigen, wann er die vom Schottenabt bestellten Schiffe übernehmen könne; denn die bayerische Ernte befände sich bereits in den Scheunen, und der Prokurator des Heilig-Geist-Spitals hier in Hall habe ihn wissen lassen, daß er den größten Teil auf die Spitallände anschütten dürfe. Der Prokurator wolle auch den größten Teil des Schlachtviehs vertreiben, das ihm die Klosterschiffe bringen würden.

Onkel Christoph und sein gleichnamiger Sohn waren sehr verständige Leute und gingen auf alle Fragen ihres Verwandten freundlich ein. Sie gaben ihm auch Hinweise, mit welchen Haller Kaufherren er sich wegen Übernahme welschen Ballengutes verbinden solle; die Erfahrung habe gelehrt, daß die bayerischen Schiffmeister mit dieser Ware bis hinab nach Ungarn stets gute Geschäfte gemacht hätten. Ferner, so meinten sie, solle er den Handel mit eidgenössischem Käse nicht als gering ansehen, denn er werde jetzt mehr und mehr auf den Märkten zu Innsbruck und zu Hall angeboten; ein reiches Angebot aber drücke die Preise. – Und an Mariä Namen könne er dann seine Schiffe übernehmen; wenn er wolle, dürfe er gleich mit hinausgehen zur Schopperstatt, wo man die letzte Hand an sie lege.

Und sie gingen hinaus.

Da lagen sie nun, seine acht Schiffe!

Die Hohenau, das größte, zweiundzwanzig Klafter lang, siebzehn Fuß breit und vier Fuß tief. Dieses Schiff konnte mit sechzehnhundert Zentnern getaucht, das heißt beladen werden.

Der Nebenbeier, nur um einen Klafter kürzer als die Hohenau, war mit vierzehnhundert Zentnern belastbar, während das dritte Schiff, der Schwemmer, mit zwölfhundert Zentnern beladen werden konnte.

Neben diesen drei Lastschiffen lagen zwei Roßplätten, deren jede für fünfzehn Rösser gedacht war. Diese beiden Schiffe waren so breit, daß die Rösser darin querüber stehen konnten, und zwar abwechselnd mit den Köpfen nach verschiedenen Seiten. Ein Seilmutzen zum Aufnehmen und Überführen der Zugseile, eine Stoierplätte, die meist als Rettungsschiff verwendet wurde, und eine Weidzille machten den Schiffzug vollständig.

»Nun, Johann, was sagst zu unserer Arbeit?« fragte der junge Christoph.

»Was soll ich sagen? Der Schottenabt wird schon gewußt haben, daß er seinen Auftrag in die richtigen Hände gelegt hat.«

»Was kriegen nun die Schiffe für eine Aufschrift?«

»Da bin ich überfragt, Onkel Christoph; aber malt einfach die beiden Klosterwappen von Rott und Attel drauf. Damit ist nichts Falsches getan.«

Nachdem er sich in Hall noch mit einigen Geschäftsfreunden getroffen hatte, kehrte Johann Rieder nach Bayern zurück, um die Bemannung für seine Schiffe sicherzustellen. Er brauchte fünfzehn Mann, dazu für die Gegenfahrt einundzwanzig Mann mit einunddreißig Rössern; diese wollte ihm Wolfs Frau am Samerberg bestellen.

So war denn alles in allem viel Gutes geschehen, und das Unternehmen konnte mit Gottes Hilfe beginnen.

Das Wiedersehen

Kaiser Ferindand III. war im April 1657 gestorben.

Die Kurfürsten trugen nun dem einundzwanzigjährigen Ferdinand Maria die Krone des Reiches an; auch Frankreich hätte ihn gern als Kaiser gesehen, nicht zu reden von Henriette Adelaide, der damit der sehnlichste Herzenswunsch erfüllt worden wäre.

Aber der Bayer lehnte ab, so daß jetzt der zweite Kaisersohn zum Zuge kam.

Die Kurfürsten waren über die Haltung Ferdinand Marias enttäuscht, ausgenommen der von Sachsen; der hielt zu Habsburg.

Im Jänner 1658 erklärte der Wittelsbacher seinen Verzicht auf das deutsche Kaisertum sogar noch schriftlich, so daß am 18. Juli der achtzehnjährige Leopold in Frankfurt die Reichsinsignien zugesprochen bekam.

Nach den Krönungsfeierlichkeiten im August kam der junge Kaiser nach München, nicht nur auf der Durchreise, sondern um Dank zu sagen. Adelaide huldigte ihm mit ihren Leuten in dem Festspiel »Applausi festivi«. Er war hocherfreut und tat, als wüßte er noch gar nicht, wie schön der ausgewogene Tanz lockender Schäferinnen und begehrender Schäfer sein kann. Wie es sich gehörte, nahm man ihm dieses unschuldsvolle Getue ab.

Die Weiterreise nach Wien sollte von Wasserburg aus auf Inn und Donau erfolgen, wofür die Prunkschiffe aus der Kaiserstadt bereits eingetroffen waren. Das bayerische Kurfürstenpaar gab dem jungen Kaiser ein aufwendiges Geleit. –

Die Wasserburger waren an dergleichen höfischen Firlefanz gewöhnt. Sie gingen zwar aus Neugierde hin an die Lände, wußten aber, daß ihnen da kaum etwas Neues geboten würde. Und doch, etwas Neues gab es zu sehen! Der Wasserburger Ländhüter hatte nämlich den Klosterschiffmeister Rieder schon den Tag zuvor genötigt, am oberen Ende des Ufers die Anker zu werfen; denn er fürchtete, es könnte – das Leben ersinnt die dümmsten Zufälle! – einen Zusammenstoß geben mit den kaiserlichen Prunkschiffen; und fürs andere glaubte er es nicht verantworten zu können, wenn – was der Himmel freilich verhüten wolle! – diese mächtigen Riederschen Schiffe mit ihrer Ladung irgendwo zwischen Wasserburg und Wien verunglückten, vielleicht gar im Struden, und dann kämen die Schiffe des Kaisers und könnten nicht vorbei!

Das waren die Bedenken des Ländhüters. Bei aller zugegebenen Übertreibung stützten sie sich vor allem auf die Ladung des Rieder. Und diese Ladung war es, zu deren Besichtigung die Wasserburger an die Heftstecken pilgerten. Der Klosterschiffmeister hatte nämlich drei starke Plätten mit lauter Mühlsteinen beladen. Die standen aufrecht in den Schiffen, Stück bei Stück, je vierundzwanzig auf einer Plätte. Das waren keine Mühlsteine, so wie man sie landauf, landab in den bayerischen Quetschen verwendete, nein, die hatten einen mannshohen Durchmesser und waren eine ganze Elle dick.

Meister Rieder, für wen, um Gottes willen, sind denn bloß diese Mühlsteine bestimmt?

Ja, die gehören in die großen Schiffmühlen, wie sie allenthalben zwischen Wien und Ofen am Donauufer stehen!

Und die brauchen gleich so viele?

Ja, die brauchen so viele, weil doch dieses Frühjahr über dem Tullner Feld gewaltige Gewitter niedergegangen sind und so plötzlich und so ergiebig, daß davon die Donau angeschwollen ist und viele Schiffmühlen weggerissen hat. –

Der Kaiser hatte in Wasserburg zu Mittag gespeist und kam jetzt, von Ferdinand Maria und dessen Gemahlin begleitet, durch das Spalier der kurfürstlichen Leibgarde zum Ländplatz seiner Leibschiffe geritten. Die schaulustigen Wasserburger brachen pflichtgemäß in Jubel aus; den hohen Herrschaften war aber nicht entgangen, daß viele beim Schiff mit den Mühlsteinen stehenblieben und nur ein bißchen herüberschauten.

Auch den Kammerherren, Hofmeistern und Oberhofmeistern konnte das nicht entgangen sein, nicht zu reden von dem niedrigeren Begleitpersonal, den Rentmeistern, Bürgermeistern, Kastnern und Pflegern. Diesen Letztgenannten schwollen die Kämme ganz besonders, denn sie wußten, daß der Bürger und überhaupt der kleine Mann im Lauf des jahrzehntelangen Krieges verwildert war und den Sinn für Unterordnung und Botmäßigkeit verloren hatte. Er mußte wieder zurückgepfiffen werden, dieser Sinn, und darum sprengten jetzt einige zu dem Haufen hin, der sich bei Rieders Schiffen gebildet hatte.

Johann, der bei den Heftstecken stand, sah die Herren auf ihren Rössern daherkommen und erkannte unter ihnen den Pflegsverwalter von Rosenheim, Herrn Johann Benno von Wolfswiesen. Ein gutes Jahr war vergangen seit jenem Zusammenprall damals vor dem Mittertor; und nie waren sie einander begegnet.

Ob er mich wiedererkennen wird?

»Was gafft ihr da?« sprach er, obwohl er lieber gebrüllt hätte. »Wißt ihr nicht, was dort geschieht?«

Die Wasserburger Bürgerschar setzte sich langsam in Bewegung, hin zu denen, die den Kaiser bejubelten.

Wolfswiesen sah die Ladung der drei Schiffe, sah die Klosterwappen von Rott und Attel und wußte sofort, daß es sich hier um eine Fracht handelte, die ausschließlich aus seinem Verwaltungsbereiche stammte. Und mit einem Male schoß es ihm durch den Kopf: Das muß er sein! Das hatten seine Nachforschungen ergeben!

»Wie heißt du?« fragte er.

»Ich bin es schon!« antwortete Rieder.

»Wirst du auch noch frech?« Er wurde lauter.

»Ihr solltet nit schrein, Herr Pflegsverwalter! Wie bald hört Euch der Kaiser.«

Da riß es ihn, und er wandte sich dem großen Geschehen zu, blieb aber beim Rieder stehen.

Der bedachte kurz seine Lage, schwang sich dann nach ein paar gewaltigen Sprüngen auf die hohe Granselbrücke seiner vordersten Plätte und faßte das mächtige Ruder. Nun schauten sie einander in die blitzenden Augen wie zwei Kampfhähne. –

Von den Prunkschiffen her waren jetzt Kommandorufe zu vernehmen, und ein großes Geleit welscher Musikanten in weiß-blau gerauteten Heroldsgewändern blies auf silbernen

Fanfaren einen Hymnus. Das Kurfürstenpaar saß ab; Ferdinand Maria trat zum Kaiser hin und hielt ihm beim Absitzen den linken Steigbügel. Leopold wandte sich sogleich an Henriette Adelaide und hielt ihr die halbgeschlossene Hand entgegen, auf die sie voll Grazie ihr feines, in blaue Seide gehülltes Händchen legte. So schritten sie, der Kurfürst einen halben Schritt links dahinter, der Brücke zu, die auf das große Prunkschiff führte. Dann küßte der junge Kaiser die kleine Fürstin auf die Stirn, stieg gemessen die Treppe empor und wandte sich, oben angelangt, noch einmal um. Während das Volk hoch aufjubelte, winkte er, – und da sah er wirklich aus wie einer, der Macht hat: Kaiser des Heiligen Römischen Reiches.

Die Knechte des Ländhüters lösten von den Heftstecken die Seile, die Anker rasselten an ihren Ketten empor, und der ganze Schiffzug schwenkte ins Gerinn.

Als dann die Schiffe in der Innschleife verschwunden waren, bestieg das hohe Paar wiederum die Rosse und wandte sich gemach der Stadt zu.

Plötzlich blieben sie stehen. Dort drüben brüllte einer . . .

Wie kann man denn vor den Augen des Kurfürsten von Bayern nur so brüllen!

Es entsprach gewiß nicht höfischer Art, aber Adelaide ritt aus der Suite heraus und näherte sich dem, der da schrie. Und je näher sie ihm kam, desto schärfer betrachtete sie den anderen, der hoch auf der Granselbrücke seiner Mühlsteinplätte stand und kein Wort verlor. Da ritt der Obersthofmeister Graf Max Portia heran, sprach in ehrfürchtiger Haltung kurz auf die hohe Frau ein und stellte dann dem rot angelaufenen Pflegsverwalter von Wolfswiesen auf Französisch eine bündige Frage. Der sah erst jetzt, von wem er beobachtet wurde, und fing zu stottern an. Doch die Kurfürstin kümmerte sich nicht um ihn und ritt bis an die Heftstecken vor, so daß sie dem Rieder gerade gegenüberstand.

»Jo'ann Rieder!« rief sie begeistert.

Er antwortete: »Madame l'Electrice!«, sprang in einem kühnen Satz von seiner Brücke ins Wasser und trat triefend vor sie hin.

»Quelle surprise!« sagte sie, welche Überraschung!

Und er, ebenfalls französisch: »La plus belle de ma vie!« Die schönste meines Lebens!

Als sie sah, daß er ihre Sprache redete, lächelte sie und überschüttete ihn mit einer Fülle von Fragen, so sprühend und sprudelnd, daß er kaum dazukam, in ganzen Sätzen zu antworten. Schließlich reichte sie ihm vom Pferd herab die linke Hand hin, die er, der große Mann, sehr artig küßte, und kehrte zu ihrem Gefolge zurück.

Der Pflegsverwalter war nicht mehr zu sehen; der Obersthofmeister hatte ihn mit in die Stadt genommen . . .

Als das Herrscherpaar ebenfalls das Stadttor erreicht hatte, fingen die Wasserburger an, den Rieder mit Fragen zu bestürmen: Woher er französisch könne und was sie ihm gesagt habe und ob er den Wolfswiesen endlich einmal gründlich hineingetunkt hätte, diesen elenden Gauhengst. Es war ja die Geschichte von damals beim Rosenheimer Mittertor bis Passau hinunter ruchbar geworden; und jeder aufrechte Bürger hatte den jungen Klosterschiffmeister aus Erl bestaunt.

»Ihr werdet euch wundern«, meinte der Rieder, »über den Verwalter haben wir kein Wörtel nit gesprochen!«

Die Wasserburger schüttelten die Köpfe: Da fragt sich dann einer, was die miteinander geredet haben!

Und auch sie zogen sich langsam in die Stadt zurück.

Johann Rieder wandte sich, als er mit seinen Schiffen und seinen Leuten wieder allein war, an den Ländhüter und fragte wegen der Weiterfahrt; denn er hatte sechsunddreißig Männer auf seinen Schiffen und einunddreißig Rösser, da kostete jeder Tag, den man feierte, viel Geld. Doch der mürrische Mann zeigte dafür wenig Verständnis. Er habe noch keinen Schiffmeister angetroffen, der nicht gejammert hätte; und dabei hätten die Brüder Geld wie Heu! Für heute sei jedenfalls an ein Abländen der Klosterschiffe nicht zu denken, weil die Majestät in Marktl an die Heftstecken gehen und unter dem Steilhang der Dachlwand eine Brotzeit einnehmen werde. So habe es der dortige Marktrichter gesagt, und der Marktler Mautner habe hinzugefügt, er werde jedes Schiff aufbringen lassen.

Während die beiden Männer redeten, traten Rieders Nauförgen hinzu, die beiden Metzgergesellen von Rosenheim, Georg Aicher und Georg Wild. Was es denn gebe und warum man nicht weiterfahren dürfe? – Ja, wegen der Brotzeit des Kaisers unter der Marktler Dachlwand!

»Unter der Dachlwand?« meinte der Aicher. »Wo die hunderttausend Dohlen nisten? Da mag sich aber der Herr Kaiser vorsehen, daß ihm die Viecher net aufs Mundtuch scheißen!«

Entrüstet über die Unverschämtheit kehrte sich der Ländhüter ab und murmelte etwas von ungewaschenen Schiffknechten. Doch der Aicher ging ihm gleich nach, packte ihn an der Achsel und fragte: »Hast du was gegen mich?« – Der Angeredete hielt es für geraten, klein beizugeben, und sprach: »'s ist schon gut, Aicher!«

Als es dann Abend wurde, gab der Rieder seinen Leuten Urlaub, außer denen, die an den Ankerketten zu wachen hatten. Die meisten gingen in die Stadt hinein. Er selber setzte sich auf seine Granselbrücke und lauschte dem rauschenden Inn nach. Vielleicht mußte es so sein, daß er einmal gezwungen war, sich zu besinnen; denn das ganze Jahr, seit er die Klosterfahrten machte, hatte er kaum eine ruhige Minute gehabt. Einkaufen, verkaufen, zahlen und eintreiben, hasten und hetzen! Gut, er hatte den beiden Klöstern einen sauberen Gewinn eingebracht und sich selber ein ansehnliches Sümmchen auf die Seite gelegt; aber es war kein rechtes Leben nit! Es war überhaupt kein Leben! Er selbst lebte ja gar nit; er wurde gelebt. Die anderen lebten auf ihm wie die Raupen auf dem Krautkopf: Er mußte wachsen und wachsen, und die anderen fraßen und fraßen. Welch ein armer Hund ist doch der Mensch, wenn er kein Ziel hat und nit weiß, für wen er werkelt und wacht! Neulich hatte der langbärtige Pater in der Rosenheimer Kapuzinerkirche bei der Predigt den Vers geschmettert: »Es ist nicht gut, daß der Mensch allein sei, aber besser, als daß er in der Ehe ein Schwein sei!«

Er, Johann Rieder, war allein; und das ist nit gut, ganz und gar nit ...

Kühl senkte sich die Nacht über Stadt und Fluß. Man spürte,

143

der Herbst kam. Rieder stieg hinunter ins Schiff und wechselte die feuchten Kleider, zog vor allem die langen Stiefel aus. Als er wieder auf die Brücke hinaufkam, sah er, daß vor dem Gransel seiner Plätte ein Rennschiff angeländet hatte und daß jemand darinsaß, ganz reglos.

Wer konnte da so ungeschickt sein und unmittelbar vor einer getauchten Plätte anländen! Kommt die Plätte in Bewegung, ist das Schifferl hin!

»He, da unten! Was willst?«

Der Jemand auf dem Rennschiff stand geisterhaft langsam auf. Er war in einen dunklen Mantel gehüllt, aus dem nur die Hand schüchtern herausschaute, die das Ruder hielt.

»Ja, und?« fragte der Rieder abermals.

»Herr Johann?« klang es mit zarter Stimme, auch fragend, zu ihm hinauf.

Der Jemand warf jetzt die Kapuze zurück, und ein üppiges, wirres Haar quoll hervor.

Ein Weib!

»Jaromira?«

»Ja, Herr Johann!«

Er stieg von der Brücke, lehnte sich über den Plättenrand und zog das Mädchen an beiden Händen herauf. Sofort machte sie sich von ihm frei und wich zwei Schritte zurück. Wie sie so dastand, erkannte er, daß sie in den verflossenen sechs Jahren zwar kaum gewachsen, aber fülliger geworden war – und herrischer.

»Kommst du zu mir?«

»Darf ich Du sagen, Herr Johann, weil ich nur an Du gewöhnt bin?«

»Du hast fließend reden gelernt; freilich darfst du Du sagen! Aber nit Herr!«

»Doch Herr, und immer Herr!«

»Dann meinetwegen! Was willst du?«

»Vater ist gestorben und liegt bei Mutter im Friedhof.«

»Wann?«

»Zwei Wochen!«

»Und Anna?«

»Muß bleiben, bis Herrschaftsrichter von Kufstein alles auf-
geschrieben. Herrschaftsrichter und Jäger haben viel nach
Herrn Johann gefragt. Mich sie haben wollen fangen und
abschneiden anderes Ohr. Bin ich fort und mit Schiff nach
Bayern; hier kein anderes Ohr nit abschneiden.«

»Dann müssen wir zurück nach Erl!«

»Du nach Erl; ich nach Rosenheim!«

»Wo willst du bleiben in Rosenheim?«

»Zigeuner weiß immer, wo bleiben!«

»Dein Mann lebt nicht mehr.«

»Ich brauche nie wieder Mann, nie, nie!«

»Willst du mit mir im Zeiselwagen fahren? Dann bringe ich
dich in Rosenheim an einen sicheren Ort.«

»Ja, Herr, im Zeiselwagen!«

Ehe die Wasserburger Tore gesperrt wurden, kamen die bei-
den Nauförgen Aicher und Wolf: sie wollten den Meister die
Nacht über nicht allein lassen. Als sie in sein Schiff stiegen, war
Jaromira nicht mehr zu sehen.

Er sagte ihnen, daß sein Vater gestorben sei und das Herrschaftsgericht im Mühlgraben herumschnüffle; darum müsse er
sofort heim. Sie sollten die Mühlsteine an ihre Bestimmungsorte
bringen, sich sofort bezahlen lassen und hohenauwärts im Treiberzug ungarisches Korn laden; auch dieses gleich bezahlen.

Die beiden Männer streckten sich vor Stolz; und er wußte,
daß er sich auf sie verlassen konnte, waren sie doch schon von
Anfang an in seinen Diensten. Dann gab er dem Aicher die
Kasse, empfahl ihm auch, für Maut- und Ländegebühren und
für den Ankauf von Futterhafer zu sorgen. Für diesen mußte
nämlich der Schiffmeister aufkommen, während die Roß-
knechte Heu und G'hack in der Futterzille mitführten. Damit
hatte er dem Aicher das Amt des Schiffschreibers übertragen
und ihn zu seinem Vertreter gemacht.

Darauf verabschiedete er sich von ihnen; sie aber vergaßen
ganz zu fragen, woher ihm die traurige Botschaft vom Tode
seines Vaters gekommen wäre, so sehr waren sie von ihrer
neuen Aufgabe erfüllt. —

Als Rieder zum Einlaß kam, durch den man auch nach der

Torsperre gegen Entrichtung von zwei Kreuzern die Stadt betreten konnte, stand Jaromira in ihrem langen Mantel da; die Kapuze hatte sie wieder tief über den Kopf hereingezogen, so daß ihr braunes Gesicht ganz im Dunkeln lag.

Sie gingen in die Stadt und warteten am Marktplatz. Kurz nach Mitternacht rollte der Zeiselwagen aus Kraiburg herein, wechselte die vier Rösser und fuhr weiter, auf Rosenheim zu. Als er hier in der Morgendämmerung ankam, stiegen sie aus und gelangten, ohne Aufsehen zu erregen, in die Wiesengasse zum Cronperger, wo für Jaromira eine Bleibe gerichtet wurde.

Am Abend war Johann Rieder im Mühlgraben zu Erl, in seinem Geburtshaus. Es empfing ihn die alte Anna, die immer noch war wie eh und je; höchstens daß sich zu den vielen Kummerfalten noch etliche hinzugesellt hatten.

Abrechnung

Wie der Bräu gestorben sei?

Ja mei, da sei nit viel zu vermelden. Immer elender sei er halt geworden; den dicken Ranzen habe er längst verloren gehabt. Vor vier Wochen sei er dann bettlägerig geworden. Und weil er so übel gerochen habe, hätte man halt zum Herrn medicus nach Audorf geschickt, weil der von Rosenheim schon lange nit mehr habe kommen wollen. Und der Audorfer habe, nachdem er aus der Kammer wieder heraus gewesen sei, zu ihr, der Anna, gesagt, der Bräu sei wie ein Eichbaum, der den Rindenbrand habe; dergleichen müsse gefällt werden, was über kurz oder lang zu erwarten sei, und vor vierzehn Tagen hätte ihn dann der liebe Herrgott gefällt.

Und die Herren von Kufstein?

Ja, die täten halt alles aufschreiben, jede Schublade täten sie aufreißen und immer wieder fragen und fragen. Morgen kämen sie sowieso wieder, weil sie im Dorf beim Wirt nächtigen täten.

Johann zündete eine Laterne an und ging durch alle drei Häuser, durch die Scheune und durch die Bierkeller unterm

Kapellenberg. Weiß der Himmel, da war alles verludert und verkommen! Da gab's kein heiles Faß mehr und keine ganze Pfanne, und am Getreideboden lag keine Unze Hafer; wozu auch, wo doch der Stall leerstand? – Möcht bloß wissen, wovon die drei gelebt haben!

Da fragte sich der junge Rieder – das erstemal in all den sechs Jahren –, ob es recht gewesen sei, den Vater im Stich gelassen zu haben. Und sehr hart brach sich die Erkenntnis einen Weg in sein Herz: Nein, nit recht!

Die Männer des Kufsteiner Herrschaftsgerichts kamen am anderen Tag in aller Herrgottsfrühe, um die Aufnahme des Rieder-Bräu-Anwesens fortzusetzen. Sie waren zu dritt und nicht wenig überrascht, als ihnen der junge Rieder gegenüberstand. Gleich die ersten Worte, die sie wechselten, führten zum Streit, denn die Herren redeten den Rieder mit »Du« an, worauf er zu ihrer hellen Entrüstung dasselbe tat. Es folgte dann eine Klärung der Berufsqualitäten eines herrschaftlichen Gerichtsbeamten und eines Schiffmeisters mit dem Ergebnis, daß eine Anrede mit »Du« eher dem Letztgenannten zustünde. Schließlich einigten sie sich aber auf ein gemeinsames »Ihr« und begannen darauf sachlich zu verhandeln.

Zunächst fragten sie ihn, ob er willens sei, die Brauerei weiterzuführen. Er verneinte das. Dann erkannten sie an, daß die Familie Rieder innerhalb der fast zweihundert Jahre, die sie auf dem Anwesen gewirtschaftet hätte, viel Neues und Gutes geschaffen, was freilich in den letzten Jahren wieder stark zu Schaden gekommen sei. In Ansehung all dieser Umstände und nach reiflich durchgeführter Überlegung schlügen sie ihm folgende Abgeltung vor: Tausend Dukaten Wiener Prägung, was gleichbedeutend sei mit zweitausendeinhundertsechsundsechzig Gulden oder fünfzehntausendeinhundertzweiundsechzig Schillingen. Und einer der Herrschaftsbeamten fügte mit schmunzelnder Gehässigkeit hinzu: »Um diese Summe einzunehmen, Meister Rieder, müßte ein Maurer gute fünf Jahre werken!«

Darauf entgegnete ihm Johann kurz: »Bin kein Maurer nit!«

Nachdem sie sodann in der Stube einen Vertrag gefertigt und

unterzeichnet hatten, erklärten die Herren, daß nun auch die alte Wirtschafterin gehen müsse, die junge Zigeunerin Jaromira Rotkowa, wohl die Urheberin dieses allgemeinen sichtbaren Niedergangs, habe sich einer gebührenden Bestrafung durch die Flucht entzogen.

»Um die Anna werde ich mich kümmern«, sagte darauf der Rieder.

Die Herren verneigten sich, und der, welcher den Vertrag unterschrieben hatte, erklärte kurz: »Die vereinbarte Abgeltungssumme liegt am Herrschaftsgericht in Kufstein zum persönlichen Empfang bereit.«

Das war nun wirklich rascher abgelaufen, als Rieder vermutet hatte.

Er fragte darauf die Anna, wie er ihr helfen könne. Sie meinte, er brauche sich um sie nit zu sorgen, sie gehe zu ihrer Nichte droben am Erler Berg; denn ihr Erspartes lange für die paar Jahrl, die sie noch zu leben habe.

»Und von mir tu ich alle Monat drei Gulden dazu!« sagte er. Da huschte ein Schimmer der Freude über das alte Gesicht, und sie wandte sich jäh von ihm weg, weil sie merkte, daß ihr die Augen feucht wurden. Er sollte nicht sehen, wie sie flennte.

Die von der Herrschaft hatten die Türklinke noch nicht richtig ausgelassen, standen zwei Jäger da: Sicherem Vernehmen nach sei die Zigeunerin Rotkowa unter Benützung eines gestohlenen Rennschiffes nach Bayern entwichen. Weil nun er, Johann Rieder, in Bayern auch mit Schiffen zu tun habe, liege die Vermutung nahe, die Gesuchte könnte zu ihm geflüchtet sein, zumal sie der Wirtschafterin Anna gegenüber eine solche Äußerung hätte laut werden lassen. Falls er also wisse, wo sie sich befände, müsse er kraft waltenden Zigeunergesetzes vom 24. Jänner 1656 Ort und Inwohnung besagter Zigeunerin Rotkowa kundtun.

Diese geschwollene Rede des Grenzjägers, der dastand wie der biblische Gesetzgeber Moses, reizte den Rieder und machte sein Herz bitter: »Wie's bloß möglich ist, daß ihr mir mit Gesetzen drohen könnt! Wenn euch die Zigeunerin entkommen ist, sucht sie doch! Aber hergehen und mir in meinem

Hause die Leviten lesen und so zu tun, als hätt ich sie entführt, das ist mir zuviel! Also hinaus! Noch bin ich Herr in diesem Hause!«

Er hatte nicht leise geredet, der Rieder. Die Jäger waren darauf nicht gefaßt gewesen. Sie grüßten etwas linkisch und gingen. Draußen steckte einer den Finger ins Ohr und meinte: »Ich dacht schon, mir zerreißt's das Trommelfell!«

Am Nachmittag begab sich der junge Mann zum Gemeindevorsteher Audorfer und sagte ihm, daß es im Mühlgraben nun aus sei mit den Riedern. Er werde sich jetzt draußen in Bayern niederlassen. Nur eins werde er vermissen: Die Bank an der blauen Quelle, wo er so oft mit der Mutter gesessen.

Der Audorfer zuckte mit den Achseln: »'s war halt nit gut, daß sich der Rieder-Bräu – Gott hab ihn selig! – die Zigeunerin ins Haus bracht hat!«

»Wer weiß schon allweil, was gut ist!« antwortete Johann und ging dann auf den Gottsacker. Auf dem frischen Grab steckte noch das schlichte Kreuz. »Vater, ich werd euch miteinand bei den Schmieden in der Kiefer ein großes machen lassen. Und jetzt geb euch der Herr die ewige Ruh!« –

Johann Rieder blieb noch eine Woche daheim und packte ein paar persönliche Dinge zusammen, die des Aufhebens wert waren. Dann holte er in Kufstein seine Dukaten. Und weil dort der Hupfauf just mit einem Schiff voller Südwein angeländet hatte, schloß er sich ihm an.

»Wolf, wohin mit dem süßen Tropfen?«

»Auf Wien. Dort läßt er sich am günstigsten versilbern. Und du?«

»Meinem Kornzug entgegen.«

»Hast einen guten Fang gemacht mit den zwei Rosenheimer Metzgern.«

»Hätt's wirklich nit besser derraten können!«

Sie setzten sich ins Wolfs Klobzille, ein festes Schiff, das er sich bei den Nauflezern, den Salzfahrern, hatte bauen lassen, und kosteten den »süßen Tropfen«.

»Wenn den der neue Kaiser schmeckt«, sagte Rieder, »dann wird er mit der Zunge schnalzen!«

»Und seine Menscher dazu!« ergänzte der Hupfauf. –

Drei Tage fuhren sie miteinander nauwärts, dann waren sie in Krems. Hier hatte auch der klösterliche Treiberzug angeheftet, weil es schon Abend war. Rieders Leute brüllten vom Ufer her, als sie den Meister erkannten. Ein Seilmutzen holte ihn ein.

Rieder besprach sich zunächst mit seinen beiden Förgen, die er wegen ihrer guten Geschäfte sehr lobte. Dann gab er dem Koch den Auftrag, ein Mahl zu richten. Es sollte eine Rindssuppe mit Semmelschnitten, Rindfleisch mit Kren, Kalb- und Schweinefleisch sowie Brot, Bier und Wein gegeben werden. Als das große Essen bereitet war, erhob der Rieder sein Glas zum »Gottsnam«; so wollte es ein alter Schifferbrauch schon seit den Tagen, da noch die Römer den Inn und die Donau befuhren. Damals war es ein Versöhnungsopfer für den Flußgott am Struden; später, als die Bayern halbwegs christliche Leut geworden waren, nannte man es »Johannesminne«, trank es aber öfter als nur am Johannestag; und jetzt hieß es eben der »Gottsnam« und war eine besondere Anerkennung des Meisters für all seine Schiffleut, auch die Reiter.

Nach dem Essen hüllten sich alle in Decken ein und legten sich am sandigen Ufer zum Schlafen nieder.

Beim ersten Morgengrauen, als noch ein mauerdicker Nebel über der Donau lag, stand der Aicher auf und weckte den Koch. Der mußte ihm mit dem Schapfer Wasser holen. Er wusch sich Hände und Gesicht notdürftig, während ein Hilfsruderer schon mit dem Handtuch bereitstand. Als er sich dann ganz angezogen hatte, rief er laut: »Auf überall, in Gotts Nam!«

Sofort sprangen die Reiter auf und schütteten den Rössern Hafer in die Futterbarren. Dabei nahmen sie ihnen die Decken ab und schnallten ihnen Kummet, Sattel und die Silm auf, einen halben Reifen aus zähem Holz ums Hinterteil; sie diente zum Einschlagen, das heißt Einspannen, in das mächtige Zugseil.

Kaum hatten die Schiffleut ihre Plätze eingenommen, ließ der Vorreiter, der eine Stange trug, alle Rösser und Reiter in zwei Reihen anstehen und in das Zugseil einschlagen. Dieses Seil maß dreißig Klafter, nach unserer heutigen Rechnung siebenundfünfzig Meter.

Nun begab sich der Aicher auf die Hohenau, das vorderste und wuchtigste Schiff, nahm den schweren Wetterhut vom Kopfe und verrichtete sein Morgengebet; auf den anderen sieben taten sie ebenso. Selbst der Vorreiter hörte vorübergehend auf zu fluchen, was bei ihm soviel war wie ein Vaterunser. Der Aicher setzte den Hut wieder auf und hielt die Standschalm, eine Meßlatte, hoch empor. Alle miteinander – Roß, Reiter und Schiffmann – schauten auf ihn. Da rief er den jahrhundertealten Befehl: »Quandi, hab über! Hab'n in Gotts Nam!«

Die einunddreißig Rösser legten sich ins Geschirr, die Roßleut brüllten, die Schiffleut hefteten ab, das Zugseil straffte sich, und acht Schiffe mit etlichen tausend Zentnern Korn setzten sich in Bewegung. Der Vorreiter, es war der Neumeyer Flori aus Happing, ritt ins Wasser, um mit seiner Stange die Tiefe zu messen, während die dreißig anderen Rösser paarweise am Treppelweg dahinzogen. Weil der Flori wieder zu fluchen angefangen hatte und mit seiner langen Peitsche auf Roß und Mann dreinschlug, hatten die Schiffe einen starken Gang. Den konnten sie aber höchstens eine Stunde lang durchhalten; dann rief der Aicher »Hoa!«, und alle Rösser blieben stehen, um eine Weile zu verschnaufen.

So ging das den ganzen Tag dahin.

Gegen Abend hielt der Aicher Ausschau nach einem guten Ländplatz. Er fand ihn in einer strauchlosen Au. Da rief er: »Schlag aus! Führ außa!«

Da waren alle froh, denn das Tagewerk war vollbracht.

»Wieviel hast geschafft?« fragte der Rieder, als der Aicher zu ihm hinunter in den Sößstall kam (Sößstall hieß das Häuschen auf der Hohenau).

»Es werden sechs Wegstund sein, Meister!«

»Ein guter Tag, Georg! Wenn's so weitergeht, seid ihr in fünfunddreißig Tagen zu Rosenheim und in nochmal elf Tagen an der Lände des Haller Heilig-Geist-Spitals.«

»Wollen's hoffen!«

Johann Rieder verließ seine Schiffe und kaufte sich in der Nähe ein Reitpferd. Er wollte noch mit einigen Winzern verhandeln, und im Gäuboden mit etlichen Weizenbauern.

Außerdem mußte er seinen beiden Äbten Rechnung legen, denn dies war der letzte große Schiffzug in dem Jahr, der hohenauwärts fuhr. Im November vereisten die Nebel alle Treppelwege, und im Dezember lag dann Schnee. Da konnte man höchstens noch mit leichten Plätten nauwärts fahren und diese dann nach abgesetzter Fracht in Wien als Bau- oder Brennholz verkaufen. Im Jänner aber, wenn das Eisrinnen begann, hörte alle Schiffahrt auf.

Heiliger Abend

Das Jahr 1658 neigte sich seinem Ende zu.

Johann Rieder saß in seiner Klosterzelle zu Attel – noch immer! – und schaute zum Fenster auf den Inn hinab, der Eisschollen vor sich hertrieb und damit manch guten Archenbau zerstörte.

Es war Heiliger Abend. Die Mette um Mitternacht sollte, altem Herkommen gemäß, Abt Benedict selber zelebrieren, auch die Predigt wollte er halten. Die Mönche hatten sich für dieses feierliche Amt etwas Neues ausgedacht: Anstelle der alten Gregorianischen Choräle wollten sie nach welschem Vorbild eine »missa pastoralis«, eine Hirtenmesse, aufführen, begleitet von etlichen Posaunen. Bruder Virgilius, der beste Sänger der klösterlichen Gemeinde, war sogar in München gewesen und hatte sich die Hofmusik der Frau Kurfürstin angehört, und war hellauf begeistert.

Und jetzt war es soweit.

Die eine Glocke, die noch im Turme hing, klang durch die Nacht und rief alle zinsenden Bauersleut herbei. Selbst die ehrwürdigen Schwestern des heiligen Dominikus vom Kloster Altenhohenau drüben zogen feierlich in die Kirche ein. Der Klosterschiffmeister hatte sie am frühen Abend selbst auf der Innfähre herübergeholt. Abt Benedict wollte den frommen Frauen, die arm waren wie die Kirchenmäuse, eine Freude machen; denn der Pater Spiritualis, den sie drüben hatten, war taub und las ihnen immer nur eine stille Messe. Außerdem hatte ihnen der Herr Abt ein Wildschwein hinübergeschickt, damit sie wenigstens am Feste der Geburt Christi etwas Anständiges zu essen hätten.

Die Kirche war berstend voll, da schlug es die Mitternacht an.

Bruder Virgilius, droben an der Orgel, griff gewaltig in die Tasten; dann brach er das dröhnende Maestoso ab, schob alle Register zurück und spielte nur auf Flauto eine plätschernde Melodie: ein Wiegenlied fürs Christkind.

Inzwischen war Abt Benedict mit der Mitra und dem Hirtenstab auf die Kanzel gestiegen und schaute ruhig über die Schar seiner Gläubigen. Als die Orgel das Wiegenlied beendet hatte, begann er: »Erschienen ist unter uns die Güte und die Menschenfreundlichkeit unseres Herrn. – Geliebte Brüder und Schwestern im Herrn! Zehn Jahre ist nun der Schwedenkrieg vorbei, und wir, die wir uns anfangs so selig gefühlt, daß uns der Herrgott am Leben gelassen hatte, werden lau und lauer und nehmen zu an Herzenshärte. Dabei sind wir aber gar nicht so hart. Die viele Härte und die viele Kälte ist nur deswegen unter uns, weil wir nicht wagen, uns so herzlich zu geben, wie wir sind. Freilich, wer sich vornimmt, Gutes zu tun, darf nicht erwarten, daß ihm seine Mitmenschen alle Gesteinsbrocken aus dem Wege räumen; im Gegenteil, er muß damit rechnen, daß sie ihm noch einen erklecklichen Haufen dazurollen. Oder meint ihr, dem Christkind sei's anders ergangen? Denkt an seine Krippe, an seinen Stall, an seine Flucht ins fremde Land! Und dennoch sagt die Schrift, daß seine Güte und Menschenfreundlichkeit unter uns erschienen ist. Die Güte schaut eben nicht auf die Steine im Weg und auf die Gewalt hinter den Türen, sondern sie wirkt einfach und schlicht vor sich hin. Sie erzeugt keine Spannungen, sondern löst bestehende auf und stärkt, indem sie bei anderen Leuten auch Güte hervorruft, sich selber. Ja, darin gleichst du, lieber Bruder, liebe Schwester, dem Christkind: Was du an Güte in die Welt hinausgibst, das wirkt fort in den Herzen und Hirnen der Menschen und bringt Früchte in die Scheunen des ewigen Lebens. Amen.«

Während darauf die Christmette mit dem mehrstimmigen welschen Gesang begann, dachte Johann Rieder über die Worte des Abtes nach. Von Gesteinsbrocken hatte er gesprochen, die einem die Leute in den Weg werfen, selbst wenn man gut zu ihnen sein will. So ging es ihm mit dem Herrn von Wolfswiesen. Damals am Mittertor hatte er, Rieder, nur gesagt, was recht war, und jetzt wollte er seine Ruhe haben. Aber der andere gönnte ihm keine Ruhe. Überall schnüffelte er hinter ihm drein, und die Cronpergerin belästigte er mit seinen Brieflein noch immer, wo ihm doch nicht verborgen geblieben sein konnte, daß sie gesegneten Leibes war.

Das war doch eine Herausforderung!

Das waren die Gesteinsbrocken!

Und er, Johann Rieder, sollte das alles in Kauf nehmen und dem Verwalter auch noch Gutes tun? Mit Gütigkeit und Herzlichkeit sollte er ihm begegnen? Du lieber Vater Abt! Ob du auch weißt, was du da von einem aufrechten Mann verlangst? Kastrieren müßte man ihn oder ihm lieber gleich den Schädel einschlagen!

Pfui, Johann! Knie nieder und sag: Mea culpa! Wie kann einer in der Christmette solche Gedanken denken! Sieh dir dort die Nonnen von Altenhohenau an, diese armen Hascherl, die hungern müssen, daß ihnen die Rippen krachen, die aber Tag und Nacht in ihrem kalten Chor hocken und singen und beten für alle Welt, auch für die ganz böse Welt, auch für den Wolfswiesen! Könnte eine von denen sagen: Man müßte ihn...?

Dann war die Mette aus. Man wünschte sich gesegnete Weihnachten, die Bauern den Mönchen, und die Mönche den Bauern. Nur die Nonnen standen an der Kirchenwand wie Statuen und warteten auf ihn, damit er sie wieder hinüberbringe in ihre Klosterruine.

Kommt nur, ihr von der Not Begnadeten, und haltet mir die Laterne! Und Sankt Christophorus gewähre uns eine glückliche Überfahrt!

Als er sie drüben abgesetzt hatte und wieder zur Urfahr zurückkam, stand Jaromira in ihrem Kapuzenmantel da, genauso wie damals in Wasserburg.

»Du in dieser kalten Nacht? Bei diesem gefährlichen Eisrinnen?«

»Cronperger ist fort!«

»Wohin?«

»Mit Schiff fort!«

»Wie lange schon?«

»Vor drei Stunden mit Schiff da hinunter! Und viel Wein im Kopf!«

»Betrunken?«

»Sehr, sehr!«

»Weißt du, warum?«

»Weil er zu mir kommen wollen in Bett, und ich ihm hab Gesicht zerkratzt! So! Und so!« Dabei formte sie die linke Hand zu Krallen und fuchtelte damit vor seinen Augen herum; die andere hielt das Ruder.

Ja, so sind sie, die Schiffleut am Inn, wenn sie wochenlang Ruhe haben! Da steigt das hitzige Blut und vernebelt das Hirn. –

Der Rieder heftete die Fähre an, nahm die Laterne heraus und sprang zu Jaromira in die Weidzille.

»Oder willst du hier bleiben?« fragte er.

»Herr Johann, warum bist du mir nit wie Freund?« fragte sie mit einem bei ihr ungewohnten, weichen Ton in der Stimme.

Da war auf einmal viel Fremdes zwischen ihr und ihm weggefallen, wie wenn es mit dem Eisrinnen davongeschwommen wär, und er sagte: »Dann sind wir also jetzt Freunde!«

»Für ganz lange Zeit!« erwiderte sie, gab ihm das Ruder und ergriff die Laterne. Sie setzte sich vorne ans Gransel, so daß ihm der Lichtschein nicht in die Augen fiel. Dann trieb er das Schiff ins eisige Gerinn . . .

Es war eine grausige Fahrt. Wer da nicht jeden Stein, jede Kugel, jede Sandbank und jedes Kachlet im Fluß kannte, der mußte von Minute zu Minute um sein Leben bangen.

Als sie am Kraiburg vorüberkamen, graute der Himmel. Der Christtag begann heraufzudämmern. In all den verstrichenen Stunden hatten sie kein Wort gewechselt. Nun traten die Türme von Mühldorf aus der Düsternis heraus, und aus dem Inn ragten drohend die mächtigen Joche der gedeckten Brücke.

Jaromira blies die Laterne aus; man erkannte jetzt die Dinge besser ohne Licht. Rechter Hand ist der Gries, von dem sich eine Sandbank wie ein böser Finger in den Fluß hineinzieht, hin bis zum dritten Brückenjoch. Hier war das Schiff des Cronperger ländgefahren; man erkannte es an den zwei Buchstaben seines Namens. Es schaukelte nicht.

Rieder fuhr vorsichtig hin, zu sehen, ob der Freund vielleicht darin läge. Es war leer, nur hatte es schon stark gewassert und würde in der nächsten Stunde sicherlich tränken.

Als der Cronperger ländgefahren war, ist er sicher ausgestiegen, um das Schiff abzurecken; dabei ist dann die unterspülte Sandbank abgebrochen, und ihn hat es ans Joch geschleudert, ans dritte Brückenjoch. Genauso war's vor Jahren, als der große Herr Maximilian seinen Silberschatz vor den Schweden nach Braunau retten wollte: Die betrunkenen Schiffleut waren an der gleichen Stelle ländgefahren, versuchten abzurecken, zerschellten aber dann mit dem wertvollen Schiff am dritten Joch. Gib dich drein, Georg! Jetzt liegst bei den sechsundzwanzig Zentnern Silber!

Das waren Rieders Gedanken – hundertmal rascher gedacht, als er sie hätt sprechen können.

Darauf sagte Jaromira: »Ja, Herr Johann, so war es!«

Er schaute jäh in die funkelnden Augen dieses braunen Gesichts: Konnte sie Gedanken lesen? –

In diesen heiligen Tagen und auch in den zwei Wochen der Rauhnächte fuhr der Zeiselwagen nicht; zu arg trieben jetzt Hexen und Unholde ihr Wesen. Der Rieder mietete sich einen Roßschlitten.

Zu Mittag waren sie in Attel, wo ihnen der Küchenbruder vom Festmahl der Mönche gab. Abends fuhren sie in Rosenheim bei den Kapuzinern und den neuen Salzstädeln vorbei durchs Wiesentor und schirrten in den leeren Ställen beim Cronperger ab.

Die beiden Frauen und die sechsjährige Salome hatten die Nacht und den ganzen Tag über gewartet, gebangt und den Rosenkranz gebetet. Das Mädchen, das schon seit langem unter dem gespannten Getue und dem bisweilen heftigen Gerede der

Eltern litt, war vor Kummer um den Vater immer wieder eingeschlafen – vielleicht auch vor Hunger, denn es konnte nichts
essen.

Als Rieder eintrat, sagte niemand ein Wort, nur die Augen
waren fragend auf ihn gerichtet.

»Sein Schiff liegt vor der Mühldorfer Brücke.«

Die alte Underseerin nahm das Kind an der Hand und
verließ die Stube.

»Ich hab's schon lange gespürt«, begann Barbara, »daß ich
ihm net mehr genug bin, hab auch gemerkt, daß er's auf die Jara
abgesehen hat. Johann, warum hast du sie uns bloß ins Haus
gebracht!«

»Barbara, das getauchte Schiff hält seinen Gang im Gerinn;
das leere spielt hin und her. Will dem Georg nichts nachreden,
aber mir schien die letzte Zeit, als hätt er euer gemeinsames
Leben zu leicht genommen.«

»Vielleicht hast recht!«

»Und was die Jaromira betrifft: War's die nit — und sie war's
nit! —, wär's früher oder später eine andere gewesen!«

»Ich sag der Jara auch nichts Böses nach.«

Da wurde Barbara plötzlich ganz blaß und schrie schmerz-
voll auf. Jaromira und die Underseerin stürzten herein und
betteten sie hin auf die Ofenbank.

»Die Hebamme!« sagte Jaromira, und die Alte ging.

In der Morgenfrühe des 26. Dezember 1658 kam Magdalena
Cronpergerin, eine Tochter des ertrunkenen Georg Cronperger
und der Barbara, geborenen Underseerin, als ein Siebenmona-
tekind zu Rosenheim in der Wiesengasse, Hausnummer 9, zur
Welt.

Auf Taubenfüßen

Den Cronperger hat man nicht mehr gefunden. An Heilig
Drei König wurde zu Mauthausen ein Wassermann angeschwemmt; ob's der Cronperger war, weiß der liebe Gott.

»Nauta ignotus«, steht dort im Sterbebuch, »ein unbekannter Schiffmann«.

Seine Witwe Barbara konnte von der ganz natürlichen Entbindung lange nicht genesen. Doctor Malachias Geiger verordnete ihr zunächst warme Bäder mit dem Wasser vom Küpferling, der bei Fürstätt aus der Erde herausquillt. Sie mußten dieses Wasser in Eimern holen und in ihrer Kuchel leicht erwärmen, ehe sie es in den Badezuber schütteten. Das war eine mühselige Arbeit, und als das Frühjahr kam, erklärte der Doctor ehrlich, daß die ganze Baderei mit dem Wasser des Küpferlings umsonst gewesen sei, wiewohl es schon oft bei Frauenleiden geholfen hatte. –

Johann Rieder nahm sich in den ersten Monaten nach Cronpergers Tod der drei Frauen in der Wiesengasse an und verhalf ihnen mit zu einem leidlichen Fortkommen. Sie mußten jetzt arbeiten, weil der Pachtzins, den die Felder erbrachten, nicht ausreichte. Barbara bekam vom Bordenmacher Martin Rasch Aufträge, die sie daheim bei ihren zwei Kindern ausführen konnte. Die Underseerin kaufte vier Ziegen, die der Herder, der Gemeindehirt, täglich mit hinaustrieb; so brauchte man wenigstens die Milch und die Butter nicht zu bezahlen. Jaromira sah ihre Aufgabe in der Betreuung der Bienen; siebzehn Bienenkörbe standen hinten im Garten, und sechs wollte ihr der Rieder noch dazustiften. Den Honig versprach der Lebzelter Kaspar Thumb für ein christliches Entgelt abzunehmen. Damit erwies der Mann der Zigeunerin einen sehr großen Dienst, wurde sie ja seitdem von der Bürgerschaft als eine rechtschaffene Inwohnerin angesehen. Das zeichnete nämlich die Rosenheimer vor den meisten bayerischen Städten aus, daß sie wegen ihrer Lage sowohl am Eingangstor zum Süden, wie auch an der Verbindungstür nach dem Osten standen und darum großzügig denken und weitherzig empfinden konnten.

Johann Rieder hatte sich in jenen Monaten auch mit seinen Äbten besprochen. Er hatte ihnen erklärt, daß er sich gern als Schiffmeister auf eigene Füße stellen wolle. Das sahen die würdigen Väter ein. Er versprach ihnen, noch ein Jahr in ihren Diensten zu bleiben und während dieser Zeit den Georg Wolf in alle Geschäfte und Verhandlungen einzuweihen; denn wenn der Wolf auch ein gelernter Metzger sei, so habe er doch einen hellen Kopf; und außerdem könnte er größeres Gewicht auf den Viehhandel legen, auf den die Tiroler sicherlich ansprechen würden.

Auf diese Unterredung folgte die viel schwierigere: mit dem Rosenheimer Bürgermeister. Damals — es war im April — amtierte gerade Balthasar Sixt, selber ein Schiffmeister, der jedoch mit dem Rieder nie zu tun gehabt hatte, weil er sich vor allem mit dem Tiroler Erzhandel befaßte.

Als Johann im Rathaus in seine Amtsstube eintrat, erhob sich der greise Mann und reichte dem jungen wortlos die Hand.

»Ich bin der Klosterschiffmeister Johann Rieder von Erl.«

»Hab deinen Vater selig gekannt; von dir selber weiß ich bloß, daß dich die Leut loben, und das heißt viel. Was willst du?«

»Sobald dieses Jahr um ist, will ich mein eigener Herr sein und mit meinen eigenen Schiffen fahren. Darum such ich um die Erlaubnis an, mir auf der Rosenheimer Schopperstatt im Lauf des Jahres einen Schiffzug bauen zu dürfen.«

»Aber nur durch unsere Meister!«

»Natürlich durch eure Meister! Ist das geschehen und liegen meine Schiffe an der Lände, dann möcht ich euer Bürgerrecht gewinnen und die Schiffmeistergerechtsame.«

»Das Bürgerrecht wird dir niemand wehren; was die Gerechtsame betrifft, so weißt du vielleicht, daß wir jetzt dreizehn Schiffmeister sind und daß jeder sein hiesig Hauswesen hat.«

»Das ist mir bekannt. Ich möcht aber wiederholen, daß ich erst nach dem Ablauf dieses Jahres einkommen werde.«

»Du bist ein tüchtiger Mann, und jung bist du auch, und auch Rosenheim hat seine sauberen Töchter, die ein Haus vererbt kriegen.«

»Bürgermeister Sixt, darauf spekuliere ich nit!«

Vielleicht war dieses Wort zu dieser Zeit noch ehrlich gesprochen . . .

Doctor Malachias Geiger runzelte die Stirn: »Cronpergerin, du hast ein schönes Visier, aber unten ist der Wurm drin, und in deinem Herzen nagt auch einer. Deswegen wirst du in den nächsten Wochen, wenn der Mai kommt, zu Fuß nach Kloster Reutberg gehen. Dort haben die Nonnen eine wunderbare Apotheke; stammt übrigens vom Heilig-Geist-Spital in München. Ich geb dir ein Scriptum mit; und sie werden dir eine Arznei verabreichen; die bringst du zu mir. Am Reutberg haben sie aber auch etliche Franziskanermönche. Denen sagst in einer zünftigen Beichte, wo dich der Schuh drückt. Es wär doch gelacht, wenn wir eine solche junge Frau nicht gesund an den Mann brächten!«

Als der Mai gekommen war, machte sich Barbara auf den Weg zur Klosterapotheke nach Reutberg. Sie wallfahrtete über Aibling und den Irschenberg, stieg hinunter nach Miesbach, und kam schließlich über Waakirchen nach Sachsenkam. Drei Tage hatte sie gebraucht, ehe sie betend den heiligen Berg hinaufpilgern konnte.

Die Klosterfrauen gaben ihr die Arznei, die schlichte Beobachtung der Natur und jahrzehntelange Erfahrung zusammengebraut hatten und mit Gebeten des Segens beträufelt war.

Darauf ging sie in das Kirchlein Unserer Lieben Frauen vom heiligen Hause in Loreto, wo viele leidgeprüfte Menschen knieten, und betrat einen Beichtstuhl. Das, was sie dem alten Pater erzählte, weiß niemand; was er ihr aber geantwortet hat, hat sie selbst viele Jahre später ihrem zweiten Manne berichtet.

»Liebe Tochter«, hatte er gesagt, »wegen der Wetterwendigkeit eines Mannsbilds solltest du dir kein Kopfzerbrechen machen, denn die Männer – sit venia verbo! – sind gemeinhin Saubären und Schweinigel, die es bei euch Weibern allweil nur auf das eine abgesehen haben. Betrachte also den, von welchem du geredet hast, und auch die anderen von dieser Seite, und jetzt, liebe Tochter«, hatte er zum Schluß gesagt, »geh hin an den Opferstock und wirf ein gutes Almosen hinein zur Sühne für deine Sünden und zur Kräftigung deines Willens!«

Als Barbara wieder in Rosenheim war, gab sie die Arznei dem Doctor Geiger. Der wandte sie dann bei ihr an, und siehe da, nach vier Wochen war die Cronpergerin frisch wie das Fischlein im Bach und lachte wieder wie zu jenen Zeiten, da sie noch ein ledig Mägdlein gewesen war. Sie war auch der Jara gegenüber nicht mehr mißtrauisch wie bisher. Und kam nach Wochen der Rieder plötzlich wieder daher, so freute sie sich und war nicht mehr eifersüchtig, wenn er sich zur Zigeunerin in die Mägdestube setzte; ja sogar das legte sie ab, daß sie hingeschlichen wäre an die Tür und gehorcht hätte, ob sich drinnen nicht etwas Bestimmtes täte.

Alle freuten sich über die Wirkung der Reutberger Arznei, und Johann Rieder fing jetzt an, ganz bewußt mit dem Gedanken zu spielen, aus dem weiträumigen leeren Stall des Underseer-Anwesens durch einen geschickten Ausbau ein freundliches Weinhaus zu machen, darin man den besseren Bürgern einen süßen Südwein ebenso wie einen lieblichen Osterwein gastlich zum Trank reichen könnte. Dergleichen Weine, und nur die besten ihrer Art, führte er ja auf seinen Schiffen. Die Gastgeb-Gerechtsame würden die Stadtväter der Barbara wegen ihres Witwenstandes sicherlich nicht versagen, worauf sie sich nur noch um einen anständigen Mann umsehen müßte, weil es nicht anging, daß ein Weib allein eine Weinwirtschaft führte.

Es war im Juli, wo die Innschiffahrt stillag, als er ihr seinen Plan kundtat. Sie strahlte, und eine leichte Röte huschte um ihre feingeschnittene Nase, als er sie auch auf die Notwendigkeit hinwies, sich wieder zu verheiraten. Nein, der Rieder war keiner von jenen Männern, die der alte Pater auf dem Reutberg gemeint hatte! Sonst hätte er ihr sicherlich schon handfestere Beweise seiner Zuneigung gegeben und würde nicht auf verschleierte, wenn auch durchschaubare Winkelzüge ausweichen. Sie wollte ihn lassen, denn es ist etwas Herrliches um das abwartende Werben eines Mannes: Es gleicht dem Tasten von Falterfühlern.

Aber dennoch: Was war zwischen ihm und der Zigeunerin?

Inzwischen hatten die Schiffbauer, die Zimmerer und die Schopper mit den Plänen für den Riederschen Schiffzug begonnen. Soeben war auch das Bauholz aus dem Tirol bei der Schopperstatt angeheftet worden: Fünf große Flöße, die man am Rechen in Hall zusammengestellt und mit Bewilligung der Rattenberger Hauptmannschaft nach Bayern hereingeschleust hatte. Wäre der Rieder nicht bei den Heilig-Geist-Brüdern in Hall so gut angeschrieben gewesen, nie hätten ihm die Federkielschnitzer das windgedörrte Hochgebirgsholz zur Ausfuhr freigegeben; die Tiroler brauchten ja ihre Hölzer selbst für die Bergwerke.

Jetzt breitet man vor ihm die Pläne aus. Es sollen die üblichen acht Schiffe werden, nur kräftiger gebaut und größer; so groß, daß für den Gegenzug ungefähr vierundfünfzig bis sechzig Rösser eingelegt werden müssen statt der einunddreißig, die er bis jetzt hatte. Es will ihm auch nicht einleuchten, daß die Schiffe nach vier großen Fahrten oder nach zwei Jahren schon unbrauchbar sein sollen; das hänge offenbar nur von der Bauart ab. Er wolle also Schiffe von doppelt so langer Haltbarkeit! Schließlich sollen die drei Lastschiffe, Hohenau, Nebenbei und Schwemmer, besonders für die Getreide- und Weinverfrachtung eingerichtet werden und im jeweiligen Schiffhaus so bequem sein, daß man auch besseren Leuten eine Naufahrt zumuten könne.

Die erfahrenen Meister blicken mit Achtung auf den jungen Mann, wissen sie doch, daß es auch ihm an langjähriger Schiffmannserfahrung nicht gebricht. Seine Wünsche sollen erfüllt werden, er ist der Geldgeber!

Ja, und da man just von Geld rede: »Was kostet der Schiffzug?«

Sie gehen ein paar Schritte abseits und besprechen sich noch einmal kurz. Dann erklärt der Schoppenmeister, weil er der Älteste ist: »Für fünfhundertelf Gulden liegen die acht Schiffe an den Heftstecken!«

»Und wann?«

»Wenn's Feber wird im neuen Jahr – so Gott will!«

»Braucht ihr ein Angeld?«

»Schaden könnt's net!«

Da zahlt er ihnen zweihundert Gulden und läßt sich alles fein säuberlich quittieren.

Gott segne uns diese goldigen Herbsttage!

Barbara Cronpergerin saß im Garten unter den Büschen und wiegte ihr Kind im Arm. Obwohl eine Frühgeburt, hatte sich das Mädchen bald erfangen und unterschied sich jetzt von keinem anderen, es sei denn, daß es fortwährend schlief. Doch die Wehmutter hatte gesagt, die schönsten Kinder seien die längsten Schläfer. Nun, dann konnte man sich auf allerhand gefaßt machen!

Die andere Tochter, Salome, arbeitete eifrig mit Jara am anderen Ende des Gartens beim Bienenhaus. Die beiden hatten es jetzt wichtig: Es war Honigzeit. Der Lebzelter war erst gestern vorbeigekommen, hatte die Ware geprüft und gesagt, es sei schier der beste Honig, den er bisher gekauft habe; er wolle darum über den gängigen Preis um einen schwarzen Pfennig je Pfund hinausgehen. Jaras Augen hatten wieder geleuchtet, so geleuchtet, wie wenn der Rieder von einem wochenlangen Ritt oder von einer Fahrt ins Tirol zurückgekehrt wäre und ihr, was er schon öfter getan hatte, einen kleinen goldenen Ohrreifen mitgebracht hätte. Ihr, der Barbara, hatte er noch nie einen Ohrring gebracht ...

Dafür hatte er aber erklärt, daß man gleich nach Mariä Geburt mit dem Umbau des Stalles beginnen werde, weil der Magistrat ihr die Gerechtsame für eine Weinwirtschaft erteilt hatte, wobei dem Gerichtsprokurator Wolf Pernlochner ein Lächeln aus einem halben Mundwinkel entwischt war, dem alten Hallodri! Und soeben waren die Fuhrleut dabei, auf der Gasse Kies von Flintsbach und Kalk von Nußdorf abzuladen. Morgen werden die Handlanger die Bohlen im Stall herausreißen und den Verputz abhacken. Und Samstag wird der Rieder kommen und mit dem Baumeister die Einrichtung besprechen. Da wird sie, die Barbara, natürlich dabeisitzen und manchmal sogar etwas sagen, wie sich's eben gehört, da das alles ja ihr Sach ist. Und am Abend wird er dann hinaufgehen in die kleine Kammer und wird schlafen bis zum frühen Sonntagmorgen. Er wird sein Roß versorgen, wird sich in der Kuchel eine Schnitte Brot abschneiden und nach Rott und Attel reiten, dort die Messe besuchen und dann bei den Äbten das Verdiente abliefern. Die werden zu ihm sagen, wie's in der Bibel steht: Du guter und getreuer Knecht! Und am Montag wird er wieder unterwegs sein im Gäuboden, denn die Ernte ist reif . . .

So sann sie vor sich hin in den herbstlichen Abend hinein, die Barbara, und sehnte sich nach ihm. Sie ahnte, daß auch er ihr zugetan war, und doch wußte sie es nicht ganz bestimmt.

Besuche

Unterm 12. September 1659 schickte der Pflegsverwalter Johann Benno von Wolfswiesen durch seinen Amtsboten diesen Brief an den Rosenheimer Magistrat: »Sonders geliebte Nachbarn! Indem daß wir morgen vormittags die beiden wegen Diebstahls bei uns verstrickten Hans Obermayr und Caspar Schilthauer mit der Tortur befragen wollen, auch solches den geliebten Nachbarn mitteilen wollen, damit selbe altem Herkommen nach zwei Männer aus Ratsmitteln dazu abordnen mögen. Imgleichen tun wir kund, wie daß wir euch ein gravamen forte einzubinden hätten.«

Solche lateinische Sprüch, wie »gravamen forte«, das soviel heißen soll wie »schwerwiegender Fall«, pflegte der von Wolfswiesen den Amtmännern der Stadt gern unter die Nase zu reiben, damit sie spürten, wie hoch er über ihnen stünde. Natürlich mußte man dieser freundnachbarlichen Einladung willfährig begegnen, wenn man nicht noch mehr Zwist schaffen wollte, als es zwischen Schloß und Markt ohnedies schon gab.

Der Bürgermeister Albrecht Scheuchenstuel, der die ersten zwei Herbstmonate das Amt des Oberhauptes zu versehen hatte, begab sich also anderen Tags, begleitet vom Marktrichter Michl Saurwein, hinauf aufs Schloß. Mit den beiden Dieben verfuhr man wie üblich: Man zerrte ihnen die Glieder auseinander, so daß sie all ihre Diebereien – vielleicht sogar noch ein paar mehr – reumütig gestanden. Danach schickte man sie in den Mühlsteinbruch nach Altenbeuern – auch das war üblich.

Nun aber kam das »gravamen forte« zur Sprache, nicht ohne daß man vorher zu einem Umtrunk ins blaue Zimmer gebeten hatte.

»Da hat doch«, begann der Verwalter, »die Wittib Cronpergerin um eine Gerechtsame nachgesucht und selbige auch erhalten, obwohl eine solche Weinwirtschaft nur an einen Mann verliehen werden darf.«

Es erwiderte der Bürgermeister: »Es ist ein offenes Geheimnis, daß der Klosterschiffmeister Rieder die Cronpergerin heiraten wird, nachdem er bereits für den kostspieligen Umbau des leerstehenden Stalles aufkommt.«

»Da irrt Ihr aber, liebe Nachbarn! Der Rieder kann die Cronpergerin nicht heiraten, indem ja noch gar nicht feststeht, ob der Cronperger tot ist. Man würde ansonsten einem crimen bigamiae Vorschub leisten.«

»Wenn einer versucht, während eines Eisrinnens in finsterer Nacht eine ländgefahrene Zille zu recken, und dies vor der Mühldorfer Brücke, dann hat er sein eigenes Todesurteil vorweggenommen; das kann Euch jeder Schiffmann bestätigen. Kommt dazu, daß dieses Abrecken auf der gefährlichsten Sandbank versucht wurde, die wir auf und ab im Inn haben.«

»Wer hat den Cronperger gesehen, als er abrecken wollte?«

»Niemand! Aber wenn er das nicht wollte, dann ist er vor dem dritten Joch der Brücke ins Wasser gefallen, und schwimmen hat er nicht können; das weiß der Schiffmeister Mösner von Wasserburg.«

»Er könnte aber auch aus dem Schiff gestiegen und auf der Sandbank zum Gries gegangen sein und dann hinein nach Mühldorf, wo er bei einer von den Menschern hockt, die ihn bis zur Stunde verborgen hält.«

»Das könnte freilich auch sein; doch wer will's beweisen?« fragte der Bürgermeister Scheuchenstuel, und der Marktrichter Saurwein fügte hinzu: »Ich halte dafür, daß man die Sache zur Klärung vor den Herrn Dekan von Sankt Nikolaus bringt; der muß sich ja sowieso damit befassen.«

Diese Wendung gefiel dem Verwalter gar nicht, denn er wußte, wie geringschätzig der Dekan schon höheren Orts über ihn gesprochen hatte. Darum wandte er ein: »Das ist eine pure Rechtsfrage! Was soll da der Dekan?«

Schlagfertig erwiderte Saurwein: »Er muß schließlich den Rieder mit der Cronpergerin kopulieren oder nicht kopulieren; somit ist er die letzte Instanz!«

»München soll entscheiden!« fauchte der Verwalter.

»Von einem voreiligen Weg nach München möcht ich Euch abraten, Herr Pflegsverwalter, denn der Dekan weiß einiges über uneheliche Geburten draußen auf den Einödhöfen, und der Rieder kennt die allergnädigste Frau Kurfürstin. Es wär vielleicht peinlich, wenn auf diesem Wege der sittenstrenge Herr Ferdinand Maria etwas über Eure Privatissima erführe.«

Dieses harte Wort des Marktrichters zwang den Herrn von Wolfswiesen, erst ein paarmal kräftig durchzuatmen. Dann schrie er: »Mit euch Pflastertretern kann man kein Recht schaffen!« und ging in ein anderes Zimmer.

Die beiden kehrten in den Markt zurück. Ob sie der Cronpergerin geholfen hatten, wußten sie nicht; daß sie aber dem Herrn Benno eins aufs Fell gebrannt hatten, das machte sie glücklich.

Der Rieder war am Gäuboden unterwegs und kaufte den Bauern den schönen Weizen ab. Die meisten hatten sich nach den Wirren des Krieges wieder erfangen. Ihre großen Höfe, vereinsamt auf den Hügeln wie kleine Königreiche, leuchteten im neuen Schindeldach und im grellen Anstrich weit übers Land. Und die Bauern selber nahmen auch schon wieder die herkömmliche patriarchalische Art an: Sie gingen befehlend herum, arbeiteten selbst wenig und aßen die besten Brotzeiten; niemand konnte es ihnen rechtmachen; allein richtig war nur, was er, der Bauer, tat, auch wenn es sich nachher als größten Mist erwies – aber da hatten ihm dann eben die anderen dreingepfuscht, denn er selber, er war unfehlbar.

Mit dem Rieder freilich, wenn der auf den Hof kam, mit dem taten sie wie mit ihresgleichen; der war auch wer! Und man mußte es ihm lassen, er war kein hinterfotziger Hund und zahlte einen anständigen Preis. Auf die Weibsleut war er auch nicht scharf, obwohl manche eine kleine Heustadelsünd mit dem sauberen Burschen gerne riskiert hätt.

Grad vorhin hatte man ihn vorüberreiten sehen, mit einem freundlichen Gruß wie immer. Heute komme er noch nicht, hatte er gerufen, weil er nach Prüfening müsse, um einen Freund zu besuchen, aber auf dem Rückweg werde er zukehren; und daß man ihm dann ein zünftig's Weinderl hinstelle, kein katholisch getauftes, wie die Knecht es saufen müßten!

Ja, so ist er, der Rieder! Und jetzt reitet er also nach Prüfening ...

Als er dort ankam, fand er eine Baustelle vor. Schließlich fand er aber auch den, um dessetwillen er gekommen war, den Bruder Innozenz, barfuß und in schwarzer Kutte, so daß ihm sein fahles Gesicht noch fahler vorkam.

»Seid Ihr glücklich, Maestro?«

»Ich versuche, es zu werden!«

»Malt Ihr noch?«

»Das ist's ja! Unser hiesiger Vater Abt ist nicht wie der Vater Roman Giel in Kempten. Der besaß Geld, wenn er es auch aus seinen Bauern elend herausgeschunden hatte; unser Kloster ist arm und kann sich keine Gemälde leisten. Zur Not, daß ich ein paar Propheten malen darf. Ich gebe ihnen die herben Köpfe der Donauflößer; einem habe ich auch Eure Hände gegeben, Meister Rieder. Wißt Ihr's noch? Damals im Engadin, bei den Kapuzinern, da habe ich Eure Hände gezeichnet.«

»Ja, damals!« Und für einen Augenblick wanderten Rieders Gedanken zurück in jenen verschneiten Hochwald, in jene Hütte ...

»Hofft Ihr das Mönchtum auf die Dauer bestehen zu können?«

»Ich hoff's und bete darum. Denn für Eure Welt draußen tauge ich noch weniger, weil ich ein zu flatteriges Herz hab. Ich brauche die festgefügte Regel unseres heiligen Vaters Benedictus: Ora et labora – bete und arbeite! Nur das kann mich zusammenhalten, sonst fließe ich auseinander wie der ausgeschüttete Mörtel drunten vor der Bauhütte. – Und wie geht es Euch? Habt Ihr ein Weib und Kinder?«

»Bald werde ich beides haben: eine Wittib und zwei Kinder!«

»Ähnelt sie der Barbara Hacklin von Kempten?«

»Weiß nit, ob man die beiden vergleichen kann. Die Hacklin war ein Weib, die andere ist ein Weibchen.«

»Und Ihr mögt jetzt ein Weibchen?«

»Bin selber ein anderer geworden, Maestro; darum die andere.«

Sie saßen beisammen in Bruder Innozenzens Zelle, bis die Glocke zum Chorgebet rief. Dann gingen sie auseinander, und der Bruder bat:

»Meister Rieder, kommt jedes Jahr einmal zu mir, denn Euer Besuch ist wie der Besuch des Gärtners, der den Baum erneut fest an einen Stempen bindet. Ihr seid für mich ein guter Gärtner!«

Rieder schenkte ihm einige Dukaten: »Für Eure Propheten!«

Auf dem Heimritt überlegte er: Da habe ich gesagt, ich werde die Cronpergerin bald heiraten, und habe noch nit gefragt, ob sie mich will ...

»Und du zweifelst, Johann, ob ich dich will?«

»Gut! Dann können wir den Herrn Dekan aufsuchen!« –

Dekan Simon Doll war ein hochgewachsener Mann inmitten der Vierzig. Er erfreute sich bester Beziehungen zu einigen Münchner Kreisen, die dem Hofe nahestanden, besonders zu den Musikanten der Kurfürstin. Er war im rätischen Tirol geboren und verstand beide Sprachen. Auch war er ein begnadeter Sänger. Nicht selten holte ihn ein Hofwagen in die Residenzstadt; er hatte sogar bei jenem Festspiel mitgesungen, das zu Ehren des neuen Kaisers dort aufgeführt worden war.

Als die beiden Heiratswilligen bei ihm eintraten, schmetterte er gerade einen Koloraturgesang in den höchsten Tönen, eilte aber seinen Besuchern sofort entgegen.

»Nun ja«, sagte er, »die Spatzen pfeifen es ja schon von den Dächern, weshalb ihr zu mir kommt!«

»Dann wußten aber die Spatzen mehr als wir«, antwortete Rieder, »denn wir sind uns erst seit zwei Tagen einig!«

»Einig vielleicht schon länger«, gab die Cronpergerin zu, »nur haben wir nie darüber geredet.«

»Das ist nie verkehrt«, meinte da der Dekan. »Wie manches wird doch zerredet, noch ehe es spruchreif ist! Aber horcht mir jetzt zu: Unser tugendsamer Herr Pflegsverwalter will euch das Heiraten wehren, weil man den toten Cronperger nicht gefunden hat und weil er meint, der Vermißte könnt sich versteckt mit einer Weibsin irgendwo verlustieren. Wie nämlich der Schelm ist, so denkt er!«

Die beiden schauten sich enttäuscht an.

»Seid ohne Sorge!« fuhr Dekan Doll fort. »Zum einen, Barbara, ist dein Trauerjahr noch nicht um. Und zum zweiten wollen wir noch ein kleines Jährlein warten, damit der Gerechtigkeit Genüge getan wird. Denn warum sollen wir Öl ins Feuer gießen, wenn wir nicht wollen, daß es brennt? Und die Stunde des Herrn von Wolfswiesen wird auch einmal schlagen, weiß man doch in München bereits, wo die Glocken hängen! Ihr versteht mich!«

Freilich verstanden sie ihn, doch . . .

»Laßt euch noch dieses sagen: Unser Herrgott ist einmal unter den Menschen gewandelt und hat sie alle geliebt: die Johannesse und die Petrusse, die Veroniken und die Magdalenen, die Schwestern von Bethanien und die Schönen am Brunnen von Sichar. Geht jetzt heim und baut inzwischen euer Weinhaus; mich gelüstet es schon nach dem guten Tropfen!«

Er gab ihnen die Hand; der Cronpergerin machte er noch ein Kreuz auf die Stirn: »Es ist schon ein Kreuz, Barbara, wenn eins soviel Lieb im Herzen hat und net weiß wohin damit! Bleibt Gott befohlen!«

In jenen Tagen waren die Handlanger mit dem Ausräumen des Underseerschen Stalles fertig, hatten auch schon das Dach abgerissen, denn auf das Weinhaus zur ebenen Erde sollte ein Obergaden gesetzt werden für etliche schöne Gästezimmer, und über das Ganze sodann ein Walmdach. Das sei die Art von Dächern, wie sie jetzt in Mode kämen, sagte der Baumeister.

Der Rieder kam nun häufiger in die Wiesengasse, um nach dem Rechten zu sehen; denn wer Bauleute im Haus hat — so sagte ein welsches Sprichwort —, bezahlt seine Diebe. Er schlief auch nicht mehr droben in der kleinen Kammer.

Wie fast jedes Jahr, hatte der Kurfürst Ferdinand Maria seine Gemahlin auch diesen Herbst nach Heilbrunn bei Tölz gebracht, weil die dortigen Jodquellen zugleich erfrischend und beruhigend wirkten. So hatte es der Arzt Simeoni gesagt.

In den ersten Wochen schien sich ihr Zustand zu verschlechtern. Sie grübelte über ihre Kinderlosigkeit nach. Aus dem Feuer ihrer Zweifel tauchte mehr und mehr die Frage auf, ob sie allein die Schuld trüge. Simeoni beruhigte sie und versprach, aus Turin Medikamente von neuer Heilwirkung kommen zu lassen; Voraussetzung des Erfolgs sei jedoch seelische Windstille.

Bei seinem Besuch um Weihnachten fand der Kurfürst denn auch die Gemahlin ausgeglichener. Dies merkte er besonders bei den abendlichen Zwiegesprächen, bei denen ihr Geist wieder sprühte wie eh und je. Besonderen Anteil nahm sie an seinen weiteren Plänen zur Wohlfahrt des bayerischen Landes. Von der Konskription aller ödliegenden Güter hatte sie gehört; auch davon, daß er denen, die solche Güter wieder bemaiern wollten, Bauholz aus dem Staatswald und Nachlaß der Lehensgebühren versprochen hatte.

Ferdinand Maria freute sich über ihr Interesse, nur sei er – nicht ohne Bitterkeit sagte er das – mit seinem Dekret bei den Grundherren auf harte Herzen gestoßen; sie täten nichts. Er habe sich deshalb zu Zwangsmaßnahmen entschlossen: Entweder Bemaierung der Ödgüter innerhalb Jahresfrist, oder gerichtlicher Verkauf durch die Vogtherrschaft nach Schätzung.

Henriette Adelaide bewunderte ihn. Woher kam ihm plötzlich diese geschmeidige Verwegenheit?

Und erst seine anderen Pläne! Immer noch nähmen, so sagte er, zum Schaden des Wildes die Wölfe überhand. Den Jagdmeistern wolle er jetzt schärferes Vorgehen einbinden, auch wolle er für die Wolfshaut acht Kreuzer aus öffentlichen Mitteln zahlen lassen. Ebenso habe er gerade hierher ins Tölzer Landgericht Zuchthengste aus den kurfürstlichen Ställen schicken lassen, damit endlich die rasselosen Ackergäule verschwänden. »Ein wohlhabendes Land«, so beschloß er die Mitteilung seiner

Pläne, »und eine gefüllte Staatskasse sind die besten Garanten des Friedens!«

Er reiste ab.

Als der Feber vorbei war, kam er wieder und holte die stillgewordene Gemahlin ohne Gepränge heim in die Residenz.

Was war geschehen?

Sie ging jetzt durch die Bäume, lautlos wie ein Schemen, oder verweilte vor den prachtvollen flämischen Gobelins und den Möbeln im Brokatschimmer. In ihrer Seele näherten sich zwei Welten: die äußere und die verborgene. Und dann dachte sie lächelnd: Vielleicht müßte man alles bloß mehr lieben . . .

Am 30. März 1660 teilte die bayerische Kurfürstin Henriette Adelaide ihrer Mutter nach Turin mit, sie erwarte ein Kind.

Hohe Zeiten

Mit dem Wiederbeginn der Innschiffahrt im Jahre 1660, das war Mitte Feber, hatte Johann Rieder die Klosterschiffe dem neuen Schiffmeister Georg Wolf übergeben und die Kasse den beiden Äbten. Sie hatten ihm gedankt und eine gute Zukunft gewünscht, und wenn er drunten auf dem Inn vorüberfahre, möge er ihrer in Freundlichkeit gedenken. Dann hatte er sein Zelt in Attel abgebrochen und war nach Rosenheim in die Wiesengasse gezogen – zum Verdruß einiger stiller Anhänger des Herrn von Wolfswiesen.

An den Dekan Simon Doll gelangte damals ein anonymer Brief des Inhalts: Es sei ein öffentliches Ärgernis, doppelt verwerflich, weil es auch noch den Segen der Kirche habe. Daß den Brief der Gerichtsprokurator des Marktes Rosenheim, Wolf Pernlochner, geschrieben hatte, stand außer Zweifel.

Nicht streiten, sondern warten, hatte der Dekan gesagt, und er wiederholte jetzt seine Mahnung.

Rieder, der nunmehr mit seinen eigenen großen Schiffen den ganzen Inn befuhr, konnte es seit Mai nicht mehr wagen, seine Geschäfte über Preßburg hinauszudehnen, denn die Türken hatten über den ungarischen Fürsten Rakoczy gesiegt und die Festung Großwardein eingenommen; sie bedrohten jetzt Österreich, weil der Fürst von Kaiser Leopold Waffenhilfe erhalten hatte. Mit dem Ungarwein war es also schlecht bestellt, noch schlechter mit ungarischem Getreide. Rieder mußte sich auf andere Handelsgüter umstellen, was ihm bei seiner Tüchtigkeit und Umsicht nicht schwerfiel.

Als der Juli mit seiner Schiffahrtsruhe gekommen war, reichte der Erler Bürger beim Magistrat seine Bitte um das Bürgerrecht von Rosenheim ein. Unter dem 18. August dieses Jahres 1660 wurde das Ansuchen zustimmend entschieden mit der Auflage, dreißig Gulden zu zahlen und einen ledernen Löscheimer im Feuerhaus abzuliefern.

Im September darauf bestellten der Rieder und die Cronpergerin beim Herrn Dekan das Stuhlfest, wie das bei christlichen Leuten, die heiraten wollen, der Brauch ist. Der geistliche Herr hielt die angeratene Wartezeit für erfüllt, zumal sich auch noch jener Grund dazugesellte, der im Getuschel der alten Weiber und der g'stöckelten Jungfern einzig ausschlaggebend ist für eine Eheschließung.

Am 12. Oktober fand die Hochzeit in Sankt Nikolaus statt.

Vierzehn Tage danach saßen im »blauen Zimmer« des Schlosses der von Wolfswiesen und der Rosenheimer Gerichtsprokurator Wolf Pernlochner beisammen und teilten sich genüßlich in eine saftige Hirschkeule. Dabei gingen sie den feingeschriebenen Speisezettel durch, der bei Rieders Hochzeit jedem der neunundneunzig Gäste – hundert waren nicht erlaubt! – gereicht worden war.

»Unverkennbar«, meinte der Verwalter, »ziehen die Schiffmeister ihren Handelspartnern das Fell über die Ohren. Wie anders könnte sich einer eine solche Gastierung leisten? Suppe mit Würsten, Voressen, kälberne Lunge, Rindfleisch und Kraut mit Schweinefleisch, Hendl mit Nudeln, indianischen Hahnen samt Lemoni, Schwarzwildbret, Reismus, Weinpirltorte und gebackene Äpfel. Daß der Mensch überhaupt soviel verdrücken kann!«

»Das Fest hat sich über vierundzwanzig Stunden erstreckt!«

»Und was mag es gekostet haben?«

»Ich hab mich die Müh des Durchrechnens nicht reuen lassen: Achtundsechzig Gulden, achtundvierzig Kreuzer.«

»Sündhaft! Wie seid Ihr aber hinter das andere gekommen, Pernlochner? Es muß Euch da der Teufel geritten haben!«

»Ach, Herr Verwalter, das hat nur eines kleinen Überlegens bedurft. Da seh ich nämlich gestern die kleine Salome Cronpergerin über den Markt gehen zum Hause des Herrn Doctor Geiger. Denk ich mir: Die fragst du, wann sie zurückkommt! Ich fragte sie dann ganz großväterlich: Ist denn bei euch eins krank? Sagt das Kind: Meine Mutter muß jeden Morgen Galle spucken. Antworte ich: Ach Gott, die Arme! Und wie lange spuckt sie denn schon Galle, jeden Morgen? Entgegnet das Mägdlein: Das weiß ich net genau; aber sicherlich schon zwei, drei Monate.«

»Pernlochner, vor Euch muß man sich hüten! Ihr seid ein ganz heiß Abgebrühter!«

»Freu mich, daß ich Euch hab dienen können!«

»So werden wir also dem Magistrat ein Brieflein schreiben und damit dem jungen Ehepaar ein bißchen ins Bett leuchten!«

Gleich nach Tagesanbruch brachte ein Schloßknecht diesen Brief ins Rathaus: »Liebe Nachbarn! Einem ehrwürdigen Herkommen gemäß wollet Ihr den Johann Rieder wegen Leichtfertigkeit mit seiner Ehefrau vor und nach dem Stuhlfest zu sechs Pfund Pfennig Strafe verurteilen, und bleiben wir Euch zu Gnaden: von Wolfswiesen, Pflegsverwalter, Johann Dominicus Brandhuber, Kastner.«

Denen vom Magistrat war es in der Seele zuwider, dem Rieder dieses Schreiben zu eröffnen. Er bekannte sich jedoch ehrlich zur Sache und zahlte die zehn Gulden. »Wenn ich mir nit vorgenommen hätt«, sagte er dabei, »den Verwalter zu schonen, ich glaub, jetzt wär die Stund da, wo ich ihm an die Halskrause ging!«

Erwiderte der Bürgermeister Johann Haslberger, der auch

Schiffmeister war: »Was wollt Ihr denn, Rieder, mit einem Narren!«

Damit wäre die leidige Geschichte vielleicht abgetan gewesen, wenn sie nicht dem Dekan Simon Doll zu Ohren gekommen wäre. Er war über diese Niedertracht so erbost, daß er seinen Pfarrern und Benefiziaten durchs ganze Dekanat die Weisung gab, zu ermitteln – natürlich mit äußerster Diskretion –, welche Dirn oder Tochter von dem Wolfswiesen »angefallen« worden sei, und mit welchen Folgen.

Etwa vier Wochen darauf konnte Doll nach München berichten, es habe sich erwiesen, daß der Pflegsverwalter seines Amtes zwar sehr gewissenhaft walte, daß jedoch im Dekanat vier uneheliche Kinder nach ihm als ihrem Vater schrien und er bis dato den mütterlichen Bauerndirnen noch keinen Kreuzer gegeben habe, was jeglicher Rechtlichkeit Hohn spreche und einem Beamten des Staates in dieser Stellung gar nicht wohl anstehe. Er, Doll, halte es darum für geziemend, besagten Verwalter zwar in seinem Rosenheimer Amte zu belassen, ihn aber zu zehn Dukaten jährlich je Kind und Dirn zu verhalten. Hierbei wolle das Dekanat die neun anderen Fälle unerwähnt lassen, bei welchen das unzüchtige Treiben des Verwalters ohne Folgen geblieben sei.

Dieses Schreiben gelangte in die Hände des bei Hofe sehr beliebten Rates Corbinian Prielmayer von Priel, eines Vertrauten des Kurfürsten.

Die Antwort, welche bald danach auf dem Rosenheimer Schloßberg eintraf, steckte sich Herr Johann Benno von Wolfswiesen hinter den Spiegel, wo sie ihn jahrelang an eine harte Pflicht erinnerte.

So groß auch das Glück der Erwartung war – Adelaide hatte Angst. Selbst dem blühenden Leben kaum erst erschlossen, fürchtete sie die schwere Stunde, in der sie es in die Waagschale werfen sollte. Die langen, qualvollen Jahre der Kinderlosigkeit ließen sie das Schlimmste ahnen. Darum schrieb sie kurz vor der Niederkunft einen verzweifelten Brief an ihre Mutter: »Ich will Abschied nehmen von Eurer königlichen Hoheit, indem ich

Sie um Verzeihung anflehe . . . Indem ich Eurer königlichen Hoheit Hände und Füße küsse, erheische ich Ihren Segen, und mit dessen Gewährung sterbe ich zufrieden . . .«

Sie starb nicht, sondern gebar im November eine Tochter, die den Namen der beiden Großmütter erhielt: Maria Anna Christine. Es war kein schönes Kind, doch die Freude der Eltern war groß, dies um so mehr, als jetzt die Quertreibereien der Camarilla zunichte gemacht waren. Sogar die Kurfürstin-Mutter kam ans Kindbett. Sie war schon recht alt und gebrechlich geworden. Gestützt auf den braunen Gehstock, den vor Zeiten die heilige Elisabeth verwendet hatte – er war ein Hochzeitsgeschenk gewesen –, schlurfte sie betend durch die Gänge.

Da nun Hoffnung bestand, wollten die kurfürstlichen Eltern auch noch einen Sohn haben, den Thronfolger. Und weil der Herrgott im Himmel den Menschen auf Erden seine Heiligen als Fürbitter gegeben hat, gedachte man deren Mittlerschaft zu gewinnen und plante darum eine Wallfahrt zu Unserer Lieben Frau nach Altötting, wie es bei den Wittelsbachern seit Jahrhunderten Brauch war. Ferdinand Maria, der den Inn liebte, schlug seiner Gemahlin eine Naufahrt von Wasserburg aus vor, zumal die Prunkschiffe dort verwahrt wurden.

Henriette Adelaide stimmte begeistert zu, lehnte jedoch den Schiffmeister Mösner ab, denn er war kurz zuvor bei Brixlegg im Tirol drin mit einem Erzschiff an den Brückenpfeiler gefahren und hatte dabei fünf Männer verloren. »Er ist zu alt«, sagte sie, »wir wollen uns dem jungen Rieder anvertrauen, dem Klosterschiffmeister von Attel!«

Der reitende Bote, der zum Herrn Abt Benedict Eisenhardt geschickt worden war, kam nach Rosenheim und erregte beim Inntor kein geringes Aufsehen, führte er doch auf der weißblauen Satteldecke das kurfürstliche Allianzwappen. Die gesamte vier Mann starke Torwache geleitete ihn in die Wiesengasse, wo er die Aufforderung, Rieder möge nach seiner Rückkehr alsbald in der Hofkanzlei zu München erscheinen, dessen Frau Barbara übergab.

Als eine Stunde später der von Wolfswiesen erfuhr, daß der Bote ihn übergangen hatte – man war doch schließlich der zuständige kurfürstliche Pflegsverwalter! –, brauste er mächtig auf; doch da war der Reiter schon längst fort. Dann erwog er einen geharnischten Brief an die Hofkanzlei, kam aber aus Gründen der Klugheit wieder davon ab. Es wurmte ihn jetzt immer mehr, daß es ihm nicht geglückt war, die Barbara herumzukriegen. Was wäre das für ein Trumpf dem Rieder gegenüber!

Das Frühjahr ließ das Inntal ergrünen. Es war Fastenzeit. An den Ufern zwischen Rosenheim und St. Nikola bei Passau tummelten sich die Riedvögel. Die Rohrdommeln, die Wildenten und die Schnepfen feierten Hochzeit. Nur die Reiher standen majestätisch auf dem Sande, den Schnabel gegen den Wind gekehrt, damit ihnen die »Unterwäsche« nicht aufgeplustert würde.

Nur drei Schiffe waren an die Lände von Wasserburg gelegt worden, das Leibschiff, mit dem neun Jahre zuvor die Prinzessin von Savoyen nach Bayern gekommen war, ein Kavalierschiff für die beiden Obersthofmeister mit der Suite und natürlich das Kuchelschiff. Denn man begab sich nicht bloß auf eine Wallfahrt, sondern anschließend auf eine Inspektionsreise: Der Kurfürst ließ die Festung Braunau ausbauen und überwachte persönlich die Arbeiten.

Rieder, der seine eigenen Schiffe dem zuverlässigen Wolf Aicher anvertraut hatte, stand wie voreinst an dem mächtigen Vorderruder auf der Brücke und wartete. Der Ländhüter hatte schon alles bereitet, sogar einen Laufteppich hatte er ausgerollt, denn die Wasserburger verehrten ihre Kurfürstin seit dem Tage, da sie just bei ihnen zum ersten Male den Fuß auf bayerisches Land gesetzt hatte; und gar erst jetzt, wo sie Mutter geworden war!

Nun kamen sie, zu Fuß, wie es sich Wallfahrern geziemt. Als Rieder die hohe Frau sah, schien ihm, als sei sie nach dem Kinde anders geworden, schöner. Ob es bei seiner Barbara auch so sein wird, wenn sie in den nächsten Tagen wird entbunden haben? Aber was denkt er sich da Dummes! Seine Barbara ist doch sowieso die Schönste ...

Henriette Adelaide winkte ihm schon von ferne zu, und als

sie ins Schiff stieg, reichte sie ihm wieder die Linke. Er küßte sie und verneigte sich. Dabei legte ihm Ferdinand Maria die Hand leicht auf die Schulter.

Während der ganzen Fahrt verweilte das fürstliche Paar in den Räumen des Schiffes, um zu beten, daß ihnen noch der Kurprinz beschieden sein möchte; denn es bleibt den Völkern viel Blutvergießens erspart, wenn die Erbfolge ihrer Regenten stimmt.

In Au mußte kurz angeländet werden. Aus dem Kuchelschiff brachten die mitgereisten Kammerherren zugedecktes Silbergeschirr. Auch zwei Männer bestiegen das Leibschiff; der eine war vom geistlichen Stand. Als man wieder abgeheftet hatte, kam der andere der beiden zum Rieder auf die Brücke.

»Ich bin der Freiherr von Berchem.«

»Dann seid ihr der reichste Mann Münchens, wie man hört.«

»Ob der reichste, weiß ich nicht; doch sicher einer der sparsamsten.«

»Seid Ihr zu spät gekommen?«

»Ich nicht, aber der Herr Beichtvater der Frau Kurfürstin.«

»Hätt es denn zu Altötting keine Beichtväter gegeben?«

»Das schon, eine ganze Schwadron! Wenn man sich aber den eigenen einbildet, dann muß er her!«

»Es wird gemunkelt, daß die Frau Kurfürstin gern den Ton angibt...«

»Bist du verheiratet?«

»Seit kurzem.«

»Dann merk dir's: In einer wohlgeordneten Ehe geschieht immer das, was die Frau will!«

Rieder mußte hellauf lachen: »Ihr seid spaßig!«

»Spaßig? Sie heißen mich einen alten Spötter. Mancher hätte mich schon oft zum Teufel gewünscht, wenn er mein Geld nicht brauchte.«

Der seltsame Hofherr gefiel dem Rieder. »Darf ich Euch eine Frage stellen?«

»Nur zu!«

»Braunau, wohin wir morgen fahren, wird doch befestigt; gegen wen eigentlich?«

»Das ist eine gute Frage, mein lieber Schiffmann: Gegen wen? – Gegen einen offiziellen Feind, das sind die Türken; und gegen einen potentiellen, das sind die Österreicher.«

»Die Österreicher? Wie könnten die Bayerns Feinde werden?«

»Zum Exempel, wenn die Bayern alles machen, was die Franzosen von ihnen verlangen; doch darüber redet man lieber nicht!«

Die Wallfahrt verlief, wie geplant. Nachdem Adelaide ein reiches Geschenk in die Altöttinger Schatzkammer gestiftet hatte, fuhr sie anderen Tags im Wagen nach München zurück, während der Kurfürst zu Schiff weiterreiste und drei volle Tage in Braunau verblieb, dabei aber zur Nacht immer aufs Leibschiff kam. Danach ritt auch er zurück.

Der Rieder ließ die Prunkschiffe wieder nach Wasserburg treiben, wo sie – eingehend überprüft – zu den anderen gebracht wurden. Als er an jenem Aprilabend heimkam, hatte ihm seine Barbara einen Sohn geboren: Joseph Rieder.

Jahre vergehen

Zum Schiffmeister und Getreidehändler hatte sich in Rieders Tätigkeit nun auch noch der Weingastgeb gesellt. Sein neues Haus, vornehm möbliert und mit echt kupfernen Tiroler Windlichtern ausgestattet, wurde mehr und mehr der Treffpunkt von Rosenheims besserer Gesellschaft: Der Herr Dekan mit seinen vier oder fünf Benefiziaten, die Herren vom Inneren Rat, der Herr Doctor Malachias Geiger, der deutsche und der lateinische Schulmeister, der Bruckmeister, der Bettelrichter, manchmal auch die Holzmeister von Windshausen, – das waren die ständigen Gäste.

Manchmal luden die Bürgermeister auch zu einer Ratszeche in Rieders Haus, wenn es galt, die meist nur um Gottes Lohn arbeitenden Marktämter zu bewirten. Das waren die Wein- und Biersetzer, die die Preise »setzen«; die Brotbeschauer, die den Bäckern auf die Finger und die Gewichte schauten; die Feuerbeschauer, die man auch nicht mochte, weil sie zu tiefen Einblick in die häusliche Schlamperei gewannen; dann die vom Schätzamt für das Klauenvieh und die vom Torsperramt; nicht zu vergessen die Herren vom Visitierungsamt der Schulen. Diese mußten auch veranlassen, daß von Schule und Lehrerschaft alljährlich ein Fastnachtsspiel vor versammeltem Rat aufgeführt wurde, welches jetzt ebenfalls in Rieders großem Saal geschehen konnte. 1662 ließ es sich der Rat nicht nehmen, zu diesem Spiel sogar die kurfürstlichen Trompeter aus München gegen eine »Ehrung« von vierzehn Gulden zu bestellen, worüber die heimischen Türmer, welche ansonst das Trompetenblasen mitbesorgten, sehr ungehalten waren.

In diesem zweiundsechziger Jahr, in der Nacht zum 11. Juli, in der zweiten Morgenstunde, noch vor der aufgehenden Sonne, kam auch der Thronfolger zur Welt: Maximilian Emanuel, nach dem bayerischen Großvater und dem savoyschen Oheim benannt, – »un prince parfaitement beau«, wie es in der amtlichen Mitteilung des Pflegsverwalters hieß, »ein vollendet schöner Prinz«.

Auch dieses Ereignis wurde in Rieders Weinhaus festlich begossen, wozu der Rat natürlich Pflegsverwalter und Kastner einladen mußte. Herr von Wolfswiesen war peinlich berührt, als er seinen Zinnbecher an den des Weingastgebs stieß, doch dieser überspielte die Verlegenheit des anderen mit natürlicher Höflichkeit.

Obwohl die Freude der Bayern nach den langen Jahren des Wartens groß war und auch verständlich, befand sich das Heilige Römische Reich Deutscher Nation insgesamt in einer sehr mißlichen Lage. Die Türken rückten näher und näher auf Wien. Am 27. September eroberten sie sogar die Festung Neuhäusl an der Neutra und standen somit unmittelbar vor Preßburg, der Krönungsstadt der ungarischen Könige, also einen Schritt vor Wien.

Rieders Getreideschiffe, die manchmal schon über Pest hinausgefahren waren, konnten sich nun kaum noch über die Kaiserstadt hinauswagen. Er dachte schon daran, diesen Handelszweig aufzugeben, als am 10. August 1664 in Vasvar zwischen dem Kaiser und der Pforte ein auf zwanzig Jahre befristeter Waffenstillstand geschlossen wurde.

Ein befreites Aufatmen ging durch ganz Europa – ausgenommen Frankreich. Ludwig XIV., »der allerchristlichste König«, hätte es nur zu gerne gesehen, wenn die Heiden den Stephansdom in eine Moschee verwandelt hätten. Denn auf den Trümmern des deutschen Reiches wollte er ein neues aufbauen: Ein französisches Kaisertum. Bayern aber hätte sich bei dieser unvermeidlichen Auseinandersetzung ruhig verhalten sollen; für diese Wahrung wohlwollender Neutralität waren dem Kurfürsten Ferdinand Maria zwei Millionen und vierhundertzweiundsiebzigtausend Gulden vertraglich zugesichert worden. – Darum die Befestigung von Braunau!

Diese doppelte Gefahr, aus dem Osten und aus dem Westen, die möglichen kriegerischen Wirrungen, die dauernde Ebbe in der Staatskasse und schließlich die aufwendigen Amouren des jungen Kaisers ließen es in Wien als angezeigt erachten, die Hofhaltung in Innsbruck aufzulösen. Unter dem 19. April 1665 erging aus der kaiserlichen Finanzkanzlei die Weisung, alles Tafelsilber, das chinesische Porzellan, alle Gobelins, Bilder, Teppiche, vor allem aber das Archiv sorgfältig einzupacken und auf Haller Plätten zu verladen. Einem dortigen zuverlässigen Schiffmeister sei unter dem »Freifahnderl« die Überführung nach Wien anzuvertrauen. Was das Personal beträfe, vom Oberhofmeister bis zur letzten Küchenmagd, sei es einzeln zu befragen, ob es im Tirol verbleiben, dann aber aus dem Dienst ausscheiden, oder ob es unter Beibehaltung des Dienstes nach Wien kommen wolle. Im letzterwähnten Falle solle man zur Reise die noch in Hall angehefteten Prunkschiffe verwenden. Die gesamte Herabschiffung nach Wien habe noch vor dem Juli zu erfolgen.

Nach einem allgemeinen Wehklagen über die so plötzliche Beendigung eines vielgeliebten Luderlebens weit ab vom Schuß, quittierten die einen ihren Dienst, – das waren die Anständigeren; die anderen – Hofdamen, Zofen, Kammerdiener, Aufseher, Reitknechte, Kucheldirnen, die Komödianten und die Hofmusik – erhofften sich Fortsetzung, wenn nicht sogar Mehrung ihres Glückes in der Kaiserstadt.

Mit einigen vierzig Schiffen und vielem Etschländer Wein aus dem Hofkeller begann die Reise am Mittsommertag. Als man ohne Schaden bis Kundl gelangt war, erfuhr man, daß in der kommenden Johannisnacht die Bayern auf dem Wildbarren, den Hohen Madron und dem Riesenkopf ihre gewohnten Bergfeuer anzünden würden. Nun war es aber bereits Abend, und der Schiffmeister erklärte, er müsse die Schiffe in Langkampfen, spätestens aber in Kufstein an die Heftstecken legen; eine Nachtfahrt könne er nicht verantworten. Doch der Baron von Erpfendorf, der das Kommando führte, jetzt aber schon nicht mehr aufrecht stehen konnte, befahl – von einigen Hofdamen beflüstert – die Weiterfahrt nach Bayern.

Der obrigkeitshörige Schiffmeister gehorchte.

Wenn ihm auch der bayerische Inn nicht fremd war, so befanden sich doch auf den Plätten ein paar noch recht unerfahrene Schiffleut, die zum Überfluß auch noch dem Etschländer stark zugesprochen hatten.

Zwischen Kirnstein und Flintsbach geschah es dann: eine Plätte fuhr auf eine Sandbank. Der Nauförg der nächsten – sie war mit Teppichen getaucht – betrachtete die Feuer, und rammte die ländgefahrene. Dadurch wurde diese losgereckt, die andere aber in wenigen Minuten samt dem Nauförgen und seinem Nachkehrer getränkt. Das ging so rasch, daß die hinterdreinfahrenden Schiffe nichts merkten, bis sie beim Ziegelstadel an die Rosenheimer Lände kamen; da ging bereits die Sonne auf.

Ja, wo war die Plätte mit den Teppichen?

Der von Erpfendorf war nicht mehr imstande zu reden, geschweige denn einen Gedanken zu fassen; ein anderer Hofherr begab sich zum Bürgermeister. Der zog ein paar Schiffmeister zu Rat. Sie zeigten keine Lust, sich des Falles anzunehmen, wußten sie doch aus Erfahrung, daß der Wiener Hof geleistete Dienste entweder nicht, und wenn, dann sehr spät bezahlte.

Dem Rieder, der auch da war, tat der unbeholfene Mann schließlich leid, und er sagte zu, den Inn abzusuchen.

Nach einer Stunde hatte er die getränkte Plätte gefunden; sie lag neben der Sandbank, nicht zu tief und darum deutlich sichtbar.

Er ritt zurück und berichtete. Dann erklärte er, daß er in den Nachmittagsstunden von Rott her einen seiner Schiffzüge erwarte. Wenn es dem Herrn recht sei, werde er mit den dreißig Rössern versuchen, die Plätte auf den Gries zu ziehen.

Am Nachmittag hatte der von Erpfendorf ausgeschlafen und war wieder munter. Als ihm der Plan Rieders unterbreitet wurde, war er so beglückt, daß er sich sofort ein Reitpferd mietete, um der Bergung der Teppichplätte zuzuschauen.

Es kostete ungeheure Mühe, denn die durchgewasserten Teppiche waren schwer. Schließlich glückte es.

Sofort wandte sich der höfische Herr an den Rieder, reichte ihm beide Hände und meinte, Wien werde gewiß nicht kleinlich sein. Doch Rieder erwiderte: »So nit, Herr von Erpfendorf! Nach der Laufener Schiffahrtsordnung gehören vom geretteten getränkten Gut zwei Drittel dem Retter, ein Drittel dem Besitzer, wenn die Rettung innerhalb von drei Tagen erfolgt.«

»Habt Ihr den Verstand verloren?« schrie der andere.

»Gut! Reden wir nit weiter! Die Teppiche bleiben, wo sie sind. Ihr könnt sie bewachen lassen, ich lasse sie auch bewachen. Und die ganze Sach geht an den Obristschöffrichter nach Laufen, der alles zu richten und zu schlichten hat, was zwischen Kufstein und Passau geschieht!«

»Das ist kaiserlich Gut!«

»Das Recht trifft jeden!«

Rieder kehrte sich drei Berittenen seines Schiffzuges zu und hieß sie, an der geretteten Plätte aufzupassen.

Der von Erpfendorf wandte sich an den Bürgermeister, besuchte sogar den Pflegsverwalter, erhielt jedoch selbst von diesem den Rat, sich dareinzuschicken, denn die Forderung Rieders sei rechtens auf allen bayerischen Gewässern.

Diese Auseinandersetzung hatte die übrigen Angehörigen der Hofgesellschaft nicht gehindert, inzwischen in Rieders Weinhaus zu gehen und sich daselbst ausgiebig zu laben, so ausgiebig, daß ein großer Teil das speiende Übel bekam und die

Gasse vor dem Weinhaus besudelte. Als Strafe dafür mußte der von Erpfendorf vor der Weiterfahrt am anderen Tage einen Gulden fünfunddreißig Kreuzer beim Marktschreiber entrichten. Die Teppichgeschichte ließ er ungeklärt.

Rieder nahm die gesamte Ware zu sich. Den größten Teppich schenkte er ins Rathaus. Man hat in Rosenheim nie erfahren, welche Erklärung der Baron in Wien mag abgegeben haben; die einfachste dürfte gewesen sein, das Schiff als ein bedauerliches Opfer des wilden Innflusses hinzustellen, — womit sogar die Wahrheit, wenn auch nicht die ganze, gesagt worden war.

Am 18. Jänner 1667 hörten die Bauern von Nußdorf das Abendläuten des Klausners am Kirchwald nicht. Vielleicht hatten sie es auch bloß überhört wegen des Schneesturms, der von Windshausen hereinpfiff. Als aber der alte Mann am anderen Morgen nicht zum Gottesdienst herunterkam, machten sie sich Sorgen und stiegen hinauf. Sie fanden ihn tot in der Klause liegen, auf einem Holzgestell, das sein Bett war. Erfroren.

Wie ein Lauffeuer raste die traurige Nachricht hinauf nach Kufstein und hinab nach Wasserburg. In diesem langen Inntalgebiet hatten sie ihn gekannt und verehrt und oft seine Hilfe oder zumindest seinen guten Rat erfahren. Darum machte sich, wer Zeit hatte, auf, um ihm das Geleit zu geben auf seinem letzten Weg. Dieses Geleit war eine gewaltige Prozession, wie sie Nußdorf noch nie gesehen hatte.

Auch die beiden jungen Schiffmeister Wolf Hupfauf und Johann Rieder gingen mit im Trauerzug. Beide waren dem Klausner in einem kritischen Abschnitt ihres Lebens begegnet; er hatte für beide ein erlösendes Wort gewußt.

Jetzt erst erfuhr man auch, wer er eigentlich war. Er hieß Michael Schöpfl und war schon während des Schwedenkrieges aus der mährischen Bergstadt Iglau nach Bayern gekommen. Bei einem Besuch in Salzburg trat er dann in den dritten Orden des heiligen Franziskus ein, erhielt die Erlaubnis, eine Einsiedelei auf einem Berg bei Nußdorf zu gründen, und pilgerte darauf nach Rom. Mit einem Marienbild, dem Geschenk eines Kardinals, kehrte er zurück und errichtete sich am Kirchwald in der

Nähe einer Quelle die Klause. Über zwanzig Jahre lang, im Sommer wie im Winter, war er täglich zur Messe nach Nußdorf hinuntergegangen, hatte dann bei irgendeinem Bauern gefrühstückt und war – den Kreuzweg betend – wieder hinaufgestiegen. Seine Tätigkeit waren Gebet und die Tröstung derer, die zu ihm kamen. Rieder hörte ihn noch sagen: »Wir alle, die wir Christen sind, tragen das Schweißtuch Veronikas im Herzen!«

Was sollte nun aus der Klause werden?

Einem gewissen Wolfgang Rieder, über sieben Ecken mit Johann verwandt, war genehmigt worden, die Einsiedelei zu beziehen, allerdings unter der Voraussetzung, daß er dort auch Schule halte für lernwillige Kinder.

»Wo soll der Schule halten? Da muß man ihm erst eine anständige Kapelle bauen!«

»Und einen Glockenturm!«

Die Kapelle ließ der Rieder bauen; zwei Glocken, die eine zu fünfunddreißig, die andere zu einundfünfzig Pfund, stiftete der Hupfauf.

Und der zweite Einsiedler bezog den Kirchwald. –

Als die beiden Schiffmeister nach der Beerdigung langsam auf Neubeuern zugingen, sagte der Hupfauf wie aus heiterem Himmel: »Mit meiner Alten stimmt was net; sie wird sauer!«

Der Rieder mußte erst einmal umschalten, denn seine Gedanken beschäftigten sich noch mit dem Kirchwald. Dann erwiderte er: »Brauchst dich nit wundern, wenn du ihr jedes Jahr ein Kind anhängst!«

»Was sind sechs? Meine Mutter hatte dreizehn!«

»Wolf, damals und heut! Damals haben die Leut das Leben für einen Opfergang gehalten, – ob's richtig war, möcht ich bezweifeln. Heut halten sie's für ein Vergnügen; ich glaub, es ist auch falsch. Früher hatten sie zu viel Herrgott, jetzt haben sie zu wenig. Jeder richtet sich nur aufs Genießen ein. Keiner kann genug kriegen – ich auch nit.«

»Das hat doch nix mit meiner Alten zu tun!«

»Freilich hat's damit zu tun! Oder glaubst, deine Anna Maria möcht nit auch ein bisserl schön sein und sich ein bisserl sehen lassen und ein bisserl bewundert werden?«

»Ja, das kann sich deine Cronpergerin leisten! Aber was willst mit der Meinen?«

»Hast sie halt schon zusammengeschunden! Ich weiß noch, dortmals vor neun oder zehn Jahren; was war doch die Anna Maria ein Pfundsweib, ein kernig's!«

»Soll ich sie in den Glaskasten stellen?«

»Ein Esel bist, Wolf, wenn du nit merkst, was ich mein!«

»Jetzt ist's halt schon geschehn!«

»Läßt sich alles noch richten! Für eine geordnete Lieb ist nix zu spät! – Und überhaupt: Ich bin kein Beichtvater nit! Reden wir was anders! Hast schon gehört, daß der Doge von Venedig den Kurfürsten und sie eingeladen hat?«

»Ich glaub, zu Wasserburg haben sie so was Ähnliches verzählt; bist du da net mit von der Partie?«

»Dich hat's wohl!«

»Ich mein halt, weil sie dich so mag, die Frau Kurfürstin!«

»Was heißt da ›mag‹?«

»Ja, ja, man müßt halt französisch können!«

»Wolf, mir scheint, jetzt wirst gehässig! Oder stinkt er dir bloß?«

»Daß ich net lach! Warum sollt er mir stinken? Weil ich dir geholfen hab, wie du angefangen hast?«

»Also doch! Ich glaub, wir reden erst wieder miteinand, wann du ausgesponnen hast!«

Johann Rieder wandte sich dem Treppelweg am Inn zu, während der andere den Neubeurer Berg hinanstieg.

In den ersten Tagen des Jahres 1669 gaben die Rosenheimer Bürger dem Rieder einen besonderen Beweis ihres Vertrauens: Sie wählten ihn, den erst Fünfunddreißigjährigen, in den Äußeren Rat.

Der brennende Berg

Im gleichen Jahr waren auch auf dem Würmsee das Wunderwerk der Zeit, das Prunkschiff »Bucentaurus«, und seine elf Beischiffe vollendet worden. An allen Fürstenhöfen Europas redete man von der »lachenden Pracht« dieses kurfürstlichen Fahrzeugs; selbst Ludwig XIV. soll geschmunzelt haben, als er die Beschreibung aus der Feder seines Münchner Spions, Monsieur Chapuzeau, gelesen hatte. Er wird sich gedacht haben: Konnte die kleine Savoyerin auch nicht Königin von Frankreich werden, so möge ihr der Triumpf zur Genugtuung gereichen, eine reiche Kurfürstin – mit Frankreichs Finanzen natürlich – an der Seite des wankelmütigen Herrn Ferdinand Maria zu sein.

Eines Tages im Mai erhielt Johann Rieder aus der Hofkanzlei die Aufforderung, sich auf Schloß Starnberg einzufinden.

Als er dort ankam, wurde er vom Obristhofmeister der Frau Kurfürstin empfangen, dem welschen Grafen Max Portia. Dieser eröffnete ihm, es sei der Wunsch der hohen Frau, daß er sich den Bucentaurus ansehe; danach möge er sich entscheiden, ob er die Führung des Schiffes übernehmen wolle, sonst müßte man sich um einen anderen umsehen. Seine Forderungen solle er, wenn er bereit sei, der Hofkammer melden.

Während Rieder vom Schloß zum See hinabging, überlegte er die Entscheidung. Sie war nicht leicht. Denn wenn er auch gerade zu der Jahreszeit, wo die Innschiffahrt ruhte, hier am Würmsee sein würde – konnte er es denn seiner Familie und überhaupt seinem Hauswesen zumuten? Und seine Ritte über Land, seine geschäftlichen Aufgaben draußen im Tirol und drunten in Österreich und Ungarn, werden sie nicht leiden? Gewiß werden sie das! Er kann aber andererseits einen Wunsch der Kurfürstin, den sie schon damals geäußert hatte, als er ihr Nauförg bis Wasserburg gewesen war, nicht einfach in den Wind schlagen. Folglich wird er seine Tätigkeit in ihren Diensten vor der Hofkammer entsprechend bewerten müssen: Er wird für den Tag drei Dukaten verlangen. Sie werden auffahren, wie wenn sie eine Tarantel gestochen hätte.

Darauf wird er sagen: »Gut, dann vier Dukaten! Oder meinen die Herren etwa, es sei ein leichtes, die Verantwortung zu tragen für Heil und Leben des bayerischen Kurfürstenpaares? Und in diesen Tagen und Stunden trage ich die ganze Verantwortung!« So wird er ihnen sagen!

Darauf werden sie die Augen aufsperren so groß wie Teetassen und ihn entweder hinauswerfen oder klein beigeben. Werfen sie ihn hinaus, dann soll es ihm recht sein; geben sie klein bei – und das ist wahrscheinlich! –, dann braucht er sich nicht vorzuwerfen, er sei unverschämt. Nein, weiß Gott nicht! Denn wer sich solche Schiffe leistet, muß auch den Schiffmeister solcher Schiffe bezahlen!

Da lag er vor ihm, der Bucentaurus, um und auf, von vorne bis hinten vergoldet bis ins Wasser hinein.

Rieder betrat ihn von der Steuerseite her, wo zwei stiegenförmige Aufgänge – rechts und links vom Steuerruder – kunstvoll eingebaut waren. Die Stiegen führten auf eine Galerie, die sich balkonartig um das ganze Schiff herumzog. Die Säulchen dieses weitschweifigen Balkons – wohl mehrere hundert – waren genaue Drechslerarbeit, das Gesims auf ihnen feingeschliffener Kieferer Marmor. Rieder schaute sich hier nicht weiter um, obwohl die Wandgemälde, lauter hochgeschürztes griechisches Sagenvolk darstellend, sehenswert gewesen wären. Er stieg vielmehr noch eine Wendeltreppe empor und gelangte auf die Steuermannsbrücke, über der sich ein mächtiges zwiegeschwänztes Löwenpaar aufbäumte, das eine klafterhohe Schifflaterne in seinen Pranken hielt.

Hier also sollte er wirken.

Der Steuerbalken, etwa anderthalb Klafter lang, konnte auf einem halbkreisförmigen, gezahnten Bogen jeweils arretiert werden. Gleich daneben stand das Sprachrohr, das hinunterführte in den Bauch des Schiffes, wo die Bänke für hundertsechsundzwanzig Ruderer festgefügt waren. Durch das Rohr, das unten in einen weiten Schalltrichter auslief, konnten die Befehle des Steuermanns deutlich hörbar gemacht werden.

Die Ruder selbst waren weiß-blau bemalt und an den Kanten vergoldet.

Rieder konnte von der Kommandobrücke aus genau in die Zweimastertakelage sehen; die gerefften weißen Segel hingen glatt herab bis auf den Boden des Dachgartens, der ebenfalls von einem vergoldeten Geländer umfriedet war. Unter diesem Dachgarten weiteten sich die Prunkräume des Bucentaurus, ein großer Salon, zwei Kabinette, drei Gästezimmer, alle mit auserlesenen Möbeln und niederländischen Gobelins ausgestattet.

Am Vorderteil des Bucentaurus, am Gransel, erhob sich die Riesenstatue des Gottes Neptun, der mit der einen Hand den wuchtigen Dreizack hielt, die andere dagegen langte nach oben, daß es aussah, als wollte er in die aufgeblähten Segel greifen. Hinter der Statue sprang in einem Säulenrondell eine künstliche Fontäne empor, deren niederfallendes Wasser sich in einem gehämmerten Silberbecken sammelte, darin sich Goldfische tummelten.

Schließlich hatten die welschen Baumeister auch die martialische Note nicht vergessen: Im Kielraum beiderseits des Meergottes war je eine Kanone eingerichtet worden. So konnte man, wie es bei Kriegsschiffen im fernen Spanien der Brauch war, Salutschüsse hindonnern lassen über die Wellen.

Beim Anblick dieser Pracht blieb Rieder nachdenklich stehen. Durfte, kaum zwanzig Jahre nach dem schrecklichen Kriege, ein Fürst seinem Volke zumuten, ein solches Wunder zu bezahlen, wo die Armut weit durchs Land herum aus den Trümmern verwüsteter Höfe und Dörfer schaute, wo Krankheit und Not in den Städten herrschten und keine Siechenhäuser da waren? Es konnte nicht bestritten werden, daß die hohen Herrschaften auch Gutes taten, und seine Aufgabe war es nicht, ihnen mit dem erhobenen Zeigefinger zu drohen; er könnte jedoch, noch ehe sie den Unmut auf seinem Gesicht sähen, versuchen, durch eine noch höhere, eine geradezu unverschämte Forderung das ihm zugedachte Amt abzuschütteln. Er wird also nicht drei oder vier, sondern sechs Dukaten verlangen! So werden sie ihn für verrückt erklären und sich nach einem anderen Schiffmeister umsehen. Er könnte ihnen dabei sofort helfen und den Wolf Hupfauf vorschlagen.

Am anderen Tag machte Rieder auftragsgemäß seine Aufwartung in der Hofkammer und stellte kaltschnäuzig seine Bedingung. Doch der Hofkammerrat, der für die Anwerbung und Besoldung der kurfürstlichen Flottenmannschaft am Würmsee zuständig war, zuckte mit keiner Wimper. Im Gegenteil, er fragte, ob in den sechs Dukaten auch Wartung und Verzehr des Rosses inbegriffen seien. Als Rieder bejahte, erklärte er, daß die Auszahlung allwöchentlich erfolge und daß ihm, dem Schiffmeister, in einem Nebenhause des Starnberger Schlosses ein Zimmer mit Kammer angewiesen werde. Er habe sich während der Monate Juli und August für dauernd am Würmsee aufzuhalten; im September und Oktober werde man ihn jeweils durch Kurier in Rosenheim verständigen. Dann wurde er durch einen Kanzleidiener hinauskomplimentiert. – Er mußte also in den sauren Apfel beißen.

Seit dem angebrochenen Juni hielt er sich öfter in Starnberg auf, um die Mannschaft seines Schiffes zu exerzieren. Einmal nahm er auch seine Frau Barbara mit, die sich dann wochenlang in ihrer Bewunderung kaum erfangen konnte.

Am 24. Juni, dem Johannistag des Jahres 1670, am frühen Nachmittag, kam der junge Fischer Kaspar Huber in die Wiesengasse zu Rieders, um die Tochter Salome abzuholen. Mit anderen jungen Pärchen wollten sie auf den Heuberg gehen, um – wie es alter Brauch war – die Johannesfeuer anzuzünden.

Salome ging ins Achtzehnte. Der Kaspar verehrte sie. Rieder und seine Frau hatten nichts dagegen, sahen es sogar gern, denn der Huber-Fischer galt unter den Rosenheimern als ein rechtschaffener und nicht unvermögender Bürger. Dem Rat gehörte er nicht an, denn er war eher ein Stiller, und der Sohn Kaspar schien ihm darin nachzugeraten.

Die jungen Leute aus Rosenheim hatten sich einen Pferdewagen gemietet, und bald trabten sie dahin über Happing, Redenfelden, Kirchdorf und Brannenburg. Als sie bei Urfahr den Inn überquerten, gesellte sich zu ihnen der Herr Pflegsverwalter Johann Benno von Wolfswiesen. Es begleitete ihn die Hanna, eine Tochter des Reischenharter Schiffmanns Kiehler, die sich nicht des besten Rufs erfreute. Zwischen Wasserburg und Kufstein sagte man ihr einen liederlichen Lebenswandel nach und verdächtigte sie, es vor allem auf die Verheirateten abgesehen zu haben, um von diesen, wenn ihr einer ins Garn gegangen war, horrende Summen zu fordern. Diese Summen wurden ihr meistens auch gezahlt, weil sie ihre Liebhaber sonst öffentlich bloßgestellt hätte. Denn sie besaß nicht für einen Kreuzer Schamgefühl.

Daß sie sich jetzt den Verwalter eingefangen hatte, störte weiter niemanden, weil der nicht verheiratet war. Auch pfiffen es die Spatzen von den Dächern, daß der Rosenheimer Schloß-herr eine besondere Vorliebe für Mägde und die Töchter kleiner Leute hatte; an die kam er rascher und vor allem billiger heran als an die bürgerlichen Mädchen.

Sie fuhren also alle miteinander nach Nußdorf hinüber und stiegen dann heiter den Heuberg hinan.

Die Burschen von Degerndorf, Windshausen und Flintsbach waren schon mit etlichen Wagenrädern vorausgegangen und hatten droben am Berg einen mächtigen Haufen aus dürrem Holz aufgebaut; ganze Baumstämme ragten daraus hervor. Es sollte das größte Bergfeuer im bayerischen Inntal werden.

Und das war es auch!

Wie eine gewaltige Garbe loderte es von der Spitze des Heubergs in den nächtlichen Himmel. Die Leute im Tal schauten bewundernd hinauf und dachten dabei an ihre eigenen Jugendjahre zurück, als sie selbst noch in der Johannisnacht auf den Berg gegangen waren.

Und jetzt sausten die Wagenräder, mit Feuerbüscheln umwunden, in weiten Sprüngen zu Tal. War das eine Pracht! Nein, das hatte es anno dazumal noch nicht gegeben! Wer hätte sich's denn erlauben können, ein Wagenrad so zunichte zu machen! Aber so sind sie halt, die jungen Leut! Kennen nicht Sparsamkeit und Tugend!

Als dann nach einer guten Stunde das herrliche Feuer nieder-gebrannt war, sprangen sie paarweise darüber, denn das ver-hieß Glück in der Liebe. Weil die zarte Salome den Sprung nicht wagte, nahm der Kaspar sie einfach in die Arme und setzte so über die Glut hinweg. Darüber staunten alle.

Der von Wolfswiesen und die Hanna waren nicht mehr da. Verständlich, denn der recht füllige Herr hätte den Sprung niemals wagen dürfen. Sicherlich hatten sich die beiden in eine der über die Berghänge verstreuten Hütten der Holzfäller zurückgezogen; darauf war ihnen ja der Sinn von Anfang an gestanden.

Es gehörte sich, daß man wartete, bis die letzte Glut verglommen war. Und weil das bei diesem großen Feuer gar zu lange gedauert hätte, stocherten die Burschen in den rauchenden Scheitern und Ästen solange herum, bis kein Funke mehr zu sehen war. Dann nahm jeder sein Mädchen, und gemeinsam verließen sie den Berg, freilich so, daß weiter unten, wo die Wege gabelförmig auseinanderliefen, sie sich Paar um Paar trennten. Es mußte ja nicht sein, daß die einen den anderen in die Karten schauten! Dafür war man noch zu g'schamig.

Kaspar und Salome gingen so ziemlich als letzte, denn das Mädchen war nicht so kräftig wie manch andere und mußte sich darum auf ihren Begleiter stützen. Dadurch kamen sie nur langsam voran. Wenn es auch am Heuberg keine Wölfe mehr gab, wie noch knappe fünfzig Jahre zuvor, so redeten sie doch kaum ein Wort miteinander, sondern lauschten gespannt in die Nacht, ob nicht von da oder dort her eine Gefahr drohe.

Auf einmal blieb Kaspar Huber stehen. Er hatte Ästchen knacken hören, hatte auch einen Lichtschein gesehen, der sich zu seiner Linken bergauf bewegte. Merkwürdig! Wer stieg denn jetzt den Berg hinan, noch dazu mit einem Licht, einer Laterne? Kaspar rief hinüber. Da war das Licht weg.

Gut! Was geht's uns an!

Er faßte Salome wieder um die Hüfte, und sie gingen weiter.

Plötzlich sahen sie gute hundert Klafter hinter sich einen Feuerschein zwischen den Büschen, und gar nicht weit ab, ebenfalls zur Linken, rannte einer in großen Sätzen den Berg hinunter. Der Feuerschein wuchs und wuchs und breitete sich im dürren Berggras mit rasender Geschwindigkeit aus, als hätte einer Pulver darübergestreut. Jetzt griff das Feuer in die Latschenkiefern und in die halbwüchsigen Bäume; das knatterte und prasselte wie aus vielen hundert Musketen.

Kaspar Huber riß sich die junge Cronpergerin unter den Arm, gleichwie man irgendein Bündel packt, und rannte ebenfalls davon. Denn wehe dem, der in diesen Feuerschwall geriete! Aus dieser Hölle gäb's keine Rettung mehr!

Je näher er mit seiner lieben Last dem Fuße des Heubergs kam, desto deutlicher spürte er den von Windshausen hereinstreichenden Erler Aufwind. Gnade Gott, wenn der sich jetzt des Feuers bemächtigt!

Er bemächtigte sich, und zwar mit solcher Gewalt, daß in den Morgenstunden des 25. Juni bereits die ganze Inntalseite des Berges in Flammen stand. Er leuchtete schauerlich ins Land hinaus wie eine glühende Halbkugel. Da gab es in allen Weilern, Dörfern und Märkten ringsum niemanden, der ans Löschen gedacht hätte; es wäre vermessen gewesen, hätte sich ein Mensch an dieses wütende Element herangewagt. Von allen Kirchtürmen wurde zwar Sturm geläutet, aber nicht, daß man gegen das Feuer Sturm laufe, sondern daß man an die Altäre eile und den Himmel mit Gebeten bestürme: Vor Feuer und Schwert bewahre uns, o Herr!

Als sich um die Mittagszeit der Wind drehte – wie der Erler es immer tut –, griff das Feuer auf die Windshauser Seite des Berges über. Da stoben die Funken weit über den rauchbedeckten Himmel hin und fielen wie glühende Heuschreckenschwärme ins Tal vor dem Kranzhorn hinein. Die sieben Einödbauern daselbst banden in den Ställen das Vieh los und trieben es gegen den Inn hinab; dann luden sie die Betten und die letzten paar Getreidekörner auf die Wagen und fuhren dem Vieh nach.

Inzwischen war Kaspar mit seiner Salome in der Wiesengasse zu Rosenheim angekommen. Sie saßen in der Kuchel beisammen, die Barbara, die alte Underseerin und die zwölfjährige Magdalena, und horchten, was die beiden erzählten: Von den knackenden Ästchen, von dem Laternenschein, von dem prasselnden Feuer im Berggras und von dem großen dunklen Mann, der in langen Sprüngen den Heuberg hinuntergerast war. Hatte der das Feuer gelegt? War es entstanden durch eines jener hinabsausenden Feuerräder?

»Sicherlich net durch die Räder! Denn da waren die Räder allesamt schon verloschen, als es mit dem Brand losgegangen ist!« Kaspar sagte es, und Salome fügte noch hinzu: »Da hätten doch all die anderen was sehen müssen, die vor uns waren, denn wir sind die Allerletzten gewesen. Wir haben aber die anderen schon gefragt, und keinem ist was aufgefallen.« –

Die Tage vergingen und die erleuchteten Nächte, und das Feuer hatte den Heuberg von allen Seiten erfaßt.

Johann Rieder war mit seinem letzten Kornzug vor der Sommerpause von Ungarn herauf unterwegs. Als sie nach Passau kamen, erfuhren sie von dem schauerlichen Ereignis. Sofort verließ er seine Schiffe und nahm den Zeiselwagen, mit dem er am Peter-und-Paulstag daheim ankam. Noch ehe er aber in die Wiesengasse einbog, wurde er Zeuge eines Massenauflaufs vor dem Mittertor. Alle Herren vom Inneren und Äußeren Rat und die große Schar der Bürger umringten den Herrn Kastner Johannes Dominicus Brandhueber. Er war vom Schloß herabgekommen und verkündete hoch zu Roß, daß der Herr Pflegsverwalter von Wolfswiesen seit dem Johannistag verschwunden sei. Dann forderte er die Bürgerschaft auf, mit ihm danach zu forschen, wer den Vermißten seit jener Zeit gesehen habe und wo und wann.

Während nun die Leute eifrig ihre Köpfe zusammensteckten und dabei auch ein paar ungehörige Bemerkungen über den Verwalter machten – freilich ganz leise! –, wurde es beim Marktbrunnen sehr lebendig. Da stand der Gemeindevorsteher von Reischenhart, der zufällig nach Rosenheim gekommen war, um einen Verwandten zu besuchen. Als er vom Verschwinden des Verwalters gehört hatte, warf er wie beiläufig das Wort hin, daß in seinem Ort auch jemand abgehe seit dem Johannistag, nämlich die Hanna Kiehlerin, eine Tochter des Schiffmanns. Darauf erwiderte ihm ziemlich lauthals ein junger Rosenheimer, das sei ja lustig, denn man habe die Hanna mit dem Herrn von Wolfswiesen in der Johannisnacht auf den Berg gehen sehen; vielleicht sitze er mit ihr immer noch droben und lasse sich wärmen, weil doch die Hanna eine recht Hitzige sei. Die Umstehenden lachten.

Dieses Gelächter erschien dem Kastner angesichts des Ernstes der Lage respektlos, und er wandte sich den Lachern zu. Doch der Mann zeigte nicht die geringste Schüchternheit, sondern wiederholte seine Wahrnehmung noch einmal.

Johannes Dominicus Brandhueber, der sich schon eine kleine Sittenrede zurechtgelegt hatte, schluckte ein paarmal und schwieg. Er schämte sich für seinen herrschaftlichen Kollegen, der hier von Grünschnäbeln durch den Dreck gezogen wurde. Gleichwohl konnte er die Bemerkung nicht einfach übergehen, denn vielleicht führte sie sogar zur Aufhellung eines Verbrechens. Darum forderte er den jungen Mann auf, mit ihm hinaufzukommen aufs Schloß und daselbst seine Beobachtungen und Wahrnehmungen eingehend zu wiederholen, damit darüber der kurfürstlichen Hofkanzlei in München berichtet werden könnte.

Das war dem Mann zwar nicht gerade recht; weil der Gemeindevorsteher von Reischenhart ihn aber begleitete, schloß er sich dem Kastner an.

Über all das Vernommene erstaunt und über den brennenden Heuberg entsetzt, kam Rieder endlich in die Wiesengasse. Hier erfuhr er, was Kaspar und Salome gesehen und gehört hatten, so daß es für ihn schließlich feststand, der Verwalter sei zusammen mit der Schiffmannstochter im Feuer umgekommen. Wer aber war der dunkle große Mann? Wenn es ein eifersüchtiger Nebenbuhler des Herrn von Wolfswiesen war, dann würde man nicht umhin können, dem vertraulichen Umgang – oder den Umgängen – der Hanna genau nachzuforschen. Doch das sollte nicht seine Aufgabe sein! Darüber würden sich gewiß hohe Herren aus München die Köpfe zerbrechen.

Vier Wochen lang brannte der Heuberg. Seltsam war, daß die Leute sich sachte daran gewöhnten, mit dem brennenden Berge zu leben. Man redete schon nicht mehr über ihn. Erst als in der zweiten Julihälfte das Feuer zu verglimmen begann, zog man den Hausberg wieder ins Gespräch, gleichsam bedauernd, daß man ein Kuriosum einbüßte.

Zugleich mit dem Erlöschen des unheimlichen Bergfeuers zog auf dem Schloßberg zu Rosenheim ein neuer Pfleger ein:

Herr Max Richel von und zu Winhöring, ein sehr vornehmer Mann, dessen Vorfahren an der Isen, nahe bei Neuötting, ihren Stammsitz gehabt hatten.

Magdalena

Um diese Zeit aber weilte Johann Rieder bereits auf Schloß Starnberg und steuerte den Bucentaurus fast täglich über den Würmsee. Weil er nicht gern allein in der ihm zugewiesenen weiträumigen Wohnung verweilen wollte, hatte er sich die junge Cronpergertochter Magdalena mitgenommen, denn der Sohn, der Joseph, blieb lieber bei der Mutter.

War schon die Barbara eine selten schöne Frau, so mußte man das zwölfjährige Mädchen geradezu als ein Beispiel von natürlicher Eleganz und Grazie, gepaart mit einem klassischen Ebenmaß der zur Jungfrau erblühenden Gestalt ansehen. Schritt sie mit ihrem Ziehvater in dessen freien Stunden oder Tagen durch den Park oder am Ufer des Sees dahin, so gab es keinen, der nicht stehengeblieben wäre und dem Kind mit Bewunderung nachgeschaut hätte. Selbst als die beiden eines Tages dem Kurfürstenpaar begegneten, konnte sich Henriette Adelaide nicht enthalten, Magdalena einen Kuß auf die Stirn zu drücken, während Ferdinand Maria einen Kammerherrn zu sich rief und ihm gebot, dem Mädchen einen Louisdor zu schenken.

Bei diesen Lustfahrten auf dem Würmsee waren natürlich auch die beiden ältesten kurfürstlichen Kinder zugegen, die zehnjährige Prinzessin Maria Anna und der achtjährige Kurprinz Max Emanuel. Während die Prinzessin diesen Fahrten keinerlei Spaß abgewinnen konnte, war der Prinz jedesmal hochbeglückt. Am liebsten hielt er sich mit seinem Hofmeister, dem Marquis Henri de Beauveau, auf der Steuerbrücke auf. Dem Schiffmeister Rieder zollte er dabei stets uneingeschränkte Hochachtung. Vor lauter Ehrfurcht redete er auch kein Wort; er fürchtete, diesen gewaltigen Steuermann, der seine gemessenen Befehle in das Sprachrohr rief, durch Reden oder Fragen zu stören. Und ganz böse konnte er werden, wenn seine vier kleinen Kavaliere, die stets um ihn waren, miteinander tuschelten oder gar den Hofmeister fragten. Aber wenn man in Starnberg wieder an Land ging und auch Rieder das Schiff verließ, wartete er auf ihn und stellte dann die aufgespeicherten Fragen. Diese Gespräche, die von beiden Partnern immer sehr ernst genommen wurden, waren meist ein Kunterbunt aus deutschen und französischen Sätzen; sie verrieten die hervorragende geistige Wendigkeit des Prinzen.

Auch wenn man sich droben im Schloß aufhielt, kam Max Emanuel bisweilen ganz allein in Rieders Wohnung. Das widersprach freilich jedem höfischen Zeremoniell, und Rieder machte den Hofmeister darauf aufmerksam. Der hob meist bedauernd seine Hände und seufzte: »Es ist ein Kreuz!«, erklärte aber zugleich, daß diese Ausbrüche noch die allerkleinsten und harmlosesten Verfehlungen des jungen Fürsten seien.

Diese Besuche beim Rieder galten natürlich nicht allein dem Schiffmeister, sondern auch seiner Tochter Magdalena. Max Emanual bewunderte sie, – nicht weil sie so liebreizend aussah, denn dafür hatte er noch kaum ein Auge, sondern weil sie die Tochter eines solchen Vaters war. Dabei machte es ihm nichts aus, daß er mit »Madelaine« nur deutsch sprechen konnte; sie wollte erst im kommenden Winter beim Französischlehrer auf der Rosenheimer Lateinschule Stunden nehmen. Er fragte sie über ihren Vater aus, und sie berichtete ihm von den gefahrvollen Schiffahrten auf dem Inn, die Donau hinab und bis hinein ins Ungarland, wo an den Gebirgshängen ein süßer Wein und in den weiten Ebenen der herrlichste Weizen wächst. Sie erzählte ihm von dem und jenem Schiffmann, der seinen Tod in den Wirbeln gefunden; auch vom Brand auf dem Heuberg erzählte sie.

Der Prinz, der schon so groß war wie sie, starrte ihr gespannt in die Augen, gleich als wollte er aus ihnen den tiefen Ernst der erzählten Geschichten erkennen.

Manchmal lachten die vier Kavaliere über ihn, wenn er mit dem Mädchen Hand in Hand durch die Parkwiesen dahinschritt oder sie auf einer Bank zum Sitzen nötigte, während er selbst, andächtig schauend, vor ihr stand.

Marquis de Beauveau beobachtete die beiden Kinder auch und wandte sich dann an die Kurfürstin um Rat. Durfte dieser Umgang mit einem schlichten Bürgermädchen geduldet werden? Und wenn nicht, wie konnte man ihm begegnen? Oder sollte man einfach den Schiffmeister veranlassen, das Kind nach Hause zu schicken?

Adelaide verwarf diesen Gedanken; denn der Schiffmeister sei ein charaktervoller Mann und werde in diesem Punkte nicht mit sich reden lassen. Am Ende könnte es sogar geschehen, daß er kurzerhand den Dienst am Bucentaurus aufkündige, – und woher einen nehmen, der diesen Dienst auch nur annähernd so meisterhaft verrichte wie er?

Dann kam der hohen Frau plötzlich die rettende Idee: Wenn man den Kurprinzen schon nicht erniedrigen will – und das darf man nicht! –, dann muß man eben das Mädchen erhöhen!

Sofort wurde der Hofrat von Berchem gerufen. Man kannte seine guten Verbindungen zum Wiener Hof, und zwar zu jenen Kreisen dort, die für klingende Münze so ziemlich alles erreichten. Sie erklärte ihm, daß ein Mann wie Johann Rieder schon längst eine Standeserhöhung verdient hätte. Denn zum einen habe man vor Jahren schon, als sie ins Bayernland gekommen war, ihr Leben in die Hand dieses kundigen Schiffmanns gelegt; zum anderen stehe jetzt die gesamte Prunkflotte unter seiner Leitung; seine Verantwortung sei also gewachsen. Er, Berchem, möge darum seine Beziehungen spielen lassen.

Der Baron versprach, das Möglichste zu tun, fügte aber hinzu, daß seitens der Hofkanzlei auch einiges getan werden müßte; zumindest könnte man dem verdienten Mann den Titel eines »Hof- und Leibschiffmeisters« verleihen, wodurch man ihn in eine Position brächte, die es bis zur Stunde im Kurfürstentum Bayern noch nicht gegeben habe, eine Exklusivstellung also.

Noch am selben Abend brachte sie diesen Gedanken ihrem Gemahl vor. Und als in der letzten Augustwoche der Hof nach München zurückreiste – die Nächte waren schon kühl geworden –, wurde dem Rieder dieser Titel mit einer Jahresrente von vierhundert Gulden allergnädigst zuerkannt.

Der Kurprinz ließ es sich nicht nehmen, dem neuen Ministerialen persönlich zu gratulieren und sich dabei zu verabschieden. Seiner Gespielin Madelaine schenkte er mit Zustimmung seiner Mutter ein goldenes Halskreuzlein, in dessen Schnittpunkt eine große Perle kunstvoll eingearbeitet war.

Rieder wollte darauf noch ein paar Tage in Starnberg bleiben, um die Vorbereitungen für die Überwinterung der Prunkschiffe zu überwachen; denn unter den Schiffleuten gab es auch ein paar Leichtsinnige, denen man auf die Finger schauen mußte. Er überlegte sich auch die Auffrischung einiger Handelsbeziehungen, die in den nächsten Wochen geschehen mußte, damit das Geschäft nicht abnähme: Zwei Monate sind lang genug, daß sich Partner verlaufen.

Unter diesen Überlegungen setzte er sich an den Schreibtisch seines Zimmers, während Magdalena nebenan die Tiroler Harfe schlug, die man ihr einige Wochen zuvor hineingestellt hatte.

Da fuhr draußen ein Wagen vor. Heftig wurde der Türklopfer bewegt. Rieder ging in den Flur und öffnete.

»Seid Ihr der Schiffmeister Johann Rieder?« fragte einer von zwei bewaffneten Männern.

»Und wer seid ihr?« fragte Rieder zurück.

»Amtsdiener des Pflegers von Rosenheim! Ihr seid gehalten, uns zu folgen!«

»Könnt ihr erklären, warum?«

»Können wir nicht! Nur bitten wir, uns keine Schwierigkeiten zu machen, weil wir Euch sonst binden müßten!«

»Ich habe noch meine Tochter hier; darf sie mitkommen?«

»Sie darf nicht!«

Während dieses harten Zwiegesprächs war auch Magdalena erschienen und klammerte sich jetzt an den Vater. Er beruhigte sie und sagte, morgen solle sie zur Schloßwache gehen und sich zum Herrn Vogt führen lassen. Dem müsse sie sagen, daß ihr Vater von zwei Schloßknechten des Rosenheimer Pflegers abgeholt worden sei.

Das Mädchen nickte unter Tränen, und Rieder folgte den beiden Männern.

In der Morgenfrühe ratterte der ungeschlachte Wagen in den Schloßhof zu Rosenheim hinein.

Rieder hatte die ganze Nacht kein Auge zugetan. Als sie ihn jetzt mit harten Händen aus dem Wagen zerrten, war er noch recht benommen. Er konnte sich auch noch nicht in seine neue Lage hineindenken, als er bereits dem Herrn von Winhöring gegenüberstand. Erst als er den Gerichtsprokurator Wolf Pernlochner gewahrte, von dem er wußte, daß er auf zwei Stühlen saß, ging ihm ein Licht auf; jetzt wurde ihm klar, daß er nichts Gutes zu erwarten hatte. Dann setzte sich auch noch der Kastner zu den beiden – also eine Gerichtsverhandlung!

Welcher Schuld sie ihn wohl zeihen würden?

Der Pfleger begann: »Johann Rieder, Schiffmeister aus der Wiesengasse, Ihr seid ein persönlicher Feind Unseres Vorgängers, des Herrn Johann Benno von Wolfswiesen, gewesen!«

»Mit dieser Behauptung, Herr Pfleger, tut Ihr ihm zuviel Ehre an; denn seit mich der Herr von Wolfwiesen in Ruhe ließ, war er mir so ziemlich Wurscht!«

»Fragt sich bloß, wer wen in Ruhe oder nicht in Ruhe ließ!«

Der Pfleger sagte es scharf, und der Gerichtsprokurator ergänzte: »Habt Ihr den Herrn Pflegsverwalter nicht beim Dekan von Sankt Nikolaus hingehängt?«

»Es ist nit meine Art, jemanden hinzuhängen! Wenn aber der besagte Herr von München her verhalten wurde, für seine unehelichen Kinder zu zahlen und für deren Mütter, so habe ich davon erstens nichts Bestimmtes gewußt und zweitens nichts dazugetan. Bauernmägde zu schwängern, habe ich von jeher für eine Frage des guten Geschmacks gehalten, den ich dem Herrn Pflegsverwalter leider absprechen muß.«

»Ihr redet mit Uns, als stündet Ihr vor Euren Schiffleuten! Legt Euch Mäßigung auf! Wir haben das Recht, Euch in die Folter zu ziehen, und werden dieses Recht gebrauchen, wenn Ihr nicht gutwillig aussagt, wie es zum Tode Unseres Vorgängers kam!«

Jetzt erst begriff Rieder, was für eine Ungeheuerlichkeit man ihm anlasten wollte. Hilflos blickte er um sich und fand die Worte nicht, die gesagt werden sollten. Wolf Pernlochner nahm diese Unbeholfenheit wahr und grinste: »Der Hinweis auf die Daumenschraube hat Euch wohl die Stimme verschlagen, Rieder? Macht Euch aber bloß keine Illusionen, denn was Ihr nicht gestehen werdet, das quetscht die Schraube aus Eurer Tochter Salome und dem künftigen Eidam Huber heraus. Wir haben beide schon in der Kammer.«

Bestürzung, Entsetzen und Empörung drängten sich mit einem Male in Rieders Brust zusammen. Er packte den massiven Eichentisch, hinter dem die drei Richter saßen, und stülpte ihn so über sie, daß sie mit den Stühlen hintenüberkippten. Stöhnend und schreiend lagen sie darunter, während er auf der umgekehrten Tischplatte stand und schrie: »Wer gibt euch Hirnverbrannten das Recht, über den Hof- und Leibschiffmeister des Kurfürsten zu Gericht zu sitzen? Ich bin genau so Ministeriale wie Ihr, Pfleger! Was erdreistet Ihr Euch denn? Euch aber, Pernlochner, der Ihr seit Jahren den Rosenheimer Markt verraten habt, Euch koche ich ein Süpplein, davon Ihr Bauchgrimmen kriegen sollt!«

Nun drangen aber die Schloßknechte auf den Rieder ein, banden ihn und führten ihn zu Salome und dem jungen Huber in die Kammer. –

Die drei richterlichen Herren waren nicht heil davongekommen, denn der Eichentisch war wuchtig auf sie niedergegangen, so wuchtig, daß Doctor Malachias Geiger unverzüglich geholt werden mußte. Er befreite den Perlochner von zwei blutenden Zähnen, die aus ihrer natürlichen Stellung gedrückt worden waren. Dem Kastner mußte er einen Arm einschienen, während der Pfleger nur eine stark blutende Wunde an der linken Kinnlade davongetragen hatte.

Noch unter der Arbeit des Arztes diktierte der Herr von und zu Winhöring an die Hofkanzlei einen Brief, darin er um die Entsendung eines Hofrats von der gelehrten Bank, also eines Rechtskundigen, bat. Der Brief ging eine Stunde später durch einen reitenden Boten ab.

Hatten die drei Herren ursprünglich vorgehabt, das peinliche Verhör sofort nach Rieders Ankunft zu beginnen, so mußten sie jetzt davon abstehen: Einmal, weil sie selbst dazu nicht imstande waren, und fürs andere, weil die Bemerkung Rieders, daß er kurfürstlicher Ministeriale sei, zur Vorsicht mahnte. Man wollte die Verhafteten hungern lassen, bis der Münchner Hofrat käme; darin sah man eine vorübergehende Genugtuung.

Noch ehe jedoch der Rosenheimer Bote in der Residenzstadt eintraf, war schon einer aus Starnberg in der Kanzlei des Hofkammerpräsidenten Corbinian Prielmayer von Priel erschienen und hatte einen Brief abgeliefert. Der bedächtige Altbaier mußte das Schreiben zweimal lesen. Er konnte sich aber erst einen Reim darauf machen, als er auch die Stafette aus Rosenheim überflogen hatte. Ist es denn möglich, dachte er, daß ein Pfleger so wenig Hirn hat? Freilich, der Rieder hätte ihn diesen Mangel nicht so handgreiflich fühlen lassen dürfen. Konnte man es ihm jedoch verargen? Der getretene Hund jault, und wenn er Charakter hat, beißt er auch ...

Am anderen Morgen reiste der Hofrat Anton Freiherr von Berchem in allerhöchstem Auftrag in die Stadt am Inn. Prielmayer wußte, daß der gebürtige Rheinländer mit vielen Wassern gewaschen und auf heikle Fälle geradezu erpicht war.

Kurz vor Berchems Ankunft hatte ein Herrschaftswagen die kleine Magdalena aus Starnberg in die Wiesengasse gebracht. Das arme Kind war ganz erschöpft und weinte fast unaufhörlich.

Am Pflegsgericht

»Jungfer Salome Cronpergerin, Ihr seid sicherem Vernehmen nach als letzte mit dem Kaspar Huber vom Heuberg herabgekommen, als das Johannesfeuer bereits völlig erloschen war!«

»Ja, Herr Hofrat!«

»Seid Ihr mit dem Freund im Dunkeln gegangen?«

»Im Dunkeln!«

»Habt Ihr keine Laterne mitgeführt?«

»Nein!«

»Habt Ihr bei Euch zu Hause Laternen?«

»Gewiß, Herr Hofrat!«

»Könnt Ihr Uns sagen, was das für Laternen sind?«

»Schifflaternen sind's!«

»Sehen sie etwa so aus wie diese?« Dabei langte der von Berchem unter den Tisch und zog das verrußte Gestell einer Laterne hervor.

»Ganz genauso, Herr Hofrat!«

Berchem winkte. Die Knechte führten Salome hinaus und den Rieder herein.

»Schiffmeister Rieder, wie erklärt Ihr, daß diese Eure Laterne auf den Heuberg kommt?«

»Herr Baron, wenn es die meine ist, dann könnt sie möglicherweise jemand bei uns ausgeliehen haben. Es könnt auch sein, daß der junge Huber sie mitgenommen hat, als er mit der Salome auf den Berg ging; davon hat er mir freilich nix gesagt. Es könnt aber auch sein, daß es gar nit unsere Laterne ist.«

»Es ist doch eine Schifflaterne!«

»Du lieber Himmel, Baron Berchem, Ihr werdet kaum ein Innschiff finden zwischen Sankt Nikola und Hall, das nit eine Laterne hätte von den Schmieden aus Brixlegg! Sie sind landauf-landab die besten, weil sie den sichersten Windfang haben. Ihr könnt sie sogar auf der Galerie des Bucentaurus sehen!«

»Rieder, jetzt frag ich Euch von Mann zu Mann: Habt Ihr etwas zum Verschwinden des Pflegsverwalters von Wolfswiesen beigetragen?«

»Nit das Schwarze unterm Nagel, Baron Berchem!«

»Habt auch Euren künftigen Eidam nicht angestiftet?«

»Alle heiligen Eide kann ich schwören, daß ich mit der Sache ganz und gar nix zu tun hab!«

»Könntet Ihr Euch denken, wer's auf den Verwalter abgesehen hatte?«

»Wenn's einen solchen gibt, dann war's vielleicht ein Nebenbuhler, der wohl beide hat umbringen wollen. Über einen
Nebenbuhler aber müßtet Ihr die Familie Kiehler von Reischenhart hören. Hatte nämlich noch ein anderer Mann, ein
ganz geheimer, mit der Hanna ein Techtelmechtel, dann haben
ihn am ehesten die Kiehlerischen gekannt.«

Der von Berchem schickte die drei Verhafteten heim und
ordnete an, ihm alle Angehörigen der Familie Kiehler vorzu-
führen.

Am Nachmittag waren sie da: Der alte Kiehler von bären-
haftem Aussehen; seine Frau, eine fette Wachtel, zerlumpt und
schmutzig; der fünfzehnjährige Sohn, der ein trotziges G'schau
hatte; und die vierzehnjährige Tochter Uta, der eine kaum
bezähmbare Begierde schon jetzt aus den frechen Augen leuchtete. Den vieren war nichts von Trauer über das Verschwinden
Hannas anzumerken.

Berchem nahm sich zunächst den Mann vor, der erklärte, daß
er beim Schiffmeister Wolf Hupfauf von Neubeuern als Schiffmann diene und die Stelle eines Nachkehrers versehe. Schon
zwanzig Jahre fahre er auf dem Inn und habe bereits unter
Hupfaufs Vater gearbeitet. Nur sei der Alte mit ihm nicht
zufrieden gewesen; um so zufriedener sei aber jetzt der Junge.
Was die Hanna beträfe, so könne er nur sagen, daß er sie oft
und oft wegen ihres Luderlebens geschimpft habe. Das habe sie
aber kalt gelassen. Einmal sei sie sogar frech geworden und
habe ihm die Bemerkung ins Gesicht geschleudert, daß sie jeden
Mann verstehe, wenn er sich das bei ihr hole, was ihm die Alte
daheim nicht geben könne. »Bei der Hanna war's halt wie im
Kramerladen: Je mehr du gezahlt hast, desto mehr hast du
gekriegt!« Wer außer dem Herrn Pflegsverwalter ihre letzten
Liebhaber gewesen seien, wisse er nicht, denn er habe sich nie
darum gekümmert. In ihrer Kammer sei es jedenfalls manchmal
zugegangen wie in einem Taubenkobel.

Die Aussagen der Kiehlerin deckten sich mit denen ihres
Mannes. Nur bezichtigte sie ihn, er habe von der Hanna Geld
genommen, Schweigegeld – und das nicht wenig –, und habe es
versoffen.

Der Sohn war sprachbehindert und machte den Eindruck eines getretenen Hundes, denn sein Vater pflegte ihm bei jeder Begegnung einen Hieb zu versetzen. Zur Sache war von ihm nichts zu erfahren.

Anders verhielt es sich bei der Kiehlerschen Tochter Uta. Ohne Umschweife und ohne die geringste Scham erzählte sie dem Baron, daß der dauernde Liebhaber ihrer Schwester Hanna der Schiffmeister Wolf Hupfauf aus Neubeuern gewesen sei. Ganze Nächte lang sei er mit ihr in der Kammer herumgeflackt. Und wie's da manchmal zugegangen sei! Sie habe ihre Kammer daneben, und nur durch eine Holzwand getrennt; da habe sie alles mitgekriegt. Aber just in jener Nacht, wo der Heuberg hab angefangen zu brennen, da sei der Hupfauf so wütend gewesen auf die Hanna, daß er sich zu ihr, der Uta, hereingeschlichen hätte, und grad lustig sei's gewesen.

Berchem schüttelte den Kopf. Daß ein so junges Ding schon so schlecht sein konnte! Zugleich wurde er aber auch das Gefühl nicht los, daß hinter diesem Bericht der Kiehlertochter etwas verborgen lag, etwas, das verschleiert werden sollte. Das hatte ihm zu offenherzig geklungen.

Er ließ deshalb den Kastner zu sich kommen und bat, man möge den Schiffmeister Hupfauf holen, denn er halte eine Gegenüberstellung der beiden für notwendig. Man möge sich auch beim Pfarrer von Kirchdorf über die sonstige moralische Haltung des Mädchens erkundigen.

Darauf wurde die alte Kiehlerin mit ihrem Sohne heimgeschickt. —

Als der Schloßknecht durch das Münchner Tor in Neubeuern einritt, sah er den Schiffmeister eben durch das Salzburger Tor hinausreiten. Er rief ihm nach, doch der andere hörte ihn nicht. So legte er einen scharfen Galopp ein und erreichte ihn schließlich kurz vor Altenbeuern.

Hupfauf erklärte dem Knechte mit aufwendiger Rede, daß er jetzt unmöglich nach Rosenheim kommen könne; er habe am Rossersberg Wichtiges zu tun. Weil aber der Knecht erwiderte, daß es sich um die Anordnung eines Hofrates aus München handle, ritt er endlich mit.

Baron Berchem hatte inzwischen dem alten Kiehler und seiner Tochter in verschiedenen Räumen eine ordentliche Brotzeit reichen lassen; dergleichen war den beiden noch nie widerfahren. Draufhin fühlten sie sich sehr wohl und waren überzeugt, daß der hohe Gerichtsherr ihnen ihre Aussagen als die reine Wahrheit abgenommen hatte.

Währenddessen unterhielt er sich mit dem Hupfauf.

»Ihr seid verheiratet, Schiffmeister?«

»Ja, Herr Hofrat!«

»Und wie geht's so in der Ehe?«

»Gut verheiratet, Herr Hofrat! Schon in die achtzehn Jahr.«

»Achtzehn Jahre! Eine lange Zeit! Und trotzdem gut verheiratet! Ja, man merkt's: Die Menschen hier heraußen am Land sind frömmer und gottesfürchtiger als unser Stadtvolk. Achtzehn Jahre ohne einen Seitensprung — oder wenigstens ein kleines Seitensprüngerl —, das würdet Ihr in der Stadt vergeblich suchen. Mich wundert's bloß, daß ein so gesunder und stattlicher Mann das so lange aushält, wo Ihr doch als Schiffmeister weit herumkommt. Packt Euch da nicht manchmal die fleischliche Begierde?«

»Nun ja, ich müßt lügen; manchmal packt's einen schon!«

»Und Ihr seid nie schwach geworden? Das hat ja den Anschein, als wäret Ihr gar kein rechter Mann!«

»So ist's wieder net, Herr! Aber über so was redet man net gern!«

»Ihr werdet Euch doch nicht vor mir schämen, Schiffmeister Hupfauf! Schließlich bin ich doch auch kein heuriger Hase mehr!«

»Schämen net, Herr Hofrat! Aber mir scheint, Ihr wollt da aus mir was herauskitzeln, was net drin ist!«

»Ihr merkt aber auch alles! Und trotzdem habt Ihr versucht, mich in puncto ehelicher Sauberkeit hinters Licht zu führen. Als ob es nicht die Spatzen durchs halbe Inntal pfiffen, daß Ihr es mit der Kiehlertochter hattet, mit der bewußten Hanna, die samt dem Pflegsverwalter von Wolfwiesen auf dem Heuberg verbrannt ist — Gott habe beide selig! Oder sind sie etwa nicht verbrannt?«

»Ihr fragt mich da ein Ding, darauf ich keine Antwort net geben kann.«

»Nicht geben kann oder nicht geben will?«

»Ich sag Euch nur das eine: Seit die Hanna mit dem Herrn Verwalter herumgezogen ist, hab ich mit ihr nix mehr zu schaffen gehabt!«

»Warum seid Ihr dann in der Johannesnacht dennoch ins Kiehlerhaus gekommen?«

»Der Kiehler hat noch eine zweite Tochter...«

»Und Ihr hättet Euch nicht geschämt, ein vierzehnjähriges Kind zu mißbrauchen?«

»Vierzehn hin, vierzehn her, Herr Hofrat! Aber von wegen Kind steht bei der nix mehr geschrieben!«

»Ihr könntet doch der Vater sein! Wie alt ist Euer Ältestes?«

»Der Bua wird achtzehn.«

»Und das hat Euch nicht gehindert?«

»Ja mei, Herr Hofrat! Wenn halt's Fleisch rebellisch wird...«

»Und Ihr möchtet, daß ich Euch diese Darstellung als die lautere Wahrheit abnehme?«

»Fragt sie doch, die Kleine!«

Dieses Wort war nicht ohne einen gewissen Triumph gesprochen, so daß der Kastner bescheiden meinte: »Sollte man den Schiffmeister nicht doch in die Folter ziehen? Dort stellen sich die Dinge meist mit einem anderen Gesicht vor.«

Bedenklich antwortete Berchem: »Ihr habt recht, Kastner! Aber gerade weil die Dinge unter der Daumenschraube oder auf der Streckbank ein anderes Gesicht bekommen, wehre ich mich dagegen. Denn wer sagt uns, daß dieses andere Gesicht das wahre ist?«

Und zu Wolf Hupfauf gewandt, fuhr er fort: »Ihr habt gehört, Hupfauf, was der Kastner vorgeschlagen hat; Ihr habt auch gehört, was ich dazu gesagt habe. Ich wende mich daher an Euch als an einen gläubigen Christenmenschen, der – so Gott will! – noch so viel Ehr und Gewissen im Leibe hat, daß er seinem Herrgott nicht ins Angesicht lügt.«

Der Hofrat ergriff das Kruzifix, das seitlich neben ihm auf

dem Tische stand, und legte es vor sich hin. Dann erhob er sich, zusammen mit dem Kastner, und sprach: »Knechte, holt uns den Kiehler und seine Tochter herein!«

Sie wurden hereingeführt.

Er ließ sie rechts und links an Hupfaufs Seite treten.

Dann sprach er feierlich: »Schiffmeister Wolf Hupfauf, legt Eure linke Hand auf die Füße des Gekreuzigten, erhebt die drei Schwurfinger der rechten und sprecht mir laut und deutlich nach: Ich schwöre vor Gott, dem Allmächtigen, – und seinem Sohne, unserem Erlöser Jesus Christus, – daß ich in der vergangenen Johannesnacht – nicht auf dem Heuberg war – und daß ich mich am Tode des Pflegsverwalters von Wolfswiesen – wie auch am Tode der Kiehlertochter Hanna – nicht schuldig gemacht habe, – weder durch Brandlegung – noch auf andere Art und Weise. – So wahr mir Gott helfe. Amen.«

Mit fester Stimme sprach der Hupfauf dem Baron die Schwurworte nach.

Berchem und der Kastner setzten sich wieder.

»Schiffmeister Hupfauf, Ihr habt vor Gott einen heiligen Eid geschworen oder einen verfluchten Meineid. Wenn Ihr vielleicht – was der Himmel verhütet haben wolle! – mich irdischen Richter getäuscht habt, den ewigen Richter täuscht Ihr nicht. Er ist es, in dessen heiligen Händen alle Fäden unseres Schicksals zusammenlaufen; er kann sie ziehen zu unserer Wohlfahrt und zu unserem Heile. Wenn wir ihm aber in die hochheiligen Hände gespien haben, – wie wird er dann die Fäden ziehen? – Geht heim und betet unterwegs ein Vaterunser für mich!«

Die Knechte führten die drei Leute hinaus; die schauten einander verstört an.

Auch die beiden richterlichen Herren erhoben sich. Berchem legte seinen Arm in den des Kastners und sagte: »Lieber Brandhueber, ich habe eine Schrift des Jesuiten Friedrich Spee gelesen. Der Mann hat an die dreihundert Hexen als Beichtiger auf den Scheiterhaufen begleitet. Er schreibt, daß keine einzige schuldig war, weil man alle Geständnisse unter der Folter erpreßt hatte. Wenn es einen Herrgott gibt – und es gibt einen! – dann wird er einen Meineidigen zu packen wissen!«

Ohne einen Blick auf den alten Kiehler und seine Tochter Uta zu werfen, schwang sich Wolf Hupfauf auf sein Roß und ritt, indem er das Tier hart in die Weichen trat, rasch zum Schloßhof hinaus.

Die beiden anderen mußten zu Fuß nach Reischenhart gehen. Kiehler hatte keinen Kreuzer Geld, so daß er sich nicht das kleinste Mäßlein Wein vergönnen konnte. Mißmutig schnauzte er die Tochter an, nannte sie ein liederliches Mensch und meinte: »Euch zweien werd ich schon noch einheizen, das schwör ich euch – und das ist kein Meineid!«

Der Wappenbrief

Eine Zeitlang wurde in Rosenheim noch über die Vorgänge beim Pflegsgericht am Schloßberg gesprochen, soweit man überhaupt etwas wußte. Bald aber hatte sich die Anteilnahme verloren, und Ruhe kehrte wieder ein, zumal es auf den Winter zuging.

Johann Rieder brauchte länger, um über die Ereignisse hinwegzukommen. Wie übel hätte alles ausgehen können, wenn der Baron von Berchem nicht gewesen wäre! Er läge vielleicht jetzt droben im Verlies mit zerschundenen und zerzerrten Gliedern, vielleicht sogar schuldig gesprochen, weil er die Qualen nicht ausgehalten und etwas gestanden hätte, was gar nicht geschehen war. Denn bei aller seiner sonstigen Kraft war er im Ertragen von Schmerzen kein Held. Er dachte auch viel über den Wolf Hupfauf nach und über das, was da ans Tageslicht gekommen war. Seit dem Leichenbegängnis des Klausners hatten sie nicht mehr miteinander gesprochen. Sollte er von sich aus einlenken? Oder sollte man den so vielfach Bloßgestellten nicht lieber in Ruhe lassen, bis die ganze Geschichte in Vergessenheit geraten wäre? Freilich, wenn das Gemunkel vom Meineid stimmte, dann würde es zwischen ihnen nie mehr jenes feine Verstehen geben, das einmal da war und beide so beglückt hatte!

Der von Berchem hatte während der Wintermonate seine Beziehungen nach Wien benützt, um für Rieders Standeserhöhung etwas zu tun. Es wurde ihm aber mitgeteilt, daß ein Adelsprädikat vorläufig noch nicht erteilt werden könne. Man werde sich aber mit dem kaiserlichen Hofpfalzgrafen, der zu Weichs an der Glonn seinen Sitz hatte, verständigen und dann dem Willen der Frau Kurfürstin gerecht zu werden versuchen.

Wie alles, was die Wiener Hofkanzlei bearbeitete, zog sich auch dieses Verfahren zäh und schleppend dahin, bis in den August 1671.

Da aber erhielt – es war unter dem 5. dieses Monats – Johann Rieder vom exzellenten Herrn Johann Baptist Carl, kaiserlichem Hofpfalzgrafen, päpstlichem Protonotar und Dechanten von Weichs, dieses mit grünem Lack gesiegelte Schreiben:

»Die kaiserliche Hofkanzlei in Wien an den Hof- und Leibschiffmeister des Herrn Kurfürsten von Bayern, den Bürger des Äußeren Rates zu Rosenheim am Innfluß, den Getreidehändler und Weingastgeb daselbst, Johann Rieder. – Lieber Getreuer! Unseren besonders gnädigen Gruß zuvor! Weil Wir erfahren haben, wie sehr du dich im Dienste Unseres Herrn Kurfürsten von Bayern sowohl als auch in der Mitverwaltung des Gemeinwesens deiner Heimatstadt Rosenheim und in der Führung deines eigenen Hauswesens bewährt hast, und weil Wir nichts höher achten als edle Bürgertugenden, so erteilen Wir dir für dich und deine Nachkommen zur Mehrung deiner Verdienste und zur Bereicherung deines Namens diesen Wappenbrief mit folgendem Wappen:

In blau ein roter Balken, von zwei roten Rosen begleitet. Im Balken ein schreitender goldener Löwe. Auf dem Helm mit blau-rot-goldenem Bund zwischen blau-rot übereck geteiltem Flug der Löwe wachsend. Die Decken blau-gold und rot-gold.

Wir erwarten, daß ihr – du und die Deinen – euch dieser Unserer Ehrung würdig erweist, und bleiben euch zu Gnaden!«

Diesem Briefe lag, auf Pergament gemalt, das beschriebene Wappen bei. Die Aufforderung zur Zahlung einer Anerkennungsgebühr von neunzig Gulden war auf einem besonderen Blatt beigefügt.

Große Freude erfaßte die Angehörigen der Riederschen Familie, als er mit dieser Botschaft von Starnberg her zu einem kurzen Besuch in die Wiesengasse kam. Die Kurfürstin hatte ihm mit dem Glückwunsch einen Tag Urlaub gewährt, hatte ihn auch ersucht, das Töchterchen wieder mitzubringen, weil sich der Prinz im vergangenen Jahr mit der »zarten Baumnymphe« – wie er sie zu nennen pflegte – so gut unterhalten hätte.

Magdalena, die inzwischen ein Jahr lang den Französischlehrer besucht hatte, brannte darauf, die erworbenen Kenntnisse zu verwerten.

Nach einer kurzen Rücksprache mit Barbara rief Rieder die beiden angeheirateten Mädchen zu sich und fragte sie, ob sie damit einverstanden wären, wenn sie von nun an nicht mehr den Namen Cronperger, sondern seinen Namen führten. So würden sie das Recht erhalten, das Riedersche Wappen zu tragen. Salome meinte darauf, sie hätte diesen Wunsch schon lange gehegt; sei es ihr doch mehr als seltsam erschienen, daß sie beide den Namen des toten Vaters und nicht den der lebenden Mutter trügen.

Darauf begab sich Johann Rieder zum Dekan Simon Doll und bat ihn, im kirchlichen Geburtenbuch die Überschreibung vorzunehmen. Der geistliche Herr freute sich mit ihm über die große Ehrung, die ihm durch den Wappenbrief zuteil geworden war, unterließ es aber nicht, vor Neidern und Mißgünstigen zu warnen, die jetzt wie Pilze aus dem Boden schießen würden. Bescheidene Zurückhaltung und freundlicher Umgang seien jetzt allen Riederschen, vor allem aber den jungen Damen, zu empfehlen; denn den Hoffärtigen entziehe Gott die Liebe der Menschen. In den stillen Gassen des Marktes seien schon Gerüchte hörbar geworden, es könne nicht mit rechten Dingen zugegangen sein, daß ausgerechnet ein Landesfremder zum Leibschiffmeister des Herrn Kurfürsten ernannt worden sei. Es gebe doch den ganzen Inn entlang viele Meister, die älter seien und über eine weit größere Erfahrung verfügten als er. »Und Ihr wißt, Rieder, die Lästermäuler machen aus Mücken Elefanten; Ihr dürftet ihnen also nicht einmal Mücken liefern, wenn Ihr ungeschoren bleiben wolltet! Um des lieben Friedens willen enthaltet Euch also jeglicher Aufgeblasenheit; sie werden Euch trotzdem noch genug verlästern!«

Daheim gab Rieder die Worte des Geistlichen seinen Familienmitgliedern kund. Darauf fragte ihn Salome, ob sie sich denn nicht das Wappen in ihre Bettwäsche sticken dürfe; das kriege ja sowieso kein anderer zu sehen als der Kaspar.

Da schüttelte er lächelnd den Kopf und meinte: »Wenn's euch einen ruhigeren Schlaf schenkt, dann in Gott's Namen!«

Am Abend folgte die große Überraschung: Wolf Hupfauf betrat zum ersten Male das Riedersche Weinhaus.

Johann, der erst am nächsten Morgen wieder nach Starnberg zurückkehren mußte, freute sich sehr. Wolf war also doch nicht so schlecht, wie sie ihn in den letzten Monaten hingestellt hatten! Vielleicht hatten ihm die Gehässigen den Meineid auch nur angedichtet, denn die brauchen immer jemanden, den sie durch ihre Hechel zerren können. Vielleicht war er aber auch zum alten Kameraden zurückgekommen, weil ihn etwas bedrückte, das er loswerden wollte.

Er widmete sich ihm deshalb mit ausgesuchter Freundlichkeit, setzte sich zu ihm und redete mit ihm über die Geschäfte, die Frau und die Kinder. Dem Gespräch über die Frau wich Wolf aus. Von seinem Ältesten, der ins Neunzehnte ging, berichtete er, daß er sich meist in der Rattenberger Gegend herumtreibe, weil er dort ein Mädchen habe. Was aber die Geschäfte beträfe, so habe sich da weiter nicht viel geändert, es sei denn – und das wisse ja der Rieder selber –, daß man mit dem ungarischen Getreide kaum mehr rechnen könne, weil die Türken, die den größten Teil des Landes besetzt hätten, eine rücksichtslose Ausbeutung betrieben.

Verwunderlich war, daß sich der Hupfauf nicht umgekehrt auch nach Rieders Werkeln und Wabern erkundigte. Doch Johann verstand das; denn sicherlich hatte der andere die Eifersucht noch nicht überwunden, zumal seit die Ernennung zum Hof- und Leibschiffmeister im Inntal allgemein bekannt geworden war.

Schließlich meinte der Hupfauf: »Daß du überhaupt in der

Jahreszeit daheim bist? Hab gar net vermutet, daß ich dich antreffen könnt.«

Das erschien dem Rieder merkwürdig; denn wozu war er dann gekommen?

»Hättest vielleicht mit der Barbara was zu bereden gehabt? Ich kann sie dir schon rausholen!«

»Zu bereden hab ich zwar nix, aber gesehn hätt ich sie schon gern, wenn's euch nix ausmacht!«

»Was soll's denn ausmachen, wo wir uns schon so lange nit getroffen haben! Ich hol sie gleich!«

Rieder ging ins Wohnhaus. Er teilte Barbara seine Freude über den überraschenden Besuch mit und daß der Hupfauf auch sie gern gesprochen hätte. Er bat sie aber, den Goldring mit dem großen Amethyst abzulegen, weil das den Neid nur schüren könnte; es genügten schon die schweren Ohrgehänge.

Barbara strahlte sehr viel natürliche Anmut aus. Beschwingt setzte sie sich an Wolfs Seite und fing nun auch ihrerseits an, sich nach Frau und Kindern zu erkundigen. Doch Johann nahm dem Hupfauf die Antwort vorweg, weil er ihn nicht wieder in Verlegenheit sehen wollte, und erzählte seiner Frau von Wolfs Ältestem, daß er möglicherweise ins Tirol hineinheiraten werde: »So kommt's halt im Leben: Der Tiroler findet sein Weib heraußen, und der Bayer sucht sich das seine drinnen!«

Nun begann auch Wolf zu erzählen: Neulich sei er in Wien gewesen. In der Leopoldstadt sei gerade jetzt ein Zuchthaus errichtet worden für Bettlerinnen, Kupplerinnen, Diebe und Waisenkinder. Und was sich erst auf den Basteien tue! Die Offiziere der Stadtwache seien wegen ihrer miserablen Entlohnung gezwungen, auf den Wällen Dirnenwirtschaften zu gründen, weil sie sonst außerstande wären, daheim Weib und Kind zu ernähren. Und der Kaiser? Ja, der habe ihnen das auf der einen Seite verboten, und zwar mit aller Strenge, auf der anderen Seite jedoch lasse er diesen Offizieren gleichzeitig huldreich die Schanklizenzen erteilen.

Und mit fieberhaftem Eifer fuhr der Hupfauf fort: »Bei uns in Bayern ist's ja net viel besser! Denn was sich da am Münchner Hof für Gesindel herumtreibt und was sich in den

Sommermonaten auf dem Würmsee tut – nun, Johann, du mußt's ja wissen, du gehörst doch zu dieser Hofgesellschaft!«

Der Wein tat seine Wirkung; der Schiffmeister wurde angriffslustig.

Rieder wollte keine Verstimmung aufkommen lassen und erwiderte zurückhaltend: »Unsereins erfährt nit viel vom Hofleben. Und außerdem wickelt sich dieses Hofleben ja nit auf dem Bucentaurus ab, sondern in München; und dort hab ich keinen Einblick.«

»Brauchst net so g'schamig tun, Johann! Jeder weiß doch, daß du drauf und dran bist, die kleine Cronpergerin an einen Höfling zu verkuppeln. 's Deandl hat ja schon französisch lernen müssen!«

»Von müssen ist nie nit die Red gewesen, Wolf! Unsere Magdalena hat's selber gewollt.«

»Genau wie die Mutter!« Mit Bitterkeit rieb er diesen Satz der Barbara hin und fuhr fort: »Nur hat halt die keinen Höfling net kriegt! Denn das mit dem Wolfswiesen, das hast du ihr ja verhunzt!«

»Was soll das heißen? Du bist doch hoffentlich nit zu uns gekommen, um uns deine Grobheiten ins Gesicht zu sagen!«

»Es sind doch keine Grobheiten net! Es ist doch so gewesen! Oder glaubst du vielleicht, die Leut wissen net, wie sie den Cronperger – Gott hab ihn selig! – hinters Licht geführt hat? Der arme Hund hat sich keinen anderen Rat net gewußt, als ins Wasser zu gehn – vor lauter Schand!«

Da fuhr der Rieder auf, und die Barbara zog sich rasch zurück. Schwerfällig erhob sich auch der Hupfauf. Mit geballten Fäusten und zitternden Kinnladen standen sie – nur durch den Tisch getrennt – einander gegenüber.

In diesem Augenblick hörte man durch das Fenster von der Gartenseite her einen dumpfen Fall und einen fürchterlichen Schrei. Zugleich erkannte man draußen einen flackernden Feuerschein.

Johann Rieder wandte sich vom Hupfauf ab und stürzte hinaus in den Garten. Da lag jemand bewegungslos am Boden und winselte, während Jaromira bemüht war, die lange Dachleiter aufzustellen. Über der Traufe, dort wo die Schindeln beginnen, loderte bereits ein heller Brand.

»Holt Wasser!« schrie die Zigeunerin und kämpfte immer noch mit der schweren Leiter.

Johann sprang hinzu und stemmte mit, so daß die Leiter unmittelbar neben dem Feuer an die Traufe traf. Da kam auch schon die Barbara mit zwei Kübeln voller Wasser. Er packte einen und eilte die Sprossen hinauf. Es zischte, als das Wasser auf den Brandherd kam, und eine Dampfwolke sprühte auf. Johann erkannte, daß er erst diesen Herd zerstören mußte.

»Eine Gabel!« rief er.

Und schon reichte ihm die Zigeunerin die lange Heugabel hinauf.

Er fuhr damit in den Brandherd hinein und gewahrte, daß da etwas zwischen den Schindeln und der Traufe steckte, etwas, das mit Gewalt hineingepreßt worden war. Er stocherte weiter. Langsam löste es sich. Schließlich konnte er es herauszerren. Wie eine Feuergarbe fiel es an der Hauswand hinab. Es war ein Bündel Werg, fest zusammengeschnürt und mit Pech übergossen.

Nun waren auch die anderen Gäste aus dem Weinhaus herzugekommen. Eine zweite und eine dritte Leiter wurden herangebracht, und die Männer stiegen hinauf und reichten einander die Wassereimer. Der Türmer von Sankt Nikolaus läutete die Feuerglocke. Die Gassenpolizei eilte herbei, als aber die vielen Männer mit den ledernen Löscheimern aus dem Feuerhaus erschienen, war vom Brand nichts mehr zu sehen; nur der Geruch von dem frischen Kienholz der verbrannten Schindeln breitete sich aus.

Inzwischen hatten sich auch einige des am Boden liegenden Mannes angenommen und hatten ihn behutsam ins Weinhaus hineingetragen. Es war der Gerichtsprokurator Wolf Pernlochner. Er stöhnte unaufhörlich, war aber nicht bei Besinnung.

Da kam Doctor Malachias Geiger. Der alte Mann war schon recht gebrechlich. Er fuhr dem Pernlochner vom Nacken aus unter die Schultern und sagte darauf: »Dem ist das Kreuz gebrochen!«

»Wird er's überdauern?« fragte einer aus der Runde.

Der Doctor befühlte die Schlagader und horchte das Herz ab: »Wenn er das Morgengrauen erlebt, ist alles beieinand!«

Das Weinhaus hatte sich jetzt ganz gefüllt. Selbst die von der Gassenpolizei saßen mit unter den Gästen und ließen sich den vom Rieder als Dank für die Löscharbeiten oder zumindest für den guten Willen gestifteten Wein schmecken. Alle besprachen die Frage: Was hat der Pernlochner in Rieders Garten hinter dem Weinhaus in der finsteren Nacht zu tun gehabt, und was ist ihm da passiert? Und ein paar andere setzten die Frage daran: Wer hat das gepechte Werg unter die Dachschindeln geschoben?

Plötzlich meinte einer, ein Schiffmann aus Happing: »Was das Werg angeht, so könnt vielleicht der Meister Wolf Hupfauf etwas wissen! Wo ist er denn? Er war doch vorhin da!«

Alle schauten umher, aber der Gesuchte war nicht mehr unter ihnen.

»Wieso soll der Hupfauf was wissen?«

»Vor etlichen Tagen hab ich gesehen, wie der Pernlochner von der Schopperstatt zu Altenmarkt einen Bund Werg geholt hat; es könnt freilich auch Moos gewesen sein. Hab mir auch noch gedacht: Zu welchem End braucht denn das Rosenheimer Marktgericht Werg? Und die Schopperstatt gehört dem Hupfauf.«

Da wurde es mit einem Male still im Weinhaus. Der Doctor hatte dem Pernlochner ein Augenlid hochgezogen und gesehen, daß das Auge gebrochen war. Halblaut, fast wie vor sich hin, sagte er: »Herr, gib ihm die ewige Ruh!« – Erst schüchtern, dann aber fest, antworteten alle: »Und das ewige Licht leuchte ihm! Herr, laß ihn ruhen in Frieden! Amen.«

Sie holten ein Brett von Rieders Holzplatz, legten den Toten darauf und trugen ihn beim Schein einiger Laternen durch die Nacht auf den Gottsacker. Denn der Pernlochner hatte daheim weder Frau noch Kind.

Lange nach der Mitternacht, als das Weinhaus schon längst von allen Gästen verlassen worden war, saßen die Riederschen noch in der großen Stube beisammen. Sagte Jaromira: »Hab nicht gewollt, daß er tot wird. Aber als er hoch auf Leiter stand und gerieben hat Zunder, da hab ich mit Heugabel Leiter umgestoßen; war aber schon zu spät . . .«

Bei der »liabwoanaten« Frau vom See

Man war nach Schloß Berg gefahren.

Ferdinand Maria hatte den Park vergrößern und von französischen Gärtnern bestellen lassen. Heute wurde er besichtigt. Man bewunderte die Anlage und belobigte die Gestalter, besonders rühmte man die Reitwege. Der Prinz entschied sich denn auch sofort, zu bleiben, denn im Reiten konnte es der Zehnjährige mit jedem Erwachsenen aufnehmen.

Marquis de Beauveau, sein Hofmeister, ließ aus einem Beischiff des Bucentaurus die Reitpferde an Land bringen: Für den Prinzen, für sich, für Herrn Corbinian Prielmayer, für den Baron von Berchem und für —

»Für Unsere vier Kavaliere bitte nicht«, bat Max Emanuel, »dafür möchten Wir, daß Uns die Schiffmeisterstochter begleitet!«

Ein Boot holte Magdalena herbei; sie hatte sich bei ihrem Vater auf der Brücke des Prunkschiffes aufgehalten. Man gab ihr eine siebenjährige Rappenstute, das zahmste unter den Reitpferden. Die beiden Kinder ritten voraus, in gemessenem Abstand die drei Hofherren, weiter hinten fünf Reitknechte.

»Eure Kavaliere werden böse sein auf mich, Prinz, wenn Ihr sie meinetwegen immer wieder abhängt.«

»Könnt Ihr Euch vorstellen, Madelaine, daß sie mir manchmal auf die Nerven gehen, und zwar sehr!«

»Vorstellen schon; aber für Euren Stand gehört sich das nun einmal so. Laßt noch ein paar Jahre vergehen, dann werdet Ihr gezwungen sein, mich abzuhängen!«

»Glaubt Ihr das wirklich, Madelaine?«

»Das glaube ich nicht bloß, sondern das ist sicher! Ihr seht doch selber, welch noble Herren und Damen um Eure Eltern herum sind; und genau so wird das einmal bei Euch sein.«

»Wenn ich aber nicht will?«

»Ihr werdet müssen!«

»Darüber wollen wir sofort mit dem Hofmeister reden!«

Max Emanuel hielt seinen Falben an und wandte sich seitlich; Magdalena hielt zu seiner Rechten.

Die drei Herren näherten sich.

Dann standen sie zu fünft im Kreise.

»Marquis, wird einmal die Zeit kommen, wo Madelaine nicht mehr mit Uns reiten darf?«

»Was für eine seltsame Frage, mein Prinz?«

»So gebt Uns doch bitte eine Antwort!«

»Es ist nicht in Abrede zu stellen: die Zeit wird kommen, es sei denn, daß der Kaiser die Demoiselle Madelaine in den Adelsstand erhebt.«

»Kann das Unser Herr Vater, der Kurfürst, nicht?«

»Er kann es auch; es müßten aber entsprechende Verdienste aufgezeigt werden, weil sich sonst die Demoiselle in den Kreisen des sehr honorigen bayerischen Adels nicht behaupten könnte – vor lauter Eifersucht nämlich.«

Da fragte Magdalena: »Herr Marquis, welcher Art müßten denn diese Verdienste sein?«

»Das wollen wir gern erklären; aber reiten wir doch weiter!«

Die Herren nahmen die Kinder in ihre Mitte. In langsamem Schritt ritten sie dahin.

»Verehrte Demoiselle«, nahm der Marquis das Wort wieder auf, »wir drei Männer hier können Euch als Beispiel dienen, wie es zu einer Standeserhöhung kommt. Mein gottseliger Vater war, obwohl nur schlichter Kammerdiener, ein Günstling der Maria Medici. Herr von Prielmayer hat sich das Prädikat durch seine Klugheit und Weisheit als Instruktor erworben, und Herr von Berchem durch seinen Charakter, seinen Fleiß und sein Geld.«

»Da kann mein Vater freilich nicht mithalten, obzwar er auch klug und fleißig ist«, meinte Magdalena.

»Redet nichts gegen Euren Vater, verehrte Demoiselle, denn er hat schon ein Wappen erhalten. Der erste Schritt nach oben ist getan.«

Da fragte der Prinz: »Wie lange kann das noch dauern, Marquis? Denn mittlerweile könnte die Zeit kommen, und dann dürfte Madelaine nicht mehr mit Uns reiten.«

»Wie lange, mein Prinz? Wer vermöchte darauf zu antworten!«

»Und wenn Wir Unseren Herrn Vater darum bitten, mit Madelaine eine Ausnahme zu machen?«

»Er wird es nicht dürfen, mein Prinz! Denn die Gesellschaft, in der wir leben, hat sich im Laufe von Jahrhunderten Gesetze gegeben, über die sich niemand ungestraft hinwegsetzen darf; dabei mag es dahingestellt bleiben, ob diese Gesetze immer sinnvoll sind.«

»Im Gegenteil, mein Prinz«, warf Berchem dazwischen, »man kann sagen, daß diese Gesetze bisweilen ein handfester Stiefel sind. Aber sie sind mit uns gewachsen, und wir bewegen uns in ihnen wie in der Luft, die wir atmen. Nimmt uns einer die Luft weg, ersticken wir.«

Nach einer nachdenklichen Weile fragte Max Emanuel: »Sind dann die Gesetze mehr wert als die Menschen?«

Mit einem fast feierlichen Gesicht erwiderte Herr von Prielmayer: »Mein Prinz, mit dieser Frage habt Ihr mehr Geist und Herz bewiesen als mancher, der am Throne sitzt! Doch Ihr müßt warten, bis Euch das künftige Leben Eure Frage beantwortet. Vielleicht habt Ihr einmal die Kraft, Eure Hand ans Gesetz zu legen. Francesco Borgia, der Vizekönig des spanischen Reiches, in dem die Sonne nicht untergeht, besaß diese Kraft: Er verzichtete auf alles und wurde ein schlichter Jesuit. Der Verzicht ist nämlich auch eine Art, das Gesetz zu überwinden, – merkt Euch das, Ihr zwei lieben Kinder!«

Entgegnete Max Emanuel: »Prielmayer, Ihr seid mein zweiter Vater. Wäret Ihr doch mein erster!« –

Inzwischen war die Garteninspektion auf Schloß Berg beendet, und die Herrschaften verfügten sich wieder auf den Bucentaurus. Der schwenkte alsbald um und nahm Richtung auf Bernried, das Augustinerkloster am jenseitigen Ufer des Würmsees. Der dortige Propst, der fromme und demütige Johann Riedl, hatte seit geraumer Zeit um den Besuch des Kurfürstenpaars gebeten. Er wollte ihnen zeigen, welch herrliche Bauten aus den Geldern, die sie und vor allem die Kurfürstin-Mutter Maria Anna dem verarmten Kloster gestiftet hatten, bis zur Stunde entstanden waren.

Der Kurprinz befand sich jetzt mit seinen Begleitern vor Assenbuch. Er schlug einen schärferen Ritt vor, weil es doch möglich sein müßte, noch vor dem Bucentaurus in Bernried einzutreffen, wenn man den geradesten Weg über Ammerland und Seeshaupt einschlüge.

Fürsorglich fragte der Marquis: »Ob unsere Demoiselle Madelaine einen scharfen Ritt mitmachen kann?«

Lächelnd erwiderte Magdalena: »Ihr seid liebenswürdig um mich bekümmert, Marquis, aber Ihr wißt doch, daß ich mit meinem Vater jedesmal von Rosenheim her- und wieder dorthin zurückreite; und das ist vielleicht siebenmal so weit.«

»Excusez!« sagte der Marquis und gab dem Roß die Sporen.

Als sie in Bernried ankamen, hatten die hohen Herrschaften das Schiff bereits verlassen und waren unter festlichem Gepränge vom Propst und seinen Mönchen in das Chorherrenstift eingeführt worden.

»Sind wir also doch zu spät gekommen!« meinte der Kurprinz.

»Das ist nicht weiters schlimm«, entgegnete Corbinian Prielmayer, »dafür wollen wir der ›liabwoanaten Frau vom See‹ einen kurzen Besuch abstatten.«

Fragte der Marquis: »Was heißt das: ›liabwoanat‹?«

»Das will etwa soviel besagen wie ›schönweinend‹. Dort an der Mauer unter den Bäumen seht ihr eine unscheinbare Tür, die in den Turm führt. Dort drinnen haben sie die kleine Seekapelle errichtet zur Aufbewahrung eines Bildstocks der schmerzhaften Mutter, der in dunkler Vergangenheit während einer Sturmnacht hier angeschwemmt wurde. Fischer haben dann die Pieta in einer Mauernische geborgen; dabei soll die hehre Frau Tränen des Dankes geweint haben. Darum ›schönweinend – liabwoanat‹. Versteht Ihr das, Marquis?«

»Ich danke Euch, Prielmayer! Und wäre es auch nur eine Legende, dann ist sie so schön – oder ›liab‹ – wie die Tränen!«

Die beiden Kinder hatten dem Bericht des würdigen Instruktors gelauscht und folgten ihm nun hin zur Kapelle, während die Reitknechte die Pferde übernahmen. Er öffnete ihnen die knarrende Tür. Sie traten ein.

Da stand das Bild auf einem Altärchen, ein dicker Strauß Feldblumen davor. Die Möche hatten auch einen Betschemel hingetan, wohl für die Fischersleut und die vorbeiwallenden Bauern. Max Emanuel ergriff Madelaine sanft am Arm und kniete sich mit ihr dort nieder. Und beide schauten der Mutter Gottes in die Augen, ob es ihr nicht gefiele, wieder zu weinen.

Sie weinte nicht, und der Prinz war ein wenig enttäuscht. Der feinsinnige Prielmayer erkannte das und meinte: »Man wird es der erhabenen Frau nicht verargen dürfen, wenn sie nicht weint, wenn es uns beliebt; bitten wir sie, daß es ihr belieben möge, uns zu erhören, wenn wir in Not sind! Ihr seid aber doch nicht in Not, mein Prinz?«

»In Not nicht, Baron Prielmayer! Oder sind wir in Not, Madelaine, Ihr und ich?«

Magdalena schaute ihn an: »Prinz, Ihr werdet Euch doch nicht schon jetzt darüber Gedanken machen, daß wir eines Tages nicht mehr miteinander ausreiten dürfen!«

»Könnt Ihr, Madelaine, Euren Gedanken befehlen?«

»Ich kann's nicht. Ich brauch's auch nicht zu können. Aber Ihr müßt's können, denn Ihr sollt einmal ein großer Fürst werden und das ganze Volk der Bayern regieren. Dann müßt Ihr an ganz andere Dinge denken als an die Madelaine Riederin aus Rosenheim!«

»Es scheint, Ihr mögt mich nicht mehr!«

»Freilich mag ich Euch! Aber diese wehleidige Miene mag ich nicht! Da seht Ihr aus, als hätten Euch die Hühner das Brot weggefressen.«

Er verzog die Lippen zu einem leichten Lächeln und sagte: »Böse Madelaine!«

Dann winkte er den Reitknechten . . .

Als das Fürstenpaar das wiedererstandene Chorherrenstift betrachtet und im Kreise der Mönche einen Willkommwein getrunken hatte – nicht ohne noch eine Gabe für die Beschaffung einer Monstranz in die Hände des Propstes gelegt zu haben –, begaben sich alle wieder auf den Bucentaurus und kehrten nach Starnberg ins Schloß zurück.

Die Herrschaften hatten das Prunkschiff verlassen.

Wegen des lauschigen Abends wollten sie einen Spaziergang zum Schloß hinauf genießen und verzichteten darum auf Roß und Wagen.

Der Kurprinz hatte sich mit einem Handkuß von seiner »zarten Baumnymphe« verabschiedet und war dem Hofmeister Marquis de Beauveau gefolgt. »A demain! – Bis morgen!« hatte er ihr noch zugerufen, als er bereits am Ufer stand. Baron von Prielmayer schritt hinter dem Prinzen drein, denn der hatte heute noch eine Stunde griechische Geschichte zu absolvieren. Baron von Berchem dagegen befand sich immer noch auf der Galerie des Schiffes und murkste an seinem Stiefelzeug herum, denn es war kein kurfürstlicher Trabant mehr da, der ihm hätte behilflich sein können.

Johann Rieder beobachtete ihn eine Weile von der Steuerbrücke herab und rief ihm dann zu: »Geduldet Euch ein Momenterl, Baron, ich komm gleich!« Als das Schiff fest verankert und das Takelwerk ordentlich vertäut war, eilte er die Treppe hinab. Magdalena folgte ihm.

Berchem aber war bereits mit seiner Reparatur fertig, als die beiden zu ihm hinkamen.

»Habt Ihr heute abend noch etwas vor?« fragte er den Schiffmeister.

»Wüßt nit, was, Baron!«

»Dann gehe ich mit Euch auf Eure Brigantine; tät gern eine Stunde verplaudern!«

»Wollt Ihr nit mit uns essen, Baron? Denn viel besser als auf dem Kuchelschiff wird droben im Schloß auch nit gekocht!«

»Das ist ein guter Gedanke, Rieder! Gehen wir!«

In diesem Jahr wohnte der Leibschiffmeister nicht mehr in jenem Nebenhaus des Schlosses, sondern hatte sich zwei Kabinette auf einem der neun prächtigen Begleitschiffe ausbedungen, die man Brigantinen nannte, weil sie außerordentlich wendig waren, ähnlich wie die Seeräuberschiffe. Weil die Mannschaft nur immer stundenweise von den Schiffen gehen durfte, mußte das Kuchelschiff ständig besetzt sein.

Als sie zu dritt gegessen hatten, zog sich Magdalena in ihr kleines Kabinett zurück, um – wie gewöhnlich – auf der Harfe zu spielen. Rieder und der Baron begaben sich nach vorne auf das Verdeck, wo eine Art Laube errichtet war, und setzten sich in die Stühle aus Weidengeflecht.

»Hättet Ihr etwas dagegen, Meister Rieder, wenn ich eine Pfeife Tabak trinken tät?«

»Im Gegenteil! So habe ich wenigstens die Gelegenheit, dieses Tabaktrinken, von dem man soviel hört, einmal augenscheinlich wahrzunehmen.«

»Und zu riechen! Leider darf man's in der Öffentlichkeit nicht!«

»Es soll ja sogar eine Regierungsverordnung darüber ergangen sein –«

»Was ich – unter uns! – für einen Unsinn halte!«

»Ich kann da bedauerlicherweise nit mitreden.«

»Versucht es halt!«

»Warum auch nit!«

Berchem zog aus einem Lederbeutelchen zwei Tabakpfeifen hervor. Eine reichte er dem Rieder.

»Seht Ihr, Meister, das ist eine Pfeife. Es ist ein Instrument aus Gips. Hier in dieses Töpfchen schüttet man nun ein Quantum Tabak. So!«

»Das ist der Tabak, Baron? Sieht aus wie Sauerkraut!«

»Richtig, Meister! Und jetzt nehmt das Töpfchen in die Hand und zieht an diesem dünnen Röhrchen, als wolltet Ihr Luft einholen; währenddessen setze ich mit einem Fidibus den Tabak in Brand. Ihr müßt aber schluckweise ziehen und dann den Rauch, den Ihr in den Mund bekommt, ebenso schluckweise wieder ausstoßen! Habt Ihr begriffen?«

»Setzt das Töpfchen ruhig in Brand, Baron, ich will schon schlucken!«

Die Prozedur begann. Der Fidibus flammte auf, der Tabak prasselte, und der Rieder schnappte wie ein Karpfen.

«Ihr dürft nicht so hastig und nicht so heftig schlucken, sondern ganz geruhsam muß das gehen!«

Aber das schluckweise Ziehen und schluckweise Ausstoßen wollte dem Rieder nicht ganz gelingen; manchen Schluck würgte er in den Magen hinunter, manch anderen sog er in die Luftröhre hinein, so daß ihn ein mächtiger Husten befiel.

«Nur nicht den Mut verlieren, Meister Rieder! Auch das Tabaktrinken will gelernt sein!«

Während er so redete, setzte der Baron die eigene Pfeife in Brand. Johann sah, mit welch souveräner Gelassenheit er den blauen Rauch gleich einem Strahl aus dem Munde blies; dabei redete er ganz ruhig, so daß es den Anschein hatte, als ob er des Tabaktrinkens gar nicht gedächte. Nun ja, sagte sich der Rieder, er ist eben schon erfahren und geübt!

»Meister Rieder«, begann nun Berchem, »verübelt mir nicht, was ich Euch jetzt sagen will! Ihr solltet nicht ohne Bedenken den Kurprinzen mit Eurem Töchterlein umgehen lassen! Denn wenn auch der Knabe erst seine zehn Jahre zählt – er stammt von einer welschen Mutter und ist der Zeit des Reifwerdens vielleicht näher als das Mächen. Ich sehe das Spiel seiner Augen; und weil darin kein Falsch ist und keinerlei Maskierung, erkenne ich, wie sehr er, der Unschuldige, bereits Witterung aufnimmt.«

»Ihr wißt aber doch, Baron, daß es der ausdrückliche Wunsch der Frau Kurfürstin ist, wenn unsere Magdalena bei mir weilt!«

»Ich halte Euch nichts vor, Meister, Gott bewahre! Aber ich bitte Euch, meine Beobachtung zu bedenken! Euer Kind täte mir leid, wenn in ihm vor der Zeit etwas zerbräche. Denn Ihr werdet schon gewahr geworden sein, welcher Geist – oder Ungeist! – unter den Kavalieren und den Damen des Hofes herrscht. Und dieser Geist färbt auf den Prinzen ab. Es wäre an der Zeit, daß der Beichtiger ein aufklärendes Wort spräche, ehe der Knabe eine Zofe oder einen Kammerdiener befragt.«

Und nach einer Weile des Schweigens, während der die beiden Pfeifen wacker dampften, fuhr er fort: »Vielleicht solltet auch Ihr, lieber Meister, oder Eure Hausfrau dem Töchterlein sagen, wo die Glocken hängen; denn besser stellt man das

Alabastergefäß auf den breiten Tisch, ehe es von der zarten Säule herunterfällt!«

Da wurde dem Rieder auf einmal übel. Waren es die Worte des Barons, oder war es der getrunkene Tabak – er verspürte ein Sodbrennen und bekam Darmkrämpfe, und während er sich schleunigst zurückzog, überkam ihn eine Diarrhöe, daß ihm war, als verlöre er all seine Eingeweide.

Anderen Tags vermochte er nicht, sich aus dem Bett zu erheben, so daß der Bucentaurus an diesem Tage vor Starnberg liegen blieb. Der Hof war darob nicht ungehalten, denn es fegte ein erster Herbstwind über den Würmsee, und man erwog die endgültige Rückkehr in die Residenzstadt.

Im Klostergarten

Während der Wintermonate besuchte Magdalena Riederin zusammen mit dem Bruder Joseph abermals den Französischlehrer. Der war nicht wenig erstaunt über die Fortschritte, die das Mädchen im Umgang mit der Hofgesellschaft gemacht hatte.

Im Frühjahr heiratete Salome ihren Kaspar Huber und verließ das Elternhaus in der Wiesengasse. Es war keine glanzvolle Hochzeit, denn der Vater wollte bewußt vermeiden, daß gewisse Neider seinetwegen wieder ihre Schnäbel wetzten.

Eine Woche später trugen sie auch die alte Underseerin hinaus. Die treue Seele war in ihrer steten Geschäftigkeit abends eingeschlafen wie immer, nur am Morgen nicht mehr aufgewacht.

Johann hatte viel über Magdalena nachgedacht, hatte auch mit seiner Frau wiederholt erwogen, wie man eine mögliche Gefahr von dem Kind abwenden könnte. Barbara nahm die Sache nicht so ernst, sondern hielt ihre Tochter für zu vernünftig, als daß sie sich einer vollkommen abwegigen Hoffnung oder Erwartung hingeben würde. Johann glaubte freilich aus dieser Gleichgültigkeit zu erkennen, daß seine Frau im stillen dennoch mit dem Gedanken liebäugelte, das Mädchen einmal in einer gehobenen Stellung zu sehen; eine Sehnsucht, die ihr den Blick trübte. Von Barbara war also eine Aufklärung des Töchterleins nicht zu erwarten!

Von wem dann? –

Inzwischen war das Osterfest vorbei. Im Hause Rieder hatten alle die österlichen Sakramente empfangen, wie sich das in einer christlichen Familie schickt. Magdalena und der zwölfjährige Joseph strahlten jetzt übers ganze Gesicht, denn man fühlt sich befreit und abgeschirmt, wenn man eine ordentliche Beichte abgelegt hatte.

Die Freude wuchs, als der Vater ihnen mitteilte, daß er sie beide in den nächsten Tagen mit über Land nehmen wolle und auf einen langen Ritt, zu den gäubödischen Bauern. Dabei hatte er erwogen, der Malermönch Innozenz Metz in Prüfening könnte mit Magdalena reden. Er hatte ein lauteres Herz. Seine Worte konnten wie Perlen sein, die man auf eine schwarze Marmorplatte fallen läßt: klar und fein. Und er hatte gelitten, am Weibe gelitten, an jener Barbara Hacklin, die hart gewesen war und gediegen wie ein Demant, aus deren Armen der Mann nicht anders hervorgehen konnte als das Gold, das man im Schmelztiegel läutert. Bruder Innozenz würde die Worte finden, die an das reifende Kind gerichtet werden mußten!

Während das ganze Haus in Aufruhr war, während Barbara all die Vorbereitungen traf, die eben nur die umsichtige Hausfrau treffen kann, vernahm man das Gerücht durch die Gassen, der Kiehlersohn von Reischenhart, der Stotterer, habe sich erhängt. Und die Ursache vernahm man auch: Der Alte hätte ihn, sooft er daheim gewesen sei, geschunden und gedroschen und hätte ihm das Leben zur Hölle gemacht, so daß der arme Kerl, der wegen seines Fehlers die Fremde fürchtete, sich nicht mehr anders zu helfen gewußt hätte.

Obwohl alle den erbarmenswürdigen Selbstmörder bedauerten – sogar der Pfarrer von Kirchdorf –, so durfte man ihn dennoch nicht in die geweihte Erde des Gottesackers betten. Andererseits wollte man ihn auch nicht in die ungeweihte Erde zu den Ungetauften und den Räubern legen; der gute Junge hatte ja niemandem etwas zuleide getan. So blieb denn nichts anderes übrig, als ihn, so wie es seit alters am Inn Brauch und Sitte war, dem Fluß anzuvertrauen. Die Kiehlerin erbettelte sich im Kalkbruch zu Flintsbach ein Faß; dann falteten sie den Toten zusammen wie ein Blatt Papier, steckten ihn ins Faß und schrieben mit schwarzem Pech auf Deckel und Boden: »Laß rinnen! Laß rinnen!« wo immer das Faß hingeschwemmt wurde, dort nahm man eine Stange und stieß es in die Flut zurück; Gott, der Herr, würde sich seiner Leiche schon irgendwann und irgendwo erbarmen! –

Am Nachmittag des Weißen Sonntags ritt Johann Rieder mit seinen Kindern zum Wiesentor hinaus. Magdalena und Joseph saßen im Sattel, wie wenn sie hineingewachsen wären. Barbara begleitete sie bis vors Tor und winkte ihnen dann nach, solange sie den Staub unter den Hufen der Rösser gewahrte.

Wie schön war es doch, mit diesem Manne verheiratet zu sein! Er kannte in allen Dingen das gesetzte Maß. Er war besorgt um alle; an sich selber dachte er zuletzt. Freilich wickelte sich ein Gutteil seines Lebens und Wirkens auf dem Wasser ab, draußen in der Fremde. Und war er daheim, so trugen sie die Pflichten und Aufgaben des Ratsherrn an ihn heran; denn es ist nicht nur eine Ehre, im Äußeren Rat eines kleinen, aber blutvollen Gemeinwesens zu sitzen, es ist eher eine Plage. Aber alles das hatte ja die Barbara gewußt, als sie ihn zum Manne wollte. Sie durfte deshalb nicht ungehalten sein, und sie war es auch nicht. Nur ist es eben ein Gefühl der Leere, wenn man sieht, wie er, noch dazu mit den Kindern, fortzieht auf wer weiß wie lange. Walte Gott, daß sie gesund wiederkehren!

Abends kamen sie nach Attel und erhielten da vom Bruder Ökonom drei Gästezimmer zugewiesen. Die Mönche schätzten den Rieder immer noch. Obwohl er nur kurze Zeit in ihren Diensten stand, hatten sie ihm doch viel zu verdanken. Durch seine schwungvoll begonnene Tätigkeit waren sie aus dem wirtschaftlichen Elend herausgekommen, ebenso wie die Brüder in Rott. Der neue Abt, Engelbert Fischer, ließ es sich nicht nehmen, nach dem Abendessen die drei willkommen zu heißen. Er unterhielt sich mit dem Rieder auch über die Bauvorhaben, die ihm vor Augen schwebten: Der Konvent sollte mit Türmchen ausgestattet werden und so ein schloßähnliches Aussehen erhalten. Ein Schloß Gottes, und sie, die Mönche, Hofherren des Allerhöchsten!

Die Kinder, die der Unterredung beiwohnten, bewunderten den Vater: Wie angesehen er doch war! Und dabei gab er sich so bescheiden, so ganz ohne jenen Brustton in der Rede, der wie ein kalter Wasserstrahl wirkt! Ja, wenn er auch bloß aus einer Brauerei stammte – im Grunde des Herzens war er ein vornehmer Mann, ähnlich dem Baron von Berchem oder dem von Prielmayer oder auch diesem Abt Engelbert Fischer. Allein schon wie sie dasaßen, die beiden Männer, war der Bewunderung wert, gar nicht zu reden von der Liebenswürdigkeit ihrer Worte. Kein Wunder darum, daß sich sogar die Frau Kurfürstin zu ihm verhielt wie zu einem ihrer vertrauten Hofräte! In dieser Stunde gewannen die Riederkinder noch mehr Ehrfurcht vor ihrem Vater . . .

Anderen Tags ritten sie nicht nach Wasserburg, sondern über Gabersee, weil Rieder mit den Ökonomen der beiden Innklöster Gars und Au wegen Tauschhandels mit Getreide und Wein reden wollte. Die Augustinerchorherren dieser Konvente verstanden sich nämlich vortrefflich auf die Landwirtschaft und gewannen Jahr um Jahr ertragreiche Ernte an Weizen und Korn. Und weil sie es übernommen hatten, andere Klöster ihres Ordens im Kurfürstentum mit Südwein zu versorgen, bot sich hier dem wachen Handelsherrn Rieder eine günstige Gelegenheit, ihnen das Getreide für Tirol abzunehmen und im Gegenzug den feurigen Etschländer zu besorgen. Bisher hatte Wolf Hupfauf dieses Geschäft betrieben, war aber schon im letzten Jahr seinen eingegangenen Verpflichtungen nicht mehr nachgekommen, so daß sie sich jetzt an ihn gewandt hatten. Rieder wußte, daß sich dadurch die Spannungen zwischen ihm und dem einstigen Freund noch vergrößern würden. Andererseits glaubte er jedoch, den Wolf seit jener Nacht im Weinhaus dadurch hinreichend geschont zu haben, daß er von einer Untersuchung der Hintergründe des Dachbrandes abgesehen hatte. Und außerdem waren die Mönche zu ihm, nicht er zu ihnen gekommen.

Man war sehr bald handelseinig, und Rieder wurde mit den Kindern zur Nacht in Au eingeladen.

Joseph staunte über die großartige Klosteranlage, wo sich die weiträumigen Gebäude um drei Höfe gruppierten, nicht zu reden von der Kolonnade, die zur Linken in einen Prunkgarten führte, zur Rechten aber an einen umfriedeten Teich mit hochaufschießenden Wasserkünsten.

»Das ist welsche Art zu bauen«, sagte der Bruder Ökonom, als er die großen Augen des Buben sah, »die uns Bayern durch die Frau Kurfürstin vermittelt wurde. Und es darf wohl auch in einem Kloster, in dem gebetet wird, Gott durch herrliche Bauwerke geehrt werden! Denn auch wir Mönche sind Menschen, die durch das Schöne, das sie in dieser Welt sehen, leichter zum Schöpfer und Urgrund aller Schönheit emporgetragen werden. Merkt euch dies, meine lieben Riederkinder, was euch der alte Ökonom in Au sagt: Der Mensch soll sich zwar die Lieblichkeiten dieser Erde dienstbar und untertan machen, verachten aber und schmähen soll er sie nicht!«

Ihm erwiderte Magdalena: »Wie ist das aber, Bruder Ökonom? Jüngst bei der Osterbeichte hat mir der Kapuzinerpater in Rosenheim gesagt, ich solle meine Augen abtöten und niederschlagen, denn gerade durch die Augen gehe der böse Feind in mein Herz ein. Ihr redet ganz anders!«

»Liebe Tochter, nicht daß ich dem Pater widersprechen will, aber für den, der ein reines Herz hat, ist alles rein. Für den anderen freilich, in dessen Herzen der Böse schon etliche Schlupfwinkel gehabt hat, erscheint es geboten, scharfe Wachen an die Türen zu stellen, daß er nicht gar mit einer Herde anderer böser Geister wiederkommt; denn da könnte das Herz zwar willig, das Fleisch aber zu schwach sein. Ich glaube nicht, Tochter, daß du schon Wachen brauchst . . .«

»Gott geb, daß es so ist!« sagte der Rieder. Darauf wandten sie sich gemeinsam ihrer klösterlichen Herberge zu. –

Nach vielen Ritten quer durch den Gäuboden langten sie zu Anfang des Maimonats in Prüfening an. Bruder Innozenz empfing sie mit verdreifachter Liebenswürdigkeit, denn die Kinder waren ihm ebenso teuer wie der Vater. Er galt hier jetzt viel, weil die Bewunderung seiner Kunst auch in anderen Klöstern Wellen geschlagen hatte. Vom Vater Abt war ihm eine schier unbegrenzte Selbständigkeit eingeräumt worden; er brauchte nur das Amt des Sakristans in der Kirche zu versehen, wozu ihm ein eigener Blumengarten für die Ausschmückung der Altäre angelegt worden war. Diesen mußte er natürlich auch pflegen. Die übrige Zeit, die sich zwischen die festgesetzten Zeiten des mönchischen Stundengebets spannte, durfte er nach eigenem Gutdünken verwenden.

Während sich die Kinder in den Maienglanz des Blumengartens setzten, brachte Rieder beim Malermönch seine Bitte um ein paar aufklärende Worte für das Töchterlein vor und begründete diese Bitte mit den Beobachtungen des Barons von Berchem, die er beim Tabaktrinken auf der Brigantine mitgeteilt hatte.

»Ob ich das kann, Meister Rieder, weiß ich nicht. Sicherlich kann ich's nicht Aug in Aug. Ich bitte Euch darum, mir zu erlauben, daß ich das Mädchen male. Beim Malen könnte ich dann ein paar Worte nach Eurem Wunsche sagen.«

»Malt sie, lieber Maestro, denn ich glaube, ihr Gesicht ist die Leinwand wert!«

»Um dieses Angesichts willen wünschte ich in gold malen zu können!«

In den drei folgenden Tagen streiften Vater und Sohn durch die freie Reichsstadt Regensburg. Neben dem Dom waren es vor allem die handelsherrlichen Turmhäuser, die den Knaben entzückten, so daß er meinte: »Ihr seid doch auch ein Handelsherr, Vater, und nit der kleinste; warum baut Ihr uns in der Wiesengasse nit ein solchen Turm?« –

Bruder Innozenz war es vom Vater Abt erlaubt worden, die Magdalena Rieder in einem sonnigen Gästezimmer zu bewirten und im Blumengarten zu malen, drei Tage lang. Er hatte dem ehrwürdigen alten Mann das Anliegen des Riedervaters erzählt. Der Alte hatte mit einem traurigen Gesicht erwidert: »Gott segne deine Worte, lieber Bruder! Aber in der Verderbnis unserer Tage wirst du mit Worten allein den Teufel nicht abhalten, in die Seele des Mägdleins einzubrechen, namentlich wenn es sich unter Höflingen aufhält. Denn die Teufel, die um die Hütten unserer Bauern schleichen, sind zahme Hunde im Vergleich mit den höfischen; diese sind reißende Wölfe, gar wenn sie sich in den Prunkräumen der Residenz bewegen! Nein, nicht nur reißende Wölfe sind sie, sondern Zerberusse mit drei Köpfen, die Tag und Nacht lauern, alles Unschuldige zu verschlingen!«

Als Magdalena erfahren hatte, was der Bruder beabsichtigte, zog sie aus ihrem Fellsack das neue gelbe Gewand, das ihr die Nadelmeisterin zu Ostern genäht hatte, dazu das dunkelgrüne Schultertuch und den zarten, lichten Haarschleier. Das am Halse leicht ausgeschnittene Kleid war von einer breiten Bordüre gesäumt, darein die Meisterin einen blauen und zwei rote edle Steine getan hatte, die durch jeweils zwei Perlen abgesetzt waren. Diese Kleinodien hatte der Rieder schon Jahre zuvor beim Goldschmied Josef Eder in Rosenheim erstanden.

Es war ein sonniger Morgen, als der Mönch das Mädchen in den Blumengarten hinausführte. Sie schritt neben ihm wie eine Braut. Er ließ sie auf einer Steinbank Platz nehmen. Sie hatte die Fülle ihres braunen Haars mit dem Schleier hinten am Nacken gefaßt und über die linke Schulter hereingezogen; in einer feinen Welle flossen Haar und Schleier über den zarten Busen herab.

Bruder Innozenz stellte die Leinwand zurecht und griff zum Kohlestift. Magdalena schaute auf ihn.

»Signorina«, sagte er, »Ihr habt ein madonnenhaftes Gesicht.«

Da schlug sie die Augen nieder.

»Bleibt so, ich bitte Euch, bleibt mit diesen niedergeschlagenen Augen! Und neigt Euren Kopf zum Schleier hin!«

Sie tat, wie er geheißen.

Er legte Leinwand und Stift wieder zur Seite: »Darf ich Euch ein paar Blumen ins Haar stecken?«

»Tut doch, Bruder, was Ihr für gut haltet!«

Da ging er durch die zwei langen Blumenbeete langsam hin

und schnitt drei füllige Rosen ab. Ganz vorn am Ende des einen Beetes wußte er eine Lilie stehen. Als er hinkam, sah er jedoch, daß sie gebrochen war; das hatte wohl ein Vogel getan. Ein bißchen traurig darüber, zupfte er die drei herunterhängenden Blüten ab. Ein paar winzig kleine Näglein nahm er auch noch mit.

»Ich wollte Euch die Lilie in die Hand geben; sie ist aber gebrochen. So sollen jetzt die Blüten, zusammen mit den Rosen und den Näglein, einen Kranz bilden um Euer Haupt!«

Er steckte ihr die Blumen ins Haar. Das wurde aber nicht bloß ein Kranz, sondern eine Blütenkrone über der hohen Stirn des Mädchens, und bildete eine harmonische Ergänzung der edelsteinbesetzten Bordüre des Kleides.

»Wenn mir der liebe Gott die Hand führt, Signorina, dann habe ich noch nie etwas Lieblicheres gemalt!«

»Bruder Innozenz, Ihr redet fast wie die Herren bei Hofe: Immer nur bewundern und anhimmeln!«

Er ergriff Leinwand und Stift und redete weiter: »Das ist vielleicht Euer Schicksal, Signorina! Euch werden Menschen umringen und fesseln mit den stärksten und unzerreißbarsten Fesseln, die man anlegen kann: den Fesseln der Liebe. Und Ihr werdet Euch nicht wehren können. Denn seht, boshafte Menschen, die uns quälen und hassen, können wir abschütteln wie Regentropfen vom Pelz. Aber gegen liebende Menschen auszuschlagen, das ist hart! Und doch werdet Ihr diese Härte aufbringen und Euch zur Wehr setzen müssen gegen die oft unersättlichen Liebesbeweise Eurer Freunde!«

»Bruder, ich kann mir doch nicht das Gesicht zerkratzen, nur weil sie sagen, daß ich schön bin!«

»Niemand verlangt Eure Selbstzerfleischung! Nicht Euch sollt Ihr schlagen, sondern andere! Jene anderen, die Euch nahen wie die Engel der Verkündigung; nur bringen sie Euch keine frohe Botschaft. Sie umgaukeln Euch bloß mit süßen Worten, die vielleicht an Euer Herz gerichtet sind, aber nur die Vorzüge Eures Leibes meinen. Nach diesen steht der Sinn dieser Würgengel. Sie sind gelüstig nach dem, was Gott dem Weibe nur einmal eingebunden hat: Nach Eurer Unschuld. Ist sie aber einmal einem Wüstling geopfert worden, dann wird die schöne Opferschale meist weggeworfen wie die Scherbe auf den Schindanger, und aus den Klüften schallt das Hohngelächter aller Schadenfrohen. Signorina, lernt Eure Würgengel erkennen und schlagt sie, auch wenn sie im Gesäusel der Liebe kommen!«

»Eins versteh ich nicht, Bruder Innozenz. Wenn unser Herrgott mich hat wachsen lassen, so wie ich bin, dann muß er doch mit mir etwas vorhaben, etwas mehr als mit der Ida, der Uta oder Anna! Ist es mit uns denn nicht wie mit den Gartenblumen, die auch da sind für andere? Das Veiglein für den Kramer, das Näglein für den Meister, das Röslein für den Herrn?«

»Ihr bestätigt mir, Signorina, daß die Schönheit Euer Schicksal sein wird. Leider ist es aber unter uns Menschen nur zu wahr: Auch die Schönheit macht satt, und zwar sehr bald. Wie rasch ist doch das Gelüsten des Mannes gesättigt an den körperlichen Reizen des Weibes! Dann läßt er sie fallen oder bedient sich ihrer höchstens noch als eines Gebrauchsgegenstandes oder eines Genußmittels, bis daß ihn der Ekel überkommt. Wollt Ihr denn nur eine Courtisane sein?«

»Wollen nicht, lieber Bruder, aber . . .«

»Was ›aber‹, Signorina?«

»Ich habe gesehen, wie sich Herren vergnügen, habe gehört, was sie reden. Wenn unsereins nicht grau und runzelig werden will, dann bleibt einem nichts anderes übrig, als das zu werden, was Ihr, Bruder, vorhin erwähnt habt: Am Anfang Genußmittel, später Gebrauchsgegenstand. Dabei gibt es nur den einen Unterschied: das chambre des Herrn ist angenehmer als die Kammer des Bürgers; das chambre duftet, die Kammer stinkt.«

Bruder Innozenz war entsetzt: »Wie könnt Ihr so reden!« Und er legte Leinwand und Kohle zur Seite.

»Ich weiß, Bruder, Ihr wolltet mich aufklären. Diese Mühe könnt Ihr Euch sparen! Neulich hat mir der Kapuzinerpater in Rosenheim gesagt, daß es Menschen geben muß, die Gott sogar durch den Rinnstein gehen läßt. Mir scheint, ich werde zu diesen gehören. Laßt Euch durch meine Worte nicht irremachen und malt gelassen weiter! Gebt mir aber Euren Rosenkranz, damit ich während Eurer Arbeit beten kann, denn das Reden frommt nicht mehr!«

Magdalena empfing den langen Kranz aus Eichenholzperlen, die auf einen Lederriemen gezogen waren; sie schlug wieder die Augen zur Erde nieder und betete still vor sich hin.

Der Mönch aber schwieg.

Er zog jetzt seine Farben hervor und legte das Gesicht an: Elfenbeinern und alabastern sollte es werden; die Konturen der Augenlider, des weichen Kinns und der Nase in tiefem Braun. Nur nicht der Natur gemäß! Denn dieses Antlitz war nicht das eines liebreichen Mädchens, sondern das eines beblümten Opfertieres, das Männer schon mit ihren Blicken versengt hatten.

Der Bruder arbeitete, daß ihm feine Schweißperlen auf der Stirn standen.

Sie aber betete.

Es war Mittag geworden, sie beide hatten auf die Mahlzeit vergessen; die Klosterglocke hatte zum Stundengebet gerufen, der Bruder hatte es nicht gehört; jetzt zog der Abend auf.

Er arbeitete, und sie betete noch immer.

Dann legte er den Pinsel abseits, strich sich mit dem Handrücken über die Stirn und sagte: »Ich habe mein bestes Bild gemalt, Signorina. Wenn Euch je im Leben die Wucht der Verzweiflung übermannt, dann erinnert Euch dieses auserwählten Tages und denkt: Für viele war ich ein Gebrauchsgegenstand, für ihn aber eine Offenbarung!«

Sie stand auf und schaute ihm, der noch ganz verzückt das Werk betrachtete, über die Schultern: »Eine sündige Madonne – gibt es das, Bruder Innozenz?«

»Das gibt es wohl nicht, Signorina; aber eine betende Magdalena!«

Als sie ihm den Rosenkranz zurückreichte, sagte er: »Wenn Ihr ihn behalten wollt zur Erinnerung an diese stillen Stunden, dann sei er Euch geschenkt! Andere Geschenke hat der Mönch nicht.«

Sie gab ihm die Hand und verneigte sich leicht. –

Zwei Jahre nach dieser Idylle im klösterlichen Blumengarten

zu Prüfening wurde die Riedertochter abermals vom Schicksal herausgefordert – und konnte ihm nicht widerstehen. Da erging nämlich nach Rosenheim durch Kurier eine Botschaft an den Hof- und Leibschiffmeister Johann Rieder, er möge seine Tochter in die kurfürstliche Residenz bringen, damit sie unter Leitung der Herren Instruktoren Jonner und von Prielmayer den historischen und klassischen Studien des Prinzen beiwohne. Dies sei der ausdrückliche Wille der allerdurchläuchtigsten Frau Kurfürstin.

Für Barbara Riederin war diese Nachricht wie ein Sonnenaufgang . . .

Ein unbekannter Schiffmann

Drei Tage, nachdem Johann Rieder schweren Herzens mit seiner Magdalena von daheim aufgebrochen war, geschah am Inn zu Windshausen jene furchtbare Tat, deren Gedächtnis noch heute weiterlebt in der dortigen Kreuzkirche.

Und so hat es sich begeben:

Wolf Hupfauf, der Schiffmeister von Neubeuern, war mit seinen acht Schiffen in Hall von der Lände abgeheftet worden, nachdem er die drei Hauptschiffe mit Kaufmannsgütern jeglicher Art getaucht hatte. Das meiste davon war für Wien bestimmt, denn er hatte sich in der Kaiserstadt einen sehr beachtlichen Stock von Geschäftspartnern geschaffen, die seine Waren weit ins Binnenland hinein vertrieben, soweit man ihrer nicht in der leichtlebigen Stadt selbst bedurfte. Es waren dies hauptsächlich teure Südweine, Preziosen und erlesene Stoffe, die über Venedig und Genua aus dem Morgenland kamen. Daran verdiente man sehr viel Geld, hieß es doch, daß im Schatten von Sankt Stephan jede weibliche Tugend zu Fall käme, wenn die Versuchung an sie mit einem Armband, einer Kette, einem neuen Kleid, einem seidenen Tuch oder einem anderen Luxusgegenstand heranträte. Kaiser Leopold hatte schon ein Luxusverbot erlassen, das aber auf keinerlei Verständnis stieß, denn die Kavaliere hohen und niederen Standes waren nach wie vor darauf aus, den schmuck- und modesüchtigen weiblichen Untertanen des Kaisers zu willfahren, dies um so mehr, als sich gerade jetzt das überbetonte französische Dekolleté in Wien durchzusetzen begann.

Wolf Hupfauf war also mit derlei Unterpfändern der Verführung unterwegs nach der Kaiserstadt.

In Kufstein, wo die Schiffe angeländet hatten, war es zwischen ihm und dem alten Kiehler zum Streit gekommen. Der wollte nämlich in die Stadt gehen, um sich, wie üblich, etliche harte Tropfen hinter die Binde zu gießen, hatte aber kein Geld. Und der Hupfauf weigerte sich, ihm eins zu geben, weil er selber in der Stadt zu tun hatte und darum wollte, daß der Kiehler, der ja auf dem großen Schiff der Nachkehrer war, die Wache hielte. Darauf wurde der Kiehler ausfällig und bezichtigte den anderen des Mordes an seiner Tochter Hanna. Dieses Wort traf den Hupfauf, und er schlug den Alten ins Gesicht.

Der wehrte sich nicht, denn er wäre dem jungen Manne nicht gewachsen gewesen; aber während der Nacht, die er schlaflos im Seßstall lag, heckte er einen Plan aus.

Am anderen Morgen hefteten sie ab.

Ganz vorn auf dem großen Schiff stand Wolf Hupfauf und steuerte von der Granselbrücke aus; hinten an der Stoir hatte der Kiehler das lange, tiefgetauchte Gefährt mit zwei Rudern zu meistern. Diese Aufgabe des Nachkehrers war sehr schwierig, weil er ständig auf der Hut sein mußte, daß er nicht etwa ein Manöver des Neufördern verpaßte.

Die gefährlichste Stelle im Inn zwischen Brixlegg und Rosenheim kannte jeder tirolische und bayerische Schiffmann: Es waren die drei großen Kugeln mitten im Gerinn bei Windshausen. Man wußte nie recht, wie man an ihnen vorbeikommen sollte: Ging nämlich das Wasser hoch, wie etwa zur Zeit der Schneeschmelze, konnte man über die Kugeln hinwegsteuern, wofern das Schiff nicht zu tief getaucht war; ging aber das Wasser niedrig, mußte man daneben vorbei und somit riskieren, auf dem Gries ländzufahren.

Als sie am Erler Mühlgraben vorüber waren, schrie der Hupfauf nach hinten: »Über die Kugeln!« Ihm schien, daß der Inn viel Wasser führe.

»Du bist verrückt!« schrie der Kiehler zurück.

»Und ich sag dir: Über die Kugeln!« wiederholte der Hupfauf und lief dabei vor Zorn am Halse rot an.

»Du meinst wohl, ich werde deinetwegen zum Wassermann, du Meineider, du ausgeschamter?«

Als Wolf das Wort »Meineider« hörte, ließ er – alle guten Geister mußten ihn in diesem Augenblick verlassen haben – das mächtige Ruder los und rannte zum Kiehler: »Was hast gesagt? Meineider hast gesagt?« Er packte ihn am gestickten Ledergürtel, hob ihn aus und versuchte, ihn an den Rand zu drängen. Dabei griff aber der Kiehler an eines seiner zwei Ruder und drückte es in die Quere, so daß das Schiff vorn am Gransl plötzlich zu krachen und zu bersten begann. Der Hupfauf ließ sein Opfer los, stürzte vor und kam gerade recht, um zu sehen, wie sein Ruder zwischen den Kugeln zersplitterte und der gesamte Granslteil aufgerissen wurde. Während sich das Schiff stark vornüber neigte, tat der Fluß ein übriges und trieb es von hinten her so mächtig in die Höhe, daß es vor den Kugeln fast aufrecht stand. Alle Fässer und Kisten rutschten und rollten über den Schiffmeister und stürzten mit ihm in die Tiefe. Der Kiehler aber hing hoch auf der Stoirseite an der Furkel seines Ruders. Als das Schiff von seiner Last befreit war, senkte es sich wieder nach hinten ab und setzte auf den Gries auf, so daß jetzt der alte Mann schadlos ans Ufer gehen konnte.

Inzwischen kam das zweite Schiff herangefahren. Sein Nauförg, der Johann Strasser von Breiten, hatte schon von weitem die Gefahr erkannt und steuerte darum bei den Kugeln auf der rechten Seite vorbei. Dies glückte ihm, wie auch den übrigen Schiffen, besser, als es sonst möglich gewesen wäre, weil das linksseits gewasserte Hauptschiff wegen seiner Querlage den Fluß staute und so das Gerinn auf die Seite verdrängte.

Gleich unterhalb der Kugeln stand der Kiehler am Ufer und winkte. Sie warfen ihm aus dem Seilmutzen das Ende des »Fadens« zu und zogen ihn herein.

236

An der Schopperstatt zu Altenmarkt ländeten sie an. Denn einmal mußte Hupfaufs Frau das Unglück erfahren, und dann mußte sie entscheiden, was mit der Handelsware geschehen sollte.

Johann Strasser und der Kiehler stiegen den Neubeurer Berg hinan und kehrten bei der ahnungslosen Frau zu. Sie wunderten sich über den Gleichmut, mit dem sie die traurige Kunde entgegennahm. Frau Anna Maria redete nur mit dem Nauförgen, den Kiehler beachtete sie nicht. »Sei so gut«, sagte sie zum Strasser, »und geh nach Rosenheim zum Rieder! Ich laß ihn schön bitten, er soll das ganze Sach übernehmen. Was weiter wird, weiß ich noch net; aber das weiß ich, daß uns meine Leut am Samerberg net verhungern lassen« –

Den toten Hupfauf hat man nicht mehr gefunden.

Wahrscheinlich liegt er weit drunten auf einem Schiffleutgottsacker an der Donau, und ein Pfarrer oder Benefiziat hat ins Matrikelbuch geschrieben: »Nauta ignotus – ein unbekannter Schiffmann . . .«

Johann Strasser kam in die Wiesengasse zur Frau Barbara Riederin und bestellte, was ihm die Frau des verunglückten Schiffmeisters aufgetragen hatte.

Die Riederin schrieb einen Brief, den der Kurier des Pflegamtes gern nach München mitnahm; denn zwischen dem Schloßberg und dem Riederschen Weinhaus herrschte seit langem das allerbeste Einvernehmen, was nicht zuletzt auf manche gute Kanne zurückzuführen war, die Pfleger und Kastner sich unentgeltlich einverleibten.

Als Rieder das Schreiben gelesen hatte, begab er sich in die Hofkanzlei und bat um Urlaub, der ihm angesichts des traurigen Geschehens unverzüglich gewährt wurde. Das Töchterlein empfahl er der besonderen Hut des Barons von Berchem.

Magdalena wohnte in München beim Gastgeb Wolfgang Hammerthaler, der sein vornehmes Weinhaus im Tal stehen hatte, schräg gegenüber der Heilig-Geist-Kirche. Der Hammerthaler und der Rieder kannten sich gut, nicht nur vom Geschäft her, sondern vor allem, weil beide dem Äußeren Rat ihrer Gemeinwesen angehörten und darum Verantwortung zu tragen hatten. Anna Maria Hammerthalerin, Wolfs Hausfrau, nahm sich der schönen Riedertochter liebevoll an, zumal ihr selber bis zur Stunde das Mutterglück versagt geblieben war.

Magdalena sollte ja, wie man aus der Hofkanzlei vernommen hatte, ihren Wohnsitz für längere Zeit in München aufschlagen, zumindest so lange, als die klassische Ausbildung des Kurprinzen dauerte.

Der junge Fürst hatte sich in den Kopf gesetzt, und die Instruktoren mußten es zu ihrem Kummer bestätigen, daß das Lernen viel leichter vonstatten ging, wenn die Schiffmeisterstochter mittat. Und weil sie älter und mit vorzüglichen Geistesgaben ausgerüstet war, fand Magdalena an den täglichen Instruktionen und dem nachfolgenden vertiefenden Studium ein ganz besonderes Vergnügen. Außerdem regten sich in ihr wohltuende Empfindungen, wenn sie sah, wie die vielen Höflinge, denen man tagaus-tagein in der Residenz begegnete, sich charmant vor ihr verneigten; darunter sogar Herren, die ihre Väter hätten sein können.

Die Frau Kurfürstin hatte angeordnet, daß das Mädchen zum jeweiligen Unterricht durch einen eigenen Wagen vom Weinhaus im Tal abgeholt und nach den Lernstunden wieder dorthin zurückgefahren werden sollte. Außerdem mußten der Hammerthalerin alle Auslagen für die Riedertochter aus der Hofkammer reichlich abgegolten werden.

Der Rieder saß in Neubeuern bei der Hupfaufin.

»Johann, ich dank dir, daß du gleich gekommen bist!« Sie sagte es und bemerkte dabei, wie seine Augen durch die Stube schweiften.

Hier und so ziemlich überall im Hause sah es unordentlich und armselig aus.

»Er hat mir in den letzten Jahren kaum noch das Allernötigste gegeben. Und Magd ist uns keine mehr geblieben, weil sie keine Ruh net hatten vor ihm. Die zwei großen Kinder sind fort. Der Adam hat im Frühjahr nach Rattenberg geheiratet, und 's Annamirl auf den Samerberg. Wenn du mit vier Kleinen und drei Halbwüchsigen halt ganz alleinig dastehst, dann wirst du mit der Zeit so stumpfsinnig, daß dir alles egal ist. Und glaub mir's, Johann – der liebe Gott soll mir's verzeihen! –, daß der Wolf jetzt tot ist, auch das ist mir egal!«

Rieder sah, wie die jahrelange Verbitterung das einst so stramme Weib fast völlig zerstört hatte. Sie war dürr, nur noch Haut und Knochen. Beim Reden klafften Zahnlücken aus ihrem Munde, und die Knöchel ihrer Hände waren von lauter Gichtknoten gekennzeichnet. Das Gewand, das sie trug, hätte keine Stalldirn angezogen. Ebenso heruntergekommen sahen die Kinder aus, die sich im Hausflur und vor der Tür plärrend herumbalgten.

Der Rieder legte die riesige Hand auf die ihre, die zitternd die Tischkante festhielt, und sagte: »Jetzt, Anna Maria, heißt's, die Ohren steif halten! Wenn ich dir helfen soll, und das will ich, dann darfst du nit den Mut verlieren! Ich versprech dir, daß du in einem Jahr aus dem Elend heraus bist und in zwei Jahren dastehst wie jede andere Schiffmeisterin!«

Da weinte sie so herzzerreißend, daß sie sich lange Zeit nicht erfangen konnte.

Johann Rieder ließ sie gewähren. Denn die Tränen, dachte er sich, die sich jetzt so gewaltsam eine Bahn brechen, sind durch Jahre aufgestaut worden, Jahre der Not, der Schande und der Verzweiflung. Die Frau muß viel, sehr viel abladen, ehe sie wieder zu jener ungetrübten Freiheit zurückfindet, die ehedem aus ihrem Wesen strahlte; und auch dann wird ihr der seelische Zusammenbruch, den sie stets um der Kinder willen einge-dämmt hatte, noch viel zu schaffen machen . . .

»Will dein Adam nix wissen von der Schiffahrt?«

»Vor Jahren hätt er wohl gern gewollt, aber der Vater hat ihn nie mitfahren lassen. Und heut ist er ein großer Bauer.«

»Und was hältst du vom Strasser?«

»Da fehlt nix, Johann; der Strasser ist ein grundbraver Mann!«

»Und wie lange ist er schon mit dem Wolf gefahren?«

»Genau kann ich's net sagen, aber sicherlich so an die acht bis zehn Jahre.«

»Gut, Anna Maria! Dann werd ich in Rosenheim trachten, daß die Schiffmeistergerechtsame ohne Zeitverlust auf dich übertragen wird. Das dauert ungefähr bis zum Sommer. Im Herbst übergibst du das Regiment dem Johann Strasser und bindest ihm ein, daß dein Vorteil auch sein Vorteil ist. – Ist er verheiratet?«

»Hat eine saubere Frau und zwei Kinder. Sie ist eine geborene Huberin und weitläufig verwandt mit dem Huber-Fischer, der eure Salome genommen hat.«

»Um so besser! Dann darf ich ohne Scheu ein Wörtl mitreden.«

»Und was wird mit dem alten Kiehler?«

»Kann's verstehen, daß du ihn nit mehr haben magst. Wenn er aber nit mehr fahren darf, dann ist's aus mit ihm, denn dann macht er's wie sein Bua und hängt sich auf.«

»Johann, ich kann ihn net mehr sehen!«

»Was dir niemand verübeln wird!« Rieder dachte eine Weile nach und fuhr dann fort: »Ich werde mir den Kiehler ins Gebet nehmen! Entweder fährt er dann bei mir, oder ich verschaff ihm ein Patent zum Goldwaschen, drunt bei Griesstätt am Inn. Mag er alsdann wählen! Ich weiß aber schon im voraus, daß er Gold waschen wird, denn mich fürchtet er wie der Teufel 's Weihwasser.«

Darauf erwiderte sie: »Du bist ein guter Mensch, Johann!«

»Die Sprüch laß sein!« entgegnete er abwehrend und fragte: »Und jetzt ganz ehrlich, Anna Maria, hast du Geld?«

Wieder traten ihr Tränen in die Augen: »Ob du's glaubst oder net, Johann, ich hab dem Pfarrer das Seelenamt für'n Wolf net zahlen können. Aber ich werd jetzt einen Grund verkaufen, dann krieg ich wieder Luft.«

»Grund verkaufst vorläufig nit! Hier hast du hundert Gulden!«

Da weinte sie halt wieder . . .

Tag des Zornes

Musik, Tanz, Feste, Empfänge, – in buntem Wechsel liefen sie in der Residenz ab, jagten sich fast und ließen ihr Echo weit über Bayerns Grenzen hinaushallen. Bewundernd redete man an anderen Fürstenhäusern Europas davon und pries die Urheberin all dieses Glanzes: »la Tenerina«, die kleine, zarte Frau, die dem bayerischen Löwen ein kunstvolles Zaumzeug angelegt hatte, darunter er zwar murrte, das er aber mehr und mehr mit Anstand trug.

Sie selbst hatte sich jedoch seit dem Brand der Münchner Residenz im April 1674 gewandelt.

Die Überanstrengung und die Aufregungen jener kalten Aprilnacht waren wie der Reif gewesen, der die junge Blüte zu Tode schreckt. Verschwunden war ihre silberklangvolle Fröhlichkeit, müde schien der ideensprühende Geist. Henriette Adelaide, die einst schwebende, kroch mit gequälter Miene durch die Tage und schrak auf in traumschweren Nächten, ganz gleich, ob sie in der Residenz, in Dachau oder im Nymphenburger Schloß weilte; höchstens daß die Fahrten auf dem Würmsee ihr ein paar heitere Stunden schufen.

Als 1675 die Theatinerkirche eingeweiht wurde, die man zur Geburt des Kronprinzen gelobt hatte, strahlte die junge Frau noch einmal für ein paar Wochen herrlich auf, so wie die Kerze, ehe sie verlischt.

Am 18. März des darauffolgenden Jahres waren die Energien der noch nicht vierzigjährigen Gattin und treusorgenden Mutter endgültig verbraucht: Acht Monate nach der Konsekration mußte die Theatinerkirche das, was von der hochherzigen Stifterin noch übrig war, in die Hallen ihrer Gruft aufnehmen. Und die Mönche des heiligen Kajetan sangen die alte Hymne der Vergänglichkeit: O Du Tag, du Tag des Zornes – dies irae, dies illa!

Seit diesem Tage war Ferdinand Maria ein gebrochener Mann. Er zog sich in die Klause des alten Schleißheimer Schlosses zurück und überließ die Regierungsgeschäfte und die Erziehung seiner vier unmündigen Kinder den dazu Berufenen und dafür Bezahlten. Büßend und betend bereitete er sich für den Tag, an dem er seiner Gemahlin folgen würde.

Daß dieser Bruch mit seinem Pflichtenkreis dem Lande keinen Schaden brachte, war dem eingespielten Staatsapparat, den gewissenhaften Beamten und der gefüllten Kasse zu danken; auf die Kinder, vor allem auf Max Emanuel, wirkte sich dieser Bruch schicksalhaft aus. Denn die Höflinge, so verantwortungsvoll sie auch gehandelt haben mögen, waren eben nur Erzieher, keine Väter.

Als die sechswöchige Hoftrauer für die heimgegangene Kurfürstin vorüber war, wurde das schwungvolle barocke Leben, das die hohe Tote gebracht hatte, allenthalben fortgesetzt.

Schon während des Faschings hatte der Tanzmeister mit der Instruktion des Kurprinzen und seiner vier Kavaliere begonnen. Den jungen Herren – es waren dies Max Graf Preysind, Klemens Graf Fugger, Franz Albert Baron Rechberg und Ferdinand Graf Arco, alle vier um ein oder zwei Jahre älter als Max Emanuel, – wurde je eine Ballerina von der Opera zugeteilt, während der Prinz darauf bestanden hatte, mit Madelaine zu tanzen. Dem Tanzmeister war das anfangs nicht recht gewesen, denn die Riedertochter mußte den erfahrenen Tänzerinnen gegenüber abfallen. Er hatte sich aber getäuscht: Die natürliche Anmut des Mädchens wog bei weitem die geübte Kunst der Eingeweihten auf.

Als jetzt in der nachösterlichen Zeit der Tanzunterricht wieder aufgenommen wurde, zeigte sich, daß Max Emanuel seiner Partnerin Madelaine eine Zuneigung entgegenbrachte, die weit über die bisher bekundete Sympathie hinausging. Der Tanzmeister und auch die anderen Instruktoren erkannten, daß der Prinz die Liebe, die er seiner Mutter bewiesen hatte, nunmehr auf die Riedertochter übertrug. Dazu kam, daß diese ebenso klein und zart gebaut war wie die verstorbene Kurfürstin. Die würdigen Herren machten sich besorgt ihre Gedanken über diese Entwicklung.

Im Juli befuhren sie wieder den Würmsee; Ferdinand Maria war kein einziges Mal dabei. Er hatte sich vorgenommen, ein volles Jahr in stiller Trauer zu verbringen. Es war jammervoll zu sehen, wie der Vierzigjährige weniger und weniger wurde. Gegen Jahresende war er so schwach, daß er an den Hochzeitsfeierlichkeiten des Kaisers Leopold mit der dritten Frau, der bayerischen Prinzessin Eleonore von Neuburg, die am 14. Dezember zu Passau stattfanden, nicht teilnehmen konnte. Er ordnete seinen Bruder, den Herzog Philipp, und seinen stattlichen Sohn Max Emanuel zu diesem Staatsakt ab.

Abermals, wie vierundzwanzig Jahre zuvor, wurde die große bayerische Prunkflotte mit ihren achtunddreißig Schiffen zu Wasserburg auf den Inn gesetzt, ausgerichtet und bemannt vom kurfürstlichen Hof- und Leibschiffmeister Johann Rieder. Ein fast dreihundertköpfiges erlesenes Gefolge begleitete die beiden hohen Gratulanten und ihre von den Augsburger Goldschmieden herrlich getriebenen Geschenke. Rieder hatte auch seine Frau Barbara mitgenommen und sie, zusammen mit Magdalena, auf das dem Schiffmeister zustehende Gefährt gebracht. Denn Magdalena wollte nicht die ganze Zeit allein sein, und dann war ja der Sohn Joseph bereits soweit erwachsen, daß er den Betrieb daheim im Weinhaus für eine Woche allein bewältigen konnte. Außerdem stand Jaromira neben ihm wie der Engel mit dem Flammenschwert.

Es war geplant, die Reise in Braunau zu unterbrechen. Der Herzog und sein Neffe wollten die vom Kurfürsten so eifrig geförderten Befestigungsanlagen betrachten und am Abend einem Galafest beiwohnen, das die Stadt zu ihren Ehren veranstaltete.

Als Johann Rieder das neue große Leibschiff – es besaß fünf Zimmer, die mit Öfen aus Fayancen und Tapeten aus Brokat ausgestattet waren –, an die Braunauer Lände heranfuhr, löste die Besatzung auf den Wällen fünfzehn schwere Kanonenschüsse zu Ehren des fünfzehnjährigen Kurprinzen, und eine schaulustige Menge säumte trotz des frostigen Böhmwindes, der den Fluß heraufstrich, das weite Gestade. Vom Ländsteg bis zum Inntor stand die Reiterei der Garnison Spalier.

Max Emanuel, gertenschlank und groß wie sein Oheim, der seitlich hinter ihm schritt, trat auf die Granslbrücke, wo der

Rieder das mächtige Steuer meisterte, und winkte mit erhobener Hand. Da brach ein gewaltiger Jubel los, und Musketensalven erschütterten die Luft. Während die beiden Fürsten mit ihrer Suite die Schiffe verließen, wurden auch die gesattelten Reitpferde aus den Roßplätten herausgeführt. Für die Damen der Begleitung hatten die Braunauer Bürger offene Rennschlitten bereitgestellt.

Unter diesen Damen waren auch Barbara und ihre Tochter Magdalena. Was die Pracht der Gewandung und das gesetzte Maß der Bewegung betraf, unterschieden sich die beiden in nichts von den übrigen Damen des Hofes. Sie wurden kavaliersmäßig begleitet vom Münchner Hoforganisten Agostino Steffani, der – vier Jahre älter als Magdalena – ihr schon lange seine liebenden Augen zugekehrt hatte.

Johann, der auch ans Ufer gegangen war, schaute seinen beiden Frauen beglückt nach: Sahen sie nicht aus wie Schwestern? Und mußte einem Manne nicht das Herz heiß werden, wenn er sie so dahinschreiten sah? Und konnte es verwundern, daß sich Herzog Max Philipp schon in Wasserburg, als man zu Schiff gegangen war, nach Barbaras Namen und Herkommen erkundigt hatte?

Nun, die pelzverbrämten Paradekleider, die sie trugen, waren ja auch in der Innsbrucker Hofschneiderei nach spanischem Muster gearbeitet worden! Wenn sich schon einmal die Gelegenheit bot, in der Suite des kurfürstlichen Hofes zu erscheinen, sollte vor allem Barbara gehörig auftreten können. Denn was wurde ihr in Rosenheim hinter den Weinkannen schon geboten? Jahraus, jahrein stand sie dem Hauswesen und dem Geschäft vor, während ihr Mann entweder auf dem Wasser oder über Land oder bei Hofe seinen Pflichten nachging. Wochenlang war sie allein mit dem Sohn und der Zigeunerin. Wenn aber des Abends die Honorigen kamen, wiederholte sich immer wieder das gleiche Getue und Gerede: Kartenspiel und zweideutige, von derbem Lachen begleitete Anhimmelei. Als ob sie sich's erlauben dürfte, mit einem dieser Bürger, Beamten oder Offiziere in Rosenheim anzubandeln! War es denn nicht schon damals zum breiten Marktgeschwätz geworden, als sie mit dem von Wolfswiesen Briefchen getauscht hatte? Und dabei war überhaupt nichts dahinter gewesen, gar nichts! Nicht die leiseste Ungereimtheit! Ein solches Leben wächst einem mit der Zeit zum Halse heraus. Das hatte sie ihrem Mann gesagt. Und darum hatte er sie jetzt auch mitgenommen, heraus aus dem Käfig des Alltags, aus der Stubenluft und dem Weingeschmack, hinein ins Leben der glänzenden Welt!

Er selbst mußte natürlich bei den Schiffen bleiben, mußte Wachen aufteilen und wohl bis in die tiefe Nacht hinein bereitstehen, um die Zurückkommenden an ihre Schiffe geleiten zu lassen. Das war nicht immer leicht, denn die Herrschaften pflegten meist über den Durst zu trinken, und dann gab es oft unliebsame Szenen.

Als seine beiden Frauen mit dem Hoforganisten weggefahren waren — sie befanden sich unter den Letzten —, begab sich der Rieder in seine Behausung und ließ sich aus dem Kuchelschiff das Essen bringen. Er war ziemlich ausgefroren und bedachte, daß wahrscheinlich in der kommenden Nacht das schon lange befürchtete Eisrinnen beginnen würde.

Wie konnte man denn auch mitten im Dezember nach Passau den Wasserweg wählen! Wohl nur deswegen, weil man dem Kaiser die neue bayerische Prunkflotte zeigen wollte. Als ob der jetzt, wo er die süßliche Neuburgerin heiratete, bayerische Schiffe beachten würde! Sein Gusto stand nach anderem ...

Johann Rieder legte sich nach dem Essen für einige Stunden schlafen. —

Die Herrschaften fuhren oder ritten durch die Braunauer Festungswerke, stiegen da und dort aus und geizten nicht mit der erforderlichen Bewunderung: Diese Stahltüren, diese Kasematten, diese Lafetten, diese Munitionsdepots, diese Mauern, diese Türme!

Aber auch die hellste Begeisterung erstirbt, wenn Zehen, Finger und Nasen frieren. Darum begannen alle Gesichter merklich zu glänzen, als es hieß, man begebe sich nunmehr ins Tanzhaus zum Mahl.

Das Tanzhaus war der größte in der Stadt verfügbare Raum und faßte gut und gern sechshundert Personen. Die Bürgerschaft hatte darin eine Tafel aufrichten lassen, die man im Herkulessaal der Residenz zu München nicht gewählter hätte bestellen können. Das kostbare Tafelsilber und das erlesene Porzellan waren freilich größtenteils Leihgaben und stammten vor allem aus klösterlichem Besitz; ebenso die Teppiche und die verschiedenen niederländischen Gobelins. Sogar den Oberkoch hatte man sich kommen lassen, und zwar aus der Heimat der verewigten Frau Kurfürstin, aus Turin. Nur die köstlichen Weine hatte man erworben wie eh und je: vom Handelsherrn Johann Rieder. Denn was der an Weinen zu bieten hatte, war von höchster Reinheit und von der besten Qualität, ganz gleich, ob es um Südweine oder um Ostweine ging.

Unter den fröhlichen Weisen der Musikanten schritten die etwa zweihundert Bürgerlichen mit ihren Gästen zu Tisch. Zwanzig Gerichte wurden geboten; darunter schmeckten die Wildbretpasteten, die frischen Wasservögel und die eingemachten Früchte am besten. Die Herren des Inneren Rats von Braunau hielten während des Mahls einige wohlbedachte Reden, die alle in einen Dankeshymnus an das kurfürstliche Haus ausklangen, weil es die Stadt zum Range der zweiten Festung Bayerns erhoben hatte. Denn wo Garnisonen sind, dort blühen die Laster – das sagten die Herren freilich nicht! –, aber es fließt auch viel Geld dorthin, und Geld sprach schon zu allen Zeiten die Gefühle städtischer Gemeinwesen an.

In den Abendstunden wurde die Tafel aufgehoben. Die Tische räumte man hinaus, die Stühle ordnete man entlang der Wände. Sodann baute man in kurzer Zeit eine gestaffelte Kredenz auf, an welcher köstliche Weine und Süßigkeiten gereicht wurden.

So lag die weite Fläche des großen Saales frei und machte ein Lustwandeln, ein Sich-trennen und Sich-wiederfinden möglich. »Sans gêne!« hatte Herzog Max Philipp gesagt, ganz zwanglos sollte alles sein. Diese Zwanglosigkeit versprach nämlich manchem Herrn von Rang und Namen ein süßes Tête-à-tête mit den knusprigen Bürgerstöchtern, die miteinander paarweise oder zu dritt kichernd herumstanden und ihre blitzenden Augen lockend umherschweifen ließen.

Agostino Steffani, der Hoforganist, hielt die beiden Riederfrauen im Banne seiner Erzählung. Er berichtete ihnen, wie er mit acht Jahren Chorknabe bei San Marco in Venedig geworden sei. Fünf Jahre danach habe ihn die kurfürstliche Familie bei einem Konzert in Padua gehört und unverzüglich mit nach München genommen, freilich nachdem die »mamma mia«, die noch von fünfzehn anderen Kindern umringt gewesen sei, die Erlaubnis gegeben hatte. Vierzehnjährig sei er bereits durch allerhöchstes Dekret vom 26. Juli 1667 – er deklamierte dieses Datum – zum Hofmusicus ernannt worden »mit eigener Wohnung, dreihundert Gulden in barer Münze und dreihundert Gulden in Naturalien.« Mancher Adlige habe ihn darob nicht wenig beneidet und beneide ihn noch bis zur Stunde, weil er jetzt das Gehalt eines zweiten Kapellmeisters beziehe. – Es war leicht durchschaubar, weshalb der temperamentvolle Venetianer den Zuhörerinnen seine Karriere so beredt vortrug.

Der Herzog und der Kurprinz standen, umringt von den Ratsherren, mitten im Saal. Sie horchten kaum auf die gescheiten Gespräche hin, die da von vielen Seiten eingefädelt wurden; sie wollten teilhaben an der Geselligkeit.

Weil nun der Hoforganist durch das schlechte Deutsch, das er sprach, und durch die Heftigkeit seiner Gesten bald eine größere Schar um sich hatte, glaubten auch Max Philipp und sein Neffe sich dahin wenden zu müssen, zumal da viel und herzlich gelacht wurde. Beide Fürsten waren überaus angenehm überrascht, als sie die Riederfrauen in der Menge sahen. Kaum hatte Agostino die hohen Herren wahrgenommen, trat er mit tiefer Verbeugung zur Seite.

»Ihr solltet Euch nicht stören lassen!« sagte Max Emanuel mit seiner beginnenden männlichen Stimme. »Wir wollen bloß zuhören.«

»Unser Hoforganist hat Geschmack«, sagte der Herzog, »daß er sich ausgerechnet an die Frauen des Leibschiffmeisters heranmacht. Dürften wir sie ihm für eine Minute entführen?«

»Eine bezaubernde Idee, Herzog!« sagte Max Emanuel und verneigte sich elegant vor Magdalena, während Max Philipp seine Hand der Barbara entgegenstreckte.

Und schon verloren sich die beiden Paare unter den vielen anderen.

Agostino machte zunächst ein paar mitleiderregende Gesten, tröstete sich aber dann mit einer feschen Tochter; sie standen ja zahlreich um ihn herum.

Der Herzog war nicht wenig erstaunt, als Barbara ihm auf seine ersten galanten Bemerkungen französisch antwortete. Da sieht man, wie kultiviert doch das einfache Volk ist! Diese Venus lebt fern der Hauptstadt, in der Provinz, nahe dem Gebirge, und redet und benimmt sich mit mehr Charme als manch eine vom Hochadel.

»Ist es erlaubt, Madame, daß Wir Euch an die Kredenz bitten?«

»Ich wüßte nicht, warum ich Euch diesen Wunsch abschlagen sollte!«

Die bedienenden Mädchen reichten den beiden in zinnernen Bechern einen feurigen Etschländer.

»Euren Gatten und das Töchterlein sieht man häufig in der Residenz; warum müssen Wir Eure reife Lieblichkeit vermissen?«

»Herzog, Ihr sagt ›reif‹ und meint ›alt‹. Ihr seid vier Jahre jünger als ich!«

»Nein, nicht doch!«

»Ich habe drei Kinder zur Welt gebracht und bin bereits Großmutter!«

»Dann haben Euch die Vorfahren einen Jungbrunnen als Erbteil mitgegeben. Aus Euren Augen leuchtet olympisches Feuer, und Eure Haut schimmert fein gleich einer Statue aus Alabaster.«

»Fast bin ich's schon gewöhnt, daß man mich so betrachtet.«

»Und dennoch scheint Euer Herz nicht ungetrübt zu sein.«

»Ich bin viel allein.«

Sie waren einmal über die spiegelglatte Fläche des Saales geschritten, auf der der Widerschein der vielen Kerzen und Wandleuchten flimmerte. Jetzt standen sie abermals vor der Kredenz und ließen sich Wein geben, naschten auch ein bißchen von den Süßigkeiten, die der Herzog aussuchte.

»Wenn man bedenkt, chère Madame, daß nicht die Jahre es sind, die den Menschen formen, sondern oft nur die paar Stunden seligen Erlebens, dann sind wir wohl beide arm: Ihr in Eurer Kleinstadt vor den Alpen und Wir in Unserer Maxburg vor den Wällen.«

»Aber Herzog, bei Euch führen sich doch die glücklichen Stunden an den Händen!«

»So dünkt es Euch, chérie! Ihr könnt nicht wissen, wie das Hofleben einen nach Natürlichkeit sich sehnenden Mann anödet! Puppen und Marionetten sind es, die bei Hofe tanzen; schaust du aber hinter die Szenerie, so erfaßt dich der Ekel.«

Und wiederum füllten ihnen die kredenzenden Mädchen die Becher.

»Das klingt, als müßte man Euch schier bedauern!«

»Euer Mitleid, chère amie, wäre Uns lieber; es fiele in Unserem Herzen auf einen fruchtbaren und schenkenden Boden, denn auch Wir hegen Mitleid für Euch ob Eures Alleinseins.«

»Herzog, ich fürchte, wir kommen einander zu nahe!«

»Fürchtet Ihr's oder wünschtet Ihr's?«

Barbara strich sich über die Augen, als wollte sie einen Schleier wegziehen, der sich aber nicht wegziehen ließ. Dann henkelte sie sich in seinen Arm und lallte: »Fürchten und wünschen, das ist jetzt eins!«

Max Philipp winkte einem Kammerdiener – und wenige Minuten später betrat er mit Barbara Riederin das Lauschkabinett, das sich neben dem Saale befand. Hier hatten die Ratsherren in kluger Voraussicht eine mit weichen Kissen überschüttete Chaiselongue aufstellen lassen, ein kostbares Möbelstück, das erst vor wenigen Tagen mit einem Riederschen Schiffzug aus Wien angekommen war. – Eine Stunde später wurde auch der Kurprinz mit seiner Gefährtin durch den gleichen Kammerdiener in das gleiche Lauschkabinett geleitet . . .

Nach dem Essen im Tanzhaus waren die älteren Herrschaften auf die Schiffe zurückgekehrt, denn es war bestimmt worden, daß niemand die Nacht in der Stadt zubringen sollte.

Johann Rieder schritt bei den Heftstecken, an denen Fackeln brannten, auf und ab und schlug sich die Arme um den Leib, um der schleichenden Kälte zu wehren. Ein paar Schiffleut, die ebenfalls auf die Rückkehrer warteten, taten es ihm nach und fluchten dabei auf die Großkopfeten, auf alles Münchner Gesindel und auf den Kaiser, der mit seiner dritten Beweibung auch bis ins Frühjahr hinein hätt warten können.

Nebelschwaden zogen den Fluß herauf, so daß ein zarter Rauhreif die Schiffe wie mit gemahlenem Zucker überstreute.

Stunde um Stunde verrann. Die Schläge der Kirchturmuhr und die Segensrufe des Braunauer Nachtwächters allein unterbrachen die allzu langsam kriechende Zeit.

Mitternacht!

Nun fehlten nicht mehr viele, nur noch die beiden Fürsten mit ihren Kammerdienern, ebenso Barbara und Magdalena; sogar Agosto Steffani war schon gekommen und hatte die wüstesten welschen Schimpfworte durch die Nacht geschrien, war stehengeblieben und hatte mit erhobenen Fäusten einem imaginären Widersacher gedroht, um gleich darauf in erschütterndes Schluchzen auszubrechen. Als Johann ihn nach den Frauen fragen wollte, schubste er ihn weg und nannte ihn auf gut bayerisch einen »damischen Hirschen«. Die Leut brachten dann den Torkelnden auf sein Schiff, wo man ihn noch lange die Sequenz aus der Totenmesse singen hörte: Dies irae, dies illa! O du Tag, du Tag des Zornes!

»Es wird eine neue Komposition sein!« sagte Rieder zu seinen Leuten, die wieder in lautes Gelächter ausbrachen.

Endlich fuhren etliche Schlitten heran. Auch die Fürsten kamen im Schlitten; die Reitpferde wollte man nicht der nächtlichen Kälte aussetzen, sondern erst am Morgen in die Plätten einspringen lassen. Aus dem nächsten Schlitten stiegen die beiden Riederinnen, und aus den übrigen die »Kammerknecht«, wie sie bei den Schiffleuten genannt wurden.

»Daß ihr so spät kommt!« fragte Rieder seine Frau.

»Ach«, erwiderte sie, »es war halt so amüsant!«

Aus dem unsteten Flackern ihrer Augen glaubte er zu erkennen, daß sie dem Wein reichlich zugesprochen hatte.

Magdalena dagegen schaute wie geistesabwesend vor sich hin und schwieg.

»Schlaft euch aus!« sagte er väterlich und ließ sie zu seinem Schiff bringen. Er selbst mußte ja das Leibschiff bewachen.

Der Hoforganist Agostino aber brüllte noch immer sein »Dies irae« hin über das Wasser.

Um die Jahreswende

Als der graue Morgen heraufzog, sah man, daß das Eisrinnen mächtig daherkam; ein Glück, daß man nicht gegen die Schollen fahren mußte!

Die Braunauer brachten jetzt auch die Reitpferde herbei. Das Einspringen in die Roßplätten war eine beschwerliche Arbeit, denn die Tiere waren an dieses Mönöver nicht gewöhnt und wurden nervös. Doch das Fluchen der Knechte half.

Gegen Mittag ließ der Rieder abländen.

Die meisten schliefen noch. Nur die Diener waren fleißig dabei, die Öfen zu heizen; auf allen Schiffen rauchten die Kamine.

Die beiden Riederfrauen standen in ihrem Schlafzimmerchen vor dem Fensterchen und schauten in den öden Tag. Auf den Eisschollen stolzierten Möwen und ließen sich nauwärts im Gerinn mittreiben. Das sonst blaugrüne Innwasser gurgelte schwarz dahin. Bäume am Ufer, die wie Besen vor dem Dunkelgrau des Himmels aufragten, umrahmten die allgemeine Traurigkeit in den Herzen der Frauen; mit der Ernüchterung hatte sie sich eingestellt und verwehrte es ihnen, sich gegenseitig in die Augen zu schauen.

Schließlich aber begann Barbara: »Weißt du, was der Herzog noch gesagt hat? Wir gehen einer ganz anderen Zeit entgegen. In Wien soll es schon so sein, daß sich ein Frauenzimmer, sobald sie verheiratet ist, nach einem Liebhaber umsieht wie nach einem Teil ihrer Aussteuer. Das gehöre zur heutigen Lebensart. Und ein Mann mache eine schlechte Figur, wenn er keinen solchen Umgang net habe.«

»Erzählt das einmal unserem Vater!« erwiderte Magdalena trocken.

»Bist du enttäuscht?«

Das Mädchen zuckte mit den Achseln: »Jedenfalls konnte ich net mehr nein sagen, als Ihr mir vorausgegangen wart.«

»Hättest's ohne mich net gemacht?«

»Glaub kaum!«

»Aber bereuen tust es net?«

Wieder zuckte Magdalena: »Mit mir wird's schon so, wie der Kapuziner gesagt hat: Manche müssen durch den Rinnstein gehen!«

Da warf sich Barbara an den Hals ihrer Tochter: »Kind, kannst du mir's verzeihen?«

»Da gibt's nix zu verzeihen, Mutter! Unser Vater ist eine Seele von Mensch, aber sein Herz erstickt ihm in der Geschäftigkeit. Das ist kein Vorwurf gegen ihn, doch es erklärt, daß Euch, Mutter, der Zugwind, in den Ihr da plötzlich gekommen seid, so rasch entblättern konnte.«

»Verachtest mich also net?«

»Hört doch auf mit dem Gerede! Aber vielleicht geht Ihr, wenn Ihr wieder daheim seid, auch einmal zu den Kapuzinern...«

Zehn Bischöfe hatten sich um den Passauer Fürstbischof Sebastian an jenem 14. Dezember versammelt, um in der Residenzkapelle die dritte Ehe des schwerfälligen Kaisers Leopold zu segnen, damit ihm endlich der Nachfolger geschenkt würde; denn der Stamm des österreichischen Zweiges der Habsburger stand gegenwärtig allein auf seinen zwei Augen. War die erste Gemahlin eine Spanierin gewesen und die zweite eine Tirolerin, so mußte die dritte unbedingt eine Wittelsbacherin sein, weil man diesen eine natürliche Gebärfreudigkeit nachrühmte. Sie selbst, die Pfalzgrafentochter Eleonore, die er sich erwählt hatte, war ja schon das zehnte Kind der fuchsroten Hessin, die nach ihr noch sechzehn weitere Schwangerschaften zu bestehen hatte: Also ein gutes Omen!

Nur schade, daß diese Braut so übermäßig fromm war, hatte

sie doch sogar ins Kloster gehen wollen. Es würde nicht leicht sein, ihr das Kinderkriegen beizubringen, wo sie sich doch häufig gerade vor dem Schlafengehen bis aufs Blut zu geißeln pflegte und Armbänder mit Eisenspitzen trug. Außerdem wußte man, daß sie in Neuburg bei Prozessionen barfuß hinter dem Priester einhergeschritten war und sich in schier überirdischen Seufzern ergangen hatte.

Nun ja! Vielleicht durfte man auf die Wirkung des Segens der vielen Bischöfe auch in dieser Hinsicht hoffen!

Jetzt zogen sie auf, die Kammerherren, die Staatsräte, die Ritter des Goldenen Vlieses im Ordensgewand, die beiden Vertreter des Kurfürsten von Bayern und der von Köln persönlich – auch ein Wittelsbacher –, der österreichische Hochadel und ein paar magyarische Magnaten, die sich im sakralen Raum ziemlich respektlos benahmen – in ihrer näheren Umgebung stank es fürchterlich. Es folgte der bayerische Adel zusammen mit Äbten und Prälaten. Alles andere Volk, hohes und niederes, mußte vor der Kapelle stehenbleiben und durfte von da aus dem mächtigen Orgelklang, dem Trompetengeschmetter und den Paukenwirbeln lauschen.

Als dann die Zeremonie der Eheeinsegnung beendet war, wurden auf der Festung Oberhaus hundert Kanonenschüsse abgefeuert. Mit der Abbetung des sechsundsechzigsten Psalmes »Jauchzet Gott, alle Lande!« und einem hochfestlichen Tedeum endete die kirchliche Feier. –

Barbara Riederin war mit der Tochter ebenfalls zur Trauung gegangen; Johann selbst hatte sich in seinem Schiff zum Schlafen hingelegt, denn er war sehr müde. Außerdem drängte jetzt nichts mehr. Die Rückreise der Herrschaften nach München sollte auf Schlitten erfolgen, um die er sich nicht zu kümmern brauchte. Ihm oblag es nur noch, die Prunkflotte heil nach Wasserburg zu bringen. Seine eigenen Schiffe lagen bereits an der Rosenheimer und Neubaurer Lände, um von den Schoppern überholt zu werden. Die Geschäfte ruhten. Erst zu Anfang Feber würde man von neuem beginnen, – so Gott will!

Während der Weihnachtstage kam die Anna Maria Hupfaufin zu Besuch in die Wiesengasse. Sie wollte sich bedanken. Und weil man das nicht ohne ein Mitbringsel tun konnte, brachte sie der Riederin einen kostbaren Schal aus chinesischer Seide mit, den sie sich in Wien hatte besorgen lassen. Denn in den zwei Jahren, die seit dem Tode ihres Mannes vergangen waren, hatte sie dank Strassners Geschick und Umsicht die Wiener Geschäftsverbindungen nicht nur halten, sondern sogar noch ausbauen können. Sie war selber schon etliche Male mitgefahren, um sich mit den ehemaligen Partnern ihres Mannes zu treffen. Und weil sie von ihrer früheren Beherztheit wieder viel zurückgewonnen hatte, wußte sie sich die Herren geneigt zu machen, was natürlich dem Geschäft zugute kam.

Jetzt aber hatte sie ein merkwürdiges Anliegen. »Hoffentlich sagst net, daß ich spinn!« meinte sie und begann zu erzählen.

Im verwichenen Jahr habe sie zu Windshausen am Innufer bei den Kugeln, dort wo ihr Mann verunglückt war, eine Kreuzsäule setzen lassen; das sei sie ihm schließlich schuldig gewesen. Nun sei vor etwa vierzehn Tagen ein Windshauser Grenzsoldat dahergekommen, nämlich der Musketier Veit Peer, und habe ihr gesagt, ihm sei schon etliche Male bei besagter Kreuzsäule ein Geist erschienen, ein ganz ein wilder, und habe ihm bedeutet, der Bürger Adam Hupfauf zu Rattenberg solle zusammen mit seiner Frau Mutter anstelle der Säule ein ansehnliches Gebäude errichten, eine Kirche zu dauernder Gedächtnis. Das Gebäude solle dergestalt gerichtet sein, daß es auch einem Einsiedel als Klause dienen könnte. Und weil er, der Musketier Veit Peer, auf die ersten Erscheinungen obvermeldeten Geistes nichts gegeben habe, sei der sakrisch böse geworden und habe ihm als Rache in das Leintuch, das Sacktuch und in die Bettstelle seine Hand eingebrannt, wie noch zu sehen sei. So der Soldat.

Nun fragte sie den Rieder, was da zu machen sei.

Der dachte nach. Darauf meinte er: »Was hat er denn von dir verlangt, der Musketier, für seine Botschaft?«

»Ihm zur Ehr sei's gesagt, er hat gar nix verlangt! Nur sollten wir recht bald das Gebäude errichten lassen, hat er gesagt, damit er vor dem Geiste seine Ruh bekäm. Denn er wage schon kaum mehr seinen Dienst zu tun, weil er da an der Säule vorbei müsse; und wenn's ans Schlafen gehe, befalle ihn jedesmal Angst und Schrecken. Er sei schon ganz abgemagert und zitterig wie ein alter Mann. – Und tatsächlich, Johann, er hat erbärmlich ausgesehen.«

»Eine Betrügerei scheint wohl nit dahinterzustecken, obwohl man sich heutzutage seitens der Soldaten auf jegliche Luderei gefaßt machen muß. Andererseits hab ich's nit mit den Geistern, wobei wohlweislich nit zu leugnen ist, daß der böse Feind auch in unserer Zeit umherschleicht wie ein brüllender Löwe, suchend, wen er verschlinge. Auf jeden Fall tust du nix Verkehrtes, Anna Maria, wenn du zusammen mit dem Sohn gemäß den Forderungen des Geistes handelst. Kannst du es dir überhaupt leisten?«

»Ja freilich, Johann! Ich glaub, mein Mann ist niemals so dagestanden wie ich jetzt. Und was unsern Adam angeht, so fehlt bei dem gar nix!«

»Schließlich mußt noch bedenken, Anna Maria: Ein Geist, der zu einem Kapellenbau auffordert, kann kein böser Geist sein!«

Die Hupfaufin wollte sich mit ihrem Sohne besprechen und dann den Bau vorbereiten; denn wenn schon, dann sollte es ein stattlicher Bau werden.

Als die Feiertage vorüber waren, beschloß Barbara, zu ihrer Tochter Magdalena nach München zu fahren und sich einige Zeit bei ihr aufzuhalten. Die war nämlich nach der Kaiserhochzeit gleich wieder zu Hammerthalers zurückgekehrt, obwohl sie selber gemeint hatte, in der hochheiligen Weihnachtszeit würden die Instruktoren aussetzen.

Man konnte doch das Kind nicht allein lassen!

Der Rieder sah das nicht ganz ein. Und überhaupt halte er es für einen ausgemachten Krampf, daß sie sich ständig in München herumtreibe. Dieser Sache müsse er auf alle Fälle einmal gründlich nachgehen.

»Krampf sagst du! Jetzt ist sie achtzehn und nur an den

Umgang mit der großen Welt gewöhnt; was soll sie da in Rosenheim? Wirst doch net glauben, daß ihr ein hiesiger Bursch etwas bedeutet?«

»Mag sein, aber ich hab ein ungutes Gefühl! Ein liebes Gesichterl vergeht, und was dann manchmal bleibt, ist ein zersplittert Gemüt und dazu oft ein verwüsteter Leib!«

Sie wurde stutzig und fragte hastig: »Was meinst du da, Johann?«

»Ich meine nur, daß das Kind mir leid tät.«

»Weißt, Johann, ich werd ihr schon den Kopf zurechtrichten! Ich glaub überhaupt, daß sie mit mir in den letzten Jahren ein wenig zu fremdeln begonnen hat. Sollte mich doch mehr um sie kümmern!«

»Freilich solltest du! Fahr in Gotts Namen, und bleib, solang's dir gefällt und dem Kinde dienlich ist. Die Hammerthalerin wird froh sein, daß sie für eine Zeit eine Gefährtin kriegt.« —

Ja, die gute Frau freute sich. In der Einschichtigkeit ihrer Tage hatte sie schon Magdalenens Gegenwart beseligend empfunden, um so mehr jetzt die ihrer Mutter, der sie altersmäßig fast gleichstand. Mit ihr hoffte sie, manch eine Stunde so recht von Frau zu Frau reden zu können. Sie war eine sehr fromme Frau. Ihr Gatte Wolfgang hatte ihr eine eigene Hauskapelle einrichten lassen, die von den Benefiziaten der Heiliggeist-Pfarrei mitbetreut wurde. Hier betete sie auch mit dem zahlreichen Gesinde vor dem Bildstock der wundertätigen Mutter Gottes, die voreinst ihre Schwiegermutter aus dem Kloster Tegernsee wegen großherziger Wohltaten zum Geschenk erhalten hatte.

Magdalena hatte sich zu Beginn ihres Münchner Aufenthalts diesen täglichen Gebeten angeschlossen, mußte aber dann aufhören, weil sich ihre höfischen Verpflichtungen von Woche zu Woche mehrten. Und selbst wenn sie zur Zeit dieser abendlichen Gebetsstunden nicht fort mußte, war sie doch gewöhnlich so müde, daß sie sich zu Bett begab; denn das Studium der klassischen Sprachen und der Historie strengte an.

Auch jetzt, während dieser heiligen Festtage, war das arme

Mädchen ständig von Höflingen umgeben. Ja sogar der durchläuchtigste Herr Kurprinz hatte sich schon einige Male incognito eingefunden, um die eine oder andere Schwierigkeit im Studium mit ihr zu besprechen; so sehr schätzten sie bei Hofe die Begabung des lieben Kindes. Und dieser holdselige, unschuldige Blick, den sie hat! Wenn man ihr so in die Augen schaut, ist's einem wirklich, als blickte man in ein ganzes Paradies hinein. Da braucht man sich nicht zu wundern, daß sie in der Residenz so beliebt ist, wo doch gerade dort der Satan in so vielerlei Gestalten herumstolziert. Ja, sie, die Hammerthalerin, ist felsenfest überzeugt und dankt dem Himmel tagtäglich dafür, daß Magdalena einen so wohltätigen Einfluß auf den Herrn Kurprinzen ausübt. Das erkennt man jedesmal, wenn er um Einlaß heischt: Da steht er immer unter der Haustür wie ein gottesfürchtiger Bettelmönch.

So urteilte die unbefangene, einfältige Frau Hammerthalerin.

Barbara, die sich dieses Gerede teilnahmsvoll anhörte, deutete sich die Kurprinzenbesuche freilich etwas anders. Aber sie war froh, daß sich die Tochter eines so guten Rufes erfreute.

Dann wurde auch für die Schiffmeisterin ein Gästezimmer eingerichtet, und zwar gleich neben dem der Tochter; die beiden wollten sich gewiß vor dem Einschlafen noch eines kleinen Pläuschchens erfreuen . . .

Magdalena kehrte an diesem Abend erst sehr spät heim. Der Prinz hatte mit einer großen Suite eine Schlittenfahrt ins Menzinger Hinterland unternommen. Auf der Blutenburg waren sie bei der Baronin von Berchem eingekehrt. Die würdige Matrone hatte der ganzen Gesellschaft einige Kübel würzigen Glühweins bereitet, der nach allgemeiner Ansicht noch nie und nirgends so gemundet hatte wie hier. Dadurch hatte sich natürlich die Heimfahrt etwas verzögert.

Die Begeisterung der Tochter beim Anblick der Mutter ließ zu wünschen übrig. Hätte Magdalena sich angesichts der Hammerthalerin nicht so beherrscht, wäre es wohl gleich in der ersten Minute zu harter Rede und Gegenrede gekommen. Dazu kam es aber, als sie beide nach dem Souper allein waren.

»Ich frage mich bloß, warum Ihr gekommen seid! Wollt Ihr mir etwa nachspüren?«

»Man wird sich doch als Mutter noch um sein Kind kümmern dürfen!«

»Reichlich spät, Frau Mutter! Und überhaupt: Ich nehme es Euch einfach nicht ab, daß Ihr Euch plötzlich um mich kümmern wollt. Seid also ehrlich! Was wollt Ihr in München?«

»Du fragst? Nach dem, was in Braunau geschehen ist, kannst du noch fragen?«

»Ja, seid Ihr denn von Sinnen, Frau Mutter? Meint Ihr, das ließe sich wiederholen?«

»Halte mich, wofür du willst! Doch seit jener Nacht ist in mir eine Kraft aufgebrochen, die ich net mehr meistern kann. In mir schreit alles und kocht alles und siedet alles! Ich muß zum Herzog!«

»Arme Frau Mutter!«

»Bedauere mich ruhig! Ich weiß, daß mich niemand verstehen kann! Aber ich kann aus meiner Haut net herausschlüpfen wie die Ringelnatter; und es tut weh, wenn einem die Haut zu eng wird, so weh schon!«

»Damals in Braunau hab ich Euch noch ein bisserl verstanden, Mutter, – heut begreif ich's net mehr!«

»Ist mir ganz egal, ob du's begreifst oder net! Du hast ja, was du brauchst, wenn er kommt, der Herr Prinz, und drunten unterm Türstock steht wie ein Bettelmönch und um Einlaß bittet ins Paradeisgärtlein!«

Das war ein böser Spott.

»Frau Mutter, jetzt geht! Geht auf Euer Zimmer und betretet nie wieder das meine! Eure Schwachheit ist verzeihlich, aber Eure Niederträchtigkeit ist eine Schmach! Geht!« Magdalena riß die Tür auf und stand daneben wie der Schwertengel an der Pforte von Eden.

Barbara ging erhobenen Hauptes.

In jener klirrend kalten Nacht vermochte weder die Tochter noch die Mutter zu schlafen. Die Tochter nicht, weil sie sich für ihre Mutter schämte; die Mutter nicht, weil sie überlegte, wie sie am kommenden Tag zum Herzog gelangen könnte.

Der nächste Tag ging auf im hellen Morgenschein. Auf den Wällen Münchens, den schneebedeckten, gleißte und glitzerte es, und die Maxburg ragte aus dem Dächergewirr wie ein Spukschloß.

Barbara Riederin verließ Hammerthalers Weinhaus, kam auf dem Schrannenplatz an der Mariensäule vorbei, sodann am Dom zu Unserer Lieben Frau und wandte sich hinab zur Löwengrube. Bei den unbeschuhten Karmelitern bog sie zur Maxburg ein. Das war der Wohnsitz des Herzogs von Bayern, des kurfürstlichen Bruders.

Als sie sich der Toreinfahrt näherte, wurde sie von den beiden Trabanten gestellt, die die Wache hatten. Sie sagte ihnen, daß sie dem Herrn Herzog eine Mitteilung zu machen hätte. Darauf durfte sie passieren und wurde von einem dritten Trabanten durch das Tor in einen weiten Gang geführt und dort einem Kammerdiener übergeben. Diesem erklärte sie dasselbe und wurde darauf nach Namen und Herkunft gefragt. Der Diener geleitete sie in ein ungeheiztes Zimmer, hieß sie sich's bequem zu machen und verfügte sich zum diensthabenden Kammerherrn. Dieser begab sich alsbald ins Kabinett, wo der Herzog gerade Flöte spielte, und brachte die Sache vor.

Max Philipp lächelte: »So kann's gehen, mon cher, wenn man an eine vom Land hinkommt! Da hat sie darauf gebrannt, einmal von einem fremden Teller zu kosten, und schon glaubt sie mitessen zu dürfen! Gebt ihr einen halben Gulden für die Rückreise und schickt sie zum Essen ins Spital!«

Der Kammerherr verneigte sich und kehrte zu Barbara ins Wartezimmer zurück: »Liebe Frau, unser Herzog ist Geschäfte halber verhindert, Euch zu empfangen. Auf daß Ihr aber leichter wieder heimfindet, schenkt er Euch diesen halben Gulden und bittet, im Heiliggeist-Spital auf seine Schatulle zu speisen. Der Spitalmeister ist an dergleichen Gäste des Herzogs gewöhnt und wird Euch für einige Tage gern verköstigen. Und unter uns, liebe Frau: Wohin käme ein Mann wie unser Herzog, wollte er jedes kleine Abenteuer fortsetzen? So etwas muß auf eine Nacht beschränkt bleiben, sonst verliert es seinen lieblichen Charakter. Vergeßt also, was war, geht zurück zu Eurem

Mann, und verlangt von einer Stunde nicht, daß sie sich zum Tage weite! Wer sie weitet, verwässert sie! Bewahrt sie im Buche Eures Herzens wie ein Blatt, darauf einer mit Rosenbalsam geschrieben hat: Einmalig, unwiederbringlich! – Wir danken für den Besuch!«

Es war nicht bloß die Kälte daran schuld, daß Frau Barbara Riederin fahl wurde wie die Kalkwand und wankend die Maxburg verließ.

Als sie vorbei war, brummte einer der Trabanten dem anderen zu: »Wieder so eine Salatwachtel vom Land! Man sieht's am Gangwerk.« Der andere grinste. »Er muß ihr schwer zugesetzt haben!«

Einen halben Gulden und ein Essen der Spitalpfründner – das war sie also wert! Dafür hatte sie sich hingeworfen, hatte ihren Mann betrogen und ihre Tochter verführt! Dafür war sie nach München gekommen und hatte ihrer Magdalena ein Schauspiel seelischer Erbärmlichkeit geboten, daß das Kind in alle Zukunft nur noch mit tiefem Ekel an seine Mutter denken konnte!

Soweit bist du, Barbara Riederin!

Und wie weiter?

Ins Hammerthalersche Weinhaus konnte sie nicht zurückkehren: sie besaß nicht die Kraft, ihrer Tochter gelassen zu begegnen, noch auch hätte sie mit der Hauswirtin unbefangen zu reden vermocht. Es war also doch das beste, an die Pforte des Heiliggeist-Spitals zu klopfen und dort um Unterkunft gegen Entgelt zu bitten. Sie befand sich auf der Reise, und die Heiliggeistbrüder nahmen sich ja der Reisenden besonders an. Hinter diesen Mauern, vor denen sie nun stand, konnte sie in die Namenlosigkeit verschwinden . . .

Fastnacht in München

An jenem Tage, da Barbara Riederin nach München gereist war, hatte Jaromira zufällig ihren Handelspartner, den Lebzelter, in der Wiesengasse getroffen, der ihr erzählte, daß er soeben einen größeren Posten seiner Ware nach Braunau geliefert habe. Bei dieser Gelegenheit sei ihm eine ganz böse Geschichte zu Ohren gekommen, eine Geschichte, die — wenn sie zu Rosenheim ruchbar würde — über den Schiffmeister Rieder niedergehen müßte wie ein Frühgewitter. In Braunau gehe nämlich das Gerücht um, die Schiffmeisterin hätte im Lauschkabinett des Tanzhauses mit dem Herzog ein ehebrecherisches Stelldichein gehabt; dessen sei der gesamte Innere und Äußere Rat der Stadt Braunau Zeuge. Er, der Lebzelter werde dieses Gerücht zwar nicht ausposaunen, man müsse aber damit rechnen, daß es wohl bald durch irgendwelche Ratschweiber in aller Ohr gelangen werde. Wenn also sie, die Jaromira, einem Familienkrach vorbeugen wolle, so möge sie sich bald etwas Gutes einfallen lassen. Denn soweit man den Rieder kenne, habe er in puncto Weiber eine saubere Weste und werde deshalb, falls das Gerücht auf Wahrheit beruhe, mit seiner Frau hart ins Gericht gehen.

Jaromiras schwarze Augen funkelten. »Kannst du mir leihen ein Roß mit Schlitten und dazugeben Hafer für eine Woche?«

»Was hast du vor?«

»Gutes! – Und morgen früh hole ich Roß!« Sie sprach's und eilte dem Riederschen Weinhaus zu.

Tags darauf, kurz vor Abend, hielten Roß und Schlitten des Rosenheimer Lebzelters beim Hammerthaler in München. Jaromira, die in einen dicken Schafpelz gehüllt war, stieg ab, betrat das Vorhäusl und verlangte die Frau Gastgebin zu sprechen.

Ob die Jungfer Magdalena Riederin da sei? – Nein, sie komme erst spät in der Nacht! – Und ihre Mutter? – Ja mei, die habe zwar ein Zimmer genommen, gleich neben ihrer Tochter, sei aber den ganzen Tag noch nicht zu sehen gewesen. Man mache sich schon ernstliche Sorgen. – Und die Tochter, wisse sie auch nichts von ihrer Mutter? – Wie gesagt, sie sei noch nicht zurückgekommen, und überhaupt könne man nicht verstehen, daß sich Magdalena nach ihrem Erwachen gar nicht um die Mutter gekümmert habe, nicht nach ihr gefragt habe und nicht um sie besorgt gewesen sei. Dabei habe die Schiffmeisterin schon zu früher Stunde ihr Zimmer verlassen. – Könne man vielleicht Roß und Schlitten für ein paar Tage hier unterbringen? – Freilich könne man das; dafür besitze man ja Stallung und Stadl! Ja, und selber wolle man nicht ein Kämmerchen mieten? Man hätte da sehr schöne im Hause. – Nein, soviel Geld habe man nicht, sie werde hinübergehen zu den Heiliggeistbrüdern und dort um Kost und Unterkunft bitten, sie sei ja nicht anspruchsvoll. – Ja, und noch eins: Wenn zufällig die Riederin vorbeikäme, solle man ihr nicht sagen, wer es gewesen sei, der nach ihr gefragt habe? – Nein, das sei wirklich nicht wichtig; doch möge man ihr sagen, sie dürfe vorläufig nicht nach Rosenheim zurückkehren!

Dieses Gespräch zwischen Jaromira und der Hammerthalerin hätte sich gewiß noch eine Weile hingezogen, wenn die Zigeunerin nicht unvermittelt weggegangen wäre. Der guten Gastgebin blieb nichts anderes übrig, als die Versorgung von Roß und Schlitten dem Hausknecht zu überlassen.

Der Spitalmeister war nicht beglückt, als Jaromira vor ihm stand und ihre Bitte vortrug. Erst als sie ein Säcklein mit klingendem Geld unter dem Pelzmantel herauszog und vorauszu zahlen versprach, wies er eine Magd an, sie ins Frauenhaus zu jener anderen zu bringen, die am frühen Vormittag gekommen sei; diese Kammer biete hinreichend Platz für zwei, wenn man noch ein Notbett hineinstelle.

Die Magd führte Jaromira über den tiefverschneiten Spitalhof ins Frauenhaus, das gegen die Roßschwemme zu lag. Als sie dann die Tür zu der erwähnten Kammer öffnete, erschrak sie, denn die am Vormittag einquartierte Frau schrie laut auf und warf sich der Dunkelhäutigen schluchzend um den Hals.

Kopfschüttelnd ging dann die Magd davon.

»Jara, ich war dabei, mir etwas anzutun; du bist mein Schutzengel!« Die Riederin sprach's und umarmte die Zigeunerin von neuem.

Die aber stand in dem langen Schafpelz da wie ein mißlungenes Standbild und meinte in ihrer trockenen Art: »Warum sterben wollen, Frau Barbara, wenn lieber Gott noch nicht will?«

»Weißt du, was ich getan hab, Jara?«

»Deswegen bin ich hier!«

»Und was soll ich machen?«

»Warten, lange warten!«

»Wo warten?«

»Dort, wo dich nicht findet Herr Johann!«

»Wird er mich suchen?«

»Ich werde sagen, daß er nicht soll suchen.«

»Meinst du, daß es aus ist zwischen mir und ihm?«

»Lieber Gott allein weiß ja oder nein.«

»Wovon soll ich leben?«

»Du mußt jetzt gehen zu Spitalmeister und alles sagen. Und dann in Spital bleiben und arbeiten und warten, bis großes Wiedersehen kommt.«

»Und Joseph?«

»Keine Angst, Frau Barbara, ich werde Joseph alles klarmachen. Und Joseph ist gut wie Engel.«

Während die beiden Frauen hin und her redeten und Barbaras Zukunft bedachten, trugen zwei Mägde noch ein Bettgestell aus Holz herein, mit einem Strohsack darauf, und brachten das karge Abendessen: Ein Stück Hirsekuchen und ein Schälchen Quark für jede. Die Obermagd erklärte, daß um acht Uhr, wenn der Türmer von St. Peter blase, das Licht gelöscht werden müsse; sonst bekäme man am anderen Tage keins mehr.

Jaromira aß mit Behagen, sie aß auch den Teil, der für Barbara bestimmt war.

In der Nacht taten sie kein Auge zu, denn da war so viel zu klären und zu erklären, zu durchleuchten und zu begründen, zu vermaledeien und zu beweinen. Das waren Probleme, die kein Mann versteht, die er nicht einmal ahnt.

Am Morgen des Dreikönigstages 1677 breitete Barbara Riederin vor dem Spitalmeister alle Lasten und Kümmernisse ihrer Seele aus, ebenso die Befürchtungen, die sie um die Forterhaltung ihrer Existenz hegte, und fand bei dem würdigen Herrn Verständnis und Achtung. Wenn sie wolle, so meinte er, könne sie in den Kammern der Gebärenden helfen und dienen, denn diese seien meist die Bedauernswertesten von denen, die ins Spital kämen und die Hilfe des Heiligen Geistes in Anspruch nähmen.

Barbara dankte und blieb.

Jaromira aber kehrte nach Rosenheim zurück.

Als sie in der Wiesengasse ankam und den Rieder sah, erkannte sie, daß er um die Ereignisse in Braunau wußte.

Überall im Bayernland begann die fröhliche, ausgelassene Fastnachtszeit.

In Münchens Adelshäusern jagte ein Fest das andere, und die Patrizier glaubten es sich und ihren oft beachtlichen Vermögensverhältnissen schuldig zu sein, dem Adel nicht nachzustehen.

In der Residenz hatte man sich einen ganz besonderen Schwank ausgedacht: Der größte Teil des riesigen Hauses war zu einer ländlichen Bierwirtschaft umgestaltet worden, in der allabendlich Bauernhochzeit gefeiert wurde. Als Bierwirt trat der Kurprinz persönlich auf, und als Wirtin hatte er sich – wie konnte es anders sein! – die Schiffmeisterstochter Madelaine genommen. Hatten die meisten Höflinge bisher über das Verhältnis der beiden die gepuderten Köpfe geschüttelt, – seit dem Braunauer Nachtfest schüttelten sie sie nicht mehr. Denn jetzt stand fest, daß das Mädchen eben auch nur unter die in Scharen herumschwirrenden Courtisanen zu zählen sei.

Das Fest, das in jenen Wochen sehr oft wiederholt wurde, erreichte stets den Gipfelpunkt der Ausgelassenheit im Antikensaal, wenn das Brautpaar – dargestellt vom Grafen Lamberg und Fräulein von Wartenberg – nach seinem letzten Tanz in ein auf einem Gerüst aufgestelltes Brautbett stieg, um die Hochzeitsnacht zu feiern. Während dieser Szene wurden zwar alle Lampendochte zurückgedreht, aber nicht etwa wegen der schlüpfrigen Darstellung, sondern damit sich die anderen Herren ihren Damen gegenüber ebenfalls freier benehmen konnten, ohne deutlich erkannt zu werden.

Für die meisten war das der willkommene Augenblick, durch

irgendeine Tür in den weiten Fluren des Schlosses und den vielen Nebenräumen heimlich zu verschwinden. Da hörte man viel lüsternes Gekicher in finsteren Nischen.

Auch Max Emanuel zog sich zu diesem Zeitpunkt stets mit Madelaine in seine Gemächer zurück, wo er einen altdeutschen Badezuber hatte aufstellen lassen, dessen wohlig warmes Wasser mit Rosenbalsam und Lawendelkräutern angereichert war.

Das Mädchen kehrte dann immer erst am hohen Mittag des nächsten Tages ins Weinhaus im Tal zurück, um dort das unterbrochene Geschäft des Ausruhens fortzusetzen bis zum Abend. Da holte sie dann der Kurprinz zu den alten Aufgaben in neuer Maske wieder ab. –

Während dieser Wochen erkannte sogar die fromme Frau Hammerthalerin, daß es mit der paradiesischen Seele der Schiffmeisterstochter nicht weit her sein konnte. Das stand dem Mädchen auch jeden Tag deutlicher im Gesicht geschrieben: Es waren nicht so sehr die Spuren durchwachter Nächte, sondern mehr die Zeichen der Erlebnisse in diesen Nächten.

Welch ein Verfall!

Frau Anna Maria, die schon über das plötzliche Verschwinden der Barbara Riederin bitter enttäuscht gewesen war, entschloß sich, der Jungen am Aschermittwoch den Stuhl vor die Tür zu setzen. Denn das Weinhaus im Tal war das Haus ehrsamer Bürgersleut; es sollte kein Schlupfwinkel für höfische Niederträchtigkeiten werden, selbst wenn allerhöchste Personen deren Ursache waren! Zugleich wollte sie dem Rieder nach Rosenheim schreiben und ihm reinen Wein einschenken. Er sollte erfahren, was sie von seinen beiden Frauen halte, selbst wenn dadurch die geschäftlichen Beziehungen einen Bruch erführen.

Das wollte die Hammerthalerin tun.

Sie tat es nicht! Denn am Abend des Aschermittwochs, an dem sie die Kündigung aussprechen wollte, trat Magdalena Riederin zerknirscht in die Kammer der Weinwirtin und warf sich ihr zu Füßen. Sie faßte ihre Hand, drückte sie an ihr Gesicht und benetzte sie mit Tränen. Es dauerte lange, ehe die von Mitleid gerührte Frau Anna Maria das Mädchen zum Sprechen brachte. Dann aber brach die ganze Not dieses jungen Menschen wie ein Sturzbach hervor: Magdalena war schwanger.

Sie hatte bereits mit einer Hofdame darüber gesprochen. Die war jedoch mit einem Achselzucken von ihr gegangen und hatte nur geflüstert: »Einmal kommt's über jede! Dann genügt ein Ritt par force nach Schleißheim und zurück – und aller Kummer ist verkümmert!« Was sie gemeint habe, die Kammerfrau, sei ihr, der Magdalena, nicht klar geworden. Und einer zweiten Frage sei sie hämisch grinsend ausgewichen.

»Jedenfalls werde ich's bei der nächsten Instruktion dem Kurprinzen sagen!«

»Und was versprecht Ihr Euch davon, arme Jungfer?«

Die Hammerthalerin fragte mit wehmütigem Ausdruck. Sie hatte ihre von Arbeit gezeichneten Hände in den Schoß gelegt: Wie schwer haben sie es doch, die guten Kinder, wenn sie in dieses satanische Hofleben hineingewirbelt werden! In diesen Kreisen gilt nicht Pflicht und nicht Ehre, nicht Rücksicht und nicht Verantwortung. Jeder nimmt sich, was ihm begegnet, und fragt nicht nach mein und dein!

»Ihr habt recht, Mutter Hammerthalerin, was kann ich mir erwarten, wenn ich's dem Prinzen mitteile!« –

Magdalena Riederin wäre auch nicht mehr dazu gekommen. Denn jene Kammerfrau hatte unverzüglich mit einer anderen gesprochen, und diese mit einer dritten, und noch am gleichen Abend war der Marquis de Beauvau bei der alltäglichen Visite mit Max Emanuel darüber ins Gespräch gekommen, natürlich nur so beiläufig; es wäre ja ungezogen, wenn man aus kleinen Abenteuern ein Ereignis machte! Und er hatte seinem Schützling auch gleich die entsprechende Lösung nahegelegt: Sofortige Trennung von der Schiffmeisterstochter und eine Anweisung an die Hofkammer, in aller geziemenden Diskretion dafür zu sorgen, daß das Mädchen gehalten werde wie bisher und daß nach erfolgter Niederkunft dem Kinde eine seines Vaters würdige Alimentation auf Lebenszeit auszusetzen sei. Im übrigen müsse der werdenden Mutter eingebunden werden, sich jeglicher unbedachten Äußerung bezüglich der durchläuchtigsten

Vaterschaft des Kindes zu enthalten, weil ansonsten mit Entziehung aller Subventionen zu rechnen sei.

Der junge Fürst brauste auf: Es sei ihm unmöglich, diese Charakterlosigkeit zu akzeptieren, habe er doch mit Madelaine die beglückendsten Tage und Stunden seines Lebens genossen. Er betrachte es als niederträchtig, das Mädchen, das ihm geschenkt hatte, was es nur einmal besaß, nunmehr im Stich zu lassen.

»Dann bleibt Euch, mein Prinz, nur die Konsequenz, mit Madelaine als Maitresse ledig zu bleiben und Euer kurfürstliches Stammhaus aussterben zu lassen; denn die Schiffmeisterstochter wird Euch nie ebenbürtige Nachkommen schenken!«

»Das bleibt abzuwarten, Marquis! Warum sollten Wir nicht einen Schritt weitergehen können als Unser bewunderungswürdiger Ahne, Herzog Albrecht der dritte, der die Baderstochter Agnes Bernauerin als ihm von Gott angetrautes Eheweib mit nach Vohburg nahm?«

»Er nahm sie, heiratete sie und konnte nicht verhindern, daß sie ersäuft wurde, so wie man Katzen ersäuft! Wollt Ihr, daß ein ähnliches Schicksal der Mademoiselle Madelaine widerfährt?«

»Wir werden einen Schritt weitergehen als Herzog Albrecht, – haben Wir gesagt! Wir werden sie nicht heimlich zum Weibe nehmen, sondern öffentlich! Wir werden sie auch nicht auf ein abseits im Donauried gelegenes Schloß führen, sondern hier herein in die Residenz!«

»Ich versichere Euch, mein Prinz, daß Ihr dann unter dem Adel Bayerns eine Revolution heraufbeschwört, an deren Ende der Sturz des Hauses Wittelsbach stehen könnte. Oder glaubt Ihr etwa, die Herren von Preysing oder von Törring oder von Freyberg werden der Schiffmeisterstochter huldigen?«

»Was ficht Uns der Adel an! Wir werden der Fürst Unseres Volkes sein, und Madelaine ist eine Tochter dieses Volkes – und nicht die letzte!«

»Verzeiht, Prinz, aber Ihr habt die Geschichte schlecht studiert! Wißt Ihr nicht, daß es das einfache Bauernvolk war, das vor hundert Jahren die Philippine Welserin erwürgt hat, weil sie dem Erzherzog in die Ehe gefolgt war? Das Volk will neben seinem angestammten Fürsten eine Fürstin aus gleichem Geblüt; denn schöne Töchter hat es haufenweise selbst – und schönere noch als die des Schiffmeisters!«

»Wie herzlos Ihr redet!«

»Ich wäre Euch ein schlechter Hofmeister, redete ich immer nur nach Eurer Lust und Laune! Glaubt ja nicht, es sei angenehm, dem Fürsten gegenüber einen warnenden Zeigefinger zu erheben und dabei gewärtigen zu müssen, daß man darum in Ungnade fällt! Glaubt auch bitte nicht, ich empfände nicht Mitleid mit der Demoiselle! Was uns noch zu tun obliegt, ist, zu erkunden, ob man sie nicht einem ehrenwerten Manne Eures Hofes verheiraten könnte. Ich habe dabei an den Maestro Agostino Steffani gedacht, der schon seit langem seine Augen auf das Mädchen gerichtet hat. Nur müßten die beiden dann unverzüglich diesen Hof verlassen; denn es täte nicht gut, wenn Ihr die Demoiselle in Eurer Umgebung wüßtet.«

»Diese Perle als Spielzeug in den Händen eines Affen!«

»Mit Verlaub, mein Prinz, auch Ihr habt mit ihr gespielt!«

»Wollt Ihr Uns einen Affen heißen, Marquis?«

»Noch einmal mit Verlaub, aber sein Spiel, nämlich das des angetrauten Ehegatten, wäre aufrichtiger, als es das Eure war, und nicht so würdelos!«

»Maßt Ihr Euch nicht zuviel an?«

»Viel – ja! Aber nicht zuviel! Denn wenn ich an das bittere Leid denke, das viele Fürsten auf den Thronen dieses Erdteils über ausgebeutete und dann weggeworfene Frauenherzen gebracht haben und noch bringen, so fühle ich mich aufgerufen, für sie eine Lanze zu brechen. Nicht als ob ich ohne Fehler wäre, durchaus nicht! Auch ich spiele mit Frauen. Aber wenn ich spiele, dann trage ich für den Ausgang des Spiels die Verantwortung. Ihr aber, mein Prinz, und Euresgleichen, Ihr wälzt die Verantwortung auf Eure Untertanen ab. Ich weiß, daß ich Euch bei diesem traurigen Geschäft behilflich bin; ich muß wohl, wenn ich nicht Hungers sterben oder als untauglich verjagt werden will. – Und jetzt, Prinz, könnt Ihr mich verjagen!«

Max Emanuel reichte seinem Hofmeister die Hand: »Wir danken Euch, Marquis!«

An einem der folgenden Tage wurde der Hoforganist Steffani zum Marquis de Beauveau gerufen.

Der Hofmeister legte in sehr diskreten, wenn auch nicht mißzudeutenden Worten die Lage der Schiffmeisterstochter auseinander und brachte den Wunsch des Kurprinzen vor: Wenn es zur Vermählung komme, werde sofort die Erhöhung zum ersten Hofdirigenten folgen, dazu eine beachtliche Erhöhung des Salairs. Für eine neue Tätigkeit des so Erhöhten, etwa an den Domen zu Regensburg, Passau oder Salzburg, werde man kurfürstlicherseits bemüht bleiben.

Der Maestro lächelte: »Nicht als scheute ich mich, Herr Marquis, das abgelegte Gewand des Prinzen anzuziehen; aber ich studiere bereits bei den Vätern der Gesellschaft Jesu zu Sankt Michael die theologischen Wissenschaften und gedenke in den geistlichen Stand zu treten. Ihr werdet Euch um einen anderen Gesponsen für das liebe Kind kümmern müssen!«

Henri de Beauveau konnte seine Enttäuschung nicht verhehlen.

Unter sechs Augen

Die Instruktoren des Kurprinzen, die Herren von Prielmayer und Jonner, wurden vom Hofmeister Beauveau verständigt, daß die Schiffmeisterstochter Madelaine Riederin zu den Studierstunden künftig nicht mehr herangezogen werden dürfe, weil ihr Gesundheitszustand darunter bereits Schaden genommen hätte. Die Herren wußten diesen offiziellen Text richtig zu deuten und bedauerten das Mädchen. Sie hatten erkannt, daß den körperlichen Vorzügen ihre geistigen durchaus ebenbürtig waren.

Gegen Ende der Fastenzeit geschah es dann, daß Magdalena erfuhr, man habe sie dem Hoforganisten verkuppeln wollen, der aber habe abgelehnt. Sie empfand das Entwürdigende dieser Nachricht als Schmerz. Nicht weil Steffani sie ausgeschlagen hatte, sondern weil man mit ihr einen Kuhhandel trieb.

Zugleich wurde sie mit Schrecken inne, wie rasch doch der Mensch in der Gunst seiner Mitmenschen aus den höchsten Höhen in die tiefsten Tiefen fallen kann. Wehe dem, der schuldig geworden ist! –

Am heiligen Karfreitag pflegte der kurfürstliche Hof die vorgeschriebene Osterbeichte abzulegen.

In verschiedenen Räumen der Residenz waren Beichtstühle aufgestellt worden, und Jesuiten wie auch Theatinerpatres schwebten in weitwallenden Kutten schweigend durch die Gänge. Es lag etwas Geisterhaftes über diesem Tage des großen Reinemachens: Die sich Begegnenden taten, als sähen sie sich nicht; die miteinander in Leidenschaft Verstrickten erröteten, wenn sie aneinander vorübergingen. Nur die Hofräte von der Gelehrtenbank, durchwegs alte Spötter und heimliche Gottverächter, standen gruppenweise in den Fensternischen und verlästerten das fromme Treiben.

Sagte der Baron Mayr zu dem von Pienzenau: »Schaut hin, das ist der Jesuitenrektor Schmid! Er pflegt den Kurprinzen zu säubern.«

Ihm erwiderte der Pienzenauer: »Dann braucht er eine Wurzelbürste, denn in dem Jungen kocht das Turiner Blut.«

»Nun, so schlimm wird's nicht sein!«

»Aber Mayr, seid Ihr denn der einzige Fremdling in Jerusalem? Er hat bereits die kleine Schiffmeisterin geschwängert!«

Das hörte der Baron von Berchem, der sich zu den beiden gesellte: »Nur keinen Neid, meine Herren! Manch älterer Zeitgenosse hätt ihn dabei gerne vertreten!«

Fragte der von Pienzenau: »Was wird sie jetzt machen, das dumme Ding?«

Flüsterte der Berchem: »Wär der Doctor Simeoni noch da, müßte man die Kleine zu ihm schicken, denn der verstand sich meisterhaft – wie man weiß – auf Zugänge und Abgänge von Kindern!«

Kopfschüttelnd erwiderte Baron Mayr: »Berchem, Berchem, mit Euch nimmt's noch ein schlimmes Ende!«

Berchem packte ihn am Oberarm: »Mir scheint, Mayr, Ihr führt da mit der Miene eines Biedermanns Eure schmutzige

Phantasie spazieren. Wolltet Ihr nicht sagen, daß unser Herr Ferdinand Maria beim Rübenstechen war, als die gottselige Frau Adelheid in Heilbrunn ihre Kinder empfing? Oh, Ihr ausgekochter Bösewicht! Geht hurtig hinüber zum Jesuiten und beichtet Eure verleumderischen Gedanken!«

»Wenn man Euch nicht kennte, Berchem«, sagte darauf Mayr, »man müßte Euch für den gottlosesten Menschen des Jahrhunderts halten. Dabei seid Ihr sicherlich auch schon beichten gewesen.«

»Wie recht Ihr habt, Mayr! Ich halte es nämlich mit der Bibel: Wenn ich Buße tue, gehe ich nicht im zerrissenen Hemd oder in Sack und Asche daher, damit jeder sieht, wie ich büße; im Gegenteil, ich kleide mich prächtig. Niemand braucht zu wissen, daß der alte Lästerer Berchem auch eine gläubige Seele hat!«

Der von Pienzenau wandte sich an beide: »Nun habt ihr immer noch nicht gesagt, was man dem Schiffmeisterstöchterlein raten könnte. Ich komme von dem Gedanken nicht los, daß das Mädchen elend leidet.«

»Lieber Freund«, erwiderte Berchem, »heute zur Nacht gehe ich zum Hammerthaler, wo die Kleine wohnt. Sie werden mir in der Gaststube keinen Wein geben, denn es ist Karfreitag. Da werde ich sagen: Gebt mir halt den Krug voller Wein mit, ich gehe hinauf zur Riederin! Dort sieht's niemand, daß ich die Abstinenz breche! So werde ich sagen. Und dann werde ich hinaufgehen und mit ihr reden; ich kenne nämlich ihren Vater. Es wär ja unchristlich, wenn man sie jetzt im Stich ließe.«

Mit erhobenem Zeigefinger meinte Baron Mayr: »Gehört Ihr etwa selbst zu jenen älteren Zeitgenossen, von denen Ihr vorhin geredet habt?«

Da lachten alle drei, daß es durch den Gang hinhallte. –

An jenem Karfreitagabend, da die Kirchenglocken schwiegen und die Ministranten von Sankt Peter mit ihren hölzernen Ratschen durch das Tal bis zum Isartor die Stunde des Nachtgebets ankündigten, betrat der Baron Anton von Berchem die Kammer der Riedertochter. Die Hammerthalerin, die ihn als einen guten Gast ihres Weinhauses schätzte, war darüber nicht wenig erstaunt: Daß doch ein hübsches Mädchengesicht selbst die alten Hirschen rebellisch macht! Dabei hat er selber schon seine zehn bis zwölf Kinder! Ach du liebe Muttergottes von Tegernsee, erbitt für uns Christen Erbarmen in dieser unzüchtigen Welt!

Magdalena empfing ihn mit untröstlichem Gesicht und war zugleich ein bißchen verwundert: »Ich weiß nicht, Baron, soll ich Euch danken oder muß ich vor Euch Angst haben?«

»Riederin, kleine, es gibt nur einen, der vor mir Angst haben muß und der auch wirklich Angst hat: Das ist der Franzosenkönig Ludwig; ich spanne ihm nämlich die Bayern aus, die er an das Ortscheit seiner Staatskarosse schirren will. Aber das ist Politik! Nicht wegen der Politik bin ich bei Euch, Jungfer, sondern weil ich Euch mag und Euren Vater mag. Ihr sollt mir ja nicht verzweifeln über das, was Euch passiert ist!«

»Aber Baron Berchem . . .«

»Seid stad, Kind, ich hab Euch etwas zu sagen! Denn entweder heiratet Ihr einen, der Euch mitsamt dem Fürstensprößling nimmt, oder Ihr bleibt ledig. Im ersten Fall könnt Ihr noch sehr viel wahres Glück haben; im anderen Fall, fürcht ich, wird man Euch von einem Bett ins andere reichen, – und dafür solltet Ihr Euch zu schade sein!«

»Gibt's nur diese beiden Fälle, Baron Berchem?«

»Ich wüßt keinen dritten!«

»Ich schon! Nur müßt der Herrgott mir dazu viel Kraft gewähren!« Und dann erklärte Magdalena dem Edelmann, daß sie das Kind nach der Geburt ihrer Mutter geben wolle, damit diese in ihrem gegenwärtigen verworrenen Leben wieder eine echte Aufgabe hätte. Wenn die Mutter darauf einginge und das Kindchen nähme, wolle sie selbst nach Wessobrunn gehen und bei den dortigen Benediktinerinnen ins Kloster eintreten.

Berchem zog die Schultern hoch: »Ob eine unglückliche Liebe und ein uneheliches Kind die richtigen Voraussetzungen sind für den Nonnenstand, bleibt zu bezweifeln!«

»Unglückliche Liebe, sagt Ihr. Glaubt Ihr etwa, ich hätte den Prinzen geliebt? Bei allem, was geschehen ist – und es ist viel geschehen! –, war von meiner Seite kein einzig Quentchen

Liebe; ja nicht einmal Leidenschaft war dabei. Ich habe eben mitgetan. Ich hab mich nehmen lassen, so wie sich eine Münze nehmen läßt, die einen Wert für den hat, der sie nimmt.«

Der Baron schaute die Riederin an, als wäre sie eine Sphinx: Gibt es das? Kann ein solches Weib ein Herz aus Marmor haben?

»Ich kann mir denken, daß Ihr mich verachtet, Baron Berchem, weil ich meinem Kinde entsagen will.«

»Und dabei habt Ihr's noch gar nicht! Ihr seid für mich ein Beispiel, Jungfer Riederin, daß es eine Tragödie ist, wenn ein Kind in der Lust, nicht in der Liebe gezeugt wird. Es hat eine trostlose Mitgift.«

»Vielleicht sind wir beide, der Prinz und ich, mit ähnlicher Mitgift ausgestattet worden. Was mich betrifft, so ist das sicher. Denn meine Mutter hat mich nicht gewollt.« Und sie erzählte, sie hätte von der Mutter erfahren, mit welcher Abneigung diese dem damals innerlich zerrissenen Gatten zu Willen gewesen sei. »Was aber den Prinzen betrifft, so wißt Ihr besser als ich, wie bis in die höchsten Hofkreise hinauf über seine väterliche Mitgift gemunkelt wird.«

Berchem strich sich über die Stirn, die in den letzten Jahren merklich höher geworden war: »Jungfer, ich will dem, was Ihr sagt, nicht widersprechen; nur fürcht ich, daß man es sich zu leicht macht, wenn man das eigene Versagen ins Schuldbuch der Vorfahren schreibt. Solange wir im Besitz unseres freien Willens sind, haben wir noch allweil die Möglichkeit, ja oder nein zu sagen. Das hört sich zwar recht advokatisch an, ist aber ganz und gar menschlich.«

In diesem Augenblick trat Max Emanuel in die Kammer.

Baron Berchem erhob sich, um zu gehen; doch der Prinz nötigte ihn, sitzen zu bleiben. Er sei, so fuhr er fort, gekommen, um nach dem Willen des Beichtvaters sein Gewissen zu entlasten, indem er Madelaine um Verzeihung bitte wegen der Not, in die er sie gebracht habe. Wenn auch dafür gesorgt sei, daß es ihr in wirtschaftlicher Hinsicht an nichts mangle, so habe er doch in ihr Leben zerstörerisch eingegriffen. Und weil es gegen diese Zerstörung kein Heilmittel gebe, so bitte er um Vergebung.

Man hörte aus dieser Rede deutlich die Ermahnung des Jesuitenrektors Schmid heraus.

Bezeichnend war, daß Max Emanuel das Mädchen nicht mehr in seine Arme schloß, wie er es vordem bei jedem Besuch getan hatte – auch der erhobene jesuitische Mahnfinger!

Nach diesem Confiteor fragte Magdalena mit souveräner Ruhe: »Seid Ihr gekommen, Prinz, um eine Euch aufgegebene Rede zu halten? Wenn es nur das war, dann hättet Ihr Euch den Weg zu mir sparen können. Ich bin alt genug, um zu wissen, daß ich an dem, was geschehen ist, die größere Schuld trage. Nur hätte ich nicht erwartet, daß Ihr mich jetzt verschachern wollt. Stellt bitte diese Bemühungen ein! Ich war stolz genug, mit Euch die Rolle der Wirtin zu spielen; so bin ich auch stolz genug, für den Ausgang dieses Spieles einzustehen. Alle Damen und Herren am Hof, wahrscheinlich auch Ihr, Baron von Berchem, haben in mir nur eine billige Courtisane gesehen. Ich war keine Courtisane, sondern habe mich als eine Dame des Hofes gefühlt, die sich allerhöchster Zuneigung erfreute. Um dieses schauspielerischen Hochgefühls willen habe ich meine Rolle bis zum Ende, bis zum Rinnstein, gespielt. Nun aber, wo das Spiel aus und der Vorhang gefallen ist, nehme ich mein Geschick selbst in die Hand, um nicht in den Rinnstein hineinzufallen. Ich danke Euch, Prinz, daß Ihr unser Kind wirtschaftlich – wie Ihr zu sagen beliebtet – abgesichert habt; um mich selbst kümmert Euch nicht! Ihr werdet in der Zukunft nur noch einmal von mir hören, das ist am Tage meiner Niederkunft. Da werde ich erinnern, daß für Euch eine Pflicht beginnt und eine Verantwortung. Dann habe ich das meine getan; tut Ihr alsbald das Eure!«

Stehend hatte sie vor dem stehenden Max Emanuel gesprochen. Jetzt wandte sie sich ab und setzte sich nieder. Sie bot ihm keinen Platz an.

Daraus und aus ihrer langen Rede schloß er, daß für ihn in ihrer Kammer kein Platz mehr war.

So verneigte er sich vor ihr mit jener vollendeten Höflichkeit, mit der er sich vor der Kaiserin in Wien verneigt hätte, grüßte den Baron und ging.

Nachdem Johann Rieder von den Ereignissen im Tanzhaus zu Braunau erfahren hatte, war er nur sehr selten in Rosenheim zugekehrt, und dann auch nur für kurze Zeit. Er war auf dem Wasser.

Das Weinhaus betreute der Sohn Joseph mit der Zigeunerin Jaromira Rotkowa und etlichen Knechten und Mägden. Es war erstaunlich, wie sehr der stattliche junge Mann in die Haltung und das Gebaren seines Vaters hineinwuchs. Die Gäste, die in der Wiesengasse ein und aus gingen, waren taktvoll genug, den Wirtssohn nicht nach Vater, Mutter und Schwester zu fragen.

Gegen Ende Juni mußte die Innschiffahrt eingestellt werden, so wie jedes Jahr, und der Schiffmeister kehrte, nachdem er seine Schiffe auf die heimische Schopperstatt und die in Altenmarkt hatte ziehen lassen, nach Hause zurück.

Joseph und Jaromira erschraken. Er alterte. Mit seinen dreiundvierzig Jahren stand er in der Mitte des Lebens und auf der Höhe seiner Kräfte, und dennoch war Müdigkeit in seinen Worten und Gebärden nicht zu verkennen.

Ob er vielleicht krank war?

»Ist nit krank!« sagte Jaromira zu Joseph. »Wenn kann essen wie Scheunendrescher, ist nit krank!«

»So schau ihn doch an, Jara! Was hatte er früher für einen geschmeidigen Gang. Jetzt kommt er daher wie ein Tiroler Kraxentrager.«

»Herr Johann ist anders krank, da drinnen krank!« Und sie zeigte aufs Herz.

»Für da drinnen, so heißt's, sind die Kapuziner zuständig«, meinte Joseph. »Wir können aber doch dem Vater nit sagen, er soll zu den Kapuzinern gehen und beichten.«

»Kapuziner helfen da nit! Wir zwei müssen helfen!«

Darauf erklärte die Zigeunerin dem Joseph den Plan, den sie sich zurechtgelegt hatte. Und am anderen Tag, als Johann Rieder beim Frühstück saß, eröffneten sie gegen ihn ihren gemeinsamen Feldzug.

Joseph begann: »Vater, wenn Ihr so weitermacht, werde ich Euch nit mehr lange haben. Ist's denn recht, daß Ihr mich büßen laßt, was ich nit verbrochen hab?«

Diese Frage fiel wie ein Hammerschlag in Rieders Gewissen: Freilich war's nicht recht, daß er den Buben behandelte wie einen Knecht. Kein Wort der Anerkennung. Keine zehn Sätze der Unterhaltung. Kein Hinweis auf die Zukunft. Und dabei sollte er in seine Fußstapfen treten. Wäre es ein Wunder, wenn der Bub dasselbe täte, was der Sohn des Hupfauf getan hatte?

Nun fing auch Jaromira an: »Herr Johann, du bist ein gerechter Mann; aber zuviel gerecht, ist nix gerecht! Kannst du sagen, wo ist Mensch, wo keine Sünd nit hat? Du immer nur denken an Geschäft, an Weinhandel und an Kornhandel und an Schiffahrt auf Inn, auf Donau, auf Würmsee! Immer nur denken an Gulden und an Taler und an Dukaten! Nie denken an stille Frau, was sitzt daheim wie Katze auf Ofenbank!«

Das war ein zweiter Hammerschlag: Ja, wer verkraftet es denn, fortdauernd in der Ecke zu stehen, unbeachtet wie ein Besen, dessen man sich nur besinnt, wenn irgendwo Kehricht liegt? Er, Johann Rieder, hatte gewiß das Wohl der Seinen zu fördern gesucht. Er war auch reich geworden und zählte zu den Wohlhabendsten der Marktgemeinde. Doch mit Gulden, Talern und Dukaten – darin hatte die Zigeunerin recht – füllt man ein fühlendes Herz nicht aus. Und das war es, was er ständig übersehen hatte. Er war mit den beiden Frauen umgegangen wie der Vorreiter auf dem Treppelweg: Er hatte sie vor seine Plätten gespannt, Barbara als Zugtier, Magdalena als Paradepferd. Er selber war hoch auf der Granselbrücke gestanden: Seht her, das bin ich, der Rieder, mit meinem Zugtier und mit meinem Paradepferd!

Joseph stand auf. »Vater, nit, als kümmerte ich mich um das Gered der Leut, aber von vielen Seiten hör ich, daß der Rieder in die Wiesengassen eingeheiratet hat und jetzt die Frau aus ihrem Elternhaus hinausschafft. Eurem Namen ist dergleichen Gered nit zuträglich.«

Jaromira, die am Herd hantierte, brummelte vor sich hin: »Für Hirsekuchen und Handvoll Quark muß Frau Barbara schuften wie letzter Dienstbot in Haus. Erst schuften hier in Wiesengasse, jetzt schuften für fremde Leut; Ehemann aber heißt ›Herr kurfürstlicher Leibschiffmeister‹!«

Da schob Rieder das begonnene Frühstück weg und ging hinaus.

Eine Stunde später trat er beim Dekan Doll von St. Nikolaus ein: »Herr Dekan, bei mir sind alle Lichter aus!«

»Aus werden sie nicht sein, Meister, nur die Laternenscheiben sind verrußt. Setzt Euch nieder bei mir, denn mich hat der Herrgott zum Laternenputzer gemacht!«

Der geistliche Herr wußte natürlich um alles, was sich während des verflossenen halben Jahres in der Familie Rieder zugetragen hatte, in einem Ort von dreitausend Einwohnern liegen alle Karten auf dem Tisch. Er versagte sich deshalb alle Umschweife und sprach die Dinge geradewegs an: »Was geschehen ist, ist geschehen! Als die Pharisäer die Ehebrecherin vor den Herrn brachten, sagte er zu diesen Bösewichten: Wer von euch ohne Sünde ist, der werfe den ersten Stein auf sie! – Wollt Ihr werfen, Meister Rieder?«

»Deswegen bin ich bei Euch, Herr Dekan. Ratet mir, was ich tun soll!«

»Das Wichtigste: Nichts überstürzen! Dies sage ich um Eurer Frau willen. Denn sie ist nicht bloß körperlich, sondern vor allem seelisch von Euch abgewandert. Soll sie zurückfinden, so muß man ihr Zeit lassen.«

»Ich versteh Euch nit ganz, Herr Dekan: Sagtet Ihr ›Zeit lassen‹? Erst hat sie mich betrogen, und jetzt soll ich auch noch gute Miene machen und warten, bis es ihr gnädig gefällt, den Heimweg zu finden? Ich neige nämlich eher dazu, ihr den Heimweg zu sperren.«

»Das könnt Euch niemand verübeln. Nachdem wir jedoch alle miteinander Christenmenschen sind, kennen wir auch das Gleichnis des Herrn vom guten Hirten, der neunundneunzig Schafe in der Wüste zurückließ, um dem einen nachzugehen, das verloren war. Wenn also unser Christentum eine echte Ware, nicht bloß eine taube Nuß sein soll, dann müssen wir in gewissen Phasen des Lebens auch gegen uns selber aufstehen und unsere Eitelkeit brechen. In eine solche Phase, lieber Meister, seid Ihr jetzt getreten.«

»Was müßt ich demnach tun?«

»Verbannt aus Eurem Herzen allen Haß und denkt schöne Gedanken! Denn wer schöne Gedanken denkt, kriegt ein schönes Gesicht.«

»Ein schönes Gesicht? Bin ich denn ein Weib?«

»Habe ich gesagt: ein weibisch Gesicht? – Euer Gesicht, Rieder, ist seit einem halben Jahr verkrampft und verzerrt. Früher leuchtete aus Euren Augen soviel Mut und Freude des Eroberns. Mir scheint, Euch ist trotz aller Geschäftigkeit das Glück des Schaffenden verlorengegangen und hat der Qual des Gehetzten Platz gemacht. Ihr dürft überzeugt sein, daß jeder Mann, der Euch kennt, auch mit Euch fühlt; aber wenn Ihr den Haß überwindet, werden sie Euch noch zusätzlich bewundern. Und unser Rosenheim braucht bewundernswerte Männer!«

»Herr Dekan, Ihr versteht Euer Geschäft und wißt sogar die Selbstüberwindung noch schmackhaft zu machen!«

»Widerlegt mich ruhig, Meister, denn ich bin der Letzte, der sich der Wahrheit verschlösse!«

»Das ist's ja gerade, daß man Euch kein Wort nit widerlegen kann!«

»Nun gut, dann wollen wir's denn dabei belassen: Ihr wartet, bis die Frau wieder auf Euch zukommt, und dann, Meister Rieder, zeigt, was Ihr noch an Reichtümern im Herzen habt, und baut ihr eine Brücke!«

Zwei Väter

In diesem Sommer entschloß sich der Kurfürst Ferdinand Maria, ein paar Wochen auf Schloß Starnberg zu verbringen. Der Bucentaurus sollte im Würmseewind wieder seine bayerisch-savoyschen Fahnen flattern lassen, wenn auch die Frau, zu deren Vergnügen er einmal erbaut worden war, nicht mehr unter dem frohen Schiffsvolke weilte.

Der hohe Herr hatte sich gewandelt: Er war alt geworden in diesen seinen jungen Jahren, und die krumme Haltung seines Körpers trat noch deutlicher hervor. Dem spärlichen Lächeln auf seinem fahlen Gesicht sah man an, daß es ihm nicht aus dem Herzen kam, sondern gequält und erzwungen war.

Johann Rieder steuerte wieder das Leibschiff seines Herrn, der sich in diesem Jahr ohne seinen Sohn Max Emanuel in Starnberg aufhielt. Er konnte die wirbelnde Gesellschaft nicht mehr ertragen und hatte darum die jungen Leute den Sommer über auf Schloß Dachau geschickt. Im hügeligen Feldgebreite des dortigen Hinterlandes konnten sie sich austoben. Hier wohnte ein gesunder Bauernschlag, der nicht zimperlich war und das Tun und Treiben der ausgelassenen Damen und Kavaliere nicht auf die Goldwaage legte.

So ging es denn auf dem Bucentaurus recht geruhsam her, weil nur der würdige bayerische Hochadel um die Fünfzig herum und die löbliche Regierung vertreten waren. Man machte Musik, speiste und schlief, spielte – wenn's hoch herging – mit dem Federball und las französische Bücher, die es namentlich den älteren Herren gestatteten, erlebte Sünden nachzukosten. Zwischendrein erschienen diplomatische Geschäftsträger und reisende Kavaliere aus aller Herren Ländern; sie wollten das Prunkschiff sehen. Unter diesen vagabundierenden Nichtstuern befanden sich auch die Spione Frankreichs und Österreichs, die sich gegenseitig bespitzelten, aber gemeinsam in die Kulissen der kurfürstlichen Landesregierung hineinhorchten, ob man im Ernstfall mit den Rekruten und dem Geld des reichen Herrn an der Isar rechnen dürfe.

Doch der reiche Herr an der Isar war nur auf den Frieden bedacht und versuchte, sich den Umklammerungen des einen wie des anderen Bewerbers zu entwinden. Das gelang ihm auch, denn er war weder für die Lockungen der Speichellecker noch für die Lüsternheiten bezahlter Courtisanen empfänglich.

Ihm wurde jedoch bange, dachte er an seinen Sohn und Nachfolger. Dem hatte die Natur diese Standhaftigkeit versagt, dafür aber eine Fülle von Eitelkeit und Lust mitgegeben, zu der sich im rechten Augenblick noch eine gute Portion Gewissenlosigkeit gesellte.

Da war doch soeben die Affäre mit der Schiffmeisterstochter beredet worden!

Ferdinand Maria fragte sich – und diese Frage stellte er sich häufig –, wie wohl sein eigener Vater, der große Kriegsheld Maximilian, einen solchen Fall behandelt hätte. Und die Antwort, die er sich geben mußte: Dieser Fall wäre gar nicht eingetreten! Denn unter Maximilian herrschten eiserne Zucht und strenge Sitten. Darin hatte er, Ferdinand Maria, seinem Sohne gegenüber kläglich versagt, so kläglich, daß er sich nun entschließen mußte, mit dem Schiffmeister ein persönliches Gespräch zu suchen; der war ja ebenfalls Vater und hatte ein Recht auf dieses Gespräch.

Dazu kam es an einem milden Juliabend.

Der Bucentaurus hatte in Starnberg angeländet; der größte Teil der Gesellschaft war ausgestiegen und zu Fuß zum Schloß hinaufgegangen.

Als Rieder seine Steuerbrücke verließ, trat ihm der Baron von Berchem entgegen und nahm ihn mit in das kurfürstliche Kabinett des weiträumigen Schiffes. Die beiden Trabanten an der mit samtenen Vorhängen geschmückten Tür öffneten, und Rieder stand allein vor seinem Fürsten.

»Rieder, Ihr werdet ahnen, weshalb ich Euch zu mir kommen hieß.«

»Durchläuchtigster Herr, es sind in jüngster Zeit mehrere Gewitter über mich niedergegangen; solltet Ihr eines von denen meinen, so bitte ich Euch in Ehrfurcht, deutlicher zu reden.«

»Es handelt sich um den Kurprinzen und Eure Tochter.«

»Wenn Ihr Braunau meint, so ist dies ein Tröpflein angesichts des Wolkenbruchs, den ich meiner Frau verdanke.«

»Braunau?« erwiderte fragend der Kurfürst. »Ihr scheint mehr zu wissen als ich.«

»Dann reden wir wohl aneinander vorbei; denn von mehr, als von dem, was in Braunau geschah, weiß ich nicht.«

»Setzt Euch, Rieder! Und glaubt mir, daß dieses Wort nicht leicht von meinen Lippen kommt: Der Prinz hat Eure Tochter geschwängert!«

»Das habe ich noch nicht gewußt, hoher Herr!«

»Wollt Ihr mir jetzt Eure Dienste aufkündigen? Ich würde das bedauern; weiß ich doch, wie sehr Euch die gottselige

Kurfürstin vertraut hat. Und in dieser Zeit sind vertrauenswürdige Männer rar.«

»Warum sollte ich, durchläuchtigster Herr? Wir Alten können doch nicht geradestehen für die Sünden unserer Kinder. Und wenn der Prinz meiner Tochter nahegetreten ist, dann hat er ihr gewiß nicht Gewalt angetan; – und dann hat die Tochter die größere Schuld.«

»Rieder, Ihr seid ein kluger Mann. Glaubt mir, ich bin besorgt um unser Bayernland, wenn es einmal von Max Emanuel regiert wird.«

»Welcher Vater, Herr, sorgt sich nicht um die Kinder! Doch dürfen wir nicht vergessen, daß sich die Menschen wandeln von einem Glied zum anderen. Was uns Alten recht und billig scheint, wird von den Nachfahren oft als lächerlich abgetan. Ich weiß nicht, wie es bei Euch war; aber was mich angeht, so habe ich meinem Vater viel Kummer gemacht und bin ausgezogen von ihm wie vormaleinst der undankbare verlorene Sohn.«

»Ich will den Kummer, den er mir bereitet, gar nicht messen; ich denke an das Volk. Wenn Fürsten fehlen, heißt das nicht selten Blut und Tränen für Millionen.«

»Es wird sich auch der Prinz die Hörner einmal abgestoßen haben.«

Nachdenklich nickte Ferdinand Maria und sagte vor sich hin: »Ihm fehlte und ihm fehlt die Mutter.«

Bitter erwiderte der Rieder: »Unserer Tochter hat sie nicht gefehlt. Im Gegenteil, die Mutter ging der Tochter richtungweisend voran, als sie zu Braunau dem Herzog ins Lauschkabinett des Tanzhauses folgte.«

»Davon habe ich gehört, doch wußte ich nicht, daß es Eure Hausfrau war.«

»Besser ist's, die Mutter fehlt dem Kind, als daß sie ihm zur Schlange Edens wird!«

Wieder nickte der Kurfürst: »Lieber Rieder, die eine gibt dem Kind ein Beispiel, die andere gibt's ihm im Blute mit. Wer kann da sagen, was besser ist! – Wichtig wäre jetzt, daß man einen Mann fände, der unserem Enkelkind seinen Namen gibt.«

»Die Sorge quält mich nicht, hoher Herr! Wenn sich der Mann nicht findet – mein Name ist dem Kinde immer gut, und alle Türen meines Hauses stehen ihm angelweit offen.« –

Rings um den Würmsee herum klang von den Türmen das Gebetläuten.

Ferdinand Maria verließ sein Leibschiff und ging, von einigen Räten begleitet, langsam zum Schloß Starnberg hinauf.

Auch Johann Rieder begab sich auf seine Brigantine: Darum also war Magdalena heuer nicht auf den Bucentaurus gekommen ...

Der Kurfürst soupierte mit den beiden geheimen Räten Dellmuck und von Berchem. Dabei kam die Rede auch auf die Schiffmeisterstochter und wie man sie an einen Mann bringen könnte.

Der von Berchem konnte seinem Herrn berichten, daß man sich dieser Mühe nicht zu unterziehen brauche; wohl aber müsse man bei den Benediktinerinnen zu Wessobrunn um gut Wetter anhalten, daß sie dem Mädchen den ehrenvollen Abgang aus der höfischen Welt nicht verdürben. Es stehe nämlich zu befürchten, daß die ehrwürdigen Dienerinnen Gottes, unter denen sich manch eine aus hohem Hause befinde, die junge Riederin wegen ihrer niedrigen Herkunft zurückweisen könnten. Man müsse darum der Mutter Äbtissin reinen Wein einschenken. Habe sie erst erfahren, welch allerhöchster, wenn auch sündiger Gunst sich die Kandidatin erfreut habe, werde sie nicht mehr zögern dürfen. Dazu könne man in einem Schreiben aus der Hofkanzlei mit ganz feiner Feder sehr nutzbringend einen Meierhof beim hohen Peißenberg erwähnen, welchen – neben viel anderen reichen Gaben – das Mädchen als Mitgift ins Kloster einbringen werde.

Ob denn der Schiffmeister von diesem Vorhaben seiner Tochter wüßte?

Er wisse sicherlich nichts; doch würde sich das Fräulein auch gegen den Willen des Vaters durchsetzen, so daß man sich also um dessen Einverständnis nicht zu kümmern brauche.

Und das zu erwartende Kind? Wer werde sich darum

kümmern, wenn die Mutter sich durch ihren Eintritt ins Kloster aller Verantwortung begeben wolle?

Das Kind, so habe sich die werdende Mutter vernehmen lassen, solle die Schiffmeistersfrau übernehmen. Nur ergäbe sich da eine Schwierigkeit: Bis zur Stunde wisse man nämlich nicht, wo sich diese Frau aufhalte, und dies nahezu seit einem halben Jahr.

Wann denn mit der Niederkunft zu rechnen sei?

Wohl um die Weihnachtszeit herum.

Ferdinand Maria bat darauf den Herrn von Berchem, er möge sich um den ganzen Fragenkomplex auch weiterhin bemühen und alles zu entwirren versuchen. Den geheimen Rat Dellmuck bat er, sich an den Höfen Europas heimlich nach einer für den Prinzen geeigneten künftigen Gemahlin umzusehen. Man müsse ihm schon jetzt eine solche zeigen können, damit er die Verpflichtung spüre, das streunende Leben einzustellen, das er seit den Fastnachtstagen führe. Mit der Schiffmeisterstochter sei er leider zu früh schon auf den Geschmack gekommen . . .

Man trifft sich

Schon Mitte August kehrte Rieder nach Rosenheim zurück. Dem kurfürstlichen Hof hatte das Wetter nicht behagt, und überhaupt lebte man zu München gemütlicher und ungebundener als auf dem Starnberger Schloß oder auf den Schiffen.

In der Wiesengasse bewegte sich alles nach gewohnter Weise. Joseph Rieder und die Zigeunerin führten das Regiment; es war ein sanftes Regiment, und nicht Knecht noch Magd hätten Ursach gehabt, sich zu beschweren. Die Weinwirtschaft erfreute sich zunehmender Beliebtheit, denn wer hier einkehrte, erhielt zu christlichen Preisen einen wunderbaren Wein.

Mit Wohlgefallen sah Rieder den Sohn werkeln. Er konnte sich die Bemerkung nicht verkneifen, daß er selber allem Anschein nach schon überflüssig sei und langsam daran denken könne, sich hinten im Garten ein Austragshäuschen zu bauen.

Er hielt sich auch nur ein paar Tage daheim auf und ritt dann wieder ins Gäubödische.

In Prüfening besuchte er wie jedes Jahr den Malermönch Innozenz Metz. Doch die Nachricht, die er dieses Jahr zu melden hatte, erfüllte den frommen Bruder mit tiefem Mitleid. Dort hing es an der weißgetünchten Wand, das herrliche Bild des unschuldigen Mädchens mit der Blumenkrone ums Haupt – und jetzt dieser Fall!

»Ich werde beten, Meister Rieder; denn es ist nicht möglich, daß der Herrgott soviel Schönheit über ein Menschenkind ausgegossen hat, um es daran zu Grunde gehen zu lassen!« –

Als dann die ersten Herbststürme über die weiten Stoppelfelder des Gäubodens dahinjagten, hatte der Getreidehändler Rieder seine Einkäufe beendet und besuchte – es war das Fest Mariä Geburt – die reiche Stadt Straubing. Er kehrte beim Muck-Bräu ein, wo sich die geldigen Bauern – und nur diese! – trafen, wenn sie in der Jakobskirche beim Gottesdienst gewesen waren. In einer anderen Wirtschaft einzukehren, wo etwa die mittleren oder gar die Kleinbauern verkehrten, durfte er nicht wagen; sie hätten es als eine Schändung seines und ihres Namens angesehen In der niederbayerischen Bauernschaft herrschte nämlich eine festgefügte Hierarchie, die den Menschen ausschließlich nach den Jochen seiner Zugochsen und den Tagwerken seiner Ackergründe maß.

Und siehe, beim Muck-Bräu in der hinteren Gaststube, dort wo die schwarze, mit Blut gestrichene Holzdecke war, traf er die Anna Maria Hupfaufin! Auch sie war geschäftlich unterwegs gewesen. Vierspännig hatte der Strasser sie über Land gefahren. Auch das mußte sein! Denn wenn der Abt von Oberaltaich sechsspännig nach Paris fahren konnte und wenn die Großbauern vierspännig zum Schafkopfen in die Stadt fuhren, dann mußte das die Schiffmeisterin auch, noch dazu, wo sie sich so großartig herausgemacht hatte in dem letzten Jahr, sie war kaum wiederzuerkennen!

»Bist mindestens um zehn Jahr jünger worden!« sagte der Rieder.

Da lächelte sie und lief rot an wie in den Tagen ihrer Jugend.

Ja, und bei dem Lächeln erkannte er, daß sie wieder ihren ganzen Mund voller Zähne hatte. Sie bemerkte sein Erstaunen und sagte, als wollte sie um Entschuldigung bitten: »Weißt, Johann, in Wien drunt haben sie halt gemeint, ich sollt mir ein elfenbeinern Gebiß machen lassen, und so ein Zahnklempner hat mir's auch tatsächlich gemacht. Nur darfst mich nit fragen, was der verlangt hat; schier ist's eine Todsünd!«

»Gott sei Dank, Anna Maria, daß du auch einmal an dich selber gedacht hast!« antwortete der Rieder, und sein Blick glitt an ihrer strammen Gestalt hinab. So hatte er sie schon vor zwanzig Jahren gesehen, damals, als die Jungverheiratete in Neubeuern sogar noch an der Seite ihres Mannes züchtig errötet war.

Auch das bemerkte sie. Sie legte ihre Hand kurz auf seine Augen und sagte: »Schau mich nit so an, Johann! Bringst mich bloß in Verlegenheit, und das macht man nit mit einer Wittib!«

»Darfst mir's nit verargen, Anna Maria! Wirst ja gehört haben, was mir mit meiner Hausfrau passiert ist.«

»Brich nit den Stab über sie, Johann!«

Sie aßen beim Muck und tranken mit den reichen Bauern bis in die Nacht hinein. Als dann der Nachtwächter kam, und die Bauern reihum die Stadt verließen, wies ihnen die Wirtin ihr bestes Gästezimmer an.

Am anderen Tag aber fuhren sie zusammen im Wagen der Hupfaufin nach Hause, während Rieders Reitpferd langsam hinterdrein trabte.

Seit jenem Tage ging zwischen Attel und Kufstein das Gerede, der Rosenheimer Schiffmeister und die Neubeuerer Schiffmeisterin zögen miteinander an einem und demselben Ortscheit, was man schließlich weder dem einen noch der anderen verdenken dürfe.

Gegen Ende Oktober hatte im Voralpenland der Winter eingesetzt, und kein welscher Wind war über ihn Herr geworden. Und es schneite unaufhörlich, so wie es schon seit Jahrzehnten nicht mehr geschneit hatte.

Manche Bergbauern im Oberen Bayern und draußen im heiligen Land Tirol waren schon wochenlang nicht mehr in ihre Kirchen gekommen, und selbst in den Märkten und Städten mußten die Bürgermeister Verordnungen erlassen, daß jeder Anrainer für die freie Durchfahrt auf seinem Straßenanteil verantwortlich sei, widrigenfalls er für acht Tage auf das Rathaus gebracht werde, während ein Stadtknecht auf Kosten des Abgestraften die Räumung der Straße übernehme.

Die Residenzstadt München ertrank fast im Schnee.

Tag und Nacht waren etliche Kompanien Hatschiere unterwegs und warfen den auf Schlitten aufgeschaufelten Schnee vor dem Isartor in den Fluß. In den Weinhäusern hockten die gestandenen Bürger und lamentierten über die Sondersteuer und die Einquartierung der Schneeräumer. Diese Soldaten waren es vor allem, die den allgemeinen Unmut erregten, weil sich keine Weibsperson öffentlich blicken lassen konnte, ohne von ihnen unschicklich angetastet zu werden. Sie kannten zwar die Quartierordnung, scherten sich aber nicht um sie, weil sich ihre Offiziere ebensowenig daran hielten.

Auch der Hammerthaler hatte zwei Mann aufnehmen müssen und ärgerte sich grün und blau über deren wildes Gebaren. Sie hatten ihm schon den Weinkeller aufgebrochen und sich sogar zur Wehr gesetzt, als er ihnen mit seinen Knechten gefolgt war. Die Hausl schlugen freilich so sauber auf die armen zwei Kerle drein, daß ihnen anderen Tags das Ausrücken unmöglich war. Darüber hatte der zuständige Offizier sogar eine Beschwerde gegen den Weinwirt angehängt, deren Folgen zur Stunde noch ausstanden.

Seitdem benahmen sie sich anständig und belästigten auch die Riederin nicht mehr, die schon im siebenten Monat war. Sie erfreute sich der besonderen Sorge der Hammerthalerin. Seitens der Hofkammer finanziell gut gehalten, konnte sie sich eine Lebensführung leisten, die nahezu fürstliche Art hatte. Seit Monaten ging sie selten mehr zu Fuß aus, sondern ließ sich vom Sesselmeister Christoph Wegerle aus der Dienerstraße zwei Sänftenträger kommen für fünfzehn Kreuzer Tragerlohn die Stunde. Seitdem freilich der große Schneefall eingesetzt hatte, nahm Wegerle keine Bestellungen mehr an und erklärte, er könne bei diesem Wetter weder für die Sicherheit seiner Trager noch die seiner Kunden geradestehen.

Magdalena hielt sich jetzt meist in ihrer Kammer auf, war wohl auch öfters in der Hauskapelle zu Füßen der Tegernseer wunderbaren Muttergottes zu finden. Niemand wußte recht, ob dies einem inneren Bedürfnis oder nur purer Langeweile entsprang. Keine Miene ihres Gesichts verriet auch nur den leisesten Ausdruck jener Bewegtheit, deren betende Menschen gern gewürdigt werden. War das Gemütskälte oder ein hohes Maß von Beherrschung der Gefühle? Seit vor kurzem der Vater Johann Rieder bei Hammerthaler geschäftlich zu Besuch gewesen war und es abgelehnt hatte, mit Magdalena zu sprechen, kehrte sie sich ganz und gar nach innen und sprach mit niemandem mehr, kaum noch mit der Hauswirtin, die ihr doch jeden Wunsch vom Gesicht abzulesen versuchte. Die gute Frau überlegte oft, was das für Leute seien, der Alte wie die Junge, die so kaltschnäuzig über Regungen des Menschenherzens hinwegschreiten konnten. Was geht in einem Vater vor, selbst wenn es nicht der leibliche ist, der seine Tochter in diesem Zustand links liegen läßt? Und was muß sich im Herzen einer Tochter vollziehen, die – hochschwanger – kein Fünkchen Sehnsucht nach dem Vaterhause spürt?

Dann kam der erste Adventssonntag. Damit begannen die im Bayernland so beliebten Engelämter. Um halb sechs Uhr früh zogen die Gläubigen mit Laternen durch die tiefverschneiten Gassen zum Dom Unserer Lieben Frau. »Rorate caeli desuper – Tauet, Himmel, den Gerechten!« sang man durch die hohe Gotik des mächtigen Gotteshauses. Dabei war es so kalt, daß der im Lichtschein sichtbare Atem beim Dahinströmen zu erstarren schien.

Die Hammerthalerin besuchte mit Magdalena jedes Engelamt, obwohl ihnen zu dieser frühen Stunde noch kaum ein Schrittmacher durch den Schnee vorangegangen war. Sie meinte, diese morgendliche Anstrengung sei für eine Erstgebärende von größtem Nutzen, verlören doch dadurch die Mutterbänder an Spannkraft.

Drei Tage vor dem Heiligen Abend begann es plötzlich zu

tauen, und zwar so stark, daß man sich kaum durch die Gassen zu gehen traute, weil von den Dächern dicke Schneebretter herabsausten. Die Stadtbäche konnten das viele Wasser nicht mehr schlucken und traten über. Im Tal gab es kein Haus, dessen Keller nicht übergelaufen wären. Beim Hammerthaler mußten die Knechte Tag und Nacht schöpfen, weil sonst die kostbaren Weine in den Fässern Schaden genommen hätten.

Am 23. Dezember war der Schrannenplatz schon ganz aper; dafür breiteten sich aber da und dort große Eisflächen aus, so daß selbst die bei der Alten Wache patrouillierenden Soldaten ab und zu aufs Kreuz fielen. Als es jedoch am Nachmittag wieder sanft zu schneien begann, waren alle Münchner froh, denn so konnten sie doch noch am späten Abend nach Sankt Michael zur großen Krippenfeier gehen.

Die Hammerthalerin war nicht gut beisammen und mußte daheimbleiben; doch Magdalena nahm sich ein Herz und ging allein. Was konnte ihr denn schon passieren! Es waren doch so viele Frauen und Mädchen auf den Gassen unterwegs!

Sie richtete ihre Laterne her und verließ kurz nach sieben Uhr im dicken Schneefall das Haus.

Wie eine Prozession bewegte sich's durch die Kauffingerstraße hinauf, Laterne an Laterne. Flaumfederngleich fiel der Schnee aus dem nächtlichen Himmel. In den Fenstern der Bürgerhäuser, vor allem aber in denen des Schönen Turmes, leuchteten flackernd die Wachslichter aus bunten Gläsern. Hinter den Vorhängen aus schweren niederländischen Samten ahnte man das vorfestliche geschäftige Treiben. Und vom Laden des Lebzelters herüber zogen süße Wohlgerüche. Auf dem Platz vor dem Jesuitengymnasium bei Sankt Michael standen hundert oder mehr Konviktualen und sangen gregorianische Choräle.

Die Leute traten mit ihren Laternen in die hohe Kirchenhalle ein. Alle drängten nach vorn, wo — mitten unter der Kuppel — die kunstsinnigen Laienbrüder der Jesuiten eine bergige bethlehemitische Landschaft aufgebaut hatten, darauf sich Hirten und Schafe bewegten; ganz oben standen ein paar Engel mit Posaunen. In diese Posaunen wurde durch eine Rolle Wind getrieben, so daß sie einen Pfeifton im Dreiklang hören ließen. Im Vordergrund beim leeren Krippenhaus stolzierte ein herodianischer Nachtwächter im schweren spanischen Kostüm auf und ab und zückte jedesmal, wenn er an die Hausecke kam, seine Hellebarde gegen zwei Lausbuben, die dort einen fortwährend kläffenden Hund reizten. Hinter den Bergen lugte schon der Stern der drei Weisen hervor; sie selbst saßen darunter um ein Lagerfeuer und hoben ihre Zinnbecher gravitätisch zum Trunk. Nicht weit ab davon kniete in der Höhlenkirche von Monserrat der heilige Ignatius von Loyola und geißelte sich unaufhörlich den bloßen Rücken, während sich einen Steinwurf weiter ein Palast erhob, in dem Maria von Magdala, die spätere Büßerin, mit trinkfesten jungen Männern gastierte; bewundernswert waren dabei die vielen weißblau gekleideten Edelknaben, die auf silbernen Schüsselchen bayerische aufgegangene Nudeln dahertrugen, und diese Nudeln dampften sogar. All diese Sehenswürdigkeiten wurden durch ein Uhrwerk betrieben, das ein Jesuitenbruder alle Viertelstunden aufziehen mußte.

Schlag acht Uhr hörte die Krippenherrlichkeit aber auf, ihre Lichter erloschen, ein silbernes Geläut an der Sakristeitür erklang, und auf dem Chor setzte die Orgel ein. Heute saß an ihrem Spieltisch der in jenen Jahren berühmteste Münchner Musikant Agostino Steffani. Nur zu allen heiligen Zeiten durfte er in der Jesuitenkirche spielen, und dies auch nur deshalb, weil ihn die gescheiten Väter in der heiligen Theologie unterrichteten. So hatte es noch die gottselige Frau Kurfürstin, die ja den Jesuiten nicht gewogen gewesen war, angeordnet. Der hundertköpfige Knabenchor, der schon draußen vor der Kirche gesungen hatte, stimmte jetzt eine jubilierende Kantate an, Psalmodien voll südländischen Glanzes und venetianischer Klangfülle, mitreißend in ihrem Temperament und wieder bezaubernd durch ihr verhauchendes Pianissimo.

Alles Volk hielt den Atem an.

Ja, das war er, der Steffani, der »verrückte Hund«, wie er von manchen Münchner Bürgern wohlmeinend genannt wurde! Kein anderer hatte in der Residenzstadt je so komponiert und so gespielt und die Knabenstimmen so zum Jauchzen gebracht. Wenn die Adelaide auch sonst viel »G'schwerl« aus ihrem Welschland dahergezerrt hatte, mit dem Steffani war ihr ein glücklicher Fang gelungen. Daß er ab und zu spinnt, ja mei, das ist eben bei den Musikanten so; die haben alle einen Hieb zur rechten Zeit; aber er versteht sein Handwerk!

Nach vielen Gebeten und Gesängen und nach dem Segen mit der großen Monstranz begaben sich die Gläubigen in der zehnten Stunde wieder nach Hause. Magdalena Riederin blieb noch ein Weilchen sitzen; sie wollte erst die hinauslassen, die es eilig hatten, um nicht von ihnen gedrückt zu werden. Als sie sich aber dann erhob, spürte sie ziehende Schmerzen vom Rücken her und mußte sich wieder hinsetzen. Sie versuchte es abermals, und abermals die gleichen Schmerzen. Waren das etwa die Geburtswehen?

Der Bruder Sakristan kam vom Altar her und ging, geräuschvoll den Schlüsselbund bewegend, durch die mächtige Hallenkirche zu den beiden Portalen, um sie abzusperren. Denn wenn man auch in Friedenszeiten lebte – sicher ist sicher! Unter dem Chor traf er sich mit Maestro Steffani, der vom Orgelboden herunterkam. Er grüßte ihn und deutete auf die junge Frau, die immer noch in der Bank saß und ängstlich um sich schaute.

»Habt Ihr sie schon gefragt, Bruder?« sagte Steffani.

»Bitte, fragt Ihr sie, Maestro!« antwortete der schüchterne Frater.

Agostino Steffani trat von hinten an die Riederin heran und tastete ihr leicht auf die Schulter: »Madame, die Kirche soll geschlossen werden!«

Sie drehte sich zu ihm um; da sah er, daß sie weinte. Zugleich erkannte er aber auch trotz des dicken Schaltuches ihr zartes Gesicht.

»Madelaine? – Madelaine!«

Und sofort ahnte er alles.

Er faßte sie liebevoll unter den Armen und half ihr aus der Bank. Das Mädchen lehnte sich sanft an ihn und stöhnte, wenn wieder eine Wehe ihren Leib durchzitterte. Mehr tragend als führend, brachte er sie bis zur Mariensäule auf dem Schrannenplatz. Hier mußten sie eine Zeitlang verweilen, denn der Kurprinz sauste in fröhlicher Gesellschaft mit vierundsechzig Schlitten vorüber. Die jungen Kavaliere hatten da und dort hübsche Bürgerstöchter zu dieser nächtlichen Schlittenfahrt aus den Häusern getrommelt. Magdalena sah, daß Max Emanuel die lachende Enkelin des Bürgermeisters Liegsalz, die vielbegehrte Katharina, in seinem linken Arm hielt, während er mit der Rechten die rassigen Schimmel zügelte.

Da versagten ihr die Knie den Dienst.

Steffani hob sie ganz auf und trug sie ins nahe Heiliggeist-Spital; dort hatten sie ja, wie er wußte, ein Gebärhaus.

Maximilian Rieder

Der Bruder, der den Dienst an der Pforte versah, machte nicht viel Aufhebens, als der Maestro unter einem breiten Redeschwall seine stöhnende Bürde hinsetzte. Er sagte kein Wort, sondern zog an einem Seil, das irgendwo im Haus eine Glocke bewegte. Gebärende Zigeunerinnen und andere Landfahrende gehörten im Heiliggeist-Spital schon fast zur Tagesordnung, ganz abgesehen von den Soldatenweibern, die auf die Frage nach dem Kindsvater grundsätzlich einen nannten, der über den Leutnantsrang hinaus war; denn eine Dame, die Charakter hat, läßt sich doch nicht etwa mit einem Hatschier oder Trabanten ein!

So stellte denn der Bruder auch jetzt wieder die Frage nach dem Kindsvater und schaute dabei den Maestro an.

»Nein, Bruder, ich habe die Demoiselle nur hergetragen, weil sie auf der Gasse nicht mehr weiterkam!«

Darauf machte der Bruder eine fragende Geste zu Magdalena hin. Sie wiederum richtete ihren Blick auf Steffani: »Muß ich's sagen?«

»Warum nicht, Madelaine? Wer ein Weib zur Mutter macht, ist Vater geworden und hat Verantwortung zu tragen!« Und zum Bruder sagte er: »Des Kindes Vater ist der Kurprinz von Bayern, Max Emanuel!«

Da trat der Bruder ein paar Schritt zurück und starrte den Maestro an: »Es schickt sich nicht, Monsieur, über unser erlauchtes Fürstenhaus dumme Witze zu machen, und einem Klosterbruder gegenüber schon gar nicht! Ich erfülle lediglich meine Pflicht und bitte, das zu respektieren!«

»Ich bin der Letzte, ehrwürdiger Bruder, der Euch zum Narren hielte. Darum möget Ihr getrost bei Eurer Meldung an die Hofkammer neben dem Namen der Mutter – Madelaine Rieder – auch meinen Namen – Maestro Agostino Steffani, kurfürstlicher Hoforganist – hinzusetzen und erwähnen, daß ich die Gebärende Euch zugebracht habe.«

Kopfschüttelnd meinte der andere: »Mademoiselle, habt Ihr denn keine weise Frau gefunden, die Euch ins Haus gekommen wäre?«

»Ich habe nicht geglaubt, daß es schon so weit sei. Verzeiht mir die Scherereien, die ich Euch verursache!«

»Scherereien, sagt Ihr? Da sei Gott vor! Doch werdet Ihr verstehen, daß dergleichen in unserem Hause nicht alltäglich ist. Darum erbitte ich Pardon!«

Da klopfte es an die hintere Tür des Pförtnerzimmers, und zwei Frauen in weißen Kitteln traten ein. Unverzüglich wollten sie sich an der zusammengekauerten Magdalena zu schaffen machen. Plötzlich schrie die eine: »Kind, bist du's wirklich?« Und sie umschlang die werdende Mutter mit beiden Armen. –

In den Morgenstunden des 24. Dezember 1677 gebar Magdalena einen gesunden Knaben. Pfarrer Matthias Mair bei Heiliggeist taufte ihn noch am Heiligen Abend und schrieb in das Geburtsmatrikelbuch: »Maximilianus Augustinus, filius illegitimus (d. h. unehelicher Sohn) der Jungfer Magdalena Riederin, Schiffmeisterstochter aus Rosenheim. Als Paten des Täuflings waren gegenwärtig: die ehrsame Weingastgebin Anna Maria Hammerthalerin von hier, und der hochwohlgeborene Herr Agostino Steffani, Hoforganist, ebenfalls von hier.«

An diesem Heiligen Abend hatte Johann Rieder in aller

Herrgottsfrühe mit dem Pferdeschlitten sein Haus in der Wiesengasse verlassen und war nach Neubeuern zur Hupfaufin gefahren.

Er besuchte sie regelmäßig jede Woche einmal; für heute hatte sie ihn durch einen Knecht zu sich gebeten: Es sei sehr wichtig.

Als Rieder eintrat, war bereits ihr Sohn da. Er hatte einen Baumeister, einen Bildhauer und einen Maler aus Rattenberg mitgebracht, um mit der Mutter über die Gedächtniskapelle zu beraten, die sie gemeinsam in Windshausen für den verunglückten Gatten und Vater errichten wollten. Anna Maria hatte dem Sohn erklärt, daß sie ohne den Rieder mit den Leuten nicht verhandeln wolle. Darüber war der betreten gewesen, hatte aber dann eingewilligt.

Nun saßen sie in der Wohnstube um den großen Tisch, auf dem die Tiroler Meister ihre Entwürfe ausgebreitet hatten.

Der Baumeister erklärte anhand seiner Zeichnungen, daß er sich gedacht habe, die Hinterbliebenen eines Schiffmeisters dürften es nicht bei einer bloßen Feldkapelle bewenden lassen wie für einen Bauern, den ein Blitz getroffen habe, sondern müßten eine Kirche bauen: Dreijochig das Langhaus, darinnen ein Tonnengewölbe, spitze Stichkappen über den hohen, oben und unten abgerundeten Fenstern. Über dem Altarraum und der Sakristei sollte eine zweigeschoßige Wohnung für einen Einsiedler errichtet werden, der den Kirchendienst versehen und die Kinder in der Heilslehre, wie auch im Schreiben und Rechnen unterweisen könnte. Über dieser Einsiedelei als Krönung des Bauwerks ein achteckiges Zwiebeltürmchen, dem Aussehen nach ein überhöhter Dachreiter. Die hohen Außenwände dürften natürlich nicht nackt bleiben, sondern müßten durch kräftige Pfeiler gegliedert werden.

In der Tat, das war ein imposantes Gebäude!

Dann ergänzte der Bildhauer: Er stelle sich einen Altar nach welscher Art vor, Renaissance, wie sie sagten. Zu beiden Seiten des Altarbildes die etwa lebensgroßen Holzfiguren des heiligen Wolfgang, zum Andenken an den verunglückten Wolf Hupfauf, und die Figur der heiligen Anna, weil ja diese die Namenspatronin der Stifterin sei. Und weil die Stifterin nicht bloß Anna, sondern Anna Maria heiße, habe er, wie die Skizze verdeutliche, der heiligen Mutter Anna die jugendliche Gottge- bärerin Maria zu Füßen gesetzt, und zwar so, daß sie dem auf Annas Arm sitzenden Jesuskinde aus einem Obstkörbchen eine Frucht hinauflange. Das sei übrigens eine Darstellung, die man landauf-landab nicht finde; er bitte, das zu würdigen!

Die Skizzen gefielen allgemein.

Schließlich rollte auch der Maler seinen Entwurf auf: Er stelle sich vor, daß, wer an der Landesgrenze ein Gotteshaus errichte, dieses als ein Symbol unserer Erlösung auffassen und darum Heilig-Kreuz-Kirche heißen müsse. Darum habe er denn auch an ein aufragendes Altarblatt mit der Kreuzigung Christi, mit Maria und Johannes gedacht.

Auch seinem Entwurf stimmten alle zu.

Als dann die Gesamtkosten des Werkes aufgestellt wurden, erwies sich die Hupfaufin trotz verschiedener Einwände ihres Sohnes als sehr hochherzig, so daß der Rieder staunte.

»Mein Wolf hat mich zwar schlecht behandelt«, sagte sie, »und jahrelang ausgeschmiert, aber man muß vergessen. Der Christus da auf dem Altarblatt hat gesagt: Vergib ihnen, Vater, denn sie wissen nit, was sie tun! – Der Wolf hat's auch nit g'wußt, ebensowenig wie's die Barbara Riederin gewußt hat. Hast mich, Johann?« Und sie lächelte dem Rieder zu.

Der nickte ein wenig. Eben noch hatte er sie angestaunt; jetzt bewunderte er sie.

Um die Mittagszeit kam er wieder heim in die Wiesengasse. Weil in der Wohnstube niemand war, ging er in die Kuchel. Hier stand Jaromira am Herdfeuer und kochte. Als er zu ihr hintrat und über ihren Kopf hinweg in die dampfenden und duftenden Kessel schaute, sagte sie: »Warum du nit fragst, Herr Johann, weil Kessel dampfen an Heiligem Abend, wo Fasten ist?«

»Ja, und warum tust du das?«

Da richtete sie sich auf und wandte sich ihm zu: »Weil Herr Johann ist worden Großvater von Kind, was hat gekriegt Magdalena!«

»Woher weißt du das, Jaromira?«

»Was hat für einen Zweck, wenn du wissen, woher ich weiß?«

»Und wer kümmert sich um sie und das Kind?«

»Großmutter!«

»Barbara?«

Jaromira nickte und lächelte über Rieders plötzliche Erregtheit.

In langen, hastigen Schritten durchmaß er die Kuchel, ging hinaus, kehrte wieder zurück: »Ja, ist denn das Kinderkriegen nur Weibersache, und hat da unsereiner nichts mitzureden?«

»Wenn fehlt Vater, sollte freilich mitreden Großvater! Großvater aber trägt Brett auf Stirn wie Ochse; was kann da schon mitreden?«

»Magdalena gehört mit dem Kind hierher ins Haus!« Das schrie er förmlich der Zigeunerin ins Gesicht.

Sie trat ganz nahe an den baumlangen Mann heran und lachte frech zu ihm hinauf: »Windeln will waschen Herr Johann?«

Unbeholfen schaute er sie an. Er fand kein Wort, weil er noch keinen Gedanken gefunden hatte. Das machte ihn wütend. Abermals schrie er: »So sag doch du, was geschehen soll!«

»Ich?« fragte sie und fuhr mit leisem Spott fort: »Herr Johann ist lustiger Mann, huscht jede Woche in fremde Kammer, und ich soll vielleicht hingehen und herholen Frau Barbara? Frau Barbara, was ist schwach worden ein einzig Mal? Frau Barbara, was ist Putztrampel und hat jetzt geschabt und geschuftet ein ganzes Jahr für wildfremde Leut? Herr Johann, ich lache hahaha und nochmal hahaha! So, und jetzt kannst mich schlagen in Gesicht!« Sie funkelte ihn aus ihren rabenschwarzen Augen an. So glich sie der Ringelnatter, die einen Frosch gebannt hat.

Ihm verschlug es den Atem, so daß er hörbar nach Luft schnappen mußte. Seine Blicke irrlichterten um ihre Augen herum, wandten sich ab und kehrten sofort lauernd zurück.

Endlich!

»Jaromira?«

Dieser fragende Anruf kam wie aus weiter Ferne.

Darauf sie: »Herr Johann?«

»Fährst du mit mir, daß wir Großmutter, Mutter und Kind heimholen in unsere Wiesengasse?«

»Natürlich!«

»Dann geh und zieh dich an!«

»In drei oder vier Monaten, Herr Johann!« Und sie drehte sich wieder zu ihren dampfenden Kochkesseln um.

Kurz nach den hohen Christtagen begegneten einander auf einem breiten Gang des Alten Hofes der Hoforganist und der Baron Berchem. Der Baron verstand zwar nichts von Musik und bezeichnete die Beschäftigung mit ihr als Zeitvergeudung, aber er schätzte den Lombarden wegen seiner geistigen Frische. So kamen sie denn auch gleich in ein temperamentvolles Gespräch, bei dem Steffani sein Erlebnis mit der Schiffmeisterstochter brühwarm erzählte. Und jetzt sei er eben unterwegs zur Hofkammer, um das freudige Ereignis daselbst zu berichten.

»Wieso nennt Ihr dieses Ereignis freudig?«

Steffani schmunzelte, und eine kleine Gehässigkeit spielte in seinen Mundwinkeln: »Zwei Gründe sind's, Baron. Zum einen hat das hohe kurfürstliche Haus den Beweis erbracht, daß der Stamm der Wittelsbacher noch sehr befruchtend ist; und zum anderen wurde doch dem braven Volk der Bayern ein edler Sprößling geschenkt – etwa im Sinne des einstigen ›iuris primae noctis‹, des Rechts der ersten Nacht. Ist das etwa nichts Freudiges?«

Beide lachten, daß es durch die breiten Gewölbe hallte.

»Lieber Maestro, hättet Ihr etwas dagegen, wenn ich Euch zur Hofkammer begleitete? Der Herr Kurfürst hat mir aufgetragen, die Interessen der Schiffmeisterstochter wahrzunehmen; und mir will scheinen, daß diese Interessen jetzt ins Spiel kommen.«

»Mit Vergnügen!«

Gemeinsam betraten sie das Vorzimmer des Herrn Hofkammerpräsidenten Marquard von Pfetten. Unverzüglich holte sie der gestrenge, sparsame Herr in sein Kabinett. Er hatte als ganz junger Mann noch die Schule des im Geldausgeben harten

Herrn Maximilian genossen, war aber durch die verblichene durchläuchtigste Frau Henriette Adelaide zur Verschwendung genötigt worden; jetzt wollte er den alten Prinzipien der Staatswohlfahrt wieder Geltung verschaffen und wußte sich darin vom Kurfürsten unterstützt.

Er lächelte die beiden Herren an. Dieses Lächeln wirkte auf die Seele, wie wenn man just geohrfeigt worden wäre.

»Ich bin beglückt«, begann er, »die hohe Kunst der Diplomatie, vereint mit der Muse der Musik, in meinen bescheidenen Räumen begrüßen zu können und brenne darauf, den Grund solchen Besuches zu erfahren.«

Scheinheiliger Florian! dachte sich der von Berchem und sagte mit der gleichen verlogenen Verbindlichkeit: »Ja, Herr von Pfetten, Ihr habt es erkannt: Die Künste wagen sich in die ehrfurchtgebietende Nähe ihres Brotgebers, noch dazu mit der hohlen Hand!«

Da begann sich das Lächeln des Finanzmannes vollends zu versteinern, und er fragte: »Sind etwa die beiden Herren nicht weit über Gebühr von der mildtätigen Hand unseres Kurfürsten bedacht worden?«

Diese Bemerkung tat dem Berchem sehr weh: »Ihr redet von dem, was uns gebührt, und reibt uns unter die Nase, wir seien Schmarotzer oder Blutsauger am wohlgenährten Körper des Kurfürstentums Bayern. Wir wissen also, welche persönliche Meinung Ihr von uns habt. Doch Ihr irrt, Herr Hofkammerpräsident! Eure persönliche Meinung über uns wollten wir gar nicht hören, noch weniger wollten wir ein von uns aus persönliches Anliegen vorbringen! O nein!«

Berchem trat einen Schritt näher an den von Pfetten heran und hielt ihm den ausgestreckten Zeigefinger vors Gesicht – eine durchaus unhöfische Geste: »Es geht um die vom Kurprinzen geschwängerte und in diesen Tagen niedergekommene Schiffmeisterstochter Madelaine Riederin aus Rosenheim. Sie hat einen Sohn geboren. Habt Ihr das Kind schon dotiert, seiner hohen Herkunft gemäß?«

Marquard von Pfetten war nicht aus seiner anerzogenen Fassung zu bringen: »Wir haben bereits erfahren, daß der Herr

Hoforganist bei der Taufe des Kindes Maximilian – wie sinnig der Name! – Pate gestanden ist, und haben nicht versäumt, den Kurprinzen wie auch den Kurfürsten davon zu unterrichten. Während jedoch der junge Herr wegen anderweitiger Herzensangelegenheiten der Sache nicht nähergetreten sind, haben der Herr Vater dem Kinde die angemessenste lebenslängliche Leibrente bereits verfügt, womit wohl die Anliegen meiner beiden sehr geschätzten Herren erfüllt sein dürften. Darf ich eventuell auf ein Gläschen Wein bitten?«

Der von Berchem hatte seinen Meister gefunden; dieser aalglatten Höflichkeit war er nicht gewachsen. Darum schlug er – das sagte man ihm schon seit Jahren nach – ins Gegenteil um und wurde grob wie ein Bauer: »Den Wein könnt ihr Euch auf den Hut stecken! Der Berchem hat Geld genug, sich seinen Wein selber zu kaufen, zum Unterschied zu den Federfuchsern, die ihren Aufstieg dem Umstand verdanken, daß sie den anderen tunlichst etwas abzwacken – womit natürlich alle Anwesenden ausgeschlossen sind!«

Die drei Herren verneigten sich.

Draußen auf dem Gange meinte Agostino Steffani: »Ich hätte diesen Tonfall nicht wagen dürfen.«

»Noch nicht«, antwortete Berchem, »aber wartet nur, bis Ihr Bischof seid, dann könnt Ihr diesen kurfürstlichen Speichelleckern und Kratzfüßlern genauso herausgeben!«

»Was sagt Ihr, Baron, zur Haltung des Kurprinzen angesichts der Geburt seines Kindes?«

»Maestro, es ist die Haltung eines Lausbuben; bei den bayerischen Burschen eine landläufige Haltung. Ihr dürft das nicht tragisch nehmen. Die Riederin kriegt entweder einen Mann, der das Kind mitnehmen muß, oder sie kriegt keinen. Kriegt sie keinen, dann zieht sie das Kind entweder selber auf oder sie gibt es ihren Eltern. Gibt sie es den Eltern, dann kann sie entweder weiterhin ein Luderleben führen oder ins Kloster gehen. Letzteres beabsichtigt sie.«

»Haltet Ihr diese Absicht für richtig?«

»Soweit ich das Mädchen kenne – ja! Es sei, Euch gelingt es, sie davon abzuhalten.«

»Seit jener Nacht im Tanzhaus zu Braunau – Ihr habt davon gehört – kommt mir ein schaler Geschmack in den Mund, wenn ich ein schönes Mädchen sehe.«

»Dem wäre abzuhelfen! Schaut Euch nach einer anderen um, etwa einer feisten Bauerndirn; die bringt Euch noch dazu Bambini dutzendweise.«

»Wenn Ihr nicht wüßtet, Baron, daß ich in den geistlichen Stand treten möchte, würdet Ihr mich für einen Kostverächter halten?«

»Im Gegenteil, Maestro, ich halte Euch trotz Eurer hohen Zukunftspläne für einen Gourmant!«

Verhöre

Beim Caspar Stockhammer, Gastgeb und Mitglied des Inneren Rats, traf sich in den Rauhnächten alljährlich das junge Volk von Rosenheim und trieb allerhand Schabernack und Zauber. Die Alten hatten da nichts hineinzureden. Einmal im Jahr sollten die Jungen ganz unter sich sein und tun und lassen, was sie wollten; nicht wie sont – über Leitern und durch Kammerfenster. Dabei hatte sich merkwürdigerweise noch jedes Jahr erwiesen, daß diese Jugend in ihrer Freiheit ganz harmlos war, und man gewann den Eindruck, als ob es immer erst des Zwanges der Alten bedürfte, um die Sprößlinge widerspenstig und rebellisch zu machen.

So saßen sie denn – Burschen und Mädchen – wieder in der großen Gaststube an etlichen Tischen beisammen, auf denen breite Schüsseln voller Wasser standen. Es galt, in die Zukunft zu lusen. Jedermann zog eine Walnußschale heraus, tat ein winzigkleines brennendes Wachslicht darein und setzte die Schale aufs Wasser. Je nachdem wie sich die lichtträchtigen Schälchen einander näherten oder voneinander entfernten, gab es frohe oder betrübte Gesichter; denn diese schimmernden Lichter galten, wofern sie sich berührten, als ein Versprechen für diese Nacht und möglicherweise für alle Zukunft.

Joseph Rieder befand sich ebenfalls unter den jungen Leuten, obwohl er für derlei Späße nichts übrig hatte. Er mußte wegen des Geschäfts dabei sein, denn die wohlbetuchten Väter dieser Jugend besuchten ihn ja das ganze Jahr über im Weinhaus an der Wiesengasse.

Der Stockhammer hatte natürlich den bei ihm in Diensten stehenden Burschen und Mädchen erlaubt, mitzulusen, auch der sehr lockeren Kucheldirn Uta, der Kiehlertochter aus Reischenhart. Sie hatte sich gerne hierher verdungen, weil sie da nach dem allabendlichen Geschirrspülen und Herdputzen in ihrer Kammer noch etwas dazuverdienen konnte.

Heut hatte sie's auf den jungen Rieder abgesehen, der ein sauberer, wenn auch schüchterner Bursch war. Aber gerade diese Schüchternheit reizte die Kiehlerin, und mit sanftem Hinhauchen trieb sie ihr Lichtschälchen so geschickt zwischen den anderen hindurch, bis es mit einem Male kräftig an das Joseph Rieders hinstieß, daß gleich alle beiden Kerzerl verlöschten.

Da lachte die ganze Tischgesellschaft hell auf, und einer schrie dazwischen: »Jetzt aber beeilt euch, ihr zwei; das Licht ist schon ausgangen!«

Sofort standen beide auf und verließen Hand in Hand die Stube. Draußen im Flurgewölbe gab der Rieder seiner Partnerin zwei Gulden, sagte »Nix für ungut!« und eilte über den Marktplatz aufs Mittertor zu.

In diesem Flurgewölbe bei der Kucheltür war aber auch der alte Kiehler gesessen und hatte auf Kosten seiner Tochter den miserabelsten Wein gesoffen, der in Stockhammers Keller lag. Er hatte gesehen, was zwischen ihm und seiner Uta vorgegangen war, und entbrannte in hellem, selbst angeheiztem Zorn. »Der Saubua, der dreckate!« rief er und wankte in die Gaststube hinein. »Mei saubere Dirn läßt er sitzen; sie ist ihm zu g'ring. Dafür rennt er heim in die Wiesengasse und verlustiert sich mit der Zigeunerin, die wo schon den ganz alten Rieder, den Erler Bräu, ins Grab bracht hat! Und dem Schiffmeister, dem Johann, hat sie die Hauswirtin verruckt g'macht, so daß sie ihm davong'laufen ist, nachdem sie ihn ordentlich beschissen hatte. Und jetzt hat sie auch schon dem jungen

Rieder, dem Sepp, das Hirn verdreht. Warum ist er denn so ein flügellahmer Erpel, der Sepp? Weil sie ihm jede Nacht das Lebendige aus dem Leibe saugt. Ja, ja! Nit umsonst haben ihr die anderen drüben, die Böhmaken, das Ohr abgehackt!«

Da horchten die jungen Leute auf, und selbst der alte Stockhammer schüttelte den grauen Kopf: Das mit dem Ohr hatte er nicht gewußt. Dafür fiel ihm aber noch etwas anderes ein: Wegen dieser Zigeunerin war doch vor Jahren einer in den Altenbeurer Mühlsteinbrüchen elend zu Grunde gegangen... Man wird sich einmal mit dem Marktschreiber über diese Dinge unterhalten müssen, denn schließlich ist man des Inneren Rats und trägt Verantwortung für das Gemeinwohl! —

Zur Jahreswende war die Rosenheimer Regierungsbehörde von München aus völlig umgekrempelt worden: Pfleger war jetzt der Graf Preysing von Hohenaschau, sein Pflegsverwalter auf dem Schloß Rosenheim Franz Benedikt Greschbeck; für das Kastenamt hatten sie Franz Gropper bestimmt, der ein Gevatter des Geheimen Regierungsrates Anton von Berchem war.

Neue Besen kehren gut, sagt ein altes Sprichwort, und so geschah es, daß kurz nach Lichtmeß die Zigeunerin Jaromira Rotkowa auf den Schloßberg geladen und von zwei Gassenwächtern dahingeleitet wurde. — Als Johann Rieder erfuhr, daß der Stockhammer die Anzeige erstattet hatte, ohne vorher mit ihm geredet zu haben, ärgerte er sich sehr: Das macht der Futterneid!

Jaromira, das kleine schwarze Weiblein, war jetzt nicht mehr so knusprig wie damals in Erl; sie begann runzelig zu werden und nahm sachte das Aussehen jener häßlichen Zigeunerinnen an, mit denen man die unartigen kleinen Kinder zu schrecken pflegt. Nur durch ihre feingeschnittenen, sauberen Hände und eine gewählte Kleidung unterschied sie sich von den anderen. Bewundernswert war freilich noch die Fülle ihres blauschwarzen Haares; von einer breiten Goldagraffe im Nacken gehalten, reichte es ihr fast bis zu den Kniekehlen hinab.

Sie wurde in den Gerichtssaal geführt.

Zur Vernehmung über ihre Person sagte sie aus, sie sei jetzt zweiundvierzig Jahre alt, in Böhmen von fahrenden Eltern geboren und in Postelberg christkatholisch getauft worden, wie aus der Bescheinigung, die sie vorlegen könnte, ersichtlich sei.

Ob sie schon einmal bestraft worden sei?

Ja! Weil sie gestohlen habe, habe man ihr ein Ohr abgeschnitten und sie aus dem Lande verjagt. Zuvor aber hätten die Eltern sie einem Manne gegeben, der wie ein wildes Tier gewesen sei; ihm sei sie ausgebrochen.

Und wie sei es weitergegangen in ihrem Leben?

»Darüber, Herr Richter, will ich nit weiter verlieren kein einziges Wort, weil alles genau weiß der Schiffmeister, Herr Johann Rieder. Nur das, was gesagt hat Kiehler, der dort hinter Holztür steht, ist alles zusammengelogen.«

»Woher weißt du, daß dort der Kiehler steht?«

»Weil ich weiß!«

»Kannst du wahrsagen?«

»Wahrsagen können wir alle, nur die im Sachsenland nit!«

»Wie machst du das?«

»Ich nehme Gottes Kunderva.«

»Wie schaut dieses Kunderva aus?«

»Ist Wurzel.«

»Wie wahrsagst du?«

»Aus Hand.«

»Wie hast du das gelernt?«

»Von Eltern.«

»Kannst du mit deiner Wahrsagerei auch anderen schaden?«

»Tu ich nit! Denn lieber Gott, was ist bester Wahrsager, straft.«

»Aber du könntest?«

»Wie soll ich wissen?«

»Da, schau meine Hand an! Kannst du aus ihr lesen, daß ich dich jetzt einsperren werde?«

»Kann ich. Und kann auch lesen, daß Herr Richter bald haben wird gebrochenes Bein.«

»So, ein gebrochenes Bein! Wann willst du mir's denn brechen?«

»Ich nit brechen! Ich eingesperrt und beten für Herrn Richter.«

»Ihr Zigeuner stehlt also und betet zugleich!«

»Stehlen nur, wenn Hunger!«

»Und beten nur, wenn eingesperrt!« Der Verwalter Greschbeck sprach's und lachte spöttisch. Dann fuhr er fort zu fragen:

»Warum seid ihr Zigeuner so schwarz?«

»Weil wir stammen aus Ägypten.«

»Aus Ägypten? Und warum seid ihr nicht dortgeblieben? Habt dort wohl ebenfalls gestohlen und mit der Wurzel wahrgesagt, bis sie euch davongejagt haben, die alten Ägypter!«

»War anders, Herr Richter! Als Mutter Maria mit Jesuskind und Sankt Joseph ist gekommen nach Ägypten, haben Ureltern gesagt: Ihr Landstreicher! Mutter Maria hat gesagt: Ihr uns schimpft Landstreicher; darum ihr selber sollt ewig streichen durch Land! Und so ist es bis heute.«

»Ein entzückendes Geschichtchen!«

Greschbeck wandte sich an den Kastner Gropper: »Wir wollen sie uns für morgen aufheben. Vielleicht fallen ihr über Nacht noch ein paar unterhaltsame Märchen ein!«

Jaromira wurde ins Verlies gesperrt, und die beiden Herren ließen sich im Schloßhof die gesattelten Pferde vorführen. Als der Pflegerichter den einen Fuß schon Steigbügel hatte und sich mit dem anderen hinaufschwingen wollte, rutschte er auf einer ganz kleinen Eisschicht, die sich da gebildet hatte, aus und trat das Roß in die Weichen. Dieses erschrak und stampfte und zerschlug ihm den rechten Unterschenkel, so daß der Fuß gleich seitlich wegstand.

Franz Gropper schaute seinen Amtskollegen verdutzt an. Der aber befahl einem herbeigesprungenen Knecht, sofort in den Markt hinunterzureiten und den Chirurg zu holen. Auch solle man die Zigeunerin gleich entlassen; er, der Knecht, möge sie bis in die Wiesengasse mitnehmen und im Weinhaus beim Schiffmeister Rieder abliefern.

Während der Fastenzeit lud der Pflegsverwalter Greschbeck den Kiehler von Reischenhart zu sich aufs Schloß.

Seit der alte Mann damals durch Rieders Zutun den »Bestandsbrief« erhalten hatte und »Goldener« geworden war, hatte er eine Zeitlang auf den Griesen und Sandbänken bei Seibersdorf, Simbach, Ering, Malching, Aigen und Würding Inngold gewaschen, namentlich wenn das Hochwasser abzog. Am Anfang war er auch vom Glück begünstigt gewesen; hatte er doch im ersten Jahr fast ein Pfund winzige Goldflitter von dem rauhen Tuchbelag der geneigten Bank geschabt, über die er in fleißiger Arbeit den goldhaltigen Sand spülen mußte. Die Hofkammer hatte ihn dafür auch rechtschaffen entlohnt. Auf die Dauer konnte sich jedoch der alte Schiffmann mit einer gediegenen und beständigen Arbeit nicht anfreunden. Das Goldwaschen war ihm zu eintönig, und jedesmal, wenn Rieders oder Hupfaufs Schiffe an ihm vorüberzogen, kroch ihm eine derartige Stinkwut in den Bauch, daß er den »Herrn Leibschiffmeister« hätte in der Luft zerreißen können.

So ließ denn sein Eifer langsam nach, und damit natürlich auch der Ertrag. Schließlich hängte er die Goldwäscherei überhaupt an den Nagel und stand bei den Holzschlagbuam in Windshausen ein. Doch da war er aus dem Regen in die Traufe geraten: Das Holzfällen war noch viel beschwerlicher, und er konnte es bei seinen Jahren mit den jungen Kerlen dort einfach nicht mehr aufnehmen.

Zu guter Letzt ging er seiner Tochter nach und bat den Stockhammer, ihn fürs Essen und Schlafen als Hausknecht einzustellen. Als solcher war er noch tätig, als der Greschbeck ihn zu sich beschied.

Die Zigeunerin hatte der Verwalter übrigens auch eingeladen; diesmal war sie ihm freilich nicht durch die Gassenwächter vorgeführt worden, sondern er hatte sie mit dem Wagen holen lassen.

»Jaromira Rotkowa«, sagte er zu ihr, als sie den Gerichtssaal betrat, »ich bitt Euch, während der nun folgenden Verhandlung hier neben uns sitzen zu wollen. Ihr braucht kein Wort zu sagen, sondern sollt immer nur den Kiehler anschauen, wenn er redet.«

Sie nickte. Dabei glitten ihre Blicke hinab zum Bein des gestrengen Herrn. Er merkte es, lächelte und erhob den Stock, auf den er sich stützen mußte: »Jaromira Rotkowa, ich habe an

Eure Wurzel glauben gelernt und wünschte sie mir manchmal selbst.«

Mit einer fast mütterlichen Geste legte sie ihre Hand auf die seine, die den Stock hielt, trat ganz nahe an ihn heran und flüsterte: »Lieber Gott hat gegeben mir Wurzel, dir aber Verstand!«

Da streichelte er ihr freundlich übers Haar.

Darauf betraten sie gemeinsam mit dem Kastner, dem Schreiber und zwei Gerichtsknechten die Amtsstube und setzten sich hinter dem großen Eichentische nieder. Die Zigeunerin war so klein, daß nur ihr Kopf über den Tisch hervorschaute; die Knechte trugen deshalb noch ein paar dicke Folianten herbei und stapelten sie auf ihren Stuhl.

Jetzt wurde der alte Kiehler hereingeführt.

Als er Jaromira sah, fauchte er: »Was will die da?«

Entgegnete der Richter: »Nur horchen und dir aufs Maul schauen!«

»Ich hätt mich gern wo hingesetzt!« sagte er.

»Werden dir bereits die Knie schwach, Kiehler? – Bringt ihm einen Hocker!«

Es geschah. Und nun rollte der Greschbeck jenen unglückseligen Tag auf, an dem vor nahezu vier Jahren bei den Kugeln zu Windshausen die zwei Schiffe aufeinandergeprallt waren. Der Kiehler sollte erzählen. Aber er wollte nicht. Er könne sich an nichts mehr erinnern.

Da fing der andere an zu fragen.

Die Antworten kamen sehr störrisch; dabei starrte der Kiehler stets die Zigeunerin an. Als er sich schließlich in die ersten Widersprüche verwickelte, brüllte er, er könne keinen vernünftigen Gedanken denken, wenn ihn das »schwarze Mistvieh« fortwährend anstiere.

»Aber, aber, Kiehler-Vater, warum denn so böse!« meinte der Greschbeck. »Sag einfach, wie's war – so ist's am vernünftigsten! Doch du denkst zuviel darüber nach, wie du uns hinters Licht führen könntest; dabei verwirren sich deine Gedanken in einem Lügennetz!«

»Nix sag ich mehr, überhaupt nix!«

»Ich bitt dich, Kiehler, du kannst doch nicht wollen, daß ich dir altem Manne noch die Daumenschrauben anlegen lasse!«

»Was? Das auch noch? Das halt ich nit aus, das wirklich nit!«

»Warum willst du dann nicht die Wahrheit sagen? Hast du den Schiffmeister Hupfauf in den Tod gefahren oder nicht? Und wenn ja, dann erzähl uns, wie's geschehen ist! Oder willst du die paar Jährlein, die du noch zu leben hast, den Druck da drinnen in der Brust nicht endlich loswerden?«

Da fing doch der bärtige alte Mann wahrhaftig an zu weinen. Greschbeck ließ ihn hinausführen. –

Eine Woche danach ging in Rosenheim die Rede, man habe den Kiehler in den Mühlsteinbruch nach Altenbeuern gebracht, weil er am Tode des Schiffmeisters Wolf Hupfauf beteiligt gewesen sei. Er werde jedoch unter den Sträflingen gut gehalten, weil er den wahren Sachverhalt von damals, als der Heuberg brannte, restlos aufgeklärt habe.

Dieses Gerede wurde aber in der Karwoche von dem weitaus interessanteren abgelöst, daß nämlich die Schiffmeisterin, die Riederin, wieder in die Wiesengasse zurückgekehrt sei und – man möcht's doch nicht für möglich halten! – einen Säugling mitgebracht habe. Da hatte ihr also der Herzog Philipp damals in Braunau tatsächlich ein Kind gemacht! Und der Rieder, der gute Lapp, nimmt sie sang- und klanglos wieder auf . . .

Daß doch die Dummen nicht aussterben!

In jener Karwoche begannen sie auch bei Windshausen den Grund für die Hupfaufsche Gedächtniskirche auszuheben, denn sie sollte bis zum Herbst errichtet sein. Und, o Wunder! Seit dem Tage, da der erste Spatenstich getan worden war, hatte auch jener seltsame Geist aufgehört, den armen Grenzwächter zu malträtieren.

Stabat mater

Dann kam das hochheilige Pfingstfest, das die Kirche alljährlich feierlich begeht in der dankbaren Erinnerung an die

Herabkunft des Heiligen Geistes auf die Apostel, die dortmals im Abendmahlsaale betend versammelt waren. Da wurden die Herzen dieser schwerfälligen Männer von innen heraus umgewandelt, und so sollten auch die Gläubigen beten, daß ihre Herzen von innen heraus umgekrempelt und umgestülpt würden, damit sich das Angesicht der Erde erneuere.

Diesen Gedanken erwog jetzt die hochehrwürdige Mater Anselma, Äbtissin der Klostergemeinde der Benediktinerinnen von Wessobrunn. Sie hatte soeben mit der kurfürstlichen Hofkanzlei und Hofkammer vertrauliche Verhandlungen geführt, die dahin gediehen waren, daß die tugendsame Jungfer Magdalena Riederin, Tochter des gewappneten Hof- und Leibschiffmeisters Johann Rieder zu Rosenheim, auf ihr inbrünstiges Verlangen hin an diesem Pfingstfest des Jahres 1678 in die heilige Gemeinde aufgenommen werde.

Am Freitag vor dem Feste begann für die marktbekannten Ratschweiber von Rosenheim eine strenge Zeit: Sie wurden schier überfordert. Eben hatten sie erst den Säugling der Riederin so richtig in den Griff bekommen und durchkosteten mit Wonne seine hohe und doch wiederum fragliche Herkunft – da warf ein neues Ereignis alle bisherigen Kombinationen völlig durcheinander. An diesem Freitag fuhr nämlich ein vierspänniger kurfürstlicher Galawagen von Aibling her in den Markt ein, schwenkte in die Wiesengasse und hielt vor Rieders Weinhaus. Sechs berittene Trabanten, die den Wagen begleitet hatten, schwangen sich aus dem Sattel und waren einer jungen und einer älteren Frau beim Aussteigen behilflich.

Die neugierig Herbeigeeilten stellten alsbald fest, daß es sich bei der Jungen um die Cronpergertochter Magdalena handle; die ältere kannte man nicht.

Weil den herrlichen Rössern die silberbeschlagenen Geschirre nicht abgenommen wurden, war damit zu rechnen, daß die Fahrt bald fortgesetzt würde; so lohnte es sich wohl, ein Weilchen zu warten und aus den Einfahrten der Nachbarhäuser herauszuluren. Denn schließlich durfte man sich doch nicht einfach breitspurig hinstellen; man hatte doch Anstand!

Und siehe, man hatte sich nicht getäuscht!

Von ihrer Mutter Barbara und der Unbekannten begleitet, trat jetzt die Magdalena aus dem Hause, der alte Rieder in einem funkelnagelneuen Reiteranzug dahinter.

Das war vielleicht ein Gewand, das da die Junge anhatte! Ein bayernblauer Brokat, der mit großen Silberrosen übersät war. Vorne an der Brust konnte man viel Üppigkeit sehen. Sie war eine stattliche Person geworden, die Magdalena! Kein Wunder, sie ging ja auf die Zwanzig! Sicherlich hatte schon ein ganz großer Hecht in München droben bei ihr angebissen – wenn nicht gar der junge Kurfürst selber; denn schließlich war sie ja mit ihm in Braunau ins Lauschkabinett geschloffen. Der kurfürstliche Vierspänner ließ allerhand vermuten! Oder sollte sich's doch ganz anders verhalten? Sie machten nämlich alle miteinander ganz traurige Gesichter; die zwei Frauen wischten sich sogar mit Riechtüchlein an der Nase herum.

Der junge Rieder führte jetzt dem Vater das beste Roß vor. Da konnte man sie wieder einmal erkennen, die Angeber! Hatte er sich denn nicht auf die schwarze Satteldecke das Wappen sticken lassen?

Als die drei Frauen den Wagen bestiegen hatten, saßen die Trabanten und der Rieder auf, und durch das Wiesentor verließen sie den Markt. –

Eben war es elf Uhr mittag.

Die strahlende Pfingstsonne küßte das saftige Grün aus den weiten Feldern heraus, in den Bachweiden tummelten sich die Wasservögel, und von den nahen und fernen Kirchtürmen in der Runde riefen die Glocken zum Engel-des-Herrn. Ist es ein guter Engel, Magdalena, ein schöner, so wie du selbst, der dir die Botschaft gebracht hat, ins Kloster zu gehen? Hast du bedacht, daß alle Engel, die einen ins Kloster führen, ein bißchen Totenengel sind? Wenn du's noch nicht bedacht hast, dann wisse, daß an dir und in dir vieles wird sterben müssen, ehe du das findest, was du Glück nennst! Darum sind die Glokken, die da klingen, auch Totenglocken, mit eherner Stimme hineingeläutet in dein zwanzig Jahre junges Herz! Vergiß das nicht in diesem Augenblick, wo dein Vaterhaus in der Wiesengasse im Dunst verblaßt, der aus dem Inn steigt!

In den Abendstunden langten sie vor dem Gästehaus des Klosters Dietramszell an. Hier war bereits für alle Quartier gemacht worden.

Magdalena verbrachte die halbe Nacht im Gespräch mit den Eltern und der Hammerthalerin; sie war es nämlich, die von München mitgekommen war. Viel Freudiges klang nicht an in diesen Gesprächen. Johann Rieder erkannte jedoch, daß das Mädchen den bedeutungsvollen Schritt sehr bewußt tat, und das beruhigte ihn. Am anderen Morgen, Pfingstsamstag, setzte man die Fahrt fort, speiste mittags im Kloster Schäftlarn und langte am frühen Nachmittag vor Schloß Berg am Würmsee an.

Als der Trabant den Wagenverschlag öffnete, stand Max Emanuel davor und streckte Magdalena die Hände entgegen. Als sie ihm, errötend, die Rechte hinhielt, küßte er diese als ein vollendeter Kavalier. Dann traten auch die Herren seiner Begleitung heran und begrüßten das Mädchen ebenso. Es waren das der Marquis de Beauveau, die beiden Instruktoren Jonner und Prielmayer und der Herr von Berchem. Der küßte ihr erst die Hand, dann umarmte er sie und flüsterte ihr dabei ins Ohr: »Kind, bedankt Euch ja nicht bei ihm, denn das ist er Euch schuldig!«

Nach einem kleinen Frühstück im Schloßgarten ritt Max Emanuel mit seiner Begleitung nach Starnberg; Magdalena nächtigte mit den Ihrigen in Berg.

Tags darauf fuhren auch sie über Percha und um das nördliche Seeufer herum. Dort schaukelte der Bucentaurus auf den lichtdurchfluteten Wellen. Eine Schar von Handwerkern machte sich auf ihm zu schaffen. Johann Rieder schaute hinüber: In zwei Monaten ist's wieder so weit!

Als der Wagen auf den Starnberger Kirchplatz einbog, stand der Kurprinz mit seiner kleinen Suite wieder da und reihte sich ein. Er ritt an Johann Rieders Seite.

Was die beiden in den fünf Stunden bis Wessobrunn miteinander gesprochen haben, ist nie offenbar geworden; es muß jedoch ein sehr seelenvolles Gespräch gewesen sein, denn Max Emanuel gewann seit diesem Tage zum Rieder eine Zuneigung wie zu einem Vater. Diese Zuneigung hielt unverbrüchlich an und dauerte siebenunddreißig Jahre – kein Geschichtsschreiber hat sie je gerühmt . . .

Wieder war es die elfte Stunde, als der ganze Zug vor der Klosterpforte der Nonnen von Wessobrunn hielt.

Sie hatten über drei Steinstufen, die zur breiten Eichentür hinanführten, einen Teppich gebreitet – nicht wegen der Riederin, sondern wegen des Kurprinzen, von dem sie wußten, daß er sie begleitete.

Darauf begann ein Zeremoniell, das so ablief, als wäre es wochenlang eingeübt worden, und doch tat jeder nur so, wie ihm zu Herzen war.

Während die hochehrwürdige Mutter Anselma, gestützt auf ihren vergoldeten Äbtissinnenstab, an der Spitze ihres zahlreichen Konvents unter dem weitgeöffneten Portal erschien, stieg Magdalena mit den Frauen aus dem Wagen. Sie umarmte ihre Mutter, dann die Hammerthalerin, dann den Vater. Darauf wandte sie sich den vier adligen Herren zu und ließ sich von jedem die Hand küssen. Nun verhielt sie eine Weile und schaute zu Boden. Da trat der Rieder an ihre Rechte, Max Emanuel an ihre Linke. Sie reichte ihnen die Hände und schritt in ihrer Mitte der Äbtissin entgegen. Auf der zweiten Stufe kniete sie nieder, worauf die hochehrwürdige alte Dame ihr ein Kreuzzeichen auf die Stirne machte und dabei laut die lateinischen Worte sprach: »Introibis ad Deum, qui laetificat iuventutem tuam! – So willst du denn hintreten vor Gott, der deine Jugend erfreut!« Zwei Nonnen ergriffen sodann das Mädchen bei den Armen, hoben sie sanft auf und führten sie der davonschreitenden Äbtissin nach.

Und die beiden Flügeltüren wurden von innen hörbar verriegelt.

Nach dem Abendessen setzte sich die hochehrwürdige Klostervorsteherin, eine geborene Comtesse von Altheim, mit der Priorin zu einem kleinen Schwätzchen zusammen und meinte: »Wir leben, weiß Gott, in einer merkwürdigen Zeit! Der heutige Mensch steht zwischen Daseinsfreude und Himmelssehnsucht; er kostet den Zwiespalt dieses Lebens und seiner

Bedrängnis aus. Er ist sündig und fromm zugleich. Da kommt dieses hübsche Ding daher, hat mit dem eben erst dem Knabenalter entwachsenen Wittelsbacher ein Kind, schert sich aber nicht um das arme Hascherl, sondern will Nonne werden. Ist das nicht verrückt?«

»Hochehrwürdige Mutter, die Wege Gottes sind eben nicht unsere Wege!«

»Hört mir doch auf, hier von Gotteswegen zu reden! Wie gern hätt ich damals ein Kind gehabt! Aber nein, die Sitten erlaubten es nicht! Er hat mit dem großen Maximilian in den Krieg ziehen müssen, und in der Schlacht am Weißen Berge, drüben im Böhmischen, haben sie ihn dann erschossen. Ich habe in meiner Kammer, die mir der Zucht halber witwenhaft hergerichtet wurde, geheult wie ein Schloßhund und habe es tief bedauert, daß er mir nicht vorher noch ein Kind gemacht hatte.«

»Aber hochehrwürdige Mutter!« Der Priorin blickte das Entsetzen aus den verschleierten Augen.

»Was wollt Ihr denn, Mutter Priorin! Ein Kind zu haben, ist doch eine heilige Aufgabe für ein Weib! Glaubt mir, ich habe die ersten Jahrzehnte meines Klosterlebens bitterhart ringen müssen, ehe ich meine Muttergefühle sublimiert hatte. Aber die Jungen heutigentags leben nur von der Macht des Gegensätzlichen: Sie wallen aufeinander zu und spielen voneinander weg, wie die Partner in einem Kontertanz. Da ist keine Standhaftigkeit mehr; alles bewegt sich, schreitet und wiegt sich!«

»Hochehrwürdige Mutter Äbtissin, Ihr mögt recht haben, doch müssen wir die heutige Zeit nehmen, wie sie ist; denn die unsere Nachfolger werden, kommen aus dieser Zeit. Wir müssen mit ihnen und ihrer Art leben, ob es uns paßt oder nicht.«

»Mutter Priorin, Ihr könnt Eure Herkunft nicht verleugnen: Die Haßlang waren von jeher gewiegte Diplomaten. Ich werde bald sterben müssen, damit Ihr meinen Platz einnehmen könnt. Auch in einem geistlichen Orden ist heutigentags mit Beharrung nichts mehr auszurichten; auch wir müssen also die Unvollkommenheit auf den Sockel emporheben, denn ohne die Unvollkommenheit, so heißt es, wäre die Welt nicht!«

»Werdet Ihr bitter?«

»Wenn Ihr's so nennen wollt, ja! Es wehrt sich einfach in mir etwas, wenn ich wegen eines kurfürstlichen Zinshofs ein Mädchen ins Noviziat aufnehmen muß, obwohl ich überzeugt bin, daß das niedliche Lärvchen hundertmal besser ins Bett eines anständigen Mannes paßt, ich sage, eines Mannes, nicht in das eines unausgegorenen Burschen, der dahergeritten kommt wie ein Gockel und vor der Klosterpforte groß Kikeriki macht.«

»Ehrwürdigste, auch Ihr werdet, ob Ihr wollt oder nicht, Euren Tribut an die neue Zeit entrichten müssen.«

»Gott sei's geklagt!«

Mit diesem Wort des Bedauerns zog sich die würdevolle alte Frau in ihre Privatkapelle zurück, um allein die Komplet, das kirchliche Nachtgebet, zu verrichten. Dabei nahm sie auch das künftige Schicksal des Mädchens Magdalena Riederin mit in ihr Gebet hinein. –

Zu München aber, in seiner Wohnung am Färbergraben, saß zur selben Zeit der kurfürstliche Hoforganist Agostino Steffani und arbeitete an der Hymne »Stabat mater«, einem seiner besten Werke. Vor seinem geistigen Auge stand nicht, wie der Text es will, die Mutter Christi unter dem Kreuze, sondern Madelaine, von der er wußte, daß sie zu dieser Stunde vor der Klosterpforte kniete und ein Kreuz auf die Stirne gezeichnet bekam: Auch eine Mutter ...

Katharina von Berchem

Kurfürst Ferdinand Maria hatte sich wieder nach Schleißheim zurückgezogen. Sein Leibarzt hatte zwar Bedenken geäußert, weil in der Einsamkeit die eigentliche Ursache seiner Leiden, die Schwermut, nur noch gesteigert würde. Doch umsonst.

So geschah denn, was allgemein befürchtet wurde: Er erlitt plötzlich einen Anfall von Schwäche und schied innerhalb einer Viertelstunde am 27. Mai 1679 aus dem Leben. So unauffällig, wie ihm die dreiundvierzig Jahre verronnen waren, so unauffällig hatte ihn auch der Tod angegangen. Man stellte seinen Sarg in der Theatinerkirche neben den der Gemahlin. Mit ihrem Hingang war ja jeglicher Reiz aus seinen Tagen entschwunden gewesen; jetzt war er wieder bei ihr.

Weil der Thronfolger Max Emanuel noch nicht achtzehn Jahre zählte, übernahm sein Oheim, Herzog Max Philipp, provisorisch die Regierung.

Er bemühte sich, nichts zu tun und nichts zu unterlassen, denn nach Jahresfrist würde er der leidigen Bürde ja sowieso wieder ledig sein. In Wirklichkeit gab es auch gar nichts zu tun, lag doch der gesamte Staatsapparat in den Händen bewährter Männer, die auf dem Fechtboden der damals sehr zwiespältigen Politik – hie Österreich, hie Frankreich – in Würde ergraut waren.

Die Familie des Schiffmeisters Rieder hatte nach Barbaras Rückkehr den inneren Frieden rascher wiedergefunden, als alle Beteiligten selbst erwartet hatten. Die Ursache war Magdalenens Abschied. Allen war, als wäre ein Stück von Ihnen abgefallen, und darum suchten sie Trost beieinander.

Zurückgekommen von dem prunkvollen Opfergang nach Wessobrunn, hatten sich Johann und seine Frau ehrlich und bis in die Einzelheiten hinein ausgesprochen, ohne zu verhehlen und ohne zu beschönigen. Dann waren sie gemeinsam zum Dekan Doll gegangen, hatten gebeichtet und am Fronleichnamstag im Angesicht der ganzen Kirchengemeinde kommuniziert. Der Friede, auch der öffentliche, war also wieder hergestellt.

Am meisten beglückt darüber war der Sohn Joseph. Er hatte in diesem vergangenen Jahr viel gelitten, ohne daß die anderen dahintergekommen waren. Sie durften ja auch nicht dahinterkommen; denn was geht die Gäste eines Weinhauses der Kummer des jungen Wirtes an! Jetzt aber, da sein Herz endlich freigeworden war, hatte er es plötzlich wieder verloren.

Seit geraumer Zeit war nämlich die sechzehnjährige Katharina Baronesse von Berchem beim Kastner Gropper, ihrem Verwandten, droben am Schloßberg zu Besuch. Sie war ein feines, schlichtes Mädchen, das sich den Adelsbrief nicht heraushängen ließ wie manch andere. Kein Wunder, denn sie waren daheim, auf der Blutenburg in Menzing, zwölf Geschwister. Da konnten sich die einzelnen nicht viel Luxus erlauben, wenn auch der Herr Vater als der reichste Mann in Bayern galt.

Diese Katharina von Berchem ritt fast jeden Tag durch die Wiesengasse, nicht ohne Grund, gewiß nicht, denn sie hatte meist irgendein Schreiben des Kastners beim Rosenheimer Marktschreiber abzuliefern oder von diesem eins entgegenzunehmen. Und es war immer ein reiner Zufall, daß sie sich bei diesen Ausritten just in die Wiesengasse verirrte, denn am Wege zwischen dem Schloßberg und dem Mittertor lag diese Gasse wirklich nicht. Ebenso zufällig fing meist in der Nähe des Riederschen Weinhauses ihr Roß an zu scheuen, so daß sie absitzen und es besänftigen mußte. Daß da stets der junge Gastgeb eilfertig herbeisprang und mitbesänftigte, war nicht mehr als schicklich. Auf den bestandenen Schrecken hin lud er sie dann wohl auch zu einem Becher Wein, welche Einladung Katharina mit gar graziöser Gebärde entgegennahm und so selbstverständlich, als hätte sie nichts anderes von ihm erwartet.

Als diese doppelseitigen liebenswürdigen Manöver sich ein paarmal wiederholt hatten, scheute man sich nicht mehr, an ruhigen Vormittagen gemeinsam auszureiten. Man wählte dafür meist die einsamen Feldwege, weil einen da niemand sah, wenn man sich — immer hoch zu Roß — einander zart zuneigte.

Dann fielen die Blätter von den Bäumen, und die Stoppelwinde wehten. Die Baronesse von Berchem mußte wieder nach München zurückkehren.

Es war vereinbart gewesen, daß der Vater sie mit dem Wagen abholen lasse. Aus einer nicht ganz einsichtigen Ursache jedoch konnte der Wagen im letzten Augenblick nicht kommen, und Katharina mußte reiten. Als sie diese bedauerliche Tatsache dem jungen Rieder berichtete, fühlte sich dieser genötigt, ihr seine Begleitung anzubieten, welches Angebot mit Dank angenommen wurde.

So geschah es also, daß Joseph an einem sonnigen Septemberabend mit der lieblichen Baronesse in die lauschige Blutenburg eintritt.

Der alte Berchem hatte etwas Ähnliches geahnt, als die Tochter brieflich mitgeteilt hatte, sie ziehe ihren Gaul der Karosse vor, zumal sie sich in Begleitung befände. Wenn eine Sechzehnjährige so betont ohne Namensnennung von »Begleitung« redet, dann ist klar, wo die Glocken hängen!

Er saß vor der Haustür des Schlosses, als sie kamen, und rauchte.

Joseph stellte sich vor und machte dabei eine Verbeugung, mit der jeder Höfling Ehre eingelegt hätte; – er hatte sie ja auch tagelang vor dem Spiegel in seiner Kammer geübt! Katharina stand neben ihm und strahlte.

»Ihr seid also der Sohn des Leibschiffmeisters! Schön! Setzt Euch zu mir!«

Katharina setzte sich auch.

»Wollt Ihr vielleicht eine Pfeife Tabak trinken?«

»Danke, Herr Baron! Hab's Tabaktrinken noch nie versucht!«

»Kann ich mir denken! Will Euch auch gar nicht dazu verleiten, sonst geht's Euch wie vor Jahren Eurem Vater auf der Brigantine.«

»Vater hat uns davon erzählt!«

»Hatte der damals die Hose voll!«

»Das hat er uns freilich nicht erzählt!«

»War auch richtig, daß er's nicht erzählt hat! Ihr Jungen verliert sowieso früh genug allen Respekt vor uns Alten.«

»Herr Baron, Ihr solltet nicht verallgemeinern!«

»Mag sein, daß es bei den Riederschen anders läuft, was ich mir durchaus vorstellen kann, wenn ich Euch so anschaue.«

»Merci, baron!«

»Und ihr zwei mögt euch also?«

Sie schauten einander an und lächelten; Joseph wurde sogar am Halse ein bißchen rot.

»Dagegen ist nichts einzuwenden, und mir wäre ein Rieder als Eidam durchaus erwünscht; aber . . .«

Und er machte eine Pause.

»Aber vor der Zeit nichts ausprobieren! Denkt an Eure Schwester, junger Mann, an die Nonne! Unser Herrgott mög ihr den Herzensfrieden geben; es scheint mir aber nicht der geradeste Weg zu diesem Frieden zu sein, wenn man dabei einem Kinde die Mutter nimmt. Wartet also, bis sie in Ehren Mutter sein kann! Daß sie gesund ist, habt Ihr wahrscheinlich schon weggekriegt.«

»Ich respektiere Euren Willen, Herr Baron!«

»Und darauf die Johannesminne! Katharina, bitte, Gläser!

Während das Mädchen der väterlichen Aufforderung nachkam, ging er in den Keller und kehrte mit einer Kanne zurück »In puncto Wein habt Ihr mir einiges voraus, Joseph Rieder; aber tröstet Euch, ich werde mich einmal – wenn der Herrgott will – in Rosenheim zum Besseren bekehren, – ich meine, zum besseren Wein!«

Joseph wurde darauf der Baronin vorgestellt und den vielen Kindern, und alle gaben zu erkennen, daß sie miteinander zufrieden waren.

Einige Tage später sollte der Baron in diplomatischem Dienst nach Wien reisen. Er lud die beiden jungen Leute zur Mitfahrt ein, denn in diesem Alter war es Zeit, den Dom des heiligen Stephan zu sehen, der für Berchem den Inbegriff des heiligen Imperiums darstellte. Außerdem war Wien trotz seiner fast allgemeinen Verkommenheit eine liebenswürdige Stadt.

Weil sich um diese Jahreszeit eine Reise zu Schiff wegen der nächtlichen Kühle nicht mehr empfahl, wählte Berchem den üblichen Landweg über Passau und Linz. Die Karosse war so geräumig, daß man zu dritt in ihr hätte sogar nächtigen können, was jedoch wegen der hohen Mission, in der Berchem unterwegs war, nicht geschah. Sein offizieller Auftrag ging nämlich dahin, für den Herbst des nächsten Jahres, wenn der Kurprinz Max Emanuel die Regierung würde übernommen haben, zwischen dem Kaiser und dem jungen Herrn eine Begegnung in Altötting einzurichten. Dabei sollte Leopold dem bartlosen Wittelsbacher ein wenig ums Kinn streicheln, damit er nicht den bereits massiv einsetzenden Werbungen Frankreichs erliege. – Das war Berchems offizieller Auftrag. Daneben führte er noch einen geheimen mit sich: Der sah vor, eine spätere eheliche Verbindung Max Emanuels mit der derzeit elfjährigen Kaisertochter, der Erzherzogin Maria Antonia, erwägen zu lassen. Denn der junge Kurfürst mußte unbedingt gebunden werden, stand es mit ihm doch gegenwärtig so, »daß er drei Mätressen hatte und sich außerdem noch alles dessen bediente, was er so en passant fand«. Diesen Satz hatte Pater Marco d'Aviano, der päpstliche Gesandte, in München zitiert und darum im Namen Seiner Heiligkeit eine baldige Ehe geradezu gefordert.

Sie kamen nach Wien.

In der Villa des bayerischen Residenten am Kaiserhof, des braven Briefeschreibers Ferdinand Stoiberer, stiegen sie ab.

Bereits am anderen Morgen schlenderten die beiden Liebenden Hand in Hand durch die Straßen, die Kirchen und auf die Wälle und Basteien. In den Winkelgassen und den Armenvierteln begegneten sie Ausgelassenheit und handfestester Unzucht. Diese Bilder und Szenen erregten in den Herzen der zwei Unbescholtenen das Grauen, gar als ein abgehalfterter Soldat, der vor Schmutz und Unrat strotzte, plötzlich aus einer Durchfahrt hervorsprang und Katharina umhalste. Der Rieder gab ihm zwar einen Fußtritt, daß er in die Gosse taumelte, er hatte jedoch das Mädchen ins Gesicht gekratzt. Die Spuren seiner Fingernägel auf Katharinas linker Wange schwollen sofort an.

Unverzüglich eilten sie zurück zur Villa.

Stoiberer bemühte sich gleich um einen Arzt; der aber ließ bis in die Nacht hinein auf sich warten. Als er schließlich kam und die Geschwulst sah, zog er bedenklich die Stirne kraus: »Mademoiselle, wir haben in Wien die Pest!«

In den folgenden Tagen legte er der Baronesse zweimal das Brenneisen auf, so daß die linke Gesichtshälfte ganz verwüstet wurde. Das Mädchen schrie unter der Erbarmungslosigkeit des wütenden Instruments, – und doch war alles vergebens.

Der Arzt ließ Räucherpfannen ins Haus bringen, damit der Ansteckung in etwa Einhalt geboten werde. Vielleicht war es ihnen zu danken, daß hier der Seuche niemand mehr zum

Opfer fiel. Katharina Baronesse von Berchem aber starb in Wien am 5. Oktober 1679 und wurde sogleich nach ihrem Tode von vermummten Spitalbrüdern aus dem Hause getragen, auf einem vierräderigen Karren weggefahren und auf einem Pestfriedhof namenlos verscharrt.

In jenem Jahre raffte die Pest in Wien siebzigtausend Menschen jeglichen Alters grausam hinweg. Offiziell machte man die Zigeuner verantwortlich und beschuldigte sie, die Seuche eingeschleppt zu haben. Alle Ärzte aber und die Geistlichen, die mit den Sterbenden zu tun hatten, erklärten ohne Ansehen der städtischen und kaiserlichen Behörden, die miserablen sanitären Verhältnisse sowie die zwar verbotene, aber doch geduldete, wenn nicht sogar geförderte Hurerei trügen eindeutig die Schuld. –

Für den Berchem und den Riedersohn war es eine bittere Heimfahrt. Dazu kam, daß sie an den Mauern von Passau trotz ihrer ärztlichen Geleitbriefe mit etlichen anderen Reisenden acht Tage lang in einen elenden Holzschuppen eingesperrt und allmorgendlich am ganzen Leibe eingehend untersucht wurden, ob sich nicht Hautbläschen, Geschwülste oder Grinte zeigten.

In jenen Tagen schleppte sich auch ein Riederscher Treiberzug, beladen mit Oster- und Ungarwein, die Donau herauf und schwenkte in den Inn ein. Der Rieder selbst war nicht dabei, aber der Sößstaller Georg Hoppenbichler erkannte den winkenden Joseph und fuhr mit einem Rennschiff ans Ufer heran; anländen durfte er nicht. Er versprach, in der Wiesengasse all das Schreckliche getreulich zu berichten.

Nach der Rückkehr in die Blutenburg blieb Joseph Rieder noch einige Tage im Kreise der trauernden Familie, wo er wie ein Sohn und Bruder angesehen wurde. Alle hatten ihn wegen seiner herzlichen und bescheidenen Art liebgewonnen. Und als er schied, spiegelte sich sogar in den Augen des Barons ein feuchter Glanz.

Krieg

Am 2. Jänner 1683 jagen Kuriere durch ganz Europa.

Was ist geschehen?

Der türkische Sultan Muhamed hat vor dem Tor seines Palastes zu Adrianopolis die Roßschweife ausgesteckt und dem Kaiser Leopold einen heiligen Krieg angesagt, und dies ein Jahr vor Ablauf des zu Vasvar geschlossenen zwanzigjährigen Waffenstillstandes.

Nicht genug damit: Der Großvezir Kara Mustafa hat zu Belgrad die grüne Fahne des Propheten herausgehängt und rückt mit mehr als zweihunderttausend Soldaten auf Wien an.

Krieg gegen das Heilige Römische Reich Deutscher Nation!

Da berief der bayerische Kurfürst Max Emanuel in seiner Residenz zu München einen Kriegsrat ein. Es erschienen der General Sereni, der Generalwachtmeister von Steinau, der Generalwachtmeister von Rummel, der Oberst von Schwanenfeldt, der Oberkommissar von Hofmühlen, die beiden zu Kriegskommissaren ernannten Barone von Leydel und von Berchem, der Kriegskommissar Wildenauer und der Hof- und Leibschiffmeister Rieder.

Der Kurfürst erklärte, nachdem er alle mit Handschlag begrüßt hatte: »Wir haben angesichts der Gefahr, die dem Reich und der Christenheit droht, mit Seiner Majestät dem Kaiser ein Verteidigungsbündnis zur Festigung aufrichtiger Freundschaft geschlossen. Dadurch fühlen Wir Uns verpflichtet, in aller Eile Unsere Truppen zu sammeln, und zwar die Infanterie in Straubing, die Kavallerie und Artillerie in Schärding, die Kreistruppen in Braunau. Damit dieses Aufgebot von achttausendzweihundert Mann nicht schon vor seinem Einsatz entkräftet sei, habt Ihr, Meister Rieder, das besagte Heer insgesamt mit Waffen, Pferden und Menage auf Schiffen in Richtung Osten zu bringen! Wie stellt Ihr Euch zu dieser Aufgabe?«

Da schauten sie alle, die noblen Herren, erwartungsvoll – manche sogar verächtlich – auf diesen unbedeutenden Schiffmann, der sich in ihrem Kreise ausnahm wie der Spatz unter den Sperbern.

Der Rieder überlegte, und als er antwortete, merkten sie, daß er ein ausgezeichnetes Französisch sprach. Er sagte: »Durchläuchtigster Herr, wenn ich unterstelle, daß wir fünf Rosenheimer Schiffmeister zusammen mit den drei Wasserburgern, den Johann Riedl von Kraiburg, dem Strigl von Obernberg und dem Kaltenecker von Passau hundertfünfzehn große Plätten herbringen – und die bringen wir her –, dann verladen wir sämtliche Soldaten auf fünfundachtzig, die Rösser auf zwanzig und die schweren Waffen auf zehn Plätten. Eure Leibschiffe sind hier ausgeklammert.«

Alle, auch der Kurfürst, staunten über diese kurze, klare und doch umfassende Disposition.

»Könntet Ihr das Ganze organisieren?«

»Organisieren schon, hoher Herr! Aber ich muß dringendst bitten, die Hofkammer oder das Kriegszahlamt wolle mit jedem Schiffmeister selbst abrechnen. Denn ich möchte nicht in den Verdacht geraten, die Kollegen hintergangen zu haben.«

»Das ist klar!«

»Noch eine Frage, hoher Herr: Bis wann müssen die Schiffe bereitliegen?«

Nun mußten sich die Offiziere äußern, wie lange es dauern würde, bis sie ihre jeweiligen Waffengattungen auf den Kriegsstand gebracht hätten. Nach vielem Hin und Her und vielem fachmännischen Gerede einigte man sich auf den 10. August. An diesem Tage sollte das gesamte bayerische Kontingent, bereits eingeschifft, im Flüssedreieck von Passau auf den Namen seines obersten Kriegsherrn und in seiner Gegenwart feierlich vereidigt werden.

Rieder notierte das Datum und sagte kurz: »Verstanden!«

Es wurden noch mancherlei Einzelheiten erörtert und Fragen gestellt. Als der Kriegsrat schließlich auseinanderging, bewegte sich Johann Rieder unter den Herren wie unter seinesgleichen. Denn am Ende – das sahen sie ein – waren sie alle von der Kunst und dem Geschick dieses Mannes und seiner Leute abhängig. Und das Wasser ist das gefährlichste Element: Wehe dem, der keinen guten Förgen hat!

Die Organisation lief so ab, wie der Rieder sie geplant hatte.

Die Schiffmeister, seit langem schon von häßlichem Neid wider ihn erfüllt, baten ihm im stillen vieles ab, als er ihnen erklärte, die Abrechnung erfolge mit jedem persönlich. Und jeder gab sein Wort darauf, daß die Schiffe am 9. August vor Passau liegen würden.

Inzwischen ließ Rieder die kurfürstlichen Prunkschiffe von Wasserburg nach Rosenheim schaffen und auf der eigenen Schopperstatt, die er erworben hatte, für die bevorstehenden Ereignisse herrichten. Max Emanuel sollte nämlich seinen Feldzug von dieser Innstadt aus antreten – eine kleine Aufmerksamkeit, die seinem Leibschiffmeister galt.

Ganz Rosenheim glich einem Volksfestplatz, als der Kurfürst am Mittag des 6. August sein mit den bayerischen Rauten geziertes Leibschiff bestieg. Vom Schloßberg dröhnten Salutschüsse, auf der Brücke spielten die Marktpfeifer, die man durch die Aiblinger, Neubeuerer und Kufsteiner verstärkt hatte. Als Rieder von seiner Frau Barbara, die mit Joseph an der Lände stand, Abschied nahm, stieg Max Emanuel von seinem Dachgarten und reichte ihr ebenfalls die Hand. Er konnte sich nämlich noch an das feingeschnittene Gesicht erinnern, damals in Braunau. Und für einen Augenblick dachte er an Madelaine, obwohl hinten im Kammerschiff zwei niedliche Mätressen mitreisten.

»Schatz, es wird vielleicht lange dauern!« Das war das letzte Wort Rieders an seine Barbara.

Dann bestieg er die Granselbrücke des Leibschiffes. Der Kurfürst nickte ihm kurz zu. Johann gab dem Trompeter, der bei der Stoir stand, ein Zeichen; darauf blies der weithin vernehmbar das Signal zur Abfahrt. Die Hüter bei den Heftstecken ländeten ab, das Leibschiff furchte sich ins Gerinne. Alle Kinder schrien, alle Mädchen lachten, manche Frauen weinten, und die Männer strahlten: Ja, das ist ein Bayernfürst!

In schöner Ordnung folgten die anderen Schiffe: Das Retiradeschiff, wohin sich Max Emanuel zurückziehen konnte, wollte er ungestört sein; das Kapellenschiff mit der Wohnung des Jesuitenpaters Anton Schmidt, der täglich in Gegenwart des Kurfürsten eine Messe zelebrierte und auch sein Beichtvater war; das Kammerschiff für die zwei Mätressen, die in blauem Samt und weißen Perücken als Pagen gekleidet waren, sollten sie ja doch ihren Herrn auch ins Feldlager begleiten; das Hofmeisterschiff, das Kammerherrenschiff, das Kriegsratsschiff; folgte das Zeugschiff mit den Waffen und dem hohen Doppelzelt des Fürsten, das im Feldlager aufgeschlagen werden sollte; das Kuchel-, Keller-, Zergaden- und Silberschiff; auf letzterem fuhren auch die Putzer des herrschaftlichen Tafelsilbers mit; ein Schiff für die Geleitleut, eins mit den Trabanten; schließlich das Güterschiff, fünf Roßschiffe und zwei Rennschifflein; diese mußten sich meist in der Nähe des Leibschiffes aufhalten.

Als die kleine Flotte in der Ferne verschwunden war und die Rosenheimer heimwärts strebten, sagte Barbara: »Jetzt sind wir halt wieder allein, Joseph!« Er nickte nur und henkelte sich dann in ihren Arm ein.

Armer Joseph! Jetzt waren schon fünf Jahre vergangen, und immer noch konnte er die Baronesse von Berchem nicht vergessen.

»Einmal muß es aber sein, Joseph, daß eine junge Frau ins Haus kommt! Dein Vater fährt einem unsicheren Schicksal entgegen, und ich stehe am Anfang der Wechseljahre; da ist man nit mehr der ganze Mensch.«

»Schaut sie doch an, Frau Mutter, wie sie dahinwalzen! Wie sie dumm kichern und falsch aus den Augenwinkeln schielen! Und so was soll ich Euch heimbringen?«

»Du lieber Himmel, Kind, soll denn ich hergehen oder der Vater, und dir eine auf dem Teller präsentieren!«

»Am besten wär's!«

»Es ist hoffnungslos mit dir!«

»Grämt Euch nit, Frau Mutter, mit Euch und der Jara, wir drei zusammen habn's noch allweil geschafft!«

»Die Jara ist auch nit mehr die jüngste; außerdem will sie mir schon seit dem Frühjahr nimmer recht gefallen.«

»Ich hab auch gemerkt, daß sie manchmal ganz krumm dahergeht.«

»Kannst aber nix machen mit ihr, zum Doktor will sie nit.«

»Ich muß ein ganz ernstes Wort mit ihr reden, denn ich mag sie sehr gerne. Hab ja bisweilen eh nit gewußt, wer mir näher steht von euch zweien!«

Da gab Frau Barbara ihrem Sohn einen liebenswürdigen Rempler.

Schon am Nachmittag kam der junge Rieder mit der Zigeunerin ins Gespräch und machte ihr Vorhaltungen, daß sie um ihre Gesundheit so wenig besorgt sei. Statt aber auf seine wohlgemeinten Worte einzugehen, erwiderte sie lächelnd, wobei sie wie immer ihre gesunden Zähne bleckte: »Wenn ich gestorben bin, sollst du mich fahren auf Gottsacker nach Erl und eingraben dort, wo liegt alter Rieder. Wirst du das machen, Joseph?«

Er schüttelte den Kopf: »Wie alt bist du jetzt, Jara? Siebenundvierzig, wenn ich richtig rechne! Und du redest vom Sterben?«

Es war ein herrlicher Augustmorgen, als die mit Fahnen und Daxen geschmückten hundertfünfzehn Schiffe im Flüssedreieck sich unterhalb von Passau formierten. In fast allen Farben des Regenbogens leuchteten die Röcke der verschiedenen Truppengattungen. Der Glanz der Frühsonne blitzte auf den Beschlägen der plumpen Musketen des Fußvolkes, während die Grenadiere, die als Handgranatenwerfer ausgebildet waren, unter ihren Bärenmützen bereits Ströme von Schweiß vergossen. Dagegen hatte der Generalwachtmeister Rummel seinem Reiterregiment gestattet, die flachen Eisenhelme abzunehmen, bis der Kurfürst in Sicht käme.

Jetzt kam er.

Ruhig und majestätisch gleich einem Schwan zog das Leibschiff ganz allein mitten auf den Wellen des Inn herab. Vorn auf der Granselbrücke stand der Rieder mit dem gewaltigen Steuerruder; hinter ihm auf dem Dachgarten, noch durch einen zusätzlichen Aufbau erhöht, Max Emanuel. Lockig quoll das üppige, schwarze Perückenhaar unter seinem Dreispitz hervor und wallte über das strahlende Blau des Rockes; an seiner Linken funkelte der mit Diamanten besetzte Degen, das Geschenk des Kaisers.

Als das Schiff am Scheiblingsturm vorübergefahren war, ließ der Rieder es auf die äußerste Ländspitze zulaufen und gab dem Nachkehrer ein Zeichen, den Anker zu werfen.

Zitternd hielt das Schiff an, der Trompeter blies ein Signal, die Armee stand auf den breiten Plätten, als wäre sie dort angewachsen.

Dann verlas ein inzwischen auf dem Leibschiff eingetroffener Profos mit gewaltiger Stimme die Eidesformel. Die Soldaten auf den nächstgelegenen Schiffen – etwa zwei- bis dreitausend – antworteten: »All dem, was mir jetzt vorgehalten worden und was ich wohl vernommen, will ich getreulich nachkommen, so wahr mir Gott helfe!« Das dröhnte und brach sich an der Felswand hinter dem Niederhaus und klang aus wie die letzte Szene eines heldischen Schauspiels.

Nun schwenkte das Leibschiff, dem jetzt auch die anderen Prunkschiffe folgten, in die Donau ein, vorbei an den hundertfünfzehn Plätten. Mit Gebrüll und Vivat-Rufen grüßten sie ihren Feldherrn. Er winkte nach allen Seiten.

So hatte denn der erste bayerische Feldzug gegen den Feind der abendländischen Christenheit begonnen.

Zwei Tage später war man in Grein.

Hier begann das Abenteuer: Das Bestehen des Strudens und des Wirbels. Der Struden war ein Steinkugelfeld mitten im Gerinn der Donau. Gleich dahinter bewegte sich das Wasser in der ganzen Flußbreite in einem Kreis, dessen Mittelpunkt einen sausenden Schlund bildete. Das Schiff, das dem Kugelfeld glücklich entronnen war, mußte gewärtigen, in den Sog des Wirbels gerissen zu werden.

Zunächst mußten alle Schiffe vor Grein die Anker werfen.

Dann erklärte Johann Rieder dem Kurfürsten, er habe in Wien beim kaiserlichen Proviantschiffmeister Franz Grath um zweihundert erfahrene Nauförgen hierher nach Grein gebeten. Diese sollten jetzt bis Sankt Nikola, unterhalb des Wirbels, die Steuerung der Schiffe übernehmen.

Max Emanuel hatte von dieser gefahrvollen Strecke noch nie gehört und fragte, ob er nicht vielleicht aussteigen und einen Umweg zu Lande wählen sollte. Doch der Rieder beruhigte ihn und sagte, er selbst habe den Struden und den Wirbel schon oft bestanden, und außerdem müsse der hohe Herr schon wegen des Ansehens vor seinen Soldaten auf dem Schiffe bleiben.

Darauf gingen die bereitstehenden Nauförgen, die sämtlich aus dem Strudengau stammten, an die Steuerruder. Von der Greiner Lände her schlug eine helle Glocke kurz an; die zugestiegenen Nauförgen nahmen den Hut ab, und jeder betete auf seinem Schff den alten Vers:

> »Sankt Nikolaus, mein lieber,
> Mein Schiffspatron, hol aus!
> Sankt Nikolaus, hol über,
> In Gottes Nam nach Haus!«

Dann erteilten sie Weisungen: Alle sollten sich setzen, niemand dürfe stehen; niemand sollte reden, auch wenn das Wasser ins Schiff hereinschlüge; niemand pfeifen, weil sonst widrige Winde aufkämen. Am vernünftigsten sei es, wenn jeder ein heiliges Schluckbildchen einnehme und während der Fahrt für sich den Rosenkranz bete.

Schluckbildchen und Rosenkränze wurden sofort billig angeboten und emsig gekauft.

Nachdem die Ruhe wieder eingetreten war und jeder sich hingesetzt hatte, mancher noch an seinem Schluckbildchen würgte, feuerte man mit der Strudenkanone einen Schuß ab.

Die gefährliche Durchfahrt verlief mit Gottes und seiner Heiligen Hilfe glücklich; nur ein einziges Schiff, mit Minen und Bomben beladen, zerschellte im Struden und sank mit sieben Schiffknechten; der Nauförg konnte sich retten.

Als sie dann bei Sankt Nikola ankamen, fuhr ein Franziskanermönch zu ihnen her und sammelte das Dankesopfer ein; auch nahm er die geliehenen Nauförgen auf; dafür mußte er noch weitere Schiffe vom Gestad heranrufen. Max Emanuel warf dem Mönch zehn Louisdor ins Körbchen.

Am 13. August glitt die bayerische Armada zu Füßen der Abtei Melk vorüber. Da begrüßte der patriotische Abt von oben herab mit den Antlaßsegen die Bayern, die als erste Hilfe auf Wien rückten. Pauken- und Trompetenschall und mächtiger

Kanonendonner erdröhnten von den Wällen des hochgelegenen Heiligtums.

Vor der Kaiserstadt ging das Kontingent der Bayern mit seinem Fürsten an Land, denn die Türken hatten Wien eingekreist und schon an die hunderttausend Kugeln und Bomben darauf abgefeuert.

Die Geschichte weiß wahre Wunder von der denkwürdigen Schlacht am Fuß des Kahlenberges und vom Entsatz Wiens zu berichten.

Max Emanuel hatte sich als hervorragender Feldherr und Soldat erwiesen und war vom Kaiser für einen Monat nach Austerlitz in Mähren zur Erholung gebeten worden. Der Kaiser selbst war freilich nicht da, sondern hatte sich vorsichtshalber nach Passau zurückgezogen.

Ende Oktober eroberte dann der Bayer die Festung Gran und gab danach dem Rieder den Auftrag, die Prunkschiffe ohne ihn nach Wasserburg zurückzutreiben. Am 15. Dezember, nach genau fünfzig Tagen Gegenfahrt, stand der Leibschiffmeister wieder am heimatlichen Herd. Auch diese Heimfahrt war ohne Mißgeschick vonstatten gegangen. Nur die beiden Mätressen, die von ihrem Herrn inzwischen verschmäht worden waren, hatten dem Rieder das Leben unterwegs so sauer gemacht, daß er sich nicht anders zu helfen wußte, als sie bereits in Passau an Land zu setzen und ihnen den Zeiselschlitten nach Regensburg zu bezahlen, von wo sie stammten.

Die Freude des Wiedersehens in Rosenheim war bei allen groß, wenn auch nicht ungetrübt. Jaromira sah aus wie ein wandelnder Leichnam, so war sie abgemagert. Kein Kleid paßte ihr mehr, und dennoch lehnte sie es brüsk ab, sich neue Kleider nähen zu lassen.

Rieder ging gleich am anderen Tag in ihre Kammer und redete mit ihr, wie schon oft, ganz offen und ehrlich. Sie sagte ihm ohne Scheu, daß sie unten Eiter verliere und im ganzen Leibe schreckliche Schmerzen habe.

»Und willst immer noch nit den Arzt fragen?«

»Muß ich das zeigen?«

»Ja, Menschenskind, wenn er dir helfen soll, muß er doch sehen, wo's fehlt!«

»Und wenn lacht oder Nase hochzieht?«

»Du bist eine dumme Gans, Jaromira! Als ob ein Arzt nit schon hundert andere Weiber und ihre Leiden gesehen hätt!«

»Herr Johann, du mußt aber bleiben bei mir, wenn Arzt schaut!«

»Ist doch klar, Jaromira!«

Rieder fuhr mit dem Schlitten nach Audorf zum Doktor Ahrnhardt. Als der hörte, worum es sich handle, sagte er, daß soeben der berühmte Doktor Hueber aus Landshut nach Rosenheim gekommen sei, um den Küpferling auf seine Heilwirkung zu untersuchen. Hueber sei gerade in den Beschwerden der Frauen ein erfahrener Mann. Vielleicht könnte man ihn bei der Untersuchung hinzuziehen.

Der Rieder begrüßte diesen Vorschlag, und schon am Nachmittag betrat er mit den beiden Ärzten Jaromiras Kammer.

Die Arme weinte, als sie sich den Männern zeigte.

Diese schauten und tasteten und redeten miteinander in lateinischer Sprache, während in ihren Gesichtern von Minute zu Minute mehr Ohnmacht zu lesen war. Schließlich meinte Doktor Hueber: »Kocht Eichenrinde und vermischt die Lauge mit dem Wasser des Küpferlings! Darin laßt die Kranke baden, und sie wird eine Erleichterung erfahren!« Als sie die Treppe hinuntergingen, sagte er zum Rieder: »Vor zwanzig Jahren hätte man ihr vielleicht mit dem Brandeisen noch helfen können. Richtet ihr langsam das Grab!«

Das war eine traurige Weihnachtszeit.

Jaromira stand nicht mehr auf. Sie lag in ihren Kissen wie ein Häufchen Elend und wimmerte unaufhörlich. Nur manchmal schrie sie laut auf, um gleich anschließend für eine geraume Zeit die Besinnung zu verlieren. Doktor Ahrnhardt hatte eine Mixtur gebracht, die die Schmerzen linderte. Hatte sie davon genommen, konnte man mit der langsam Verlöschenden ein paar Worte reden. In diesen Minuten stammelte sie immer wieder ihren Dank für die schönen Jahre und wiederholte die Bitte um das Grab in Erl.

Am Unschuldigen-Kindertag kam ein Benefiziat von Sankt Nikolaus und salbte sie mit dem Öl der Kranken. Darauf wurde sie ruhiger und schlief in den Abendstunden ein für immer.

Der Kooperator von Nußdorf, der damals auch die pfarrlichen Dienste in Erl mitzuversehen hatte, hat sie am zweiten Tage des neuen Jahres 1684 in die Riedersche Grabstätte rechts an der Kirchenmauer hinabgebetet. Vier Trauernde waren ihr auf dem letzten Wege gefolgt: die drei aus Rosenheim und die sechsundneunzigjährige alte Anna vom Erler Berg.

Hochzeiten

Die Türkenkriege gingen weiter; die schwarzgelben und weißblauen Fahnen wehten siegreich ins Ungarland hinein.

Bayern mußte in diesem zweiten Kriegsjahr abermals ein Hilfscorps stellen: dreizehntausend Mann. Darunter befand sich auch der Rosenheimer »Landfahnen in einer Stärke von vierundzwanzig« Mann, angeführt vom Landleutnant Ferdinand Schmidl. Der Pflegsverwalter auf dem Schloßberg hatte damals in einer Laune von Boshaftigkeit an den Inneren Rat das Ansinnen gestellt, er möge den Schiffmeister Rieder dem ausziehenden Landfahnen als Trommler zur Verfügung stellen. Für diese dreiste Zumutung scheint er aber von der Hofkanzlei einen kräftigen Nasenstüber eingesteckt zu haben.

Der Rieder wurde nämlich mit einer ganz anderen Aufgabe betraut.

Eines Tages erschien in der Wiesengasse der Kriegskommissar Anton von Berchem. Der Rieder war nicht daheim, sondern sollte erst nach zwei Tagen aus dem Tirol zurückkehren. Das machte dem Berchem nichts aus: Er trank Wein, unterhielt sich mit Joseph, rauchte Pfeife und spielte meist mit Max, dem siebenjährigen verlassenen Sohn der Magdalena. Das Kind war nicht sehr groß, ließ aber den untadeligen Körperbau seines Vaters deutlich erkennen; die weichen Gesichtszüge dagegen stammten von der Mutter.

Berchem hatte Großvatergefühle, ihm fehlte der Enkel. Ja, wenn damals das Unglück in Wien nicht gewesen wäre ...

»Habt Ihr noch immer keine Braut, Joseph?«

»Ausgerechnet Ihr, Baron, solltet mich danach nicht fragen!«

»So ist nun einmal das Leben!«

Dann war er da, der Rieder. Er empfand über den Besuch die herzlichste Freude: »In Anlehnung an die Bibel bin ich versucht, zu fragen: Wie kommt es, daß der Brautwerber meines Herrn zu mir kommt?«

»Woher wißt Ihr, daß ich diese heikle Aufgabe hatte?«

»Von den Freundinnen meines Herrn, die ich im vergangenen Herbst zusammen mit ihm nach Wien brachte.«

»Von den zwei Regensburger Bademägden? Ja, so ist er! Einer hübschen Hure verrät er selbst das Vaterland.«

Berchem erzählte nun, daß er die Verhandlungen erfolgreich beendet und den Heiratskonsens des künftigen kaiserlichen Schwiegervaters in der Schatulle habe. Was die Meinung der Braut betreffe, so sei die Erzherzogin ganz dem Vater hörig und außerdem so dumm, daß sich hier keinerlei Schwierigkeit ergeben habe.

Fragte der Rieder: »Und Ihr meint, das ergibt für unser Bayern ein gutes Herrschergespann?«

»Wer sagt, daß ich das meine? Meine Meinung – die Ihr aber nicht gehört habt, Rieder! – ist, daß die kommende Kurfürstin auch eine gewisse Anzahl jener Kinder gebären wird, die ihr Gemahl zustandebringt. Das wird ihre Aufgabe sein, und dazu bedarf es keiner geistigen Qualitäten.«

»Sie soll, wie man hört, auch keinerlei körperliche Reize haben.«

»Nein, wirklich nicht! Triefaugen in einem Pantoffelgesicht sind nicht reizvoll. Aber einen Reiz hat sie: Sie soll einmal das Königreich Spanien erben, das Reich, in dem die Sonne nicht untergeht. Und diese Witterung hat Max Emanuel aufgenommen. Hoffentlich trügt sie nicht!«

»Was für Aussichten! Die Rautenfahnen auf den Zinnen des Eskorial!«

»Schön wär's! Aber nun zu Euch! Ihr habt der hohen Braut

die Morgengabe Bayerns nach Wien zu bringen. Sie ist so wertvoll, daß sie wegen der Unsicherheit der Landwege auf dem Wasser befördert werden soll. Dazu werdet Ihr Euch eines ganz unauffälligen Schiffes bedienen, damit Ihr den Anschein erweckt, als führet Ihr nur bis zur nächsten Lände. Gleichwohl muß es ein gutes Schiff sein, das beste in seiner Art.«

»Und wann soll das sein?«

»In einem Monat. Bis dahin richtet das Schiff und seht auch noch Proviant für zwanzig Grenadiere vor; sie werden Euer Geleitschutz sein!«

Man schrieb Anfang September. Der Mond stand im ersten Viertel; Nebel waren also kaum zu befürchten.

Das Schiff lag an den Rosenheimer Heftstecken.

Da fuhr eine schwere vierspännige Karosse den Schloßberg hinan; ein Reiterfähndl begleitete sie. Die Fenster waren zugehängt. Als der Pflegsverwalter Greschbeck den Verschlag öffnete, stieg der Baron von Berchem aus und verlangte, daß man sofort den Schiffmeister Rieder herbeihole.

Nachdem der eingetroffen war, zog der Baron ein Pergament hervor, reichte dem Rieder einen schweren Schlüssel und erklärte in Gegenwart des Verwalters: »Öffnet die Truhe, die in der Karosse steht!«

Rieder tat es.

»Nehmt das Pergament, verriegelt hinter Euch die Türen und überprüft, ob Ihr in der Truhe vorfindet, was auf dem Pergament geschrieben steht!«

Rieder stieg in die Karosse, Berchem warf den Verschlag zu. Nichts war zu sehen.

Der Schiffmeister begann die befohlene Tätigkeit an der Truhe. Als er den schweren Deckel, der mit massiven Eisenspangen vergürtet war, aufgeschlagen hatte, zog er die schwarze Samtdecke zur Seite. Da lag ein Goldschatz. Und er fing an zu zählen und mit der Pergamentliste zu vergleichen: Neun Dutzend Teller; sechs Dutzend Schüsseln; sechs Schalen; sechs Tischleuchter; ein Gießbecken im Durchmesser einer Elle, dazu die mit edlen Steinen besetzte Kanne; zwei ovale Waschbecken, je anderthalb Ellen lang, am Rande mit einem Fries von abwechselnd eingravierten bayerischen Löwen und österreichischen Doppeladlern; zehn Konfektschalen; und schließlich je zweihundert Löffel, Gabeln und Messer, deren letztere – wie auch die Griffe der zehn Vorschneidemesser – mit Saphiren verbrämt waren. Alles Augsburger Goldschmiedekunst.

Rieder war wie benommen. Er breitete die Samtdecke wieder hin, sperrte die Truhe ab und trat aus der Karosse.

»Den Schlüssel behaltet!« sagte der Baron. Dann faßte er den anderen am Arm und zog ihn zur Seite: »Glaubt aber ja nicht, der hohe Bräutigam hätte das Geld gehabt, die Augsburger zu bezahlen! Er hat's von den Ingolstädter Jesuiten, die den Betrag von ihrer Bank in Venedig zurückgezogen haben.«

Rieder lächelte: »Glück der Fürsten – ihre Untertanen!«

Etwa eine Stunde später wurde die Truhe bei den Ziegelstadeln von zwanzig Grenadieren, die plötzlich, wie aus dem Boden gestampft, dastanden, auf das herbeigezogene Schiff verladen. Sechs Tage danach trug man sie wohlbehalten in die Gewölbe der kaiserlichen Schatzkammer zu Wien.

Als Rieder nach zwei Wochen wieder daheim war – er hatte den Zeiselwagen benützt –, reichte ihm Barbara eine etwa anderthalb Spannen lange Truhe, die der anderen aufs Haar nachgebildet war. Sie trug die Aufschrift »Unserem Hof- und Leibschiffmeister Johann Rieder«. Er öffnete sie und fand einen stark vergoldeten Silberkrug. Der von Berchem hatte diese Truhe in die Wiesengasse gebracht, gleich nachdem der Rieder damals abgefahren war.

Ende Mai des folgenden Jahres brachte der Leibschiffmeister den Kurfürsten von Wasserburg aus mit der Prunkflotte nach Linz. Zur Suite gehörten fünfhundertdreiundvierzig »hohe Leut« und achthundertsechzig Rösser. Das bewußte Kammerschiff war diesmal nicht dabei, denn der allergnädigste Herr reiste zur Hochzeit. In Linz wurde er von einem festlich geschmückten kaiserlichen Lustschiff eingeholt. Der Rieder kehrte mit den Seinigen zurück und war Anfang August daheim.

Da wußte ihm nun Barbara Überraschendes mitzuteilen: Joseph wollte heiraten, und zwar die neunzehnjährige Maria Hupfaufin von Neubeuern, Tochter der Schiffmeisterin Anna Maria.

Wie denn das so schnell gekommen sei?

Es sei gar nicht so schnell gekommen, denn die beiden hätten sich schon seit der Fastnacht heimlich getroffen, und zwar bei der Salome. Sie, die Barbara, habe davon gewußt.

»Da schau einer den Leisetreter an!« meinte Rieder. »Und wann soll's losgehen?«

»Sobald du's weißt. Jetzt weißt du's!«

»Nun dann in Gotts Namen!«

Wenn zwei Schiffmeisterliche heiraten, muß es hoch hergehen: Neunundneunzig geladene Gäste, keiner weniger; mehr durften es ja sowieso nicht sein. Die Brautleut sollten aber nicht in Neubeuern eingesegnet werden, sondern in der eigenen Heilig-Kreuz-Kirche zu Windshausen, der Gedächtnisstätte für den unseligen Brautvater, der jahrelang als brennender Geist hatte umgehen müssen.

Als Johann während der stillen Messe die beiden Brautmütter nebeneinander in der Bank vor sich knien sah, verglich er sie: Die Barbara sah immer noch aus wie ein Krippenengel von Bethlehem; die Anna Maria dagegen wie die Wäscherin am Jordanfluß. Fraulicher war die eine, tatkräftiger die andere. Und die Junge, die nun als angehende Herrin ins Haus kommen würde? Die stramme Statur hatte sie von der Mutter; hoffentlich hatte ihr der Vater nicht sein unstetes Herz mitgegeben! Joseph müßte darunter zerbrechen.

Auch Barbara machte sich ihre Gedanken, die in dem schlichten Satze ausklangen: Armer Bua, die frißt dich mit Haut und Haaren!

Die Zeremonie der Einsegnung vollzogen der Neubeurer und der Rosenheimer Dekan gemeinsam; der eine hielt die Ansprache, der andere gab die beiden jungen Menschen zusammen.

Als alles zu Ende war und man sich zum Weggehen rüstete, trat noch der Einsiedler, Bruder Bernhard, vor die Angetrauten

hin und sagte in naiver Einfalt: »Ihr wißt's ja, die Schiffmeisterin hat mir da hinten eine Zelle gebaut und hat mich hier
zum Hausl (Hausmeister) Unseres Lieben Hergotts gemacht.
Da muß ich ihr schon recht dankbar sein. Und weil ich ihr halt
nix schenken kann, hab ich mir denkt, ich hol für die junge Frau
ein paar Enziane vom Berg. Da sind sie. Auf das weiße G'wand
passen sie recht gut. Schaust direkt bayerisch aus, Deandl! So!
Und jetzt wünsch ich euch: Haltets gut haus mitanand! Und
noch eins: Deandl, immer nachgeben! Hast mi? Und du, Bua:
Kein grober Lackel sein! Hast mi a? Amen.«

Und weg war er.

Da sah man unter den Hochzeitsgästen lachende und wei-
nende Gesichter, und es schien, als hätte die zündende Rede des
geistlichen Herrn aus Neubeuern weit weniger gezündet als die
paar unbeholfenen Sätze dieses Waldmenschen in der braunen
Kutte. –

Als etwa einen Monat später der Kammerwagen von Neubeuern über die Rosenheimer Brücke und in die Wiesengasse
rollte, ländete gerade der Treiberzug der Hupfaufin an. Der
Strasser berichtete, die Grenzfestung Neuhäusl zwischen
Österreich und Ungarn sei im Sturm der Bayern gefallen.
General Sereni habe ihm zweihundert gefangene Türken mitgegeben, die er beim Pflegsverwalter abliefern solle; natürlich
auch die dreißig Wachleute.

Diese Türken – es waren die Spaßmacher und Zeitvertreiber
des Paschas Ibrahim Scheitan gewesen – kamen nach München,
wo sie in der Au wohnten und zu einem Regimentsmusikcorps
ausgebildet wurden. Darüber spottete der eben erst zum
Bischof geweihte und zum Hofmusikdirektor ernannte Monsi-
gnore Agostino Steffani sehr. Der Maestro war eben dabei, in
der Opera sein neuestes und bisher gewaltigstes Werk »Servio
Tullio« einzustudieren. Es sollte bei der Nachfeier der kurfürstlichen Hochzeit aufgeführt werden.

Diese Uraufführung fand denn auch im März 1686 am Salva-
torplatz in München in Gegenwart der hohen Vermählten statt.
Weil um diese Zeit die Soldaten noch irgendwo in Oberungarn
in den Winterquartieren lagen, hatte Max Emanuel darauf

gedrungen, daß vor allem seine höheren Offiziere an diesem Feste teilnähmen. Mit dem gesamten Kriegsrat war auch der Hof- und Leibschiffmeister geladen.

Rieder fragte beim Baron Berchem an, ob er zu dieser Feier nicht auch den kleinen Max mitbringen dürfe, sei doch der Maestro sein Taufpate. Berchem erkundigte sich um sieben Ecken herum und bekam die Zusage.

So reisten denn die beiden in die Residenzstadt und nahmen Herberge in Hammerthalers Weinhaus. Die gute Gastgebin richtete es so, daß sie jene Kammer erhielten, in der einst Jungfer Magdalena gewohnt hatte.

Am Tage vor dem Festakt saßen sie gerade beim Essen in der Gaststube, als ein vornehmer, etwas aufgedunsener Mann erschien, der von den Hammerthalerischen mit »Herr Propst« angeredet und äußerst zuvorkommend behandelt wurde. Und weil sich gerade kein anderer Platz und kein geeigneterer Gast anboten, lenkten sie den Mann zum Rieder und machten die beiden miteinander bekannt: Es war Oswald Rechthaler, Propst oder Vogt des Münchner Kollegiatsstifts bei Unserer Lieben Frau; er hatte seinen Amtssitz in Schliersee, wohnte jedoch hier im Schatten von Sankt Peter.

Die beiden etwa gleichalterigen Männer unterhielten sich bald so zwanglos, als wären sie schon jahrelang befreundet. Gesprächsstoff bildeten natürlich der Krieg und die gegenseitigen Familienverhältnisse. Der Rechthaler hatte aus seiner ersten Ehe keine Kinder, erst aus der zweiten eine zwanzigjährige Tochter, die ihm — wie er meinte — viel Verdruß bereite, weil sie partout nicht an den Mann zu bringen sei. Dabei käme schier jeden Tag einer, ihr ergebenst aufzuwarten.

»Ihr aber, Meister Rieder, habt bereits einen Enkel, und was für einen vornehmen jungen Herrn! Da sieht man's wieder: Die am Wasser wohnen, werden schlank und rank wie die Weidengerten. Ist dein Vater auch Schiffmeister, kleiner Freund?«

»Ich hab keinen Vater, Herr Propst!« Der Knabe legte dieses Wort auf den Tisch wie eine Spielkarte, die sticht.

»Er hat keinen Vater?« fragte der Rechthaler und zog die Stirnfalten hoch.

»Bis jetzt weiß er von keinem Vater.«

Rieder schloß das Gespräch ab. Es fehlte nur, dachte er, daß sich dieser neugierige Kanzleiritter auch noch nach der Mutter erkundigt! Dann kriegt er eine Abfuhr, die sich gewaschen hat! Er ist ausgesprochen z'wider! Um abzulenken, fragte er: »Seid Ihr zur Opera geladen?«

»Zur Opera?« Der Rechthaler machte große Augen. »Wo denkt Ihr hin!«

»Wir aber sind geladen!« triumphierte Max.

»So, so!« sagte der andere und tat ein bißchen verlegen.

»Wir sind ja auch Hof- und Leibschiffmeister!« Der Kleine wuchs schier ein Stückchen, als er das sagte.

»Ach, ich bitt pardon! Rieder ist Euer Name? Richtig, Rieder, der große Förg des Bucentaurus und der anderen Prunkschiffe! Sagt, habt Ihr nicht damals auch die gottselige Adelaide nach Wasserburg gesteuert? Ja natürlich, ich weiß es doch! Damals hat man in gewissen Kreisen davon gesprochen.«

»Hoffentlich nichts Schlechtes!«

»Gott bewahre! Nur was man halt so spricht, wenn sich zwei junge Leut in einer Schiffkammer treffen!«

»Wenn Ihr das meint, dann solltet Ihr wissen: Die zwei Beichtväter der Prinzessin waren auch zugegen!«

»Auch zugegen, sagt Ihr? Davon war aber nicht die Rede, Meister Rieder!«

»Das will ich gerne glauben, Propst Rechthaler! Denn die arme Fürstin ist verleumdet worden, wie es heftiger nicht möglich war, und das wahrscheinlich von Euren gewissen Kreisen!«

Da trank der andere hastig seinen Becher aus, grüßte mit einigen Verbeugungen und empfahl sich.

»Großvater«, sagte Max leise, »mir scheint, der hat was gegen uns.«

»Bua, dagegen ist nix zu machen!« entgegnete der Rieder und strich dem Knaben über das seidige Haar.

Am anderen Abend saßen sie in der kurfürstlichen Hofoper, mehr in den hinteren Reihen.

»Wir werden nit viel verstehn; die reden und singen alles welsch«, meinte Rieder vorbeugend.

»Aber sehen kann man!«

Langsam wurde es dunkel im Saal, versteckte Lampen gingen aus, und vor dem Bühnenvorhang schimmerte es hell aus der Tiefe. »Dort unten, wo das Licht hervorleuchtet, sitzen die Musikanten.«

Maestro Steffani trat in schwarzem Kavalierskostüm und weißer Perücke vor das Orchester, ergriff den Taktstock – und sechzig Instrumente klangen auf zur Ouvertüre. Dann ging der Vorhang in die Höhe. Die schönsten und kühnsten Dekors, die München je gesehen hatte, strahlten aus der Szenerie. Und es sang und jubelte von allen Seiten, und das zarte Spitzbärtchen des Maestro wippte hin und her, so heftig dirigierte er Chöre und Musikanten.

Als die Ballettänzerinnen in hauchdünnen Schleiern über die Bühne wirbelten und bei den Zuschauern Ausrufe des Staunens befreiten, flüsterte Max: »Großvater, wenn die Deandln aber einen Husten kriegen, können s' doch nit mehr singen!«

Der Rieder neigte sich zu seinem Ohr: »Hinter den Kulissen trinken s' gleich einen heißen Lindenblütentee. Jetzt mußt aber stad sein, sonst regen sich die Leut auf, die wo das Welsche verstehn!«

Max nickte: »Bin ganz stad!«

Die Oper war eine Verherrlichung Max Emanuels, des großen Kriegers und siegreichen Feldherrn, der mit dem römischen Helden Servius Tullius verglichen wurde. Wenn auch die Arien und Chöre Beifall und Bewunderung erregten, so kannte die Begeisterung über die durch die Luft auf Wagen hinfahrenden Götter, über die aus den Abgründen aufsteigenden bösen Geister, über die Feuerwerke und Lichterspiele keine Grenzen. Der Applaus toste manchmal derart, daß von Musik und Gesang minutenlang nichts zu vernehmen war.

Max flüsterte wieder: »Ich dächt, wir sollten gehn; da wird eins ja verrückt!«

»Hast recht, Kind! Wenn sie wieder so wild klatschen, verziehen wir uns!«

Das wilde Klatschen ließ nicht lange auf sich warten – und dann waren sie draußen.

»Gott sei Dank!« sagten sie zu gleicher Zeit und atmeten tief die nächtliche Kühle ein.

»Das ist nix für uns zwei!« meinte der Rieder, packte den Enkel um die Schulter und ging mit ihm auf die Residenz zu. Vor der Muttergottesstatue über dem Eingang, wo zwei Grenadiere Tag und Nacht Wache standen, erklärte er ihm, daß da drin der Herr Kurfürst wohne. »Und deine Mutter ist auch einmal da drin gewesen, zusammen mit dem Herrn Kurfürsten.«

»Da drin? Ihr habt aber doch gesagt, sie ist eine Klosternonne! Was hat sie denn da drin gewollt?«

»Der Herr Kurfürst hat sie mit zu sich hineingenommen, weil er sie sehr lieb gehabt hat.« Und der Rieder dachte sich: Gut, daß es Nacht ist; da kann der Bua meine Augen nit sehn!

»Das find ich gut, daß er sie lieb gehabt hat! Da darf ich mir doch was einbilden, Großvater, oder nit?«

»Freilich darfst du dir was einbilden, aber nur ganz still für dich und nit vor den anderen Buam.«

»Warum nit vor den anderen?«

»Na ja, Max, da ist nämlich noch eins, und das muß ich dir jetzt klarmachen. Wenn sich ein Mann und eine Frau sehr lieb haben, da kriegt dann die Frau von dem Mann manchmal ein Kind; und der Mann ist dann von dem Kind der Vater, und die Frau ist die Mutter. Wie die Frau das Kind von dem Manne kriegt, das sag ich dir später einmal. Siehst du, Max, und so ist's halt auch mit dem Herrn Kurfürsten und deiner Mutter gewesen: Sie haben einander sehr lieb gehabt, und da hat eben deine Mutter von dem Herrn Kurfürsten ein Kind gekriegt, dich hat sie gekriegt.«

»Aber Großvater, da stimmt doch was nit; da müßt ja dann der Herr Kurfürst mein Vater sein.«

»Ja freilich, Bua!«

»Ah geh! Der Herr Kurfürst – mein Vater! Das ist doch ein Schmarrn!«

»Ja wenn ich dir's sag!«

»Hm! Wenn der mein Vater wär, müßt ich doch da drin in dem großen Schloß sein. Ein Kind ist doch immer dort, wo der Vater ist. Aber nein, Großvater, ich möcht gar nit da drin sein! Ich bleib lieber bei Euch und bei der Großmutter!«

»So ist's recht, mein lieber Bua!«

Sie wandten sich jetzt von der Residenz ab und gingen schweigend zum Rathaus vor. Da blieb der Max auf einmal stehen: »Großvater, warum ist dann meine Mutter nit beim Herrn Kurfürsten blieben, wenn sie ihn so lieb gehabt hat?«

»Bua, du fragst mir noch ein Loch in den Bauch! Warum sie nit blieben ist? Weißt, ein Mann und eine Frau dürfen nur dann beisammenbleiben, wenn sie einander heiraten, so wie unser Joseph und die Maria von Neubeuern. Der Herr Kurfürst hat aber deine Mutter nit heiraten können.«

»Warum nit, wenn sie doch einander sehr lieb gehabt haben?«

»Ja, weil halt deine Mutter nur ein Schiffmeisterstöchterl war! Du siehst doch, jetzt hat der Herr Kurfürst das Kaisertöchterl geheiratet.«

»Ja, hat er dann meine Mutter fortgeschickt, wie das Kaiserstöchterl drankommen ist?«

»Richtig, da hat er sie fortgeschickt!«

»Und mich hat sie mitnehmen dürfen?«

»Dich hat sie mitnehmen dürfen.«

»Und warum hat sie mich nit behalten, wie sie ins Kloster gangen ist?«

»Wo denkst du denn hin, Bua! Du hättest sie ja nur aus dem Beten bracht mit deiner ewigen Fragerei.«

Da gingen sie weiter, erst unter dem Rathaus durch und dann ins Tal hinein. Als sie beim Hammerthaler eintraten, übergab er ihnen ein Schmuckkästchen und einen Brief. In dem Schmuckkästchen lagen in zwei Reihen hundert ganz neue Goldgulden, darauf die Büste des Kurfürsten geprägt war. Ein kleines Kärtchen steckte dazwischen; darauf stand geschrieben: »A mon fils! – Für meinen Sohn!« Und weiter nichts.

In dem Brief aber, der aus der Hof- und Kriegskanzlei datiert war, hieß es, Rieder habe zum 6. April die Leibschiffe in

Wasserburg bereitzustellen, und zwar für die persönliche Suite des allerdurchläuchtigsten Herrn Kurfürsten. Diese bestehe aus siebenhundertsiebenundneunzig Personen, hundert Wagen und eintausendvierundvierzig Pferden. Menage und Fourage werde man jeweils unterwegs aufnehmen.

Victoria!

Der kaiserliche Herr Schwiegersohn haut auf die Pauken, meinten die Wasserburger, als sie sahen, was da alles zu Schiff ging.

Rieder hielt es für angezeigt, beim Kriegskommissariat rückzufragen, ob auch das Kammerschiff auszurüsten sei. Darauf wurde ihm geantwortet, selbiges Schiff sei immer ausgerüstet mitzuführen, wisse man doch nie, wo und wann etwa die Frau Kurfürstin zukommen könnte.

So ländeten sie also mit dem leeren Kammerschiff ab.

In Wien lagen sie einige Wochen an den Heftstecken, weil sich der Kurfürst beim Kaiser aufhielt.

Mitte Juni legten sie dann jenseits des Donauknies bei Ofen an, denn es hieß, die Festung müsse genommen werden, koste es, was es wolle. Dafür hatte Kaiser Leopold auch einundsiebzigtausend Soldaten unter Max Emanuels Führung gestellt. Er wollte dem Schwiegersohn die schon lange ersehnte Heldentat ermöglichen. In der Festung hatte sich Abdurrahman Pascha, ein tatkräftiger siebzigjähriger Mann, mit zehntausend Janitscharen und reichlichem Kriegsmaterial verschanzt.

Rieder erhielt den Befehl, die Schiffe nicht zurückzutreiben, sondern angeländet zu lassen, damit sich die Herrschaften nach Bedarf dahin zurückziehen könnten. So war es ihm möglich, den Verlauf der großen Ereignisse mitzuverfolgen. Diese gipfelten nach wochenlangem Hin und Her darin, daß in der Nacht des 22. Juli durch eine in die Festung geschossene Granate das türkische Pulvermagazin getroffen wurde. Es gab einen markerschütternden Knall, sogar die Schiffe auf dem

Wasser bebten. Zwölftausend Zentner Zünd- und Sprengstoff waren in die Luft geflogen, ebenso fielen Balken, Mauertrümmer und Türken bis aufs jenseitige Donauufer. Der Pascha hatte eintausendfünfhundert Mann verloren, und in der Hauptmauer der Festung klaffte eine Bresche von mehr denn vierhundert Fuß. Die Sinnlosigkeit einer längeren Verteidigung erkennend, schickte der Pascha einen Parlamentär mit einem Brief an den »blauen König« (so nannten die Türken den Bayernfürsten wegen seiner Kleidung) und bot die Übergabe an. Doch Max Emanuel lehnte ab und ließ zum Sturm blasen.

Da fiel in der Mittagsstunde das gewaltige Bollwerke, das hundertfünfundvierzig Jahre lang in moslemischer Herrschaft gewesen war, durch den Kurfürsten von Bayern in die Hand des Kaisers zurück.

Rieder mußte sofort dreihundertfünfundvierzig hohe Gefangene, darunter einen Mufti, übernehmen; sie sollten beim Bau des Schlosses Lustheim im Schleißheimer Park als Erdarbeiter eingesetzt werden. Ebenso wurden von der Margaretheninsel hundert schöne Frauen aus allen Völkern und Farben auf die Prunkschiffe gebracht. Sie stammten aus dem Harem des Paschas. Weil Max Emanuel keine Soldatenweiber duldete, ließ er sie an ein paar geschäftstüchtige Sklavenhändler verkaufen. Nur sechs ausgesuchte mußte Rieder bei Nacht heimlich auf das Kammerschiff bringen.

Nach einem feierlichen Tedeum unter dreimaligem Salut aller Geschütze begann die Heimfahrt der Prunkflotte bis Wasserburg, wo man Mitte November an die Heftstecken ging.

Als der Kurfürst das Leibschiff verließ, sagte er: »Rieder, Ihr seid ein verständiger Mann. Da liegen noch die Mädchen im Kammerschiff. Ich kann sie nicht nach München mitnehmen.«

»Nein, hoher Herr, das könnt Ihr nicht!«

»Was ratet Ihr also?«

»Ich werde den Wasserburger Bürgermeistern empfehlen, sie als Putzweiber im Spital einzustellen.«

Max Emanuel lächelte: »Da werden die siechen Mannsbilder gleich gesünder dreinschauen! – Und wann sehen wir uns wieder?«

»So Gott will, im Frühjahr, hoher Herr!«

»Ihr habt eine liebe Frau; grüßt sie – und auch Madelaine! Nein, grüßt Madelaine nicht! Aber ihren Sohn! Wie alt ist er jetzt?«

»Zu Weihnachten wird er neun.«

»Noch zu jung für die Armee!«

In den folgenden zwei Jahren mußte Rieder seinen Herrn immer weiter die Donau hinabgeleiten: 1687 bis Mohács, wo der Bayer am Berge Harzan siegte; 1688 nach Belgrad, wo er während des Sturmes durch einen Pfeilschuß an der Wange verwundet wurde. Nach dem Fall dieser letzten türkischen Bastion auf dem Boden des Kaiserreiches brauchte Rieder den Kurfürsten nur bis Wien mitzunehmen, denn die Frau Maria Antonia war ihrem Gemahl aus München weggelaufen und zum kaiserlichen Herrn Vater geflüchtet.

Wieder war es Mitte November geworden, als der Rieder dem Wasserburger Bürgermeister zweihundertfünfzig Janitscharen und eine eroberte Fahne für den Dom Unserer Lieben Frau in München übergab.

»Barbara«, sagte er, als er dann am Abend in seiner Weinstube saß, »ich bin so müde! Wie muß es denen ergangen sein, die den dreißigjährigen Krieg mitgemacht haben, wenn uns schon sechs Jahre zum Halse heraushängen!«

»Glaubst wirklich, Johann, daß es jetzt Schluß ist?«

»Es muß Schluß sein, denn unser Bayern kann nit mehr. Dreißigtausend Tote und zwanzig Millionen Goldgulden hat uns der Krieg gekostet. Und das alles wegen des Feldherrnruhmes und für eine schieche Kaisertochter, die sogar wieder davongelaufen ist.«

»Nun ja, weil wir nur wieder beisammen sind!« Barbara sprach's und neigte sich über den sitzenden Gatten. –

Joseph und die junge Frau wirtschafteten zwar ordentlich im Weinhaus, doch der Getreidehandel lag darnieder. Rieder besuchte jetzt seine Bauern am Gäuboden und seine Weinhändler im Tirol und baute das Geschäft langsam wieder auf. Er ritt nicht mehr; das war ihm schon zu beschwerlich. Er fuhr mit dem Schlitten oder Wagen und nahm, wenn es sich halbwegs einrichten ließ, auch die Barbara und den kleinen Max mit.

Kurz vor Weihnachten kamen sie an Regensburg vorbei. Da überraschte er sie und brachte sie nach Prüfening.

Der gute Bruder Innozenz Metz, den er in all den Kriegsjahren nie mehr besucht hatte, war stark gealtert und mußte sich in großer Bitterkeit gestehen, daß sich seine Augen trübten. Aber er freute sich über den Besuch so herzlich, daß ihm gleich die Stimme zu zittern begann.

»Das ist der Max«, sagte Rieder, »der Sohn unserer Magdalena, und er hätt gern das Bild seiner Mutter gesehen, das Ihr gemalt habt. Bisher hing es doch stets hier an der Wand, habt Ihr's vielleicht nit mehr?«

Bruder Innozenz ging zu seinem ärmlichen Schrank hin und rückte ihn ein wenig von der Wand weg: »Das muß ich Euch erklären, Meister Rieder! Da kommen nämlich in jüngster Zeit immer wieder Äbte und Prioren daher und schauen sich bei mir um. Und wenn einer von ihnen in seiner Zelle daheim zufällig noch eine nackte Wand hat, denkt er sich: Ach ja, da tät vielleicht dieser Prophetenkopf oder dieser Apostel hinpassen! Ich gebe ihnen aber keinen. Was machen sie? Sie gehen zu unserem Vater Abt und betteln. Und weil der ehrwürdige Vater Abt von der Malerei nichts versteht, muß ich ein Bild nach dem anderen hergeben. Deswegen hab ich jetzt mein schönstes hinter den Schrank gesteckt; da sieht's keiner.«

Der Bruder zog das Bild hervor und nahm das Tuch weg, in das es eingehüllt war: »Ja, junger Herr, so hat sie ausgesehen, Eure Mutter, vor vierzehn oder fünfzehn Jahren. Ihr dürft sehr stolz sein auf sie. Vor allem deswegen stolz, weil sie ihre große Schönheit nicht einem Manne geschenkt hat, wie etwa dem Herrn Kurfürsten, der ja Euer Vater ist; nein, sie hat sich dem lieben Gott geschenkt und ist deswegen eine Klosternonne geworden. Das wißt Ihr ja, junger Herr!«

Max schaute. Nach einer Weile sagte er: »Schade, daß man ihre Augen nit sieht. Hat sie sich leicht schämen müssen, weil sie so niederschaut? – Und warum sagt Ihr ›junger Herr‹? Wegen dem Kurfürsten?«

»Seinetwegen wirklich nicht, sondern nur wegen Eurer Mutter«, antwortete der Malermönch.

Darauf Max: »Das ist gut, Herr Bruder!«

Der Fuchs

Die Nachmittagssonne lag über der Wessobrunner Ebene, als ein Reiter vor dem Tor des Benediktinerinnenklosters vom Pferde stieg.

Er läutete.

Mater Generosa, die Novizenmeisterin, hatte Pfortendienst. Sie öffnete den kleinen Verschlag an der Flügeltür und fragte den Mann, der graue Schläfen hatte, nach seinem Begehr.

Er stellte sich vor, sagte aber nicht, was er wolle.

Darauf ließ sie ihn ein, führte ihn ins Besuchskabinett und eilte zur Äbtissin.

Wenige Minuten später betrat die hohe Frau – immer noch aufrecht wie schon vor vierzig Jahren – den gastlich und höfisch ausgestatteten Raum.

»Herr Propst Rechthaler?«

»Hochehrwürdige Mater Anselma!«

»Ihr kommt vom Schliersee oder aus der Residenzstadt? Aus beiden Richtungen hoffen wir Neues zu erfahren.«

»Bedauerlich, daß ich mit Neuem nicht dienen kann, es sei denn mit der schon fast langweiligen Nachricht, daß sich der Herr Kurfürst wieder einmal auf einem Feldzug befindet, entweder noch in Frankreich oder schon in Italien!«

»Er lernt's nie, der Heißsporn, daß ein Volk, soll's glücklich sein, die Ruhe braucht! – Doch nun zu Euch, Herr Propst!«

»Hochehrwürdige Mater, unsere einzige Tochter Maria, nunmehr schon dreiundzwanzig Jahre lang von der Mutter verwöhnt, hat sich urplötzlich entschlossen, in Eurer stillen Klostergemeinde Zuflucht zu suchen.«

Abgehackt fragte die Äbtissin: »Vor wem flieht sie denn?«

»Vor den Mannsbildern, hochehrwürdige Mutter, vor den Mannsbildern, die sich schier überrennen.«

»Das allein, lieber Propst, ist noch kein Grund, daß ein heiratsfähiges Mädchen ins Kloster geht. Da müßten schon andere Beweggründe da sein, tiefere!«

»Haltet zu Gnaden, hochehrwürdige Mutter Äbtissin, ein uneheliches Kind, das sie ihren Eltern aufbürden könnte, hat sie nicht!«

»Was heißt das?«

»Ich bitte vielmals pardon, aber weil Ihr soeben von Beweggründen sprachet –«, er stockte.

»– weil ich von Beweggründen sprach, glaubtet Ihr auf eine der Unsrigen hindeuten zu müssen!«

»Ich meinte die Tochter des Schiffmeisters aus Rosenheim, einst eine sehr gebefreudige Demoiselle, wie alle Welt weiß. – Dies nur, verehrteste Äbtissin, damit wir uns gleich richtig verstehen. Denn es müßte Eurer ehrwürdigen Klostergemeinde sehr abträglich sein, wenn sich gewisse Kreise über diese Dinge, wie auch über kurfürstliche Zinshöfe, die Zunge wetzten.«

»Ihr seid gefährlich, Propst Rechthaler!«

Der verzog sein Gesicht zu einem satanischen Grinsen: »Wußte ich's doch, daß wir uns verstehen würden, wohlehrwürdige Mater! Und wann dürften wir die Tochter bringen?«

»Bringt Euer Kind, wann Ihr wollt! Wir räumen eine Probezeit von sechs Monaten ein. Sind sie abgelaufen, steht es beiden Teilen frei, von der Einkleidung zurückzutreten.«

Rechthaler schmunzelte: »Nur damit sich da keine Willkür einschleicht, darf ich noch einmal auf die uns sehr nahestehenden gewissen Kreise hindeuten. Ich empfehle mich zu tausend Gnaden, verehrteste Äbtissin!«

Und rückwärts gehend, schlich er mit einem Katzenbuckel aus dem Besuchskabinett.

Die hohe Frau begab sich in ihren Klostertrakt zurück und ließ die Novizenmeisterin an der Pforte ablösen und zu sich bescheiden.

Mater Generosa, noch immer so klein und zierlich wie vor dreizehn Jahren, wo sie als Madelaine Riederin die Herzen der

Höflinge verzaubert hatte, bezeugte der würdigen Frau ihre Devotion durch eine fast tänzerische Verbeugung. Derlei tat der alten Nobeldame wohl, und sie lächelte, wie sie denn überhaupt der bescheidenen Generosa sehr gewogen war – freilich erst, nachdem sie sie zwei Noviziatsjahre lang durch den Feuerofen der Verdemütigung kreuz und quer gejagt hatte. Sie erzählte ihr das soeben geführte Gespräch.

»Was meint Ihr dazu? Es ist Eure Aufgabe, sich auch einer solchen Kandidatin liebevoll anzunehmen.«

»An mir soll's nicht liegen, wohlehrwürdige Mutter. Was aber, wenn sie mich vor unseren sechzehn Novizinnen bloßstellt? Nicht als ob ich mich darüber grämte; doch es geht um die zarten Pflänzchen, die einen solchen Platzregen wohl kaum vertrügen.«

»Wir verlassen uns auf den Herrgott und auf die Verwöhntheit dieses Mädchens!« –

Schon eine Woche danach fuhren im Amtswagen des Propstes die Eltern mit der hochgemuten Tochter Maria in Wessobrunn ein.

Für ihre dreiundzwanzig Jahre sah Maria Rechthalerin schon sehr gereift aus. Sie redete laut und stemmte dabei gern die gefausteten Hände in die enggeschnürten Hüften. Ihr rötliches Haar war schön und hing zu beiden Seiten in langen, dicken Zöpfen über den Busen herab, der nur spärlich verhüllt war. Das fand die Äbtissin empörend, als sie zum Empfang unter der Pforte erschien. Geschmack schien der jungen Rechthalerin versagt geblieben zu sein – ihrer danebenstehenden Mutter übrigens ebenso. Zusammen erweckten sie nämlich den Eindruck zweier zum Kampf aufgerichteter Hamster.

Dieses Bild kam der Äbtissin unwillkürlich zu Sinn, und sie mußte über den eigenen Einfall lächeln. Das bezogen die beiden Rechthalerinnen als liebenswürdigen Willkommgruß auf sich und stampften der hohen Frau entgegen. Einen Kniefall zu machen, wie es der Brauch war, hielt Maria nicht für angezeigt.

Am anderen Tage wies Mater Generosa die neue Kandidatin in die verschiedenen Gepflogenheiten des Gemeinschaftslebens ein, zeigte ihr den Kapitelsaal, das Refektorium und die wertvolle Bibliothek, und ging mit ihr auch für eine halbe Stunde zum Chorgebet. Dieses schmeckte der Demoiselle überhaupt nicht, und als sie gar hörte, die Nonnen hätten mit diesem gottwohlgefälligen Werk täglich fünf bis sieben Stunden zu verbringen, meinte sie, sie hätte vernommen, man könnte von dem Chorgebet auch dispensiert werden. Die Mater klärte sie auf, daß dies nur bei Krankheit und im hohen Alter möglich sei, und auch da nur, wenn die dringendste Not es erheische.

Maria Rechthalerin stellte alsbald verschiedene Fragen.

Wie es denn mit dem Empfang von Besuchen bestellt sei?

Während der Kandidatur und in der Noviziatszeit würden Besucher fast ausnahmslos zurückgewiesen, weil sie das langsame Sich-hineinversenken in den Geist des heiligen Ordensgründers nur beeinträchtigten.

»Es könnte aber doch sein, daß jemand an meinem Glück teilhaben will?«

»Unser Glück ist kein lautes Glück, das sich über die Dächer verkünden ließe; wir finden es nur in der Entsagung, und daran wollen die wenigsten teilhaben!«

»Weil Ihr vom Entsagen redet, ehrwürdige Mater: Da soll es unter euch eine geben, die der Welt entsagt hat, weil sie einem sehr hohen Herrn begegnet war, welche Begegnung dann nicht ohne eine bestimmte Folge geblieben ist.«

»Liebe Schwester, die Schicksale der Menschen sind verschieden, auch die der Unsrigen. Aber wir reden nicht darüber. Was vorher war, Freud wie Leid, haben wir an der Klosterpforte stehengelassen. Die alte Eva haben wir ausgezogen, um uns der neuen anzugleichen, der Mutter unseres Erlösers. Ihr tragt ihren Namen. Seid stolz darauf und bittet sie, Euch zu stärken für das, was Ihr vorhabt!«

»Meint Ihr, daß ich meinen Namen behalten darf, wenn ich eingekleidet werde?«

Mater Generosa schüttelte den Kopf: »So schön der Name Maria ist, so werdet Ihr auch ihn ablegen.«

Lauernd fragte die andere: »Wie habt denn Ihr geheißen, ehe Ihr dieses Kleid anzoget?«

»Ich bitt Euch, liebe Schwester, gewöhnt Euch jetzt schon an das Brauchtum unseres Hauses!«

Da setzte Maria Rechthalterin zum Angriff an: »Wenn Ihr Madelaine Riederin geheißen haben solltet, dann könnt ich verstehen, warum Ihr um Vorgeschichten so viel Wesens macht. Dann müßte es Euch peinlich sein, zu gestehen, daß Ihr vom Kurfürsten ein Kind habt.«

Die Nonne blieb gelassen: »Verhielte es sich so, hätte niemand das Recht, über mich den Stab zu brechen, wohl aber hätte man die liebe Christenpflicht, bei unserem Herrgott für mich arme Sünderin zu beten.«

Hatte sich die Rechthalerin zunächst nur ungeschickt eingeführt, so begann sie zunehmend den bösen Samen der Doppelzüngigkeit auszustreuen, immer bereit, durch Fangfragen die Mitschwestern in Verlegenheit zu bringen und sie dann mit scheinheiliger Miene auszuhorchen. Nach einigen Wochen hatte unter den Novizinnen eine derartige Verwirrung um sich gegriffen, daß Mater Generosa der Äbtissin erklärte, sie sehe sich außerstande, die sechzehn Mädchen wieder zu befrieden, solange die Kandidatin Maria Ihr Wesen unter ihnen treibe, zumal sie auch mehrfach geäußert habe, sie beabsichtige gar nicht im Kloster zu bleiben, denn sie sei genötigt worden.

Das genügte der hochehrwürdigen Mutter. Durch Kurier schickte sie dem Fürstbischof ein Schreiben, worin sie schilderte, wie niederträchtig der Propst des Kollegiatsstifts sie einzuschüchtern versucht habe.

Wenig später holte Oswald Rechthaler seine Tochter mißmutig wieder ab. Ihr – und damit auch ihrem Vater – war die Genugtuung nicht widerfahren, die einstige Schiffmeisterstochter kennenzulernen. Während des ganzen Heimweges machte er ihr deshalb die heftigsten Vorwürfe.

Um so größer war die Freude in der Wiesengasse: Der kurfürstliche Markt Rosenheim hatte Johann Rieder in den Inneren Rat gewählt, nachdem er bereits neunundzwanzig Jahre lang im Äußeren tätig gewesen war. Damit gehörte er jetzt zu den sechs Männern, die für je zwei Monate reihum das

Amt des Bürgermeisters ausüben mußten – eine Ehre und eine Aufgabe zugleich.

Da rührte sich's im Weinhause!

Unter den vielen Gratulanten, die sich umsonst eines guten Tropfens erfreuen durften, befand sich auch der Pfarrmesner Josef Weiß. Er sprach so herzhaft zu, daß ihn Rieder – wie es im Ratsprotokoll heißt – »wegen Vollsaufens« im Rathaus einsperren lassen mußte.

Das war des neugebackenen Bürgermeisters erste Amtshandlung.

Bei der »schwarzen Muttergottes«

Trotz der tiefgreifenden Zerrüttung der kurfürstlichen Ehe hatte Maria Antonia im Winter 1692 den ersehnten Kurprinzen zur Welt geboren, war aber kurz darnach am Kindbettfieber gestorben. In ihrem Testament stand, daß sie aller Rechte auf die spanische Krone entsage – auch für ihr Söhnchen und für ihren Gemahl.

Dieses Testament traf Max Emanuel wie ein Faustschlag. Er erkannte, daß bei der Abfassung dieses schmählichen Testaments der kaiserliche Schwiegervater die Feder geführt hatte. Darum löste er sich jetzt von ihm und schloß sich dem französischen »Sonnenkönig« an, dem Erbfeind des Heiligen Römischen Reiches Deutscher Nation.

Diese Dinge berührten aber das einfache Bayernvolk nicht; im Gegenteil, ein paar brave Prälaten des Kollegiatsstifts riefen zu einer großen Wallfahrt nach Altötting, dem bayerischen Nationalheiligtum, auf daß dortselbst für die Gesundheit und die Wohlfahrt des kleinen Kurprinzen gebetet werde. Es hieß nämlich, er sei ein sehr zartes Knäblein.

In Rosenheim ließ der Bürgermeister Johann Rieder vom Amtsknecht Pontifeser durch alle Gassen ausläuten, daß er für diese Wallfahrt Plätten hergerichtet habe, auf denen jedermann unentgeltlich nach Altötting mitgenommen werde.

Am letzten Tage des Marienmonats Mai sollte sich dieser allbayerische Pilgerstrom an der heiligen Stätte vereinen.

Auch der Wiener Hof hatte von der frommen Absicht mit Genugtuung vernommen und schickte darum als eine freundliche Gegengeste den kaiserlichen Hofprediger, den berühmten Abraham a Sancta Clara, zur »schwarzen Muttergottes« ins Herz des Bayernlandes.

Der weite Kapellplatz, von der Maisonne überflutet, war angefüllt mit Pilgern, die schweigend und voll Neugierde die angekündigte Predigt des seltsamen Mönches erwarteten. Man wußte, daß er eine rüde Sprache redete und vor allem gewisse Zeiterscheinungen, wie etwa das Dekolleté der Damen, erbarmungslos geißelte. Manche dieser Frauen machten sich daraus einen Spaß und drängten sich in ihrer Offenherzigkeit ganz bewußt in die vordersten Reihen, um den Geißler richtig anlaufen zu lassen.

Endlich trat der sehnlichst Erwartete an die Brüstung der gotischen Ballustrade bei der Stiftskirche. Es wurde ganz ruhig unter der gewaltigen Schar, und er begann: »Ihr lieben Christenleut! Da seid ihr nun herkommen schier aus eurem ganzen Bayernland, die Großkopferten aus München, die Dickschädel vom Gäuboden, die Geschniegelten und Gebügelten aus dem Pfaffenwinkel, die Odrahten vom Dachauer Hinterland, die Roßdieb aus der Holledau und die wucherischen Schiffleut von Rosenheim und drumherum.

Ihr wollt die herzallerliebste Mutter von Altenötting um ihren Schutz anflehen für euch selber und für das Haus Bayern. Das ist gut und recht! Doch vorab müßten eure Herzen abgestäubt werden von dem Sündenkot, besser spräche ich, sie müßten ausgemistet werden: Eine Gabel voll Heuchelei und Hinterfotzigkeit – weg damit! Eine Gabel voll Ehrabschneidung und Ohrenbläserei – weg damit! Eine Gabel voll Betrügerei, und am End eine ganze Karre voll Hurerei und Eitelkeit – weg damit! Weg damit! Weg damit!

Jetzo hör ich euch sagen: Nun nimmt er gewiß wieder die Weibsbilder unter die Hechel, der Bruder Abraham! Und ihr saget recht, liebe Christenleut! Seht sie euch doch an, wie sie dastehen mit nacketen Hälsen gleich als die Hennen, so die Mauser haben, und dies an heiliger Stätte in Altenötting! Wie mag da das Leben dieser aufgeplusterten Dämchen erst daheim aussehen zwischen denen vier Wänden? Ich will's euch nit verschweigen, liebe Christenheit!

Eine solchene weißhäutige Schwänin muß haben: Einen Instructorıus, der ihr die Aufgeblasenheit beibringt; einen Repetitorius, der's mit ihr wiederholt; einen Pulchrefactorius, der ihr die Perücken richtet und die Lätschen bemalt; einen Cubiculatorius, der ihr die Kammer auslüftet, weil's das braucht; einen Lectulatorius, der ihr vor dem Schlafengehen die Daunensäcke aufschüttelt, und endlich einen Concubinatorius, wenn s' die Kerzen auslöscht. Nur einer fehlt ihr noch: Ein herzhafter Stincatorius. Doch nein, er fehlt ihr mitnichten, er hockt in ihrem Herzen drin; 's ist der mit dem Bocksfuß.

Und wißt ihr, was einer solch großeuterigen Himmelsziegen anzuwünschen wär? Auch dies will ich euch nit verhehlen. Ein Flagellatorius mit einem rechtschaffenen Ochsenziemer, auf daß er ihr das lüsterne Fleisch verhaue, das bis zum Himmel stinkt in alle Ewigkeit. Amen.«

Da waren nun freilich viele, die zueinander sagten: »Predigen mag er schon können; aber er treibt's mehr aus Gaudi. Ist halt ein Spaßmacher des lieben Herrgotts!«

Andere, besonders die gehobenere Damenwelt aus den Städten, fühlten sich angesprochen und ließen sich von ihren Kavalieren die dicken Brocken der Predigt mit Lust wiederholen. Zu ihnen gehörte auch die Tochter des Propstes Rechthaler, die in der Mitte einiger junger Herren schritt. »Wie konnte er auch anders«, sagte sie, »er hatte mich doch directement unter den Augen!« Und ihr Vater, der ständig sekundierte, lachte schallend mit den anderen.

Johann Rieder wandte sich mit seiner Frau zur Kapelle hin; sie wollten beten. Und wie verwunderte er sich, als Barbara unter die Arkaden des heiligen Hauses trat, ein schweres hölzernes Kreuz, wie sie dort standen, auf ihre Schultern lud, und knieend und den Rosenkranz betend um das Heiligtum rutschte.

Liebes Weib, dachte er, hast es bisher hart gehabt mit mir! Immer allein gelassen, immer an den häuslichen Herd geschmiedet, hast du dein Geschick getragen, ohne zu murren. Daß du das eine Mal schwach geworden bist, wer kann's dir verübeln! Und seit der Max im Hause ist, hast du ein anderes Leid, das große Mitleid mit deiner Tochter. Jetzt wirst du langsam alt und fängst an zu verdorren; du spürst es, und auch das ist ein Leid, das du dort unter deinem schweren Kreuz mitträgst! Ich will versuchen, dir wenigstens in unseren vorrükkenden Jahren das zu sein, was ich stets hätte sein sollen: Ein stiller Teilhaber!

Barbara aber betete für alle Bekannten, für die Freunde und Feinde, für die Verstorbenen, für ihren ersten Mann und die Jara, für die Salome, die es so gut getroffen hatte, für den Max, der ihr soviel Freude machte, und für die Magdalena in Wessobrunn. Ob das Deandl glücklich war? Viermal hatte sie's schon besucht, und niemals auch nur die leiseste Frage nach dem Buam! Ach, liebe Muttergottes, sie ist doch auch eine Mutter! Kannst du ihr denn nit ein Herz geben für das Kind, selbst wenn's ein Kind der Sünd und Schand ist? Der arme Bua kann doch nix dafür!

Barbara betete auch für den Johann: Lieber Gott, ich bin's nit wert, daß er mein Mann ist! Was hab ich ihm damals angetan, und nix hat er mich entgelten lassen. Und jetzt, wo er noch in guten Jahren steht und ich ihm schon nix mehr sein kann, da hütet er mich trotzdem wie seinen Augapfel und behandelt mich wie ein rohes Ei.

Und am End betete sie für sich selbst: Alle vierzehn heilige Nothelfer, ihr wißt's ja, wie krank ich bin. Laßt mich nit schwach werden! Laßt mich durchhalten, bis es eben nit mehr geht; dann aber macht's schnell mit mir! Daß ich keinem zur Last fall! Allerseligste Muttergottes, ich bitt dich um eine glückliche Sterbstund! –

Während die beiden Riederschen nach ihrem Beten nebeneinander dahingingen, Hand in Hand wie in der Brautzeit, standen mit einem Male der Rechthaler und seine Tochter vor ihnen.

»Da schau doch einer an, der Leibschiffmeister! Maria, Tochter, sieh an, das ist er, der berühmte Hof- und Leibschiffmeister Johann Rieder, der all die Feldzüge und Triumphe unseres durchläuchtigsten Kurfürsten miterlebt hat! Der bedeutendste Mann Rosenheims, in dessen Familie Seigneur Max Emanuel eine große Rolle spielt!«

Rieder hätte ihm einen Tritt ins Kreuz geben können, diesem aufgedunsenen Schwätzer. Diese niederträchtigen Anspielungen! Jetzt sollte er nur noch anfangen zu fragen!

»Ihr gebt mir zuviel der Ehre, Herr Propst. Etwas weniger wär etwas mehr!«

»Nicht doch, Meister Rieder! Diese Begegnung war vergnüglich! Wir empfehlen uns Eurem Herrn Enkelsohn!«

»Er wird entzückt sein!«

Man verbeugte sich und ging getrennt seiner Wege. –

Rieder sagte zu Barbara: »Und dich hat er überhaupt nicht beachtet.«

»Dafür hat die Tochter mich um so sorgfältiger gemustert: dich übrigens auch.«

»Hab's kaum gesehen vor lauter Ärger.«

»Mir ist vorgekommen, als hätt sie dich mit den Augen ausgezogen bis auf die Haut.«

»Nur zu! Hab mich gestern gründlich gewaschen!«

Sie gingen weiter und machten vor einer der vielen Buden Brotzeit.

Als Rechthalers abends auf Mühldorf zu fuhren, sagte Maria: »Heut hab ich ihn gesehen, den Mann meines Herzens!«

»Wer ist es denn?« fragte der Propst schier gereizt.

»Der Schiffmeister! Und nur er!«

Da war's, als fiele ihrem Vater das Gesicht zusammen: »Maria, er ist doch verheiratet!«

»Ich kann warten! Habt Ihr das leidende Figürchen seiner Frau gesehen? Die macht's nicht mehr lange mit! Dagegen er! Diese männlichen Schultern! Diese durchwachsene Gestalt!«

»Schlag dir den Mann aus dem Kopf! Er ist ungefähr meines Alters!«

W. Doppelmayr, Wiesentor und Wiesengasse in Rosenheim
Zeichnung, Städtische Sammlung, Rosenheim

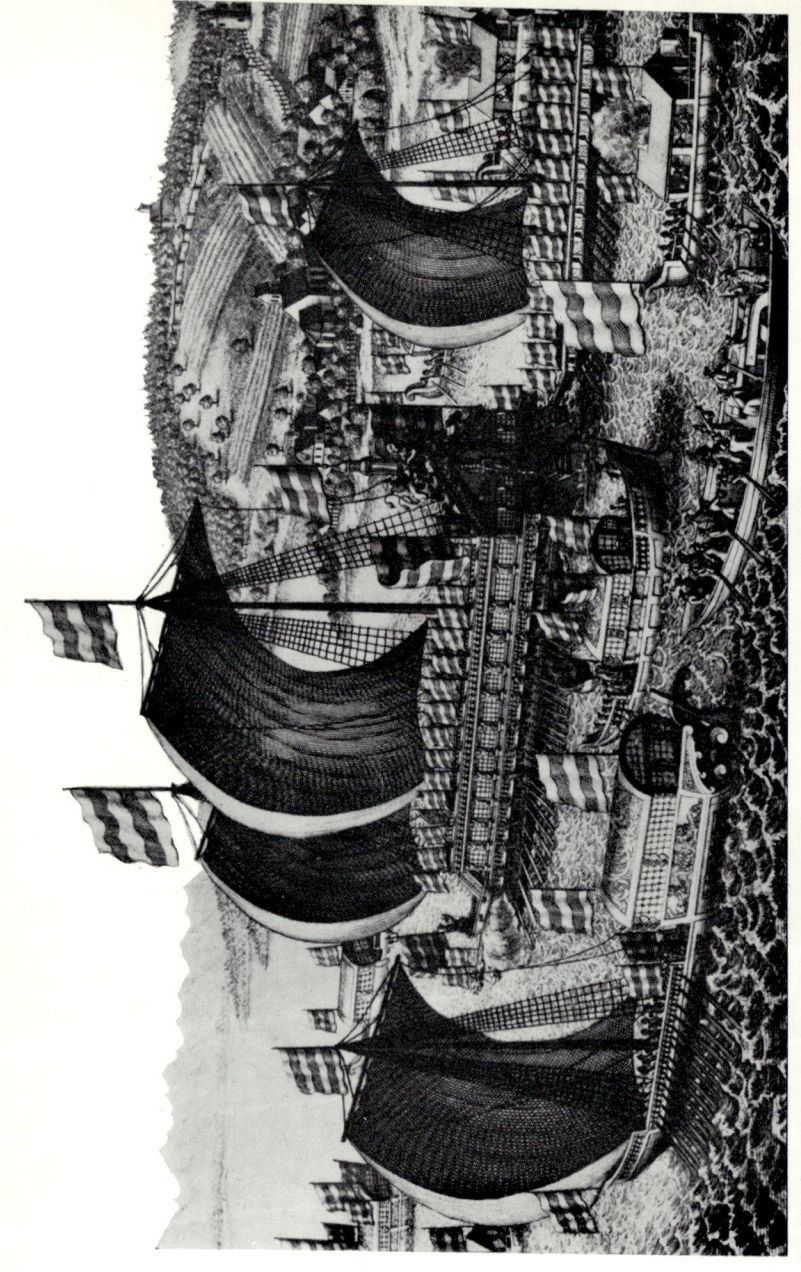

»Ich will kein Alter heiraten, sondern den Mann! Seht zu, wie Ihr's mit ihm einfädelt! Diesmal geb ich nicht nach!«

»Du hast gut anschaffen!«

»Er handelt doch auch mit Wein?«

»So ist's!«

»Also, bestellt Wein, Rieder-Wein aus Rosenheim! Nicht zuviel auf einmal, dafür öfter!«

»Wer soll den Wein trinken? Deine Mutter und ich, wir leiden an der Leber!«

»Und müßten wir ihn in den Rinnstein schütten . . .!«

Abgründe

Max Emanuel war Verwalter der spanischen Niederlande geworden und residierte mit seiner zweiten Gemahlin Therese Kunigunde, einer achtzehnjährigen polnischen Prinzessin, seit 1695 in Brüssel.

Der Bucentaurus verfaulte im Würmsee, ebenso die kurfürstliche Prunkflotte in Wasserburg. Leibschiffmeister zu sein, hatte nur noch die Bedeutung eines Ranges, freilich eines gutbesoldeten.

Dies und vieles andere hatte der Propst Rechthaler ausgekundschaftet und sehnte jetzt eine Verbindung zwischen seiner Tochter und dem sehr honorigen und reichsten Manne Rosenheims nicht weniger inbrünstig herbei als den baldigen Heimgang der leidenden Frau Riederin.

Und wie es nicht selten in den unerforschlichen Ratschlüssen Gottes bestimmt ist, daß die Bösewichte triumphieren, die Rechtschaffenen aber leer ausgehen, so geschah es auch hier.

Barbara hatte sich zwei Jahre so dahingeschleppt, jetzt schrumpfte sie merklich zusammen. Christoph Altaller, der Chirurg von Nußdorf, der wegen der »Schröpfköpfe«, die er seinen Patienten mit Erfolg aufs Genick setzte, auch in Rosenheim sehr geschätzt war, bereitete ihr stärkende Mixturen, kam aber nicht auf den Gedanken, sich bei ihr nach gewissen Leiden zu erkundigen. Und sie selbst sagte nichts. Sie hatte sich in die Idee verrannt, ihr Dasein bedeute für Johann eine ununterbrochene Qual, sei er doch auf seinen Geschäftsreisen Tag für Tag zum Vergleich zwischen ihr und anderen Frauen herausgefordert.

Nach dem Neujahrsgottesdienst, den sie noch zusammen mit ihrem Mann und dem Max besucht hatte, legte sie sich nieder, um nicht mehr aufzustehen. Jetzt erst erkannte der Chirurg auch ihr wirkliches Leiden; doch da war nichts mehr zu retten. Gott und ihrem Schicksal ergeben, schlief sie in der Nacht des 11. Feber 1697 ein. Ihre letzten Worte, die sie an den vor dem Bett knieenden Max richtete, waren: »Bua, seit du auf der Welt bist, dank ich dir mein Leben!«

Max hat dieses Wort nie verstehen können ...

Johann Rieder fuhr nach Wessobrunn und sah Magdalena nach neunzehn Jahren das erstemal wieder. An ihrer Lieblichkeit hatte sich nichts geändert, nur sah man nicht mehr viel davon: Tiefe Schleier umflorten das weiße Gesicht. Sie erhielt die Erlaubnis, dem Begräbnis der Mutter beizuwohnen, sollte sich aber danach ohne Verzug wieder in die Obhut der schützenden Klostermauern zurückbegeben.

Als sie am offenen Grabe stand, wußte von den zahlreichen Trauergästen kaum einer, wer sie war. Neunzehn Jahre sind eine lange Zeit – man hatte das Mädchen einfach vergessen.

Nach der Rückkehr in die Wiesengasse ging sie zu Max in seine Kammer.

»Ehrwürdige Mutter«, wollte er anfangen.

Sie unterbrach ihn und sagte: »Ich bin deine Mutter, ja; aber deiner Ehre bin ich nicht würdig! Laß mich, Kind, zu deinen Füßen knien und um Verzeihung bitten!« Und sie kniete.

Er hob sie auf und zog sie an seine Brust. Das tat er so sanft, als hielte er eine feingeschliffene Alabasterschale in Händen.

Bis in die tiefe Nacht haben sie dann miteinander geredet. Und als sie am anderen Morgen Abschied nahmen, hat sie ihm aus ihrem dicken Gebetbuch eine verwelkte Rose geschenkt: »Die blüht in unserem Klostergarten.«

Sooft der Rieder nach München kam, sprach er nun auch stets beim Propst Rechthaler vor. Der Mann war ihm zwar in der Seele zuwider – er wußte nicht, warum –, doch hatte man als Handelsherr zu unterscheiden zwischen dem Partner und der Partnerschaft. Beiläufig fiel ihm auch auf, daß die Tochter des Hauses sehr zurückhaltend war und fast etwas Samtpfötiges an sich hatte. Auch wußte sie immer all das zur Schau zu stellen, was die Grenze des sittlich Anfechtbaren nur noch um Haaresbreite nicht berührte.

Als er jetzt in der Vorfaste wieder im treppengiebeligen Hause beim Alten Peter erschien, das Trauerband am Ärmel, brachte ihm die ganze Familie ein tiefempfundenes Mitgefühl entgegen, und dies mit soviel Wärme, daß ihn das Rechthalersche Familienmilieu plötzlich anheimelte. Gut, der Alte war ein übler Schwätzer und seine Frau nur die Galionsfigur gepflegten Hauswesens; doch Maria schien bei all ihrem gesunden Überschwang und der unschuldigen Frechheit viel Seele zu haben.

Er fühlte sich zu ihr hingezogen.

Diese Zuneigung kam ihm nach den paar Wochen seit Barbaras Tod zwar sündhaft vor, aber sie war da.

Und als er in den letzten Maitagen wieder bei Rechthalers anklopfte, waren Vater und Mutter weggegangen und wollten erst in den Nachtstunden zurückkehren. Maria lud ihn hinaus auf die Terrasse, die ganz dicht von schwellendem wildem Wein überwuchert wurde, und bat ihn, sich's bequem zu machen auf dem Liegebett, das mit Fuchsbälgen über und über bedeckt war.

Er tat es, obwohl er die Verwerflichkeit dieses Tuns erkannte.

Maria senkte sich in seine Arme . . .

Da standen sie plötzlich unter der Terrassentür, Oswald Rechthaler und seine Frau. Das Mädchen aber rannte verschämt davon.

Der Propst schnaufte hörbar und böse: »Meister Rieder, wir hoffen, daß Ihr Euch nach dieser Situation nicht einer Verpflichtung entziehen wollt, der sich ein Mann von Stand, Rang und Namen ungestraft entziehen kann! Ihr werdet unsere Tochter heiraten!«

Er war so erhitzt, daß er, gestützt auf seine Hauswirtin, zum nächsten Stuhl wankte und ganz blaß hineinsank.

Dem Rieder aber ging ein Licht auf – zu spät!

»Nicht als ob ich vor den Folgen meiner unbedachten Tat fliehen wollte, aber bedenkt, Propst, ich zähle dreiundsechzig Jahre!«

»Davon war soeben nicht viel zu merken!«

»Ihr werdet mir doch wenigstens zubilligen, daß ich das Trauerjahr abwarte!«

»Herr Bürgermeister, das wird davon abhängen, ob die Schäferstunde Folgen hat! An Euer verstorbenes Weib hättet Ihr vorher denken sollen. In dieser Hinsicht habt Ihr nicht viel Charakter bewiesen; beweist ihn wenigstens jetzt, damit Euch die zweite Ehe besser gerate!«

»Ihr treibt ein bitterböses Spiel, Propst!«

»So gar böse kann's nicht sein, denn Ihr habt prächtig mitgemischt!«

»Ich stehe zu dem, was geschah; doch jetzt will mich dieses Haus erdrücken!« Wie ein gejagter Hund verließ Johann Rieder den Ort seiner Schmach und Schande.

Immer noch gehetzt, kam er nach Rosenheim, ging auf den Schloßberg und bat den Verwalter Franz Benedikt Greschbeck, ihm ein Reskript abzunehmen, betreffend die Übertragung seines Besitzes und seiner sonstigen Werte.

»Warum pressiert's Euch denn so, Bürgermeister Rieder? Bei Eurem Aussehen wollt ich, anstatt ein Testament zu machen, lieber noch einmal auf Brautschau gehen!« Und er lachte, denn er selbst hatte erst kurz zuvor eine sitzengebliebene Tochter des Schiffmeisters Sixt vom Färbertor geheiratet.

Rieder horchte zunächst auf, war sich dann aber klar, daß der Propst so rasch nicht geschaltet haben konnte. Darum heiterte sich seine Miene auf, und er sagte: »Mit der Brautschau ist es halt manchmal wie auf dem Pferdemarkt: Die Zähne, die Fesseln und die Kruppe sind nit alles; und ins Innere kannst nit hineinluren!«

»Womit Ihr nicht unrecht habt! Und nach dem Geldigen, das Euch so überall herunterhängt, könnt's manch ein sauberes

Weibchen schon gelüsten. Also rückt es ihnen ruhig aus den Zähnen! Begebt Euch jetzt hinüber zum Prokurator Jahl oder zum Kirchbeck; sie sollen's protokollieren!«

Beide Prokuratoren waren rechtskundig. Alexander Jahl zitierte sofort den Gerichtsschreiber Weiß.

»Laßt also hören, Bürgermeister!«

Und Rieder begann: »Mit diesem heutigen Tage übertrage ich mein Weinhaus in der Wiesengasse mit aller Liegenschaft und Fahrnis auf meinen Sohn Joseph Rieder und seine Ehewirtin. Die Schiffmeistergerechtsame, eingeschlossen an Schiffen die vier Treiberzüge, wie sie gegenwärtig auf Inn und Donau liegen, sowie die Schopperstatt an der Rosenheimer Lände sollen meinem Enkelsohn Max Rieder, wie auch dessen Mutter Magdalena Riederin und deren Schwester Salome, verheiratete Huberin, zu gleichen Teilen gehören.«

Als Rieder schwieg, sah ihn der Prokurator fragend an: »Und wovon wollt Ihr leben?«

»Von den Einkünften des Leibschiffmeisteramtes; sie sind mir auf Lebenszeit zugeschrieben.«

»Ihr habt noch Euer Wohnrecht vergessen.«

»Richtig!« antwortete Rieder. »Schreibt also einen Zusatz! Mein Sohn Joseph soll mir in meinem Apfelgarten beim Wiesentor ein Haus bauen aus Stein, zehn Klafter lang, sieben Klafter breit; darin eine große Stube, zwei Kammern und eine Kuchel. Dieses Haus vermache ich, sofern ich nicht mehr heirate, der Kirche zu Sankt Nikolaus; mein Bares aber, nach Abzug der Begräbniskosten, dem Armenhaus des Marktes.«

Johannes Weiß reichte den Pergamentbogen dem Prokurator hin. Der las ihn aufmerksam durch und sagte dann: »Nun bedarf es nur noch Eurer Unterschrift und des anhangenden Siegels!«

Rieder unterschrieb in seiner schlichten Weise und drückte den Wappenring in das vom Schreiber aufgetropfte Wachs, den schreitenden Löwen zwischen zwei Rosen.

Er zahlte die amtliche Gebühr und ritt heim.

Den Lebzelter Wolf Ruedorfer, der auch zum Inneren Rat gehörte, bat er, ihn während der kommenden vier Wochen zu vertreten, weil er eine längere Reise vorhabe. Dann machte er sich auf den Weg, so wie man's von ihm gewohnt war.

Erste Einkehr hielt er in Wessobrunn. Magdalena sollte alles wissen, was geschehen war und was noch auf ihn zukommen würde. Ihr, dem getreuen Abbild der Mutter, wollte er abbitten, was er der Toten angetan hatte. Und nebenher hoffte er auf ein Wort des Trostes und des Verstehens.

Als er aber vor der erregt lauschenden Nonne sein Herz aufgetan hatte, wartete er vergeblich auf verständnisvolle Worte. Magdalena stellte mit nüchterner Kühle fest, ihm widerfahre jetzt Ähnliches wie voreinst ihr, und das müsse eben durchgestanden werden. – Hätte er gewußt, was sie von der Propsttochter wußte, er wäre nicht so enttäuscht fortgeritten.

Über Murnau gelangte er ins Werdenfelser Land, darauf über Lermoos ins obere Inntal. Und eines Tages stieg er am sonnigen Marktplatz von Tarasp aus dem Sattel. Er mußte die Hände in die Seiten stützen, denn er war kreuzlahm geworden. Ja, man ist eben kein Junger mehr! Und da muß man eine heiraten, die um mehr als die Hälfte jünger ist! Eine verrückte Welt!

Da kam ein Gassenwächter vorbei und blieb stehen: »Ihr seid fremd in unserem Ort, Monsieur? Darf ich behilflich sein?«

»Ihr seid sehr freundlich, doch ich befürchte, Ihr seid zu jung, als daß Ihr mir die rechte Auskunft geben könntet!«

»Laßt Euch immerhin vernehmen!«

»So an die vierzig Jahre mag's her sein, da bin ich mit einem blutjungen Mägdlein von Samaden hierhergekommen. Ich weiß aber nur noch, daß dieses Mägdlein Leila hieß und den Sohn eines Bäckermeisters von Tarasp heiraten wollte. Heute müßte jene Leila bei siebenundfünfzig Jahre alt sein.«

»So kompliziert will mich Euer Fall gar nicht dünken, Monsieur! Haben wir doch nur drei Bäckermeister im Ort. Und jetzt lasset mich nachdenken! Eine ältere Dame findet Ihr lediglich dort drüben bei dem Meister Florian.«

»So hieß er!« unterbrach Rieder den Mann und gab ihm ein Silberstück, das der andere, schüchtern um sich schauend, in den Rockärmel schob: »Ich freu mich, daß ich Euch dienen konnte. Monsieur! Auch weiterhin zu Euren Diensten!«

Rieder betrat den Bäckerladen und fragte nach Madame Leila.

Man rief sie herbei.

Sie lächelte und fragte nach seinem Begehr.

»Das Lächeln habt Ihr nit verlernt während der vier Jahrzehnte!«

Als sie seinen Tiroler Akzent hörte, entsann sie sich: »Dann seid Ihr also jener Herr —«

»— der damals zur Winterszeit Euer Brautführer war durchs Engadin!« Er hatte sie bewußt unterbrochen, weil er nicht wollte, daß sie angesichts ihrer jungen Leute ein unbedachtes Wort spräche und das stillste Geheimnis seines Lebens verriete.

Sie nahm ihn am Arm und führte ihn in eine Kammer: »Ich bin, wie Ihr seht, bereits im Ausgedinge, seitdem sie mir den Mann ins Grab gelegt haben. Ja, ja, lieber Herr! Und Ihr seid in jenen Neujahrstagen mein Erzengel Raphael gewesen, als sie mich dem Fleischer verkaufen wollten.«

»Ihr nennt das Erzengel, Leila?«

»Nun ja, das gehört dazu, solange die Engel noch Fleisch und Blut haben! – Und Ihr seid jetzt auf der Durchreise?«

Da fing er an zu erzählen und blätterte das Buch seines Lebens auf. Von allem erzählte er, besonders aber von seiner Barbara und daß er sie so verraten konnte. Leila sah ihn dabei immer noch gleich treuherzig an wie in jenen kalten und doch so seligen Tagen. Als er ausgeredet hatte, sagte sie: »Daß das geschehen konnte, lieber Herr, da sollt Ihr Euch nichts draus machen; der Schmerz über den Verlust der geliebten Frau hatte Euch alle Kraft weggenommen. Da seid Ihr eben schwach geworden. Was aber diese Jungfer angeht, so heiratet sie nur! Denn wenn sie die Schlechtigkeit ihres Vaters teilt, wird die Ehe sowieso keinen Bestand haben, und Ihr werdet das Weibsbild bald wieder los sein. Ist sie aber anders, und hat der Alte sie nur verleitet, dann gratuliere ich Euch zu der jungen Frau!«

Rieder ergriff ihre runzeligen Hände: »Leila, Ihr habt mir einen Berg von der Seele gewälzt!«

»Um diese paar Worte zu hören, seid Ihr nach Tarasp gekommen?«

»Nit bloß, um zu hören, mehr noch, um gehört zu werden!«

»Und dazu habt Ihr niemand anders gefunden, als eine alte, zusammengerackerte Bäckersfrau? Wie soll einer das verstehen?«

Wieder huschte jenes Lächeln über ihr Gesicht.

Er erwiderte: »Meine liebe, alte, zusammengerackerte Bäckersfrau! Hier verhält sich's wie mit unserer Religion: Es gibt Dinge, die kann man nit verstehen, man muß sie glauben. Oder meint Ihr, ich verstünde selbst, warum es mich zu Euch trieb?«

Das Haus im Apfelgarten

Seinen Heimweg nahm der Rieder über Hall, um seinen Vetter, den Christoph Schmidhauser, auf alles vorzubereiten, was sich durch die Übergabe ändern würde. Davon, daß er heiraten müsse, sagte er nichts.

Ja, es war Juli geworden, und der Rechthaler mochte mit seiner Tochter in München wie auf Nesseln sitzen: Wird der Rieder mit den Trauringen kommen oder nicht? Ob sie die Hochzeit bei Sankt Peter wohl schon ausgerichtet haben? Zumindest vorbestellt und vorbesprochen! Denn das muß ein Ereignis werden! Bei denen kommt es ja überhaupt bloß auf das Ereignis an; der Inhalt ist Nebensache, der gibt sich!

Er kehrte in Rosenheim ein und schlug eine Woche später den Türklopfer ans Haus mit dem Treppengiebel im Schatten des Alten Peter. Eine ernstdreinschauende Dirn, die er vorher nie gesehen hatte, öffnete.

Ob der Herr Propst...?

Da kam Maria im schwarzen Gewand und begrüßte den Rieder mit schlichtem Händedruck.

Was war geschehen?

Der Rechthaler war gleich nach jenem Ereignis in der Terrassenlaube nach Rosenheim gefahren, um sich beim Pflegsverwalter über die Vermögensverhältnisse des künftigen Eidams aufklären zu lassen. Da wurde ihm aber dessen schriftliche Übergabeerklärung vorgelegt. Dieser unerwartete Schachzug hatte ihn so aufgeregt und erschüttert, daß er in der Nacht nach seiner Rückkehr einem Herzschlag zum Opfer gefallen war.

»Und was nun?« Rieder stellte die Frage hart in den feindseligen Raum.

»Ja, was nun? Jedenfalls läßt der Kalender keinen Zweifel offen, Schiffmeister Rieder!« Maria sprach's wie aus der Ferne.

»Jungfer Maria Rechthalerin, der Rieder steht zu Euch! Aber wie steht Ihr zum Rieder?« Er schaute sie starr an.

»Wenn Ihr meint, ich wäre auf Euer Vermögen gestanden, dann irrt Ihr! Der Vater, ja, der vielleicht. Ich wollte und will Euch zum Manne, weil Ihr mir gefallt. Und wenn Ihr jetzt die Bemerkung, die Ihr dem Vater gegenüber machtet, wiederholen wollt, Ihr wäret zu alt, dann will ich nicht widersprechen, aber dieses zu bedenken geben: Jedermann, der mich sieht, meine Art, mein Äußeres, hält mich für unersättlich. Solltet auch Ihr so meinen, dann versichere ich Euch bei allem, was mir heilig ist: Ihr irrt abermals! Denn ich bin eher kühl. Freilich bin ich mir dessen wohl bewußt, daß mich die Zeit, in der Ihr meinem Verlangen gegenüber ohnmächtig sein werdet, manchmal hart ankommen wird. Doch ebenso versichere ich Euch, daß mich die schlichte Tatsache, bei Euch zu sein, für das alles entschädigen wird. Denn dies sollt Ihr auch noch wissen, – ich sage es ungern, weil man mich ein undankbares Kind schelten könnte: An mir ist viel verbogen worden! Darf ich hoffen, daß Ihr's noch versuchen wollt, einiges gerade zu machen?«

Johann Rieder war auf manches gefaßt gewesen, nicht auf das. Er mußte umdenken. Hier war ein vielleicht gesunder Mensch, den man im Schmelztiegel falscher Erziehung, gestörter Umwelt und fortdauernder Bosheit vermanscht hatte; ein Mensch in einem Verlies und schreiend nach Wahrheit.

»Maria, dann müssen wir wohl – der lieben Mitmenschen wegen – in Rosenheim zum Altar gehen, denn dein Trauerjahr ist länger als das meine.«

Er hatte »du« zu ihr gesagt.

Da streckte sie ihm die Arme entgegen.

In das Ehematrikelbuch bei Sankt Nikolaus in Rosenheim machte unter dem 20. August 1697 Dekan Doll in halb lateinischer, halb deutscher Sprache folgenden Eintrag: »Heute haben sich hier einander angetraut der hochverdiente und vielerfahrene Herr Johannes Rieder, des Inneren Rats, Marktkämmerer, Schiffmeister und Handelsmann, auch Witwer, – und die tugendsame Jungfer Maria Rechthalerin, eheliche Tochter des hochgeborenen Herrn Oswald Rechthaler, bey dem hochlöblichen Capitel des Collegiatsstifts bey Unserer Lieben Frauen in München Propsts zu Schliersee, seligen Angedenkens, und seiner noch lebenden Frau Gemahlin. – Zeugen dessen waren Herr Johannes Christophorus Stockinger, Bürgermeister und Handelsmann, desgleichen Herr Mathias Hohenwieser, Bürgermeister und Grenzaufleger. – An meiner, des Pfarrers, Stelle assistierte Herr Paulus Schuester, Kooperator.«

Der Dekan billigte also die neue Vermählung Rieders nicht, wahrscheinlich wegen des noch laufenden Trauerjahres. Er hätte sonst dem Bedeutendsten des Inneren Rates, dem Kämmerer, die Assistenz unmöglich versagen können. Daß dagegen die beiden amtierenden Bürgermeister bezeugten, beweist die Achtung, die Rieder genoß.

Häßlich, daß sich in der so achtbaren Familie jetzt ein Riß auftat: Von den Verwandten war trotz der Einladung niemand erschienen – außer Max. Er, der ewig Sonnige, hoffte, daß mit der jungen Frau wieder mehr Freude ins Haus käme. Im Gegensatz zu ihm kündigten Joseph und seine Neubeurer Maria sofort die Tischgemeinschaft mit dem Vater auf.

Das dauerte aber nicht lange, denn im September wurde allen das pflegsamtliche Protokoll zugestellt. Da ging ihnen auf einmal das Gesicht auseinander, und sie kamen gekrochen, der Joseph und auch die Salome: Warum sich der Herr Vater denn schon jetzt, wo er doch noch so rüstig sei, seiner Güter entäußert habe? Man würde ihn doch selbstverständlich unterstützt haben, wenn es notgetan hätte. Und daß man nicht bei der Hochzeit gewesen sei, das habe nur auf einer Serie von Mißverständnissen beruht...

Sollte er sie ihre Gehässigkeit fühlen lassen?

Wozu auch?

Es tat ihm nur weh, daß diese Kinder, die ihren Wohlstand ihm allein zu verdanken hatten – der verstorbenen Barbara natürlich ebenso –, daß diese Kinder aus purem Futterneid alle Achtung und Pietät einfach in den Wind schlagen und sich benehmen konnten wie hergelaufene Bettelmönche und Soldatenweiber. Er fand sich aber auch damit ab.

Joseph schämte sich sehr, doch er stand, wie man erwartet hatte, unter der Fuchtel seiner Frau. Um so beflissentlicher betrieb er deshalb den Hausbau im Apfelgarten. Der Rechthalerin gegenüber benahm er sich betont höflich, worüber die Seine lästerte. Sie, die aus Samerberger Klotzholz geschnitzt war, hatte noch kein Wort mit der anderen gesprochen; dabei begegneten sie sich täglich.

Das machte aber der Rechthalerin nichts aus; sie hatte eine ganz andere Sorge. Man schrieb den Anfang des Oktober. Vier Monate war es her, und dennoch sah es nicht so aus, als bekäme sie ein Kind. Rieder bat den eben erst zugezogenen Doktor Eha ins Haus. Der hörte sich die Frau an und fragte dann, ob ihr in diesen Monaten ein Schrecken, eine seelische Erschütterung zugestoßen sei; ob sie Ängste ausgestanden, Befürchtungen gehegt habe; ob ihre Bäder zu kalt gewesen seien? – Mit Ausnahme der Bäder alles! – Nun, da habe man's ja! Sie möge sich jetzt warm halten, starke Glühweine trinken und im übrigen ihrer gesunden Natur vertrauen.

Nach ein paar Tagen war alles in der natürlichen Ordnung.

Da sagte der Rieder schelmisch: »Hast mich also doch hinters Licht geführt!«

Darauf sie: »Eine Zeitlang trug ich mich mit diesem Gedanken; schließlich aber wurde ich inne, daß auf einer Lüge keine glückliche Zweisamkeit aufgebaut werden kann.«

Und er: »Auch noch darum ist es mir lieber, daß du nit gesegnet gehst: Ich möcht zu meinem Kind nit der Großvater sein!«

Im Sommer des Jahres 1698 bezog Rieder das neue Haus im Apfelgarten. Er hatte dem Joseph noch mit Geld unter die

Arme gegriffen und einen Obergaden aufsetzen lassen; denn schließlich sollte Max eine gesicherte Heimstatt haben, wenn er von seinen geschäftlichen Ritten und Fahrten zurückkehrte.

Das Haus war geschmackvoll ausgestattet. Dafür hatte Frau Maria gesorgt. Sie besaß echte Gobelins aus den Niederlanden und einige bedeutende Gemälde aus der Flämischen Schule, so die »Entführung des Ganymed« von Paul Bril; einen Kerzenluster aus Veneterglas hatte ihr die Mutter zur Hochzeit geschenkt. Dazu kamen die orientalischen Teppiche, die Max Emanuel aus türkischem Beutegut seinem Leibschiffmeister schon fast terminmäßig gegeben hatte, erlesene Stücke aus den Prunkzelten der osmanischen Heerführer. Ja sogar ein ganzes Türkenzelt aus indischer Seide war da schon zehn Jahre auf dem Speicher gelegen. Als Rieder vorschlug, damit die Schlafkammer zu drapieren, lehnte Maria bündig ab mit der Bemerkung: »Willst du dich denn als Pascha fühlen?« Sie schenkte das Zelt der Kirche für die Fronleichnamsprozession. Mit dieser Schenkung war das gute Einvernehmen zwischen dem Hause Rieder und Dekan Doll wiederhergestellt. Jahrzehntelang noch wurde das Zelt als Himmel fürs Allerheiligste verwendet.

Einer der ersten Besucher des neuen Hauses war der Baron von Berchem.

»Liebe junge Frau«, sagte er bei Tisch, »verwöhnt ihn nur, unseren alten Argonauten! Jahrelang hat er den Interessen Bayerns Zeit und Kraft geopfert, und jetzt geht's ihm wie allen wackeren Patrioten: weg, ausrangiert, altes Eisen!«

»Ihr solltet Euch das nicht so nahegehen lassen, Baron!« erwiderte sie. »Jeder Mensch hat seine Zeiten: Zeit des Blühens, Zeit des Reifens, Zeit der Ernte. Und wo abgeerntet wird, rauscht die Sichel.«

Rieder schüttelte den Kopf: »Ich für mein Teil fühle mich gar nit so abgesichelt. Einen Leibschiffmeister braucht man dort, wo man das Leibschiff braucht; in Brüssel aber braucht man kein Leibschiff.«

Da hakte der Berchem leidenschaftlich ein: »Richtig, Rieder! In Brüssel braucht man trotz der jungen Polin, die übrigens schon mit dem vierten Kinde geht, Huren. Huren und Geld!

Und dafür brockt man sich Zug um Zug das arme Bayernland ein: Heute die eine Steuer, morgen die andere! Alles fort nach Brüssel! Und weil die Abgaben nicht ausreichen, hasardiert man! Habt Ihr's gehört von dem Conte Ruggiereo, dem Goldmacher in der Au? Sechzigtausend Gulden hatte man ihm für seine Transmutationstinkturen gezahlt, weil er aus Giesinger Dreck etliche Zentner Gold herauszaubern wollte; zum kurbayerischen Feldmarschall, Generalfeldzeugmeister und Kommandanten von München hatte man ihn hinaufkreiert, – jetzt sitzt er auf Grünwald und kriegt wöchentlich eine Portion Arschhiebe. Die sechzigtausend Gulden sind beim Teufel, und der Giesinger Dreck wartet immer noch auf die Vergoldung!«

»Warum Ihr Euch bloß so ereifert? Ihr ändert ja doch nix!« meinte der Schiffmeister begütigend.

»Soll das ein Trost sein?« gab der andere grimmig zurück.

»Kommt, Baron, wir setzen uns in den Garten!«

So glaubte der Rieder den würdigen Diplomaten auf andere Gedanken zu bringen.

Als sie sich hinten im Schatten des Wiesentores auf eine Bank gesetzt hatten, sagte der Baron plötzlich: »Wißt Ihr, daß Ihr eine Märtyrerin geheiratet habt?«

Dem Rieder war, als blickte er auf eine im Sonnenglast glitzernde Schneedecke.

Berchem fuhr fort: »Ihr Vater war einer der gescheitesten und gewissenlosesten Gewährsmänner im Dienste Frankreichs. Und sie, seine Tochter, hat er ein Jahrzehnt lang für dieses schmutzige Geschäft mißbraucht. Er war hauptsächlich auf Max Emanuels Amouren angesetzt, weil aus diesen Kreisen die brauchbarsten Spioninnen kommen. Darum mußte auch Eure Frau ins Kloster Wessobrunn eintreten, um hinter Madelaine herzusein. Da hat sie aber dem alten Gauner einen ersten Strich durch die Rechnung gemacht und ist vorzeitig davon.«

»Maria ist eine ausgesprungene Nonne?« Rieders Stirn furchte sich wie ein ausgedörrter Acker.

»Wo denkt Ihr hin! Sie sollte das erforderliche halbe Jahr Kandidatur machen und dabei erkunden, ob man aus Eurer Tochter nicht Münze schlagen könnte für die Kasse des Aller-

christlichsten Königs von Frankreich. Aber sie hat nicht einmal
herausgefunden, welche unter den Nonnen Eure Tochter war;
und dabei verkehrte sie etliche Wochen lang tagtäglich mit ihr.
Da wurde ihr das schmutzige Spiel zu dumm, sie fing an zu
randalieren und brachte den ganzen klösterlichen Betrieb schön
durcheinander; darauf setzte man sie an die frische Luft. Das
Unternehmen war schief gelaufen.«

Rieder konnte nur den Kopf schütteln.

»Amüsiert es Euch nicht, zu wissen, was für ein Goldstück Ihr
zur Frau habt?« schmunzelte Berchem.

»Goldstück?« fragte der Rieder.

»Hört weiter! Der zweite Strich, den sie ihrem Herrn Vater
quer durch die Planzeichnungen gezogen hat, war, daß sie Euch
– allen Widerständen zum Trotz – als Mann begehrte. Ein
hirnverbranntes Wagnis bei dem Altersunterschied! Ihr verübelt mir diese Bemerkung nicht, Rieder! Und warum hat sie
das getan? Weil sie erkannte, daß nur Ihr dem Propst Paroli
bieten könntet. Ein jüngerer Mann hätte das nie vermocht; den
hätte er eingesackt.«

»Wie soll ich das verstehen?« fragte Rieder. »Es hat mich
doch der Alte unter Druck gesetzt, nit die Maria!«

»Verehrter Meister Rieder, Gott segne Eure Harmlosigkeit!
Als der Rechthaler erkannte, daß das reife Mädchen von Euch
nicht ablassen würde, drehte er sofort den Spieß um und
versuchte, Euch einzuschüchtern und vor allem seine Hand auf
Euren Besitz zu legen. Notfalls hätte er dann Euch selber vor
seinen Wagen spannen können. Durch Euer rasches Handeln ist
ihm aber der Schnabel so trocken geblieben, daß ihn vor lauter
Trockenheit ein Schlagerl gestreift hat. Gott habe seine Seel'!
Und Euch gönne ich das Goldstück von Herzen!«

Befriedigt über seine Rede griff Berchem nach dem Tabaks-
beutel.

»Sagt, Baron, wenn Ihr's sagen dürft: Woher wißt Ihr das
alles?«

Berchem grinste: »Ein kluger Mensch darf nie ein dummes
Luder sein! Und außerdem ist Franz Gropper, euer Kastner
hier, mein Gevatter.«

Eine Märtyrerin!, hatte er gesagt...

Mußte man eine solche Frau nit auf Händen tragen? –

Maria Riederin kam mit strahlendem Gesicht unter den Apfelbäumen daher: »Fast möcht ich meinen, die Herren langweilen sich!«

»Gut, daß Ihr kommt, Madame!« erwiderte galant der Baron. »Denn dazu hat der liebe Gott das schöne Geschlecht erschaffen, daß es den Männern die Langeweile vertreibe oder versüße!«

Die große Reise

Wochenlang erwog Johann Rieder still bei sich, was der Berchem ihm über seine Frau gesagt hatte. Mit ihr selbst aber redete er nicht darüber: Man soll nicht an Geheimnisse rühren, die ein Herz nicht lüften will! Um so mehr aber bewunderte er Maria, daß sie schwieg. Sie mußte unter ihrem Vater viel gelitten haben und wollte offensichtlich sein Andenken trotzdem nicht angetastet wissen. Glücklich der Mensch, dachte Rieder, der zur guten Stunde in seinem Inneren eine Tür zumachen kann, dahinter sich Gräßliches verbirgt!

Auch der Rosenheimer Bürgerschaft gefiel die junge Schiffmeisterin mehr und mehr. Nicht einmal die scharfen Zungen der marktbekannten bösen Weiber wetzten sich an ihr. Sie begegnete jedermann mit liebenswürdiger Höflichkeit, weil sie wußte, daß sie als Zugereiste die Pflicht hatte, sich im harmlosen Brauchtum des Alltags den Eingesessenen anzupassen. Das tat ihr nicht weh, den anderen aber tat es wohl.

Am Rieder gewahrte man ebenfalls einen Wandel im Umgang: Er erschloß sich zusehends mehr den verschiedenen Sorgen und Nöten des Gemeinwesens. Sein Haus im Apfelgarten ähnelte bisweilen einem Taubenkobel: so häufig suchten ihn die Leut in ihren Anliegen auf. Und als kluger, erfahrener Mann wußte er meistens auch Rat oder Abhilfe. Seine Kollegen im Amt bewunderten manchmal mit schmunzelnden Bemerkungen die wohltätigen Einflüsse einer jungen Frau auf Herz und Gemüt eines alternden Mannes: Ja, Glück muß einer haben, – und der Rieder hat es gleich scheffelweise! Aber nur keinen Neid aufkommen lassen! Schließlich ist es ihm in früheren Jahren oft auch naß 'nein'gangen: Man denke nur an die famose Weibergeschichte damals in Braunau! Herrgott! wie nobel hat er das durchgestanden! Ein anderer wär im Markt herumgesappt wie ein Bärentreiber und hätte zu allen Fenstern hineinlamentiert; – von ihm hat man kein einzig Wort vernommen. Das macht eben der Umgang mit der vornehmen Gesellschaft: Sag mir, mit wem du gehst, und ich sag dir, wer du bist! Am Rieder bewahrheitet es sich wieder einmal, das alte Sprichwort!

In der großen Weltgeschichte tat sich jetzt im langsam zu Ende gehenden Jahrhundert nicht viel. Nur von Spanien hörte man immer wieder durch die Kaufherren des Südens, die bisweilen in Rosenheim vorbeikamen, daß der junge König ein kranker Mann sei und sicher keinen Nachkommen mehr in die Welt setzen werde. Bayern dürfe sich also berechtigte Hoffnungen machen auf das Reich Hispanien, in dem die Sonne nicht untergeht. Denn soviel sei bereits sicher: Die Verzichtserklärung auf den spanischen Thron, die die Kurfürstin Maria Antonia vor ihrem Tode für sich und ihren Sohn abgegeben hatte, zählte in Madrid nichts. Dort hatte sich der Kronrat eindeutig für den kleinen Joseph Ferdinand entschieden, ja, man hatte ihm bereits den Titel des jeweiligen Thronfolgers zuerkannt: Prinz von Asturien. Die Testamentseröffnung des dahinsiechenden Königs war nur noch eine Frage der Zeit.

Und tatsächlich! Am 28. November 1698 gab König Karl II. vor den Granden in geheimer Sitzung seinen letzten Willen kund und ließ unverzüglich an Max Emanuel in Brüssel die Weisung ergehen, er wünsche den Prinzen bei sich zu haben.

Da horchte man in ganz Europa auf: Das kleine Bayern durfte sich anschicken, seine Hand auszustrecken nach der reichsten Krone der Welt!

Sofort eilten Max Emanuels Kuriere nach München und for-

Die Mutter von der schönen Liebe
Wessobrunner Gnadenbild, Foto Dr. Joh. Steiner

▶

Andreas Micheler würfelt um sein Leben
Votivbild in Aufkirchen bei Starnberg

derten die Hofkanzlei auf, dafür zu sorgen, daß bei der geplanten großen Meerfahrt des künftigen Königs – eine Armada sollte ausgerüstet werden! – auch eine ansehnliche Suite aus dem bayerischen Mutterlande mitführe. Die Kanzlei wiederum ließ Sendschreiben an die einzelnen Magistrate und Pflegsverwaltungen ergehen, und so geschah es, daß Rieder eines Tages vom Schloßberg erfuhr, man erwarte den kurfürstlichen Hof- und Leibschiffmeister mit in der Begleitung.

Eine Meerfahrt!

»Maria, eine Meerfahrt!«

Rieder ließ den großen Wagen richten, dazu die vier Kufen, die man unter die Räder schieben konnte, wenn hinreichend Schnee auf den Straßen lag. Es war damit zu rechnen, daß man in den Niederlanden nur den Wagen brauchen würde.

All diese Vorbereitungen traf der Andreas Micheler, ein achtzehnjähriger Bursch aus Aufkirchen. Rieder hatte ihn in Starnberg kennengelernt und als Stallknecht und Kutscher eingestellt, seit er nicht mehr so häufig auszureiten pflegte. Andreas war willig und geschickt und freute sich auf die weite Reise ebenso wie seine Herrschaft. Wenn er in dem Pelz aus Bärenfell, den der Rieder ihm geliehen hatte, auf dem Kutschbock saß, erweckte er den Eindruck eines Russen aus der Taiga.

Zunächst ging es nach München, wo der Leibschiffmeister sich in die lange Kolonne anderer Wagen einreihte. Gemeinsam verließen sie am 11. Dezember die bayerische Residenzstadt.

Am Feste der heiligen Drei Könige fuhren sie an den dreizehn Bollwerken der Universitätsstadt Löwen vorbei und konnten am 10. Jänner 1699 in der vornehmen Kirche ad sanctam Gudulam zu Brüssel dem Herrgott danken für die glücklich beendete Reise.

Der Baron von Prielmayer, den sie zuerst trafen, meinte, der Prinz von Asturien sei erkrankt. Der Leibarzt habe geäußert, man müsse die große Fahrt möglicherweise verschieben.

Niemand konnte es Max Emanuel verargen, daß er besorgt war, denn die Schiffe für die große Fahrt lagen bereits im Hafen von Rotterdam, und jeder vergeudete Tag, jede ungenutzte Stunde konnte verhängnisvoll werden, hieß es doch, daß es mit König Karl rasch zu Ende gehe. Und wehe, wenn der vorbestimmte Thronfolger am Tage des königlichen Hinscheidens nicht zugegen war! Frankreich und Österreich hatten ihre finanzkräftigen Agenten in Madrid sitzen, deren Fäden bis in den Kronrat hineinreichten; da konnten die Anhänger des armen bayerischen Kindes, die keine Dukaten oder Escudos zu erwarten hatten, leicht umgestimmt werden.

Und die Magenkrämpfe des fürstlichen Kindes wollten und wollten nicht weichen, im Gegenteil: Am 5. Feber gab der Prinz von Asturien nach wiederholten Krämpfen und Ohnmachtsanfällen seine unschuldige Seele in die Hand des Schöpfers zurück. Max Emanuel, der Held der Türkenkriege, brach zusammen.

Ein schöner Traum war ausgeträumt!

Die nächstliegende Todesursache in einer Zeit, da die Hexenprozesse florierten, mußte Gift sein, Gift aus interessierter Hand. Und wie das Ungeheuerlichste in solchen Augenblikken meist zum Glaubwürdigsten wird, so beschuldigte man den Großvater des Prinzen, den Kaiser Leopold in Wien, der verruchten Tat.

Als die Trauerfeierlichkeiten für den Prinzen vorbei waren, fuhren die meisten Bayern wieder nach Hause, auch das Schiffmeisterehepaar Rieder. Was hatten sie sich von dieser Reise versprochen, und wie kläglich und düster sah jetzt alles aus! So grausam auch der Tod hier dreingeschlagen hatte, Schlimmeres und viel Grausameres stand für das ganze Bayernland zu erwarten, wenn sich die Abneigung Max Emanuels gegen den Kaiser verdichten sollte. Und das war zu befürchten, weil der Kurfürst sich jetzt dem Franzosenkönig in die Arme warf, Ludwig XIV., der daranging, den Kaiser auszuschalten und Spanien zu kassieren.

Solche Gedanken beschäftigten den Rieder und seine Frau, als sie den gleichen Weg zurückfuhren, den sie gekommen waren.

Als die große Schlittenkolonne in München einfuhr, standen viele Bürger an den Straßenseiten und begrüßten sie so, wie man einen Leichenzug begrüßt.

Abends waren die Riederschen auf der Blutenburg beim Baron von Berchem.

»Mein lieber Meister Rieder, ich will kein schlechter Prophet sein, aber das altehrwürdige Bayernland wird zum Spielball zwischen Frankreich und Österreich...« Und wieder erging er sich in wilden Ausdrücken gegen den Kurfürsten.

Weiß Gott, der alte Baron war krank. Er hatte fast jeden Feldzug gegen die Türken mitgemacht und war als Kriegskommissar oft mit den Soldaten in die elenden Winterquartiere gegangen. Das hatte seine Gesundheit untergraben.

»Und Ihr, Rieder, seid immer noch der alte Unverwüstliche!«

»Gott sei's gedankt!«

»Kein Wunder, wenn man das Glück hatte, sich ein so erquickendes Weibchen zuzulegen. Dergleichen wirkt als Jungbrunnen!«

»Da ist viel Wahres dran, Baron! Doch auch das ist wahr: Ich hab mich zeitlebens bemüht, in allen Dingen maßvoll zu sein. Der Maßvolle ist ein guter Sparer und ein ordentlicher Haushälter mit seinen Kräften.«

»Das habt Ihr mir voraus, Rieder! Sie nennen mich den reichsten Mann in Bayern. Vielleicht haben sie sogar recht. Doch was habe ich alles auf mich nehmen müssen, um es zu werden! Hätte ich mir mehr von Eurer Mäßigung gegönnt, ich wäre halb so reich, aber noch einmal so gesund. Als ich dieser Tage auf sechsunddreißig Seiten Eselshaut mein Testament zusammenschrieb, bin ich mir dessen bewußt geworden. Ich habe viel zu bedauern!«

Als er das sagte, rannen ihm Tränen über die Wangen.

Er erhob sich mühsam und küßte der Riederin die Hand.

Als sie nach fast einem Vierteljahr wieder in der Wiesengasse abstiegen und das Weinhaus betraten, verkündete Joseph ihnen stolz, daß ihm seine Frau einen Sohn, Johann Georg, geschenkt habe und sich der besseren Pflege halber bei ihrer Mutter in Neubeuern befände. Dabei lachte ihm die helle Freude aus dem Gesicht.

»Dann müssen wir uns den zweiten Enkelsohn bald anschauen! Und wo ist der erste?«

»Max war schon seit etlichen Wochen nit mehr bei uns.«

»Wird am Gäuboden sein oder drinnen im Tirol.«

»Glaub's nit, Vater!«

»Warum, Joseph? Weißt du mehr?«

»Seit Weihnachten etwa treibt er sich mit einem Grafen Ferdinand Arco herum, oder besser gesagt, mit dessen Frau.«

Johann Rieder griff nach einer Stuhllehne und mußte sich setzen. Sein Gesicht wurde blaß, Maria strich ihm besorgt über die Stirn. Er hatte seinen Blick auf den Fußboden gerichtet und atmete schwer: »Ausgerechnet mit der!«

»Kennst du sie?« fragte Maria.

»Anna Franziska von Louchier! Bis vor fünf Jahren war sie noch die Mätresse Max Emanuels; dann hat der Arco sie heiraten müssen – aus Gründen der Staatsräson.«

»Dann kenne ich sie auch!« erwiderte Maria. »Sie ist öfter zu meinem seligen Vater gekommen, meist in der Nacht und stark vermummt.«

»Sie stand also in Frankreichs Diensten?«

Maria zog fragend die Schultern hoch. Der Rieder schüttelte den Kopf. Dann ergriff er Marias Hand, nickte dem Joseph freundlich zu und wandte sich zur Tür.

»Wenn er zu euch kommen sollte, der Max, und wir wären zufällig nit da, dann sag ihm, daß ich eine Erklärung verlange!«

»Wird gesagt, Vater!«

Dann betraten sie ihr Haus im Apfelgarten.

Die alte Resei, die Dienstmagd, hatte alles ordentlich im Schuß gehalten. Im Kamin loderte sogar ein Feuer. Sie freute sich über die Heimkehr der Herrschaft und begann auch sofort zu erzählen. Auch sie zeigte sich über Max bitter enttäuscht: »Die Frau Gräfin ist sogar etliche Täg lang hierg'wen und hat den jungen Herrn gar nit aus'lassen. Wie eine Kletten ist s' an ihm drang'hängt. Und der junge Herr hat die letzte Zeit ausg'schaut wie g'spiem, so arg haben sie's 'trieben miteinand. Ja, und ein'n Schreibebrief hat er da'lassen, der junge Herr; den hätt ich doch beinah vergessen!«

Rieders Hände zitterten, als er das Schreiben auffaltete.

»Lieber Großvater, ich brauch Euch weiter nichts zu sagen, denn sie werden Euch hinreichend informiert haben. Ich möcht Euch bloß danken für die Schiffe und das ganze Handelsgeschäft! Ich geb Euch hiermit alles wieder zurück, weil es mir gar keinen Spaß nicht macht. Ich bin mir noch zu jung, als daß ich auf dem Wasser versauern möcht. Ihr habt's gewiß gut mit mir gemeint; aber wenn ich mir überleg, wer mein Vater ist, dann fühl ich in mir den Drang nach einem höfischen Leben. Der Zufall hat gewollt, daß ich mit dem Herrn Grafen Arco bekannt wurde. Er hat mir auf seinen Häusern, Gütern und Liegenschaften die Stelle eines Fouriers angetragen, was mich eine erste Stufe zum Aufstieg dünkt. Ich bitt Euch also, lieber Großvater, werft mir keine Prügel vor die Füße und versucht auch nicht, nach mir zu forschen und mich umzustimmen. Ich bin alt genug, um zu wissen, was ich tu, und trage alle Verantwortung für mich selber. Vielleicht sehen wir uns einmal, wenn Euer gerechter Zorn über mich verraucht ist; dann will ich Euch noch einmal meinen Dank für alles mündlich sagen. Werdet mit Eurer Frau so glücklich, wie Ihr es mit der Großmutter gewesen seid, oder noch glücklicher! – Euer Enkel Max.«

Rieder schaute seine Frau an, die mitgelesen hatte, und meinte: »Wir werden seinen Wunsch und Willen respektieren müssen!«

»Und die Schiffe und das Geschäft?« fragte sie. »Willst du wieder anfangen?«

»Wir wollen darüber nachdenken, Maria.« –

Eine Woche später fuhren sie nach Neubeuern, um den Enkelsohn Johann Georg zu besuchen. Die junge Mutter, die Hupfauftochter Maria, hatte ihrem Herzen einen kräftigen Stoß gegeben und nicht – wie gewöhnlich – widersprochen, als Joseph schüchtern mit dem Vorschlag an sie herangetreten war, das Kind nach dem Großvater zu taufen; sie hatte nur verlangt, daß dann auch der Name ihres Muttervaters dazukäme: Johann Georg.

Johann Georg war ein kräftiges Kind mit markerschütternder Stimme, die er in gezielter Bosheit – so hätte man sagen können, wenn's nicht unsinnig gewesen wär! – immer dann vernehmen ließ, wenn Besuch da war; es mußte also auch der Rieder-Großvater eine herzhafte Kostprobe erhalten. Schmunzelnd blieb er zu Füßen der Wiege stehen und meinte: »Ein ausgewachsenes Samerberger Lüngerl!«

Diese Bemerkung war spaßhaft gemeint, geriet aber der jungen Mutter in die falsche Kehle, denn sie erwiderte gereizt: »Gott sei Dank, daß er kein Leisetreter nit ist!« Das war auf den Kindsvater Joseph bezogen. Rieder und seine Frau schauten sich an, und auch die alte Hupfaufin, die auf der Ofenbank kauerte wie eine müde Katze, spürte die Ungehörigkeit dieser Antwort. Sie erhob sich, nahm die beiden an den Armen und führte sie in die Kammer nebenan, wo sie ihnen einen feinen Terlaner einschenkte. Dabei warf sie wiederholt kurze Blicke auf die Rechthalertochter und dachte: Was doch ein Mann für ein unverschämtes Glück haben kann! Laut aber sagte sie: »Ich freu mich, daß ihr den Weg auch einmal zu mir gefunden habt!«

Lächelnd erwiderte der Rieder: »Anna Maria, wir wären zu dir gekommen, auch wenn das Kind nit dagewesen wär.«

»Dann bin ich aber neugierig!«

»Das darfst du mit Recht sein; aber erschrecken darfst nit! Willst du von mir drei Schiffzüge übernehmen und meinen gesamten Handel dazu, ausgenommen den mit den Klöstern Rott und Attel?«

Anna Maria schaute: »Und euer Max?«

»Die Frage zählt nit!«

»Gut, Johann! Und wie müßt ich zahlen?«

»Du zahlst, wie du kannst. Zehn Jahr hast Zeit.«

»Und die Zinsen?«

»Dir berechnen wir keine Zinsen nit!«

»Dann in Gotts Nam, Johann!«

»Mutter von der Schönen Liebe«

Seit Rieders letztem Besuch in Prüfening waren etliche Jahre vergangen. Er bedauerte das; aber man kann eben nicht immer so, wie man gerne möchte! Das Leben hatte ihn arg herumgebeutelt. Da sieht dann der Mensch nur noch sich selber und hat für die Umwelt, auch die liebste, kein Auge mehr.

Jetzt sauste der kleine Rennschlitten dahin über die weiten Ebenen des Gäubodens. Maria bewunderte ihren Mann, wie geschickt er die vier Rösser zu meistern verstand.

Als sie unter den alten Linden in den Klosterhof einfuhren, kamen ihnen gleich einige Knechte entgegen und nahmen dem Rieder die Zügel aus der Hand. Der sah sich um: Da war viel Neues entstanden: »Die Mönche müssen viel Geld haben! Ihr habt allerhand dazugebaut!«

Einer der Knechte erwiderte: »Seit drei Jahren haben wir hier eine hohe Schule für die jungen Brüder. Da kommen sie von überall her, um zu lernen. Man darf deswegen nicht laut reden, weil man sie im Studium stört.«

Rieder und seine Frau traten darauf beim Bruder Innozenz ein.

Es war jammervoll zu sehen, wie er daherschlurfte: vornübergeneigt und auf einen derben Stock gestützt. »Lieber Meister Rieder, Ihr seid lange nicht dagewesen«, sagte er und nickte bekräftigend dazu. »Aber ich habe immer wieder für Euch und die Eurigen gebetet, besonders für das liebe Kind in Wessobrunn und für Euch, seine Mutter.«

Da merkte Rieder, daß der gute Bruder fast nichts mehr sah. Er wollte ihn über seinen Irrtum aufklären, doch Maria legte verhaltend ihre Hand auf seinen Arm. Wozu sollte man ihn mit Dingen belästigen, die vor seinen geistigen Augen sowieso nichts zählten!

»Wir haben soeben gesehen, daß sich Prüfening beachtlich vergrößert hat. Und eine hohe Schule, hieß es, habt ihr auch.«

Der Bruder machte eine Geste der Hilflosigkeit: »Gewiß, der Liebe Gott hat unser Kloster gesegnet. Jetzt aber ist der Herr Kurfürst dabei, alles zu zerstören.«

»Meint Ihr Max Emanuel?«

»Gott sei's geklagt! Er giert nach den Reichtümern unseres Hauses, denn wir sind in den letzten Jahren reich beschenkt worden. Er hat beim Heiligen Vater in Rom sogar schon die Aufhebung von Prüfening erwirkt, und nur den Herren Bischöfen von Regensburg und Bamberg ist es zu danken, daß wir noch verweilen dürfen.«

»Was will er mit dem Kloster?«

»Lieber Meister, das wissen wir nicht. Es hat geheißen, von unseren Gütern und Einkünften sollen zwei Drittel dem kurbayerischen Staate und ein Drittel dem Kloster Sankt Emmeram in Regensburg zufließen, weil dieses Kloster verpflichtet wäre, uns zu herbergen und zu nähren. Vielleicht ist uns hier nur noch eine Galgenfrist beschieden, denn der Herr Kurfürst hat in Rom bereits eine zweite Eingabe gemacht und erklärt, er brauche das Kloster zur Linderung von Nöten und für Werke der Nächstenliebe. Dafür hat Papst Innozenz viel Verständnis bekundet, denn er ist ein eifriger Verfechter der kirchlichen Armut.«

»Ihr habt wohl schon gepackt«, fragte Rieder, »weil die Wände Eurer Zelle so kahl sind?«

»Die meisten meiner Bilder hat unser Vater Abt bereits an andere Klöster verschenkt, damit der Herr Kurfürst sie nicht irgendwohin veräußert. Doch das Bild von Eurer Tochter habe ich noch. Ich kann's zwar kaum mehr erkennen, aber ich liebe es, weil es mich an den gesegneten Tag mit einem begnadeten Menschenkind erinnert. An jenem Tage habe ich in den Himmel und in die Hölle eines Herzens geschaut wie niemals wieder. Doch vergebt mir! Ich bin geschwätzig. Erzählt mir von Euch und dem feinen jungen Herrn, den Ihr letztes Mal bei Euch hattet!«

»Der junge Herr, lieber Bruder Innozenz, ist uns mit einer Hure davongelaufen. Er hat mir das reiche Erbe, das ich ihm vermacht, vor die Füße geworfen und hat uns gebeten, nit mehr nach ihm zu fragen. Er hat sich ausgelöscht in unseren Herzen.«

Bruder Innozenz dachte kurz nach: »Ausgelöscht, sagt Ihr? Solange Ihr sein Licht in Euren Herzen nicht ausblast, ist er darin nicht ausgelöscht. Und ich bitt Euch, blast's nicht aus! Denn selbst wenn er nicht mehr zu Euch heimfinden sollte, dann spürt er auch in der Ferne, daß da noch ein Licht brennt und für ihn leuchtet; dann kann sogar noch eine große Kraft über ihn kommen: die Kraft des Wissens um Liebe. Denn die Hölle fängt erst dort an, wo man nicht mehr um Liebe weiß.« –

Als sie sich dann von ihm verabschiedet hatten und wieder im Schlitten saßen, sagte Maria: »Ich glaube, der Bruder ist ein Heiliger!«

Durch die Abtretung von drei Schiffszügen an die Hupfaufin in Neubeuern hatte Johann Rieder viel Zeit gewonnen für seine Tätigkeit im Magistrat. Denn gerade das Amt des Marktkämmerers war so vielschichtig und mit so viel Unberechenbarem verbunden, daß er manchen Tag vom frühen Morgen bis in die späte Nacht hinein im Rathaus saß, um Hunderte von Anfragen, Bitten und Beschwerden über sich ergehen zu lassen. Am meisten zu schaffen machten die sich häufenden Einquartierungen von Soldaten. Es hatte den Anschein, als werfe man jetzt mehr und mehr Truppen an die Grenze gegen Tirol und Salzburg. Die meisten dieser Soldaten benahmen sich herausfordernd und disziplinlos, und fast jede Nacht kam es zu Raufereien auf den Gassen. Diese Auseinandersetzungen wurden oft sogar bis ins Weinhaus hineingetragen. Da mußte man hart sein und diplomatisch zugleich, Eigenschaften, die Joseph Rieder nicht besaß, weshalb ihm der Vater nicht selten beispringen mußte. Hierbei erfuhren beide eine treffliche Unterstützung durch den Knecht, den Andreas. Der hatte Kräfte für drei, und wo er hinlangte, gab's blutunterlaufene Flecken. Rieder mußte ihn bisweilen durch gutes Zureden bändigen, denn wenn er so richtig angelaufen war, kannte er keine Bremse.

Unter den jeweils einquartierten Soldaten gab es – trotz kurfürstlichen Verbots – auch die Soldatenweiber. Die waren am schlimmsten, denn sie bildeten sich ein, einer privilegierteren Klasse anzugehören und sich deshalb von der Bürgerschaft bedienen lassen zu dürfen. Auf diese Frauen war der Andreas besonders scharf. Deshalb tat er sich mit etlichen anderen jungen Männern des Marktes zusammen und lauerte ihnen nächtlicherweile auf, wenn sie mit ihren im Rausch torkelnden Männern in die Quartiere wankten. Dann packten sie die Weiber, rissen ihnen die Hauben von den Köpfen und schnitten ihnen im Nu die Haare ab; und ebenso im Nu waren sie wieder verschwunden. Dieses Treiben hat damals in Rosenheim viel böses Blut gemacht, und der Magistrat hat mehrere Verlautbarungen dagegen ausrufen lassen, deren Erfolg jedoch nicht nennenswert war. Erst als sich die Offiziere beim Landpfleger Greschbeck beschwerten, hörten die Burschen mit ihren bösen Späßen auf. Der drohte nämlich, die Zahl dieser Soldaten durch weitere Einquartierungen zu erhöhen, – das wollte man den Mitbürgern nicht antun.

Den ein bißchen Vorausdenkenden kamen die in der Grenzgegend herumlungernden Soldaten überhaupt seltsam vor. Auch sonst rührte es sich im Lande militärisch, seit der Kurfürst Max Emanuel mit seiner Familie nach München zurückgekehrt war. Man hörte von wiederholter Verstärkung der Festungen Ingolstadt und Braunau, von Truppenübungen zwischen dem Schloß Nymphenburg und Schleißheim, und von der Gründung einer Tuchfabrik auf der Kohleninsel in der Isar; darin wurden Tuche für Uniformen hergestellt. Was sollte das alles? Deutete es nicht abermals auf einen Krieg hin? Dabei hatte doch das Bayernland in dem verflossenen Jahrhundert schon genug Blut vergossen, Steuern gezahlt, Verwüstung, Brandschatzung und Vergewaltigung hinnehmen müssen!

Gnade uns Gott, wenn's jetzt wieder losgehen sollte!

Die Geistlichen, vor allem die vielen Mönche im Lande, beteten bereits und ließen Gebete verrichten für die Erhaltung des lieben Friedens, Gebete, die sich besonders an die Gottesmutter, die »Patrona Bavariae«, richteten.

So kam auch eines Tages im Frühjahr 1701 der Wessobrunner Pater Placidus Angermayr in das Kloster Prüfening, um den Malerbruder Innozenz Metz zu bitten, er möge ihm für einen Seitenaltar ein Marienbild malen. Groß war seine Enttäuschung, als er sah, daß der Künstler nahezu völlig erblindet war. Voll tiefen Mitleids setzte er sich zu ihm.

Ob denn das Malen gar nicht mehr gehe? Er sei doch ein so gottbegnadeter Mann! Und wenn's auch nur ein kleines Madonnenbildnis sei, kein triumphalisches, sondern eins zum stillen Beten: Daß wir vor Pest, Hunger und Krieg bewahret bleiben mögen! Ob er denn nicht ein solch kleines Bild habe, wenn er schon keines mehr malen könne? – Nun ja, ein Bild habe er schon, ein rares Bild, das er nicht gerne hergebe, weil er all die Jahre her selber daraus viel Trost geschöpft habe. Aber nachdem er jetzt nichts mehr sehen könne und weil es der Pater in Wessobrunn zur Ehre der Altäre erheben wolle, sei er bereit, seine »Mutter von der Schönen Liebe« mit Erlaubnis des Vater Abtes zu verschenken.

Und er holte das Bild aus seinem Versteck.

Pater Placidus war beim Anblick des Gemäldes so ergriffen, daß er sich davor niederkniete und den Hymnenvers zitierte: »Tota pulchra es, Maria, et macula originalis non est in te! – Ganz schön bist du, Maria, und die Makel der Erbschuld ist nicht an dir!« Und er eilte zum Vater Abt, erhielt die Bewilligung, das Bild mitnehmen zu dürfen, und kehrte hochbeglückt in sein Kloster zurück. Als er es im Kapitelsaal vor den übrigen Mönchen enthüllte, ging ein Raunen der Bewunderung durch ihre Reihen, und der Vater Abt, Virgilius Dallmayr, meinte: »Wer noch nicht weiß, was Unschuld ist, aus diesem Bilde kann er's erkennen!«

Sogleich gingen sie daran, der Bruder Kistler und der Bruder Stukkator, den vorgesehenen Altar der Klosterkirche so umzugestalten, daß das liebe Bild, das ja nicht groß war, recht zu allen Herzen spräche. Und als der Monat Mai anbrach, der Monat, der ganz besonders der Gottesmutter geweiht ist, konnte der Altar mit seinem neuen Angesicht allem Volke gezeigt werden. Da jubelten sie, und Pater Placidus wurde genötigt, eine marianische Bruderschaft zu gründen, die die Verehrung der »Mutter von der Schönen Liebe« fördern wollte.

An einem jener stillen Maiabende kamen auch die Nonnen dahergezogen, um das vielgepriesene Bildnis anzuschauen und davor ein Weilchen in Andacht zu verharren. Gleich hinter der Mater Äbtissin schritt Mater Generosa, die inzwischen zur

Würde der Priorin aufgestiegen war. Ihr folgten paarweise die vierundsechzig eingekleideten Schwestern und die vierzehn Novizinnen, die noch recht lustig hierhin und dorthin schauten, was sich die schon tiefer in Gott versunkenen Frauen bereits abgewöhnt hatten, – nicht zu reden von der Äbtissin und Priorin, denen, wie die Leute sagten, sowieso nur noch der Heiligenschein fehle.

Oben im Gewölbe des reichverzierten Gotteshauses spielten noch ein paar letzte Sonnenstrahlen; ihr Licht rieselte wie Goldregen in das Kirchenschiff nieder und hüllte den neuen Altar in flimmernde Helligkeit. Das zarte Mädchenbild mit den Blumen im Haar schien von innen her zu leuchten, und es war, als habe das Jüngferlein dort oben soeben noch aufgeschaut, habe aber dann die Augenlider gesenkt, weil es die verlangenden Blicke der Betrachter scheute.

Mater Generosa kniete neben der Äbtissin und war auf dem bißchen Gesicht, das ihr aus der Haube herausschaute, über und über erglüht. Wie konnte das geschehen? Wie konnte dieses Bild hierhergelangen und auf den Altar gesetzt werden? Gottlob, daß man die Augen nicht sieht!

Da wandte sich die hochehrwürdige Mater – übrigens ganz gegen ihre sonstige Gewohnheit – der Priorin zu und flüsterte: »Es soll kein Frevel sein; doch wenn Ihr die Augen niederschlagt, ähnelt Ihr aufs Haar dieser ›Mutter von der Schönen Liebe‹. Und ich hätte geschworen, Ihr wäret dem Maler Modell gestanden, wenn mir von Pater Placidus nicht gesagt worden wäre, unser begabter Bruder Innozenz in Prüfening habe es gemalt. Wir wollen des Bedauernswerten im Gebet gedenken, denn er soll schon fast völlig blind sein!«

Magdalena nickte der hohen Frau zu, zog den Schleier über ihr Gesicht herab und sprach im Herzen zu Gott: »Herr, alles Können und alle Kunst ist ein Abglanz deines Wesens. Segne ihn in Prüfening und laß ihn das Los der Blindheit, das ihn hundertmal härter schlägt als andere, geduldig ertragen! Laß ihn Trost gewinnen aus dem Gedanken, daß sich durch dieses sein Werk, zu dem auch ich beitragen durfte, die Verehrung deiner jungfräulichen Mutter mehre und mehre! Möge in den kommenden Jahren und Jahrzehnten da oder dort einer sein, der sich bei der Betrachtung dieses Bildes des armen Malers und seines noch ärmeren Modells betend erinnert!«

Im Jahre 1723 stiftete der Kurfürst Max Emanuel eine eigene Kapelle und darin für das Bild einen eigenen Altar. Da weilte aber Mater Generosa bereits nicht mehr in der Gemeinschaft ihrer klösterlichen Schwestern...

Am Vorabend

»Nachdem unser allerdurchläuchtigster Herr Kurfürst Max Emanuel bei der letzten Heerschau auf Münchens Feldern erkannt hat, daß die Landmiliz in merklich schlechtem Zustand sich befindet, weil darunter viele alte, unkräftige, zum Teil defektuose Leute mittun, die zum Kriegsdienst nicht tauglich sind, wird nunmehr das Landesdefensionswesen in besseren Stand gesetzt. Jeder Landfahnen wird nur aus ledigen Leuten bestehen, die von kurfürstlichen Offizieren exerziert und angeführt werden. Indem daß unser Rosenheimer Landfahnen von vierundzwanzig Mann gebildet wird, werden nunmehr die Alten ausgemustert. Dafür werden folgende neun ledige Bürgerssöhne verpflichtet und sind zu vereidigen: Valentin Stokkinger, Balthasar Cronast, Anton Widtmann, Georg Singer, Balthasar Geiger, Rochus Jud, Balthasar Picheltsrieder, Niklas Stöckl und Michael Dollmann. Besagte Auserkorene haben sich auf dem Rathause einzufinden zwecks Montierung und Bewehrung.«

Diese Verlautbarung wurde am 5. Jänner 1702 während eines wilden Schneegestöbers vom Rosenheimer Amtsdiener durch alle Gassen ausgeläutet.

Das gab einen Aufruhr unter der Bürgerschaft: Wer hat uns das eingebrockt? Sicherlich der Pflegsverwalter Greschbeck vom Schloßberg zusammen mit dem Bürgermeister Rieder! Dem Rieder wird man unverzüglich aufs Dach steigen!

Die »Auserkorenen« rückten auf das Rathaus. Der alte Stokkinger war auch dabei und führte das Wort: »Meinst etwa, Rieder, du könntest unsere Buam prellen, weil du selber keinen Ledigen nit mehr hast? Wo ist er denn, dein Enkelsohn Max? Hast ihn wohl irgendwohin in Sicherheit 'bracht, damit er ungeschoren bleibt! Aber gnade dir Gott, wenn wir dir auf etwelche Schliche kommen! Und damit du dir's gleich hinter die Ohren schreiben kannst: Mein'n Valentin kriegt ihr nit!«

Rieder saß auf seinem Amtsstuhl, hielt die Arme verschränkt und schaute vor sich nieder. Als der Stockinger ausgebellt hatte, sagte er sehr leise und gemessen:

»Stockinger, gegen dein saudummes Gered' wär kein Wort nit zu verlieren, wenn du nit vor Jahrzehnten selber Bürgermeister gewesen wärst. Da fragt sich einer bloß, wie du heut so hirnverbrannt und deppenhaft daherreden kannst, als ob dergleichen Musterung für unseren Landfahnen Sach' des Bürgermeisters wär! Und was den Max betrifft, den Enkel, so wünscht ich bloß, daß er hier unter euch aufgeblasenen Hanswursten stünd, anstatt mit einem zweifelhaften Weibsbild davongelaufen zu sein! Und jetzt hinaus! Hab meine Zeit nit gestohlen! Beschwert euch beim Pflegsverwalter, der wird euch dann ein Märchen erzählen!«

Der Stockinger waberte mit den Händen um sich herum und tat, als wollte er noch etwas sagen. Als aber der Rieder lautlos mit der Hand nach der Tür wies, schlurften sie davon. Einige nahmen dabei sogar ihre Hüte ab, die sie vorher aufgelassen hatten, um ihre beherzte Mannbarkeit zu unterstreichen.

Am Abend hockten sie alle zehn, der Stockinger und die neun Buam, in Rieders Weinhaus. Als ihnen der Joseph die Schoppen hinstellte, meinte der Stockinger: »Heut hat er auf'draht, dein Alter! Wie ein gereizter Katerich ist er dag'standen, und dreing'schaut hat er wie ein Bullenbeißer; dabei ist er angelaufen wie der rote Fleischlappen von einem feisten indianischen Hahn.

Joseph lächelte nur und erwiderte: »Wird schon sein Grund und Ursach gehabt haben!«

Dann versuchten sie Näheres über den verschwundenen Max

zu erfahren, doch darauf ließ sich der Joseph nicht ein. Er nickte bloß und begann wieder entwaffnend zu lächeln. Er war eben ganz wie seine Mutter, die Cronpergerin, – Gott hab sie selig! Außerdem hatte ihm sein Eheweib das letzte Quentchen Mut auf- und davongeblasen. Wie sie schon dastand, dort hinter dem Schanktisch! Arme hatte die, und dann das andere, was so drumherum ist, da mußte ja der Joseph drin versickern! Aber – und das mußte ihr der Neid lassen – eine Hauswirtin war sie! »Buam, das sag ich euch: Alle zehn Finger könnt ihr euch abschlecken, wenn ihr einmal so eine kriegt!« Der Stockinger sprach's und trank weiter.

Das Gleiche taten auch die anderen.

Am späten Nachmittag waren sie alle miteinander ihres Gangwerks nicht mehr mächtig, und der Joseph mußte Boten in ihre Häuser schicken, daß man die Angehörigen abholen möge, denn bei dem Wetter könne man sie unmöglich allein auf die Gassen hinauslassen. Außerdem möge die eine oder andere Dienstmagd mitkommen, um beim Reinemachen behilflich zu sein; es handle sich hierbei nicht so sehr um die Lokalitäten, sondern um die Leut selber.

Das war der unrühmliche Ausklang des neuen Gründungstages des Rosenheimer Landfahnens, der in das Regiment des Generals Latour eingegliedert und dem Obristleutnant Johann Christoph von Strommern untergeordnet wurde. Herr von Strommern schlug übrigens sein Standquartier in Rosenheim auf, zusammen mit einer ganzen Kompanie, – zum Leidwesen der Bürgerschaft, vor allem der jungen Männer; denn manche geschonte Hauswirtin witterte die eine oder andere Sünde im Verborgenen, – es mußte ja nit unbedingt eine schwere sein…!

Diese Kompanie wurde, gemeinsam mit anderen, im August 1702 vom Kurfürsten ins Schwäbische beordert, um am 8. September – als Marktweiber verkleidet – die freie Reichsstadt Ulm mit zu überrumpeln, wodurch sich Max Emanuel zum offenen Feind des Kaisers und des Heiligen Römischen Reiches Deutscher Nation deklarierte – eine Tat, die unsägliches Leid über ihn selbst und sein bayerisches Volk brachte. Seit diesem Tage war Bayern für die Tiroler Feindesland. Die Grenze bei

Windshausen aber galt als ein günstiges Einfallstor. Deshalb wurde sie jetzt von Rosenheimer Leuten mit einer mächtigen Barrikade aus Baumstämmen verriegelt; in Blockhäuser, die dahinter errichtet werden mußten, zogen die ersten Soldaten mit scharfer Munition ein, um im Bedarfsfall dem Bruder oder Schwager oder Freund oder Saufspezi auf der anderen Seite das Lebenslicht ausblasen zu können. Denn es herrschte Kriegszustand!

In der Magistratsversammlung zu Oktobersbeginn erklärte Johann Rieder, daß man wohl sehr bald mit militärischen Verwicklungen an der Grenze werde rechnen müssen, weshalb er für angezeigt erachte, am Inn ein Blessurhaus zu erbauen; sonst müßte man die kranken oder verwundeten Soldaten in die Häuser der Bürger legen; dem sei aber aus verschiedenen Gründen zu widerraten. Selbstverständlich müßten für dieses Blessurhaus auch ein Wärter und eine Wärterin bestellt und bezahlt werden, um es zu reinigen und stets mit frischem Stroh zu versehen.

Der Magistrat billigte den Vorschlag und ließ die Bauarbeiten sofort beginnen.

Zugleich ersuchten die Ratsherren den Rieder, in München herumzuhorchen, was in der nächsten Zeit etwa auf Rosenheim zukäme. In diesem Markt lagen ja die Schlüssel Bayerns fürs heilige Land Tirol; man hatte also ein Recht darauf, zu wissen, wer und wann und in welcher Art er sie verwenden würde.

So reiste der Marktkämmerer und Bürgermeister Rieder nach München. Hier erfuhr er, daß der Baron Berchem, den er hatte aufsuchen wollen, in der Einsamkeit seiner Blutenburg gestorben war. Die Söhne hatten ihn in die Gruft seiner Schloßkirche gelegt und waren wieder abgereist. Keiner der Freunde und Bekannten war verständigt worden. Darüber ärgerte sich Rieder: Hauptsache, die lausige Gesellschaft hatte die Vergunst des sechsunddreißigseitigen Testaments auf Eselshaut einstreichen können; einen Boten nach Rosenheim oder anderswohin hatte es nicht mehr gelitten!

Dann begab er sich in die Hofkanzlei zum Geheimsekretär Ulrich Beckensteller. Den hatte er ein paarmal auf dem Bucentaurus getroffen und als einen aufrechten Mann kennengelernt. Er fragte ihn geradeheraus, ob die künftigen Ereignisse schon irgendwelche Schatten vorauswürfen. Der zog die Stirne in Falten und meinte:

»Meister Rieder, soviel ich weiß, will sich der Kurfürst mit der französischen Italienarmee irgendwo zwischen Innsbruck und Verona treffen; dann wollen sie das ganze Land Tirol besetzen, um so ein Faustpfand gegen den Kaiser in der Hand zu haben; ein gutes Aufmarschgebiet ist es obendrein.«

»Und wann, schätzt Ihr, soll das losgehen?«

»Ein genauer Zeitplan liegt noch nicht fest, doch rechnet man mit dem Frühjahr.«

»Hat man Erfolgsaussichten?«

»Hat man immer!«

»Und Ihr, Beckensteller, was meint Ihr?«

»Mir ist nicht recht geheuer angesichts der Tatsache, daß England auf des Kaisers Seite tritt. Ich rate jedenfalls: Seht Euch vor, daß Euch im entscheidenden Augenblick ein Unterschlupf nicht fehlt, denn Ihr steht hoch in Max Emanuels Diensten. Das könnte gefährlich werden.«

»Ich kann Rosenheim nit im Stich lassen, noch weniger meine Hausfrau.«

»Ihr werdet weder dem Markt noch der Frau viel nützen, wenn Ihr auf einer Festung sitzt.«

»So schwer kann doch der Dienst eines Leibschiffmeisters nit ins Gewicht fallen!«

»Wer weiß schon, was auf einen zukommt!«

»Das weiß freilich niemand!«

»Ich mache Euch ein Angebot: Sollte es für Euch bedrohlich werden, so wendet Euch an mich!«

»Ihr überrascht mich, Sekretär Beckensteller!«

»Warum sollen nur die Großen ihre Schäfchen ins Trockene bringen, die kleinen Leut aber ihre Haut zu Markte tragen? Der Kleine ist genauso ein Mensch!«

»Womit Ihr recht habt – und mich zu Dank verpflichtet! Laßt Euch das Mäßlein Wein schmecken, das ich für Euch beim Hammerthaler hinterstellen werde!«

»Lieber bayerisch sterben...!«

Am 13. und 14. Juni 1703 marschierte im Inntal zwischen Altenmarkt und Nußdorf ein bayerisches Heer von sechzehntausend Mann auf. Zugleich ritt der Kurfürst Max Emanuel an der Spitze seines Stabes in Rosenheim ein. Niemand war darauf vorbereitet worden, weder der Schloßberg noch das Rathaus. Als der schnell zusammengeholte Magistrat beim Mittertor zur Begrüßung antreten wollte, winkte der hohe Herr ab; als er aber den Rieder erkannte, stieg er vom Pferd, ließ ihn zu sich kommen und reichte ihm die Hand: »Haltet Eure Schiffe bereit und folgt unmittelbar hinter dem Heer! Denn wenn wir Kufstein genommen haben, wird einiges hereinzuholen sein.«

Während Rieder sich verneigte, war der Kurfürst schon wieder aufgesessen und ritt davon, an seiner Seite in feinem Brokatgewand sein Adjutant, der Graf Ferdinand von Arco, und hinter diesem, den blauen Hut tief im Gesicht, – Max Rieder. Niemand hatte ihn erkannt, denn niemand hatte ihn vermutet.

Auf dem Schloßberg wurde den Herren eine feldmäßige Brotzeit gereicht, die der Markt als Dank für den kurfürstlichen Besuch anschließend bezahlen durfte.

Am 17. Juni war Max Emanuel mit seinem Leibregiment in Nußdorf.

Am anderen Tage schrieb der Kooperator Lampert Steiner ins Taufmatrikelbuch: »Der Kurfürst übernachtete hier und wohnte heut früh vor dem Einfall in Tirol einer heiligen Messe in St. Leonhard an. Unterdessen wurde am Turm zu Windshausen der erste Tiroler Widerstand gebrochen. Möchten doch nicht mehr (als mit Wasser) mit Blut getauft werden in diesem dritten Jahr (das keineswegs günstig hereinschaut), in dem, wer möchte es glauben, der Franzose am Inn das Wasser trinkt, während der Bayer in seinem Schlafe weiterschläft!« – Der geistliche Herr stammte aus dem Tirol; seine Verbitterung war verständlich.

Am 19. Juni standen die Bayern vor Kufstein. Der Stadtkommandant, Hauptmann Graf Wolkenstein, ließ, um die Verteidigung der Festung zu erleichtern, die ganze Stadt in Brand stekken. Unglückseligerweise schlug aber das Feuer gegen den Burgberg. Da flogen unter fürchterlicher Detonation der mit Munition gefüllte Kaiserturm und zwei Pulvermagazine in die Luft. Bei der begreiflichen Kopflosigkeit der Besatzung gelang es den Bayern, den Burgfelsen am hellichten Tage zu ersteigen, in die Festung einzudringen und den Hauptmann Cornau zur Übergabe zu zwingen.

Die ersten Schiffe Rieders, die von Kufstein flußabwärts fuhren, bargen verwundete Freunde und Feinde. Im Blessurhaus zu Rosenheim wurden sie ärztlich betreut.

Während nun die Festung Kufstein von den Bayern übernommen wurde, setzte Max Emanuel seinen Feldzug unbehindert über Rattenberg und Hall bis an den Brenner fort. Zu einer Vereinigung mit den von Süden heraufziehenden Franzosen kam es freilich nicht, weil sich ihm inzwischen die Tiroler Bauern mächtig entgegenstellten, so daß er sich über Mittenwald nach München zurückziehen mußte. Dabei wurde an seiner Seite der Graf Arco erschossen. Die Gräfin konnte sich jetzt noch eingehender als vorher dem Fourier Max Rieder widmen, der in ihrem Hause wohnte.

Die Kriegsfurien waren losgelassen.

Im Nußdorfer Matrikelbuch liest man weiter: »Am 29. Juli wurden die Tiroler Bauern, dreihundert an der Zahl, welche in den Schluchten den Thierberg bewachten, von den Bayern Schritt für Schritt geschlagen, die meisten in schauerlicher Weise über die Felsen hinabgeworfen, ertränkt und grausam gemartert und nicht in gewöhnlicher Art ermordet. Ein trauriges und beweinenswertes Los der Bauern, die vorher mit ihrem Schweiße die Erde benetzt haben, die sie jetzt mit ihrem Blute benetzen und mit ihren Leichnamen düngen...«

Inzwischen hatte Rieder mit zwanzig Schiffen alles, was in der Festung Kufstein an Waffen und Schießbedarf gefunden worden war, ins bayerische Unterland hereingebracht: Stückkugeln, Lafetten, Pulverfässer, Bomben und Granaten. Es sollten die Tiroler, falls ihnen wider Erwarten eine Rückeroberung der Festung gelänge, nichts Brauchbares mehr darin vorfinden.

Um die gleiche Zeit war der Schiffmeister Georg Mayr von Kraiburg mit einem Schiffzug von zweihundert Scheffeln Korn nach Hall unterwegs. Als er ans Rotholz bei Rattenberg kam, eröffneten die Tiroler das Feuer auf seine Schiffe, so daß der ganze Zug anländen mußte. Rösser, Schiffe und Ladung gerieten in die Hände der Schützen, auch der Mayr selbst mit seinem Schiffschreiber. Während der folgenden Nacht sprachen jedoch die Schützen dem erbeuteten Wein so wacker zu, daß den beiden Gefangenen die Flucht gelang.

In Rosenheim berichteten sie alles dem Rieder und fragten, ob es überhaupt noch ratsam sei, die Handelsbeziehungen mit dem Tirol aufrecht zu erhalten. Das fragten auch die Rosenheimer Schiffmeister, von denen vier im Magistrat saßen. Drauf erklärte Rieder, er werde, wenn es dem Inneren Rat recht sei, die Hauptmannschaften in Rattenberg, Schwaz, Hall und Innsbruck aufsuchen und die entsprechenden Erkundigungen einholen.

So ritt er also am 19. Juli 1703, begleitet von Georg Wörndl, dem Torwart am Wiesentor, ins Tirol hinein.

Kurz vor Schwaz gerieten sie den gleichen Schützen in die Hände.

Zunächst wurden beide verprügelt. Darauf entließen die Tiroler den Wörndl, den Rieder aber schleppten sie nach Schwaz hinein in den »Goldenen Stern« und versicherten ihm unter Eid, sie würden auch ihn laufen lassen, wenn er ihnen sein Geld aushändige. Rieder legte alles, was er bei sich hatte, auf den Tisch: hunderteinunddreißig Gulden. Sie strichen das Geld ein, verprügelten ihn abermals und schickten ihn dann nach Innsbruck ans Landesgericht, wo er als Leibschiffmeister des gehaßten Max Emanuel ohne Prozeß ins Gefängnis geworfen wurde.

Nach weiten Umwegen und vielen Strapazen kam Georg Wörndl erschöpft nach Rosenheim. Er erzählte dem Magistrat, was er über Rieders Schicksal wußte und was ihm unterwegs aufgefallen war. Vor Kufstein hatte nämlich der kaiserlich-königliche General Graf Heister ein Feldlager errichtet, um die Bayern in der Festung auszuhungern.

Da erschien Frau Maria Riederin auf dem Rathaus und bat um einen Begleitbrief, weil sie sich persönlich zu General von Heister begeben wolle. Die Männer waren erstaunt über den Mut der jungen Frau und gaben ihr den erbetenen Brief. Darin hieß es, daß Rieder dem Magistrat und der Marktgemeinde unersetzlich sei, indem er als Kämmerer und Verwalter mehrerer Gotteshäuser und Stiftungen nicht nur alle Rechnungen führe, sondern auch die Steuern und Durchmarschgelder in Vertrauen und Verwahr habe. Ferner habe er nur die Absicht gehabt, sich über die gegenwärtigen Möglichkeiten von Kornlieferungen ins Tirol zu erkundigen. Schließlich sei er es gewesen, der während der Türkenkriege die bayerischen Truppen oft unter Einsatz des eigenen Lebens zu verschiedenen Malen nach Ofen und Griechisch-Weißenburg gebracht und damit Seiner Majestät, dem Kaiser, nicht hoch genug anzuschlagende Dienste erwiesen habe.

Am 25. August fuhr Maria im großen Riederschen Wagen, der von vier Rössern gezogen und vom Andreas gelenkt wurde, ins österreichische Feldlager. Schon gleich hinter Kiefersfelden wurde sie von einer Patrouille gestellt. Das Wappen auf dem Wagenverschlag flößte dem Oberjäger einen unverkennbaren Respekt ein, so daß er sich erbot, die Dame bis zum Zelt des Herrn Generals zu geleiten. Das gab ein Aufsehen, als die stattliche Frau im rauschenden Seidengewand auf der oberen Stufe der Wagentreppe stehenblieb und wartete, bis der beim Zelteingang wachende Leutnant sich bequemte, ihr zum Herabsteigen die Hand zu reichen!

Dann aber stand sie dem General, einem würdigen Sechziger, gegenüber.

»Madame, es ist höchst ungewöhnlich, daß sich das schöne Geschlecht in ein Feldlager wagt!«

»Ungewöhnlich, General von Heister, ist auch das Anliegen, das mich diese Fahrt wagen ließ.«

Mit Wohlgefallen schaute der alte Soldat auf das blühende Weib. Dabei dachte er einen Seufzer lang an seine eigene flachbrüstige Frau, die bereits mit ihrem Besuch in den kommenden Wochen gedroht hatte. Dann bat er die Riederin, ihr Anliegen ohne Scheu vorzutragen, und versicherte, daß er väterliche Gefühle für sie hege.

Maria berichtete, was ihrem Mann widerfahren war, und legte danach das Schreiben des Rosenheimer Magistrats zur Bekräftigung ihrer Rede vor. Der Graf las und nickte: »Chère Madame Rieder, ich kann erreichen, daß Monsieur Rieder aus dem Gefängnis entlassen wird, aber nicht nach Rosenheim, sondern nur zu einem Gewährsmann in Tirol. Mehr ist bei jetzt geltendem Kriegsrecht nicht zu erhoffen. Habt Ihr Verwandte oder zumindest gute Bekannte in Tirol?«

»Gut bekannt ist er mit den Heiliggeistbrüdern in Hall; er hat sie seit Jahrzehnten mit bayerischem Korn beliefert. Dann hat er auch, ebenfalls in Hall, einen Vetter, Christoph Schmidhauser; der und sein Vater haben viele Schiffe meines Mannes gebaut. Ebenso mag es noch manch anderen Handelsherrn in Innsbruck oder Hall geben, mit dem er in geschäftlicher Beziehung stand; darüber müßte ich mich aber erst erkundigen, – ich bin nämlich des Schiffmeisters zweite Frau und erst seit sechs Jahren mit ihm vermählt.«

»Dazu darf man ihn beglückwünschen. Sagt ihm das, Madame! Und heute noch geht ein Kurier nach Innsbruck mit der Weisung, den Schiffmeister zu seinem Haller Vetter zu entlassen. Seid Ihr zufrieden?«

»Ich danke Euch, General von Heister! Ihr seid nicht nur ein großer Soldat, sondern auch ein mitfühlender Mensch!«

Der Graf küßte ihr die Hand und geleitete sie aus dem Zelt hinaus zu ihrem Wagen. Und als sie wegfuhr, salutierte er.

Tatsächlich wurde Johann Rieder am 5. November aus dem Landesgefängnis zu Innsbruck entlassen, ist jedoch nie bei seinem Vetter in Hall angekommen...

Schuld daran war die veränderte Kriegslage. Denn als die Tiroler den bayerischen Kurfürsten aus dem Lande verjagt hatten, waren dreißigtausend Österreicher von verschiedenen Seiten über die weißblauen Grenzen in das seinige eingedrungen. Da nützten auch die Verhaue nichts, die man da und dort angelegt hatte, so etwa bei Kiefersfelden, wo eine Sperre aus zweitausend Klaftern Holz errichtet worden war. Wen interessierte es da, ob einem Schiffmeister Rieder Recht oder Unrecht widerfuhr! Im Gegenteil, die Schiffmeister, besonders die bayerischen, waren alle miteinander Blutsauger an den Leibern der armen Tiroler Bauern, wußten sie doch genau, wie sehr die im Schatten ihrer rauhen Berge vom gäubödischen Korn abhängig waren. Jetzt aber wollte man's ihnen zeigen, den Großkopfeten an Donau, Inn und Isar! Ihrem blauen Kurfürsten hatte man bereits elftausend Soldaten über die Klinge springen lassen. Das war aber erst der Anfang. Jetzt wird man sich im Bayernland breitmachen wie die Gluckhenne in einem fremden Nest, und ausnehmen wird man sie wie Weihnachtsgänse. Und was den Schiffmeister Rieder betrifft, so wird man ihn zur einen Gefängnistür hinaus- und zur anderen wieder hineinführen: So hat man ihn entlassen! Wo käme man denn hin, wenn man solchen Halunken bis Hall noch eine Eskorte mitgeben und sie tagaus-tagein beobachten lassen müßte, ob sie nicht davonlaufen! Wer hinter Schloß und Riegel sitzt, macht keinen Kummer!

Bayern wurde auf Kaiser Leopolds Anordnung »so viel als immer möglich gezwackt und ausgesaugt«. So erging im Frühjahr 1704 das Mandat, innerhalb von sechs Wochen zwölftausend bayerische Rekruten auszuheben und alle Bürger und Bauern zu entwaffnen. Auch kam es jetzt in Braunau, Wasserburg und Rosenheim zu einem bayerisch-österreichischen Gefangenenaustausch. Johann Rieder hielt nach neun Monaten seinen Wiedereinzug in die Wiesengasse; er war leidend.

Da erwischte es auch den Riederschen Knecht Andreas Micheler aus Aufkirchen. Eines Tages lief er einem kaiserlichen Offizier über den Weg. Der packte ihn, gab ihm die weißrote Montur samt Gewehr und gesellte ihn einem bereits fertiggestellten Transport nach Ungarn zu. Sechzehn Reiter und elf Schergen sollten die Rekruten auf drei Schiffen der Hupfaufin zunächst bis Wien bringen. Weil aber Andreas die Neubeuerer Schiffleut kannte, glückte ihm gleich in der ersten Nacht beim Kloster Altenhohenau die Flucht. In den folgenden Tagen gelangte er unter dem Schutze seiner Uniform bis an den Starnberger See, und dort verschwand er in den Wäldern.

Das ganze Volk der Bayern war verschreckt, besonders die Burschen, die sich der Zwangsrekrutierung durch die Flucht entzogen. Deshalb wurden sie jetzt wie scheues Vieh gefangen. Kaiserliche Offiziere überfielen in den Nächten die Dörfer, zerrten die jungen Kerle aus den Betten und schleppten sie – meistens noch halb nackt – zur nächsten Sammelstelle.

Als der Rieder das sah, erwog er bei sich, was er in den vergangenen neun Monaten erduldet hatte, und verlor mit einem Male die Nerven. Er gedachte des geheimen Sekretärs Beckensteller in München und des Angebots, das ihm dieser gemacht hatte, und sagte zu seiner Frau, daß er den Mann aufsuchen müsse. Warum, sagte er ihr nicht. Den Wagen konnte er nicht nehmen, denn er besaß keinen Kutscher mehr und hätte in dieser bedrohlichen Zeit auch kaum einen gefunden. So ritt er also, obwohl er, der Siebzigjährige, schon nicht mehr fest im Sattel saß.

Unbehelligt kam er zu Ulrich Beckensteller. Das war Anfang Mai.

Zehn Tage später pilgerten zwei Franziskanermönche, den Bettelsack auf dem Rücken, von München nach Freising. In den Dörfern unterwegs baten sie um eine milde Gabe; in Eching übernachteten sie auf dem Gottsacker, weil der Pfarrer, der die Bettelmönche nicht leiden konnte, sie aus seinem Widum hinausgewiesen hatte. Am Abend des anderen Tages schlossen sich hinter den beiden die Pforten des Franziskanerhospizes in Freising.

Inzwischen hatte sich der englische General Marlborough bei Donauwörth mit dem kaiserlichen Heer des Prinzen Eugen vereint. Ihnen standen die bayerischen Truppen unter Max Emanuel und eine französische Armee gegenüber. Jetzt mußte eine Entscheidung fallen.

Sie fiel am 13. August 1704 bei Höchstädt: Zwanzigtausend tote und verwundete, fünfundzwanzigtausend gefangene Bayern und Franzosen.

Max Emanuel floh nach Brüssel, die Kurfürstin, die mit dem neunten Kinde gesegnet ging, wollte ihm folgen, erhielt jedoch vom Prinzen Eugen keinen Passierschein und mußte nach München zurückkehren. Hier hatte der österreichische Graf Löwenstein das Stadtkommando übernommen, während der Bürgermeister Vacchiery versuchte, eine militärische Besetzung der Stadt zu verhindern.

Die Kurfürstin fühlte sich – unter ihren Umständen – elend und verlassen und suchte wenigstens einen brieflichen Gedankenaustausch mit ihrem Gatten. Wer aber sollte die Briefe durch die feindlichen Reihen der Österreicher bringen? – Als sie diese bange Frage eines Tages der schönen Witwe von Arco stellte, meinte diese, daß ihr Fourier, ein natürlicher Sohn des Herrn Kurfürsten, möglicherweise für diese Aufgabe zu begeistern sei. Und tatsächlich, Max Rieder erklärte sich bereit. Die Frau Gräfin war darüber um so mehr entzückt, als sie des jungen Mannes bereits überdrüssig wurde und sich nach Abwechslung sehnte.

Viermal gelang es Max, auf dem Wege durch das Land der Schweizer Eidgenossen Briefe des kurfürstlichen Ehepaares auszutauschen. Als er zum fünften Male den Boden der freien Reichsstadt Konstanz betrat, wurde er von Kaiserlichen geschnappt. Aus den Schreiben des der Reichsacht verfallenen Kurfürsten, die man bei ihm fand, zog man den Schluß, daß er ein Spion sei.

Auf dem Anländplatz beim ehemaligen Konklave-Haus wurde ein Pfahl in den Boden gerammt. Der Standrichter, ein steyerischer Hauptmann, verlas kurz das Todesurteil und fragte den jungen Mann, ob er vielleicht an irgendwelche Angehörige noch einen letzten Gruß ausrichten lassen wolle. Diese Frage wurde nicht aus Menschlichkeit gestellt, sondern weil man aus der Antwort noch Hintermänner kennenzulernen hoffte. Max bat, man möge seine Mutter, Mater Generosa im Benediktinerinnenkloster Wessobrunn, und seinen Großvater, den Schiffmeister Johann Rieder in Rosenheim, grüßen; er flehe beide um Verzeihung an. Auf die Frage, ob er keinen Vater mehr habe, entgegnete er, dem könnten sie sowieso keinen Gruß bestellen.

Dann verbanden sie ihm die Augen, schnürten ihn an den Pfahl und erschossen ihn. Sein Blut rötete den Schnee.

Das war zu Ende Jänner 1705.

Eine genauere schriftliche Aufzeichnung darüber ist nicht erfolgt.

Als der Kurfürstin durch den Grafen Löwenstein mitgeteilt wurde, daß der Kaiser ungehalten sei, weil sie sein Vertrauen, das er ihr bisher geschenkt habe, mißbrauche, ließ sie ihre Kinder in München zurück und reiste am 16. Feber auf Anraten des Leibarztes zu ihrer Mutter nach Venedig.

Am gleichen Tage hielt in der Wiesengasse ein schwerfälliger Schlitten. Ihm entstiegen drei Kaiserliche und begaben sich in das Haus im Apfelgarten. Als sie der Frau Maria Riederin gegenüberstanden, waren sie ebenso überrascht wie diese.

Ob sie ihren Gatten, den Schiffmeister Johann Rieder, sprechen könnten?

Nein! Er sei schon seit acht Monaten verschwunden. Im Mai des verwichenen Jahres sei er nach München geritten und nicht mehr zurückgekehrt. Wahrscheinlich hätten ihn die Kaiserlichen hingerichtet! – Dieses Wort sagte sie mit schneidender Bitterkeit; dabei standen ihr Tränen in den Augen.

Der Leutnant unter den drei Soldaten bewahrte Haltung und erklärte, seine Nachforschungen hätten ergeben, daß ein Leibschiffmeister Johann Rieder zwar gesucht werde, aber nicht hingerichtet worden sei; wohl aber ein junger Mann, namens Max Rieder, und zwar weil er für den geächteten Kurfürsten sowie seine Gemahlin als Spion tätig gewesen sei. Vor der Füsilierung habe er gebeten, seinen Großvater, den er um Vergebung bitte, zu grüßen. Und weil man in der kaiserlichen Armee den letzten Wunsch selbst des niedrigsten Gegners respektiere, stünde man hier!

Maria Riederin war bestürzt, konnte aber nur wiederholen, daß sie von ihrem Mann nichts wisse.

Die Soldaten entfernten sich mit der Überzeugung, der Mann halte sich versteckt.

Davon war auch Frau Maria überzeugt. Zugleich war sie empört: Der Enkel hatte in der Blüte der Jahre sein Leben eingesetzt; der siebzigjährige Großvater schien sich verkrochen zu haben!

Bis zur Stunde hatte sie sich's versagt, ihn zu suchen, – ihr Stolz hatte es nicht zugelassen. Jetzt mußte das Versteckenspielen aufhören! Obwohl Soldaten verschiedener Färbung – Österreicher, Ungarn, Böhmen und Kroaten – die winterlichen Landstraßen befuhren und in den verschneiten Dörfern lagerten, ließ die Riederin durch den neuen Knecht Christoph Ramsauer aus Überfilzen den Wagenschlitten richten und fuhr nach München. Wiederholt wurde sie angehalten. Doch ihr energisches Auftreten und der elegante Viererzug schreckten alle. In der verwaisten Residenzstadt hatte sie bald die Angehörigen des Sekretärs Beckensteller erkundet. Mit Drohungen setzte sie ihnen derart zu, daß sie den Unterschlupf der beiden Männer verrieten.

Am Abend des nächsten Tages hielt das Riedersche Gefährt vorm »Alten Wirt« in Freising, und Madame läutete an der Pforte des kleinen Franziskanerhospizes. Einer der Patres – es war der Domprediger – öffnete und führte die vornehme Frau in die Sprechzelle.

»Ich bin die Riederin, die Gattin des Leibschiffmeisters von Rosenheim. Ehrwürdiger Pater, sagt meinem Mann, daß sich das feige Verkriechen jetzt, nachdem sie seinen Enkel Max erschossen haben, aufhören muß! Ich bin mit dem Schlitten drüben beim ›Alten Wirt‹ und fahre morgen früh, schlag neun Uhr, wieder heim. Mehr braucht Ihr ihm nicht zu sagen!«

Der greise Priester hatte noch kein Wort gesprochen, da war sie wieder draußen.

Zwei Stunden später traf der Rieder, barhäuptig geschoren, mit ihr in der Gaststube zusammen. Wegen der Leute, die ringsum saßen, taten sie so, als wären sie bis vor ein paar Minuten noch beisammen gewesen: Keine Begrüßung, sondern nur das gute Benehmen schlichter Alltäglichkeit. Er sah schlecht aus, blaßgrau und mit ein paar zusätzlichen Falten im Gesicht. Die Tische der Söhne des armen Bruders Franziskus sind eben mager gedeckt, und an den Wänden ihrer Zellen glitzert bisweilen der Rauhreif. Sein Magen schien geschrumpft zu

sein, denn er vermochte nur ein gekochtes Ei und eine Salz-
brezn zu essen.

Als sie dann beim Kerzenlicht in der Kammer saßen, sagte
Rieder mit der Eintönigkeit eines mönchischen Gebets: »Maria,
die ersten acht Tage war ich froh; in den anderen Wochen und
Monaten hab ich's täglich dreimal bereut, doch wollt ich da den
anderen nit im Stich lassen. Zu Innsbruck haben sie mich
willenlos gemacht und wohl auch ein wenig gottlos; die anderen
aber haben mir jetzt das Gottvertrauen wiedergegeben. Ich
dank dir, daß du gekommen bist!«

Der Volkstribun

Die Herren des Rosenheimer Magistrats freuten sich, daß der
Rieder wieder unter ihnen weilte; keiner war so taktlos, zu
fragen, wo er gewesen sei. Einen solchen Mann fragt man nit!

Er war zur rechten Zeit wiedergekommen. Denn seitdem die
Kurfürstin nach Italien geflohen war und Kaiser Leopold die
bayerischen Behörden auf seinen Namen hatte vereidigen lassen, wehte durchs Land ein rauher Wind: Truppenbewegungen,
Einquartierungen, Gefangenentransporte wechselten sich im
strategisch wichtigen Markt Rosenheim ständig ab. Alle requi-
rierten, keiner wollte zahlen. Da brauchte man einen wie den
Rieder. Der besaß Form und Umgang und hatte das Wort in der
Gewalt – das welsche und französische ebenso wie das deutsche
–, nicht zu erwähnen die Würde, die von seiner starken Gestalt
ausging.

Hatte schon Kaiser Leopold seinen Zorn über Max Emanuel
am kleinen Volke ausgelassen, so verschärften sich die Bedrük-
kungen unter seinem Nachfolger Joseph noch mehr. Der Adel
freilich und die Geistlichkeit, die waren sofort umgefallen und
hatten den Mantel nach dem neuen Wind gehängt. Das
vermochten der Handwerker und der Bauer nicht; die fühlten
sich ihrem Herrscherhaus verbunden, auch wenn nur noch die
Prinzen im Lande weilten, erbarmungswürdige Kinder ohne
Vater und Mutter. Um dieser Kinder willen und der eigenen

Freiheit wegen erhoben sich die kleinen Leut insgeheim im ganzen Land, um am St. Johannes des Evangelisten-Tag München zu stürmen. Leider haben ungestümer Drang und schmählicher Verrat zu jener blutigen Mordweihnacht auf dem Sendlinger Berge geführt, die den Enkeln zu schildern die Ahnen nicht müde wurden.

Kaiser Joseph war über diese Volkserhebung so entrüstet, daß er Fangprämien auf Deserteure und Aufwiegler aussetzen und erklären ließ, jeder eingebrachte »Rebellant« habe mit zehn bis fünfzehn seiner Kameraden um sein Leben zu würfeln. Der die wenigsten Augen habe, sei zu erschießen, die Überlebenden sollten wie bisher als Rekruten ins Ausland verschickt werden. Diese Maßnahme wurde in Bayern wie eine Gotteslästerung empfunden.

Da geschah es, daß die österreichischen Feldjäger auch die Wälder um den Starnberger See herum durchfilzten und unter vielen anderen Entlaufenen auch den Knecht Andreas Micheler einfingen. Der kaiserlichen Weisung gemäß ließ man das grausame Spiel sofort beginnen. Eine Trommel wurde aufgestellt, ein Würfelpaar dazugelegt und ein Pfahl in den Boden gerammt, daran der jeweils Fünfzehnte erschossen werden sollte. Andreas war der Vierzehnte und hatte seinen letzten Wurf. In seiner Not gelobte er der Gnadenmutter von Aufkirchen eine heilige Messe für einen glücklichen Ausgang. »Da hat er« – wie es auf seinem Votivbilde heißt – »seinen Kameraden um ein Aug hingespielt«.

Unter den Städten und Märkten des bayerischen Oberlandes war auch Rosenheim in den Verdacht geraten, an der »Rebellion« beteiligt gewesen zu sein; hatte man doch zwei Trommler ergriffen, die aus dem Markte stammten. In einem Schreiben der Münchner Landesadministration an den Magistrat, datiert vom 8. Jänner 1706, wurde nun den Rosenheimern eine Brandschatzungssumme von sechstausend Gulden auferlegt, »bei Vermeidung gänzlicher Verderbung und Ruinierung«. Der Verdacht war außerdem noch dadurch begründet, daß der Pflegsverwalter Greschbeck mit zu den eifrigsten Verfechtern der Landeserhebung gezählt hatte.

Sechstausend Gulden!

Als der Rieder das Schreiben vor dem Inneren Rat verlesen hatte, schwiegen die Männer. Sie warteten darauf, was er sagen würde.

Er schaute sie an: »Wenn ihr mich dazu ermächtigt, dann gehe ich in die Höhle des Löwen.« –

Und wieder fuhr der Wagenschlitten mit dem Riederschen Ehepaar nach München. Im Alten Hof, wo sich die Landesadministration eingenistet hatte, stiegen sie aus: Johann Rieder im spärlichen schlohweißen Haar, aber immer noch aufrecht, als stünde er beim Ruder auf der Granselbrücke; Maria, schön und herb wie eine Athene.

Wen sie zu sprechen wünschten?

Entweder den Herrn Landesadministrator von Löwenstein oder den Herrn Feldmarschall von Gronsfeld!

Beide seien zu sprechen!

Dann beide!

Die Exzellenzen saßen aufgeräumt – denn der beim Hammerthaler requirierte Etschländer mundete! – im großen Gewölbesaal und spielten Schach. Sie schauten auch nicht auf, als die Riederschen eintraten, sondern der von Gronsfeld bellte nur kurz: »Was wollt ihr?«

Sagte der Rieder: »Ich wollte erklären, daß ich die Exekution meines Enkelsohnes, der auch ein natürlicher Sohn unseres Herrn Kurfürsten war, zur Kenntnis genommen hab.«

Wie zwei Hampelmänner an einem Strickerl drehten sich die Herren um. Und als sie gar die Riederin erblickten, standen sie auf. Der von Löwenstein deutete auf ein Kanapee, während sich der Feldmarschall den Rock zuknöpfte.

»Uns wurde der Bürgermeister von Rosenheim mit Frau angesagt; wer seid ihr?« fragte der Administrator.

»Das sind wir!« antwortete Rieder. »Weil ich aber damals vor einem Jahr, als der Tod meines Enkels nach Rosenheim gemeldet wurde, nit zugegen war, und weil ich seitdem nix mehr vernommen hab, wollt ich das Gespräch noch einmal darauf bringen. Denn wenn wir Bayern auch Freiwild für die kaiserlichen Soldaten geworden sind, so dürfte es Seiner Majestät, dem glorreichen Kaiser Joseph, nit gleichgültig sein, wenn seine Soldateska die Nachkommen eines deutschen Reichsfürsten – mag er auch geächtet sein – standrechtlich zusammenschießt!«

»Ihr erlaubt Euch eine anmaßende Rede!« sagte der von Gronsfeld. »Wir haben auch noch eine Kugel für Euch!«

»Das bezweifle ich nit! Nur hab ich mir sagen lassen, daß Seine Majestät geleistete Dienste auf generöse Weise belohnt. Belohnung verlange ich nit; aber ich kann für mich das Verdienst in Anspruch nehmen, als Hofschiffmeister während der Türkenkriege unsere Leut wiederholt ins Feindesland gesteuert zu haben. Das waren jene Männer, deren Söhne jetzt gejagt werden wie die Hasen. Weiß nit, ob Seine Majestät davon die rechte Kenntnis hat. Und wenn sie diese Kenntnis wegen ihrer Jugend nit hat, dann sollten wenigstens ihre Herrn Marschälle daran erinnert werden; denn diese Herren wissen zu verstehen und einzuschätzen, was soldatische Tugenden sind.«

Graf Löwenstein war ein bißchen unruhig geworden: »Wie verhält sich das mit Eurem Enkelsohn? Ist Madame vielleicht die Mutter?«

Sagte Maria: »Es mag so aussehen, Exzellenz, doch Rieder ist mein Mann, und ich bin seine zweite Frau!«

»Ich bitte pardon!« entgegnete der Graf und fuhr fort: »Selbstverständlich werde ich der Angelegenheit nachgehen. Könntet Ihr mich kurz über den ganzen Sachverhalt aufklären?«

»Das ist bald gesagt, Exzellenz. Max wurde von den Kaiserlichen Soldaten in Konstanz gestellt, als er aus der Schweiz kam. Er soll Briefe des Kurfürsten aus Brüssel an die Kurfürstin in München bei sich gehabt haben. Diese Tatsache hat genügt, ihn als Spion zu betrachten und zu richten. Ich will nit sagen, daß er kein Spion war, denn ich weiß es nit; 's könnt aber auch sein, daß er eben nur seinen Vater besucht und bei der Gelegenheit Briefe mitgenommen hat. Jedenfalls hätt alles durch einen Prozeß geklärt werden müssen. Durch Füsilierungen wird nix geklärt!«

»Und wie ist das mit der Mutter?« fragte der von Löwenstein weiter. »Hat sie sich etwa an Seine Majestät gewandt?«

Da rief von hinten der Graf Gronsfeld dazwischen: »Seine Mutter ist eine Klosterfrau in Wessobrunn. Ich entsinne mich des Falles. Sie hat unseren Leutnant angehört und ist dann wortlos aus der Besuchszelle gegangen. Was aber den Erschossenen abgelangt, so haben wir aus seinen Briefen das ganze Geheimnis der bayerischen Rebellion entdeckt. Also bitte keine Rührseligkeiten! Spion ist Spion, er mag hundertmal der Abkömmling des Kurfürsten sein!«

»Wenn das erwiesen ist, Exzellenz«, sagte der Rieder, »dann will ich weiter kein Wort nit verlieren, sondern gebe mich drein. Ich hätt aber noch ein Anliegen, den Markt Rosenheim betreffend. Da habt ihr uns eine Brandschatzung aufgehalst, und ist doch bei uns überhaupt nix wider die Allerhöchste Kaiserliche Majestät geschehen. Im Gegenteil, wir haben die kaiserliche Mannschaft, die jenseits des Inns in Gefahr gewesen, von den Aufständischen genommen zu werden, zu uns herübergeführt und haben den Leuten Quartier gegeben. Als Dank dafür haben sie dann eines meiner Schiffe, das von einer Kornlieferung aus dem Tirol kam, vor meinen Augen in Brand geschossen.«

»Ihr habt aber den Oberschreiber von Tölz in den Magistrat geführt, als er mit dem Rebellionspatent zu euch kam!« Der Graf von Löwenstein sprach's mit scharfem Akzent.

»Das habe ich, Exzellenz! Ich habe ihn auf dem Rathaus seine Sache vorbringen lassen, wie sich's gehört. Danach haben wir uns eine Viertelstunde beraten, und dann hab ich ihm deutlich und ohne Umschweif erklärt, daß sich der Markt Rosenheim weder dreinmischen, noch daß er jemanden abschicken werde.«

Da trat der Marschall näher: »Ihr werdet aber doch nicht leugnen, daß ihr mit dem Pflegsverwalter Greschbeck konspiriert habt!«

»Wenn Ihr unter Konspiration versteht, daß wir an den Pflegsverwalter eine Abordnung geschickt haben, er möge die bereits aufgestandenen Leut diesseits des Inns, nämlich die aus

Fürstett, Mangfall, Haustett, Graßpeunt und Roßacker, wieder nach Hause schicken, dann mögt Ihr recht haben, Exzellenz! Und überhaupt was den Greschbeck betrifft, so solltet Ihr Eure Wut nit an ihm auslassen; denn es hat ihn bereits in jener Nacht, da wir bei ihm waren, bitter gereut, sich in die Sache der Aufständischen eingemischt zu haben.«

Mit feinem Tonfall, weder kriecherisch noch überheblich, bemerkte dazu Maria Riederin: »Meine Herren Exzellenzen, Ihr dürft uns Bayern doch keinen Strick daraus drehen, daß wir zu unserem Volk und unserem Land stehen! Oder würdet Ihr dieses Verhalten einem Österreicher ankreiden?«

Herr von Löwenstein schmunzelte und streifte ein Stäubchen von seiner zierlichen Spitzenmanschette: »Madame Riederin, um dieses offenen Wortes willen sei Rosenheim die Brandschatzungssumme erlassen! Ihr aber laßt Euch von den Bewohnern des Marktes ein Denkmal setzen!«

Er verbeugte sich vor ihr, der Rieder verbeugte sich vor den beiden Exzellenzen. –

Groß, aber verhalten war in Rosenheim die Freude über die erlassene Brandschatzungsgebühr, denn es reichten schon die sonstigen Auslagen für Truppendurchzüge und Einquartierungen bis zum Halse. Man durfte daher nicht zuviel Freude zeigen, weil man sonst gleich wieder einen Dämpfer bekommen hätte; die österreichischen Kriegsrechnungskommissäre hatten nämlich gerissene Methoden ausgeklügelt, wie man auch dem kleinsten Mann noch den letzten Kreuzer aus dem Beutel ziehen konnte. Außerdem war dem Prinzen Eugen das Bayernland als Versorgungsquelle für seine Armee angewiesen worden; er ließ die Quelle lustig sprudeln. Menschen, Vieh, Holz und Getreide, vor allem jedoch vier- bis siebenfach erhöhte Steuern wurden herausgepreßt. Jedes vierte Haus hatte einen Mann zum Heeresdienst zu stellen. Wo immer aber sich Schwierigkeiten ergaben, dorthin legte man eine Abteilung ins Quartier. Diese Soldaten wurden auf eine ganz besondere Weise darauf abgerichtet, ihren Quartiergebern das Leben zur Hölle zu machen.

So geschah es denn auch im Oktober 1706, daß eine Abteilung des österreichischen Regiments Regali in den Markt Rosenheim einzog. Der Marschall von Gronsfeld hatte nicht ohne Mißmut die Streichung der sechstausend Gulden quittiert. Dafür sollte jetzt der Hauptmann Minees, ein im ganzen Regiment gefürchteter Schläger, an den Rosenheimern sein Mütchen kühlen.

Seine Leute, eine knappe Hundertschaft, standen auf dem Marktplatz. Er selbst stolzierte wie ein Hahn vor ihnen auf und ab und erteilte unter Gebrüll verschiedene Weisungen. Dann übergab er das Kommando einem Fähnrich und begab sich ins Rathaus, wo ihn der Amtsbürgermeister Wolf Jakob Ruedorfer kleinlaut empfing. Zunächst forderte er drei Dutzend Speziesdukaten, das waren hundertachtundvierzig Gulden, »für ein gut zu haltendes Kommando«, wie er sich ausdrückte. Für sich selbst beanspruchte er sodann den Obergaden des Riederschen Hauses im Apfelgarten, desgleichen jeden Abend für sich und seinen Fähnrich Ferdinand Adler sechs Schoppen Wein. Man möge aber nicht meinen, daß er den Wein etwa nicht bezahlen könne, doch halte er für gehörig, daß man ihm diese kleine Gefälligkeit gratis erweise. Darauf meinte Ruedorfer, er müsse sich darüber erst mit dem Marktkämmerer Rieder unterhalten.

»Hier ist nichts zu unterhalten, sondern das ist ein Befehl!« erwiderte der Hauptmann und zog den Degen. »Von Stund ab geschieht hier das, was wir wollen! Und sollte euch einfallen, uns zuwiderzuhandeln, so zünden wir den Markt an!« Schnaubend spießte er den Degen vor sich in die eichenen Bodenbretter.

Der wilde Mann

Hauptmann Karl Minees begab sich wieder zu seinen Soldaten auf dem Marktplatz, brüllte sie erneut etliche Male heftig an und ließ sie dann durch den Feldwebel Wondratschek abführen ins Blessurhaus. Dieses beherbergte gegenwärtig nur ein paar »Dahergeschwommene«, nämlich zwei Pilger, die nach Altötting wallfahrteten, einen schadhaften Offizier, zwei welsche Priester auf Betteltour und fünf fahrende Studenten, die von Benediktbeuern kamen und auf dem Weg waren zu der Hohen Schule in Padua. Sie alle wurden von den Soldaten in eine Ecke gedrängt und aufgefordert, möglichst bald das Weite zu suchen, wenn sie nicht gewärtigen wollten, täglich einmal herzhaft verprügelt zu werden. Und damit sie gleich einen Vorgeschmack davon hätten, stürzte sich die rohe Meute auf die armen Kerle und drosch sie windelweich.

Minees und sein Fähnrich Adler waren in die Wiesengasse gegangen zum Hause Rieders im Apfelgarten und trafen dort den Bürgermeister Ruedorfer, der mit dem Kämmerer wegen der Forderungen des Hauptmanns sprechen wollte. Der mischte sich sofort in ihr Gespräch ein und begann abermals zu brüllen. Darauf kam Maria die Treppe vom Obergaden herunter, wo sie aus den beiden beschlagnahmten Kammern rasch die größten Wertsachen an Gemälden und Teppichen weggeräumt hatte. Als die beiden die Frau erblickten, wurden sie mit einem Male manierlich und grinsten ihr frech ins Gesicht.

»Wir hoffen, Rieder«, sagte Minees, »Ihr werdet Eure blühende Tochter einem k. und k. Hauptmann nicht vorenthalten!«

»Es ist meine Frau!« antwortete der.

Da schauten sich die beiden in die verzogenen Gesichter, fingen an zu wiehern und klatschten sich dabei auf die Oberschenkel: »Hast du's gehört, Ferdinand: seine Frau! Der alte Gockel und diese wohlgenährte Henne! Gell, Frauerl, 's war höchste Zeit, daß wir gekommen sind!« Dabei langte er ihr an die Brust.

Maria aber zog aus und gab ihm eine solche Maulschelle, daß er gleich zwei Schritte zur Seite wankte.

So etwas war ihm in seinem ganzen Soldatenleben noch nicht passiert. Zunächst schaute er wie ein Stier, der den Geruch des Fleischhackers spürt. Dann schoß es ihm blutrot ins Gesicht, so daß selbst seine Augen unterliefen. »Das mir!« bellte er heraus. »Ich werd's dem Markt zeigen, was es heißt, einen kaiserlichen Offizier zu watschen! Du aufgeblasene Gans, du wirst dich noch hierherknien und um Verzeihung winseln! So werd' ich's euch kochen!«

Während er sich dann noch in gemeinen Redensarten erging, zog sich Maria in eine Kammer zurück und verriegelte hinter sich die Tür. Der Rieder aber und der Ruedorfer versuchten, den tobenden Mann mit dem Hinweis zu beruhigen, daß ihm die geforderten Speziesdukaten heute noch ausbezahlt würden, wie denn auch das mit dem täglichen Wein in Ordnung gehe.

Immer noch belfernd und maulend stiegen die beiden Offiziere zum Obergaden hinauf.

Bereits am anderen Tag begann Minees seine Drohung wahrzumachen. Während er im Rathaus seine Dukaten einforderte, ließ er die halbe Hundertschaft eine Marktkontrolle durchführen: Die Grenadiere rannten zwischen den Tischen und Ständen herum, stießen hier an die Eierkästen, dort an die Obststeigen, so daß sie umkippten; sie zertrümmerten die Salzscheiben und schlitzten die Mehlsäcke auf; sie öffneten mutwillig die Taubenbauer, daß die geschreckten Tiere davonflogen, stachen die jungen Schweine an, daß sie quiekten, als hätte man sie lebendig gespießt, und warfen die säuberlich gerupften Brathühner in die Gosse. Alles Volk floh davon, Käufer und Verkäufer, und die wüsten Gesellen füllten sich die Brotbeutel mit der verlassenen Ware.

In der Folgezeit mehrten sich die Niederträchtigkeiten.

Einmal ließ Minees einen Hochzeitszug, der sich im Bräustüberl beim Johann Ott zum Mahl niedergelassen hatte, auseinandersprengen, die Braut auf eine Bude in Rieders Schopperstatt entführen und von drei Soldaten mißbrauchen.

Den Sonntagsgottesdienst bei St. Nikolaus störte er dadurch, daß er seine Leute unmittelbar vor den Toren exerzieren ließ und dabei von den Korporälen laute Kommandorufe verlangte.

Kurz vor Allerheiligen führte er eine Kontrolle der beiden Schulen durch. Den Schulmeister Johann Georg Seerieder schlug er mit der flachen Klinge übers linke Ohr, daß er seitdem darauf taub blieb. Der gewissenhafte Mann hatte versucht, seine einundzwanzig größeren Mädchen – alle aus den besten Bürgerhäusern – vor der Zudringlichkeit der Soldaten zu schützen. Die Kinder wurden in einen Saal gedrängt, mußten sich völlig entkleiden und so den häßlichsten Berührungen der Horde aussetzen.

Als dann der strenge Winter hereingebrochen war, entblödeten sich die beiden Offiziere nicht, beim Rieder ihre Notdurft im Treppenhause zu verrichten.

Der Innere Rat wandte sich an den neuen Pflegsverwalter Magnus Nikolaus von Prezner. Der war zwar ein Bayer, hatte sich aber ganz auf Österreichs Seite geschlagen. Er meinte spöttisch, das alles sei eben die Quittung für die Zimperlichkeit der Madame Riederin. Ein rebellisches Land müsse von seinen Besetzern schon etwas in Kauf nehmen, das gehöre schon seit Julius Cäsar zum Kriegsrecht.

Darauf schrieb Johann Rieder an die kaiserliche Hofkanzlei in Wien. Er berief sich auf seine Tätigkeit während der Türkenkriege und legte dann dar, was die Bürgerschaft von Rosenheim seit nahezu drei Monaten durch den Hauptmann zu erdulden hatte. Und er könne, so meinte er, nicht einsehen, daß Seine Apostolische Majestät derlei Grausamkeiten an unschuldigen Menschen verüben lassen wolle.

Es erfolgte jedoch keine Bestrafung oder Ablösung des Wüterichs, sondern ein kaiserlicher Abrechnungskommissar Riedlsperger erschien und versuchte zwischen Minees und dem Rat zu vermitteln. Und er brachte es mit vieler Mühe dazu, die beiden Offiziere zur Urfehde zu bewegen, das heißt, sie verpflichteten sich eidlich, die Bürgerschaft in Ruhe zu lassen, wenn Rieder davon absehe, sich – wie er angedroht hatte – unmittelbar an Seine Kaiserliche Majestät selbst zu wenden.

Das war um die Weihnachtszeit herum.

Am 2. Jänner 1708 jedoch zeigte sich, daß die beschworene Urfehde bereits wieder hinfällig war. Die beiden Offiziere hatten mit dem Feldwebel und ein paar Korporälen in Rieders Weinstube gezecht und fingen in vorgerückter Stunde plötzlich an, die anderen Gäste anzupöbeln. Weil aber diese auch nicht mehr ganz nüchtern waren, entwickelte sich eine so handfeste Schlägerei, daß sich die Soldaten am Ende nicht mehr anders zu helfen wußten, als zu schießen. Dabei verletzten sie drei Bürger und ihren eigenen Feldwebel Wondratschek. Es war ein Glück, daß sich unter den Gästen zufällig auch der Benefiziat Johann Baptist Kloo von Nußdorf befand. Er konnte anderen Tags beim Pflegsverwalter den ganzen Hergang der Wahrheit gemäß dartun und fand auch Gehör. Der von Prezner versprach, sich höheren Orts um Abhilfe zu bemühen. Er unternahm jedoch nichts, sondern hetzte den Hauptmann auch noch gegen den Benefiziaten auf: In einer der folgenden Nächte wurden von unbekannten Tätern sämtliche Fenster des Nußdorfer Widums eingeschlagen.

Als dies Mitte Jänner in Rosenheim bekannt wurde, erwachte auf einmal in Joseph Rieder eine ungeahnte Tatkraft. Er gab in seinem Weinhause die Losung aus, man müsse jetzt, nachdem alle Wege zum Recht verbaut seien, sich dieses selber schaffen. Er redete auch mit seinem Vater darüber. Der mahnte zur Vorsicht. Doch die jungen Männer hatten Josephs Wort begeistert aufgegriffen und berieten einen Plan. Nicht daß es schwierig gewesen wäre, den Minees wegzuräumen, – aber man bedurfte eines guten Kronzeugen, der dessen natürlichen Hingang beweisen konnte.

Und siehe, diesen Kronzeugen hatten sie schon; er mußte nur noch ordentlich abgerichtet und auf seine heikle Aufgabe vorbereitet werden: Es war der Wondratschek, der Feldwebel, ein echtes Wiener G'wachs, wie er sich selbst bezeichnete. Er hatte nämlich den Hauptmann noch nie leiden können; jetzt aber haßte er ihn, weil er ihm den linken Ellbogen zerschossen hatte.

Wondratschek war mit den jungen Rosenheimern ungefähr gleichaltrig und weilte abends gern in ihrer Mitte, bald beim Stockhammer, bald beim Ott, bald beim Rieder. Er hatte ein fröhliches Herz und erzählte unaufhörlich Witze, die nicht immer ganz sauber waren, über die aber Josephs Hauswirtin Maria stets herzlich lachen konnte. Ob er sich nun auf Grund dieses Lachens etwas erhoffte oder nicht – er fühlte sich jedenfalls dem Joseph und seiner Frau bald so sehr verbunden, daß er bisweilen die ganze Nacht im Weinhaus verbrachte.

Dabei schürte nun der junge Gastgeb die Abneigung gegen den Hauptmann und überzeugte den Wondratschek schließlich davon, daß die Willkür dieses Teufels nur durch seinen »Höllensturz« zu beenden sei, und zwar so, daß er sich selber stürze. Denn niemand dürfe sich einen Mord aufs Gewissen laden, Gott bewahre!

Und dann geschah es.

An Mariä-Lichtmeß hatte der Feldwebel Geburtstag und lud darum den Minees und den Adler in Rieders Weinhaus; das mußte er tun, um unter ihrer Fuchtel ein leidliches Machen zu haben.

Die beiden Offiziere jagten nun im Bewußtsein, daß es nichts kostete, einen Schoppen nach dem anderen durch ihre Kehlen und fingen bald zu jubeln an. Gern hätten sie sich wieder in ein kleines Handgemenge eingelassen, aber es waren sonst keine Gäste da. Wie ausgestorben war's in der Gaststube. Das ermüdete sie. So brachen sie denn nach Mitternacht auf. Als sie in die eiskalte Nacht hinauskamen, klappte schon unter dem Türstock der Fähnrich zusammen. Wondratschek aber und der Hauptmann torkelten weiter, aber so, daß der Feldwebel den Vorgesetzten ständig stützen mußte.

Sie gelangten zum Inntor.

Mit dem üblichen Gebrüll verlangte Minees von den drei Torknechten, sofort zu öffnen, denn er wolle zur Benigna, der schönen Tochter des Freiherrn von Prezner; – diesen Floh hatten sie ihm nämlich im Weinhaus ins Ohr gesetzt.

Bald standen die beiden Soldaten im hellen Mondenschein mitten auf der Innbrücke. Der Hauptmann fing an zu singen und schrie unzüchtige Verse auf Benigna durch die Nacht. Plötzlich trat er ungeschickt auf eines der schweren Bohlenbretter. Das stellte sich mit einem Ruck kerzengerade auf, zischte über das vereiste Brückenjoch und sauste mitsamt dem Betrunkenen in die Tiefe. Es platschte hell auf dem Wasser, nur für einen Augenblick; dann trieben die losgebrochenen Eisschollen in majestätischer Stille weiterhin flußabwärts.

Drei Tage danach fand auf dem Schloßberg in Gegenwart eines Kriegsrichters eine Verhandlung statt. Der hörte auf die Aussagen des Joseph Rieder und der Torknechte nur mit halbem Ohr hin. Wichtig für ihn waren allein die Darstellungen des Fähnrichs und des Feldwebels. Da sich diese in vielen Punkten, namentlich in bezug auf den Grad der Trunkenheit des Hauptmanns, völlig deckten, und da sich bei der »Okulatinspektion« der Brücke keine Anzeichen von hinterlistiger Vorbereitung eines Anschlags ergaben, wurde die Angelegenheit als ein Unglücksfall mangels Beachtung der Dienstvorschriften erkannt; dies um so mehr, als Minees schon wiederholt mit diesen Vorschriften in Konflikt gekommen war. Dem Adler wurde die Löhnung auf einen Monat gesperrt; Wondratschek blieb straflos, weil ihm der Kriegsrichter den Schrecken, den er beim Absaufen des Vorgesetzten empfunden hatte, zugute hielt.

Zwei Monate später hatte die Heeresleitung ein Einsehen und zog die verrufene Hundertschaft von Rosenheim ab.

Zapfenstreich

Die Jahre der Besetzung des Bayernlandes quälten sich dahin: Die Weißroten quälten die Weißblauen und wurden von diesen in der verhaltenen Wut des Unterdrückten wiedergequält. Dabei gab es so viele, die fünfundzwanzig Jahre zuvor Schulter an Schulter gestanden waren im Kampf gegen den gemeinsamen Feind der Christenheit; – jetzt hätten sie sich gegenseitig die Augen auskratzen können.

Johann Rieder, immer noch des Inneren Rates würdigstes Mitglied und Marktkämmerer zugleich, lenkte das Geschick Rosenheims klug durch die vielen Fährnisse, die die dauernd wechselnden Einquartierungen – insgesamt zweihundert – mit sich brachten. Freilich konnte er nicht verhindern, daß die einstige Wohlhabenheit der Bürgerschaft langsam zerfloß wie Schnee im April. Die alten Erwerbsquellen, die sich durchwegs auf die Innschiffahrt stützten, versiegten; jetzt wurde der Inn hauptsächlich von den Tiroler Schiffmeistern befahren, die mit großer Genugtuung an den vornehmen bayerischen Länden Rosenheim und Wasserburg vorbeizogen. Neue Erwerbsquellen taten sich der Bürgerschaft nicht auf, und sachte erkannten sogar die Kaiserlichen und mit ihnen der sogenannte »Gesinnungslump« auf dem Schloßberg, Freiherr von Prezner, daß es müßig sei, das leere Faß immer wieder anzuzapfen.

Diese Überzeugung setzte sich nicht nur in Rosenheim und den anderen Innstädten durch, sondern in ganz Bayern, und der Mißmut wuchs, – auch bei den Besatzungstruppen. Mehr und mehr kam es sogar zur Verbrüderung zwischen Bayern und Österreichern, und unter letzteren zu feindseligen Ausschreitungen gegen die eigenen Vorgesetzten.

Dem Kaiser Joseph blieben diese Dinge nicht verborgen, aber in seinem blinden Haß auf Max Emanuel wartete er immer noch auf dessen Abtretung Bayerns an Habsburg. Über dieser Erwartung ereilte ihn aber im Jahre 1711 der plötzliche Tod. Darauf erachteten es die Engländer für angezeigt, sich im Interesse des europäischen Gleichgewichts von Österreich zu lösen.

Der folgende Kaiser Karl, ein unvoreingenommener Herr, trug den Umständen Rechnung und stimmte im September 1714 einem Friedensvorschlag zu, wonach der bayerische Kurfürst von der Reichsacht losgesprochen und in sein Land wieder eingesetzt werden sollte.

Zug um Zug wurden darauf die Regimenter der Besatzung aus dem Kurfürstentum abgezogen.

Im Jänner 1715 kündigte Max Emanuel von Paris aus seine baldige Heimkehr an. Ob er's gern tat, ist zu bezweifeln, denn sein eigener Bruder, der Erzbischof von Köln, meinte damals, der Kurfürst würde gern um einer Scheune in den Niederlanden willen eine Stadt in Bayern abgetreten haben.

Mag sein! Das Volk der Bayern jedenfalls wußte nichts davon und freute sich darum herzlich über die Beendigung einer zehnjährigen Tyrannei.

Am 15. Feber zelebrierte die Rosenheimer Geistlichkeit bei St. Nikolaus ein feierliches »Te Deum laudamus«, wozu der Chormeister Seerieder auch die Pfeifer von Aibling, Neubeuern und Audorf geladen hatte. Tags darauf lud der Magistrat sämtliche Geistliche und Beamten zu einem Festmahl aufs Rathaus.

Da war auch ein offenes Patent ausgelegt, daraus ersichtlich werden sollte, wer – wie es hieß – »ein gut bayrisches Gemieth habe«. Als erster unterzeichnete der Amtsbürgermeister Wolf Jakob Ruedorfer; er setzte hinter einen Namenszug das Wort: »Ich bin willig«. Als zweiter unterschrieb Johann Rieder und fügte bei: »In gleichem Ich!« Folgten die Namen der gesamten anwesenden Honoratioren.

Der Speisezettel des Festmahls, den das Rosenheimer Archiv aufbewahrt hat, nennt achtzehn Gerichte, darunter Forelle, Kälberne Lunge, Rindfleisch und Kraut mit Schweinefleisch, Koppen und Hendeln mit Nudeln, Indianische Hahnen samt Lemoni (Zitronen) mit Zucker gemacht, Wildschlegel, Rehschlegel, Schwarzwildbret, Kranewidtsvögel, Grundeln, Krebse, Torten und anderes. Den Wein – zwei Münchner Eimer – stiftete Johann Rieder. Das gesamte Festessen kostete den Magistrat achtundsiebzig Gulden und achtundvierzig Kreuzer.

Bei dieser Gastierung, die bis in die tiefe Nacht hinein dauerte, regte Rieder an, das Gepäck des Durchläuchtigsten Herrn Kurfürsten, das bereits bis Straßburg gelangt war, auf Rechnung des Marktes von dort abholen zu lassen. Alle stimmten begeistert zu, und der Bürgermeister des Marktes Aibling, der aus nachbarlicher Anhänglichkeit auch zugegen war, erklärte, er wolle die Hälfte des Fuhrlohns übernehmen.

So wurde denn unverzüglich Andre Lechner, Fuhrmann und Gastgeb zu Pasing, angewiesen, das Werk mit einem Vierspänner und zwei Knechten durchzuführen. Der fuhr am 9. März ab und kehrte wohlbehalten am 14. April mit den paar Habseligkeiten des hohen Herrn nach München zurück; Max Emanuel hatte nämlich viel kostbares Gut, wie Schmuck und Gemälde, im Laufe der Jahre verkaufen müssen, um seine Reitpferde und seine Grisetten erhalten zu können. Der gesamte Fuhrlohn betrug hundertvierzig Gulden; siebzig davon beglich der Magistrat von Rosenheim und belastete danach jeden bürgerlichen Haushalt mit zweiunddreißig Kreuzern.

Endlich – es war in der Nacht vom 10. auf den 11. April 1715 – kam Max Emanuel mit seiner Familie, die er im Schloß Lichtenberg am Lech getroffen hatte, in München an. Er hatte die

Nacht gewählt, weil er sich – wie sie sagten – vor seinen treuen Bayern schämte. In der langen Einfahrt zum Brunnenhof der Residenz waren viele seiner Freunde zusammengekommen, um ihn zu begrüßen, unter ihnen auch Johann Rieder mit seiner Frau. Als ihm der Kurfürst die Hand gab, meinte er leutselig: »Rieder, richtet Uns für den Sommer den Bucentaurus her und bringt dann auch Madame mit!« Dabei schaute er Maria an, die leicht errötete.

Es war eine kalte Aprilnacht, als sie nach Rosenheim zurückfuhren. Johann fröstelte, denn er hatte etliche Stunden barhäuptig in der zugigen Einfahrt gestanden. Maria schmiegte sich eng an ihn.

»Du bist warm«, sagte er. »Hast du nie bereut, mich geheiratet zu haben?«

Leise erwiderte sie: »Dazu hatte ich keinen Grund. Und jetzt schon gar nicht, wo mich Tag und Nacht die Hitzen und Kälten des Wechsels plagen.«

»Ich habe durch dich viel Freud' erfahren, Maria!«

»Nicht mehr, als du selber mir gegeben hast!« –

Anderen Tags ließ Rieder durch die Marktgassen läuten, daß er für die Befreiung des Vaterlandes eine Dankeswallfahrt zur Mutter-Gottes nach Altenhohenau ausrichten wolle. Er stelle den Bürgern seine acht Schiffe draußen an der Lände bereit; auch für die Gegenfahrt, wenn sie sich die Zeit nehmen wollten.

Diese Idee erregte viel Bewunderung in Rosenheim.

Am 20. April, noch bevor sich die Sonne hinter dem Kaisergebirge erhob, lösten sich die Riederschen Schiffe von den Heftstecken. Dreihundertachtzig Personen, alte und junge, dazu etliche Kapuzinerpatres, saßen da, den Rosenkranz zwischen den Fingern, und beteten. Er selbst stand auf der Granselbrücke der vordersten Plätte, während sich Maria in der Mitte des Schiffes, im Seßstall, aufhielt. Wie sie ihn so vor sich sah, aufrecht und fest, das mächtige Ruder meisternd, wollte ihr nicht zu Sinn, daß der Mann die Achtzig überschritten hatte. Er füllte die hohen Stiefel und die Lederhose immer noch aus. Den gestickten Gürtel freilich hatte er um zwei Löcherpaare weiterschnallen müssen; ebenso ließ sich das kurze Wams nicht mehr

411

zuknöpfen. Doch darüber täuschte das bunte Halstuch hinweg.

Und trotzdem wollte er ihr seit jener Nacht in München nicht mehr so recht gefallen: Er hatte einen gläsernen Glanz in seinen Augen und hustete. Am liebsten hätte sie es gesehen, wenn er heute früh gar nicht aufgestanden wäre. Aber er wollte seine Wallfahrt nicht versäumen. »Zum Schwitzen ist nachher auch noch Zeit«, hatte er gesagt.

Als die Schiffe in der neunten Stunde beim Kloster Rott vorbeizogen und Rieder im Morgenlicht die Fenster des prunkvollen Baues von Attel schimmern sah, nahm er den Hut ab. Hier hatte sein Schiffmannsleben begonnen, nachdem er in Weltenburg den Krallen des Todes entrissen worden war. Das verdankte er den Mönchen des heiligen Benediktus. Ihnen hatte er überhaupt viel zu verdanken: Die harten, aber herrlichen Jugendjahre in Kempten unter dem Fürstabt Roman Giel, wo er die Barbara Hacklin kennengelernt hatte. Den Maler Innocencio Mezzi hatte er kennengelernt, dessen zauberisches Herz mit der Erblindung seiner Augen zu leuchten begonnen hatte. Hier an diesem Inngestad war es gewesen, als die Zigeunerin Jaromira in der Christnacht zu ihm gekommen war gleich einem Engel der Verkündigung. Hier hatte sich auch die andere Barbara hinunterrudern lassen, die Cronpergerin, als sich das bittere Abenteuer von Braunau begeben hatte; aber sie war ihm trotzdem eine wunderbare Gefährtin gewesen, ebenso gut wie die andere, die jetzt da unten saß.

Und Rieder ließ für einige Augenblicke das Steuer los, drehte sich um und warf, was er kaum je getan, seiner Maria eine Kußhand zu.

Wenn er jetzt Leila noch dazunahm, jenen Ausbund von unbefangener Natürlichkeit, so hatten in seinem Leben fünf Frauen mitgespielt, jede auf einem anderen Instrument und alle gleich vortrefflich. Die Hupfaufin zählte nicht mit; sie war zwar ein wackeres Weib, hatte sich aber bloß auf die »Schweinsgeige« verstanden. Doch vielleicht gehörte auch sie noch mit in seinen großen Reigentanz!

Als die Schiffe an der Lände von Altenhohenau angeheftet

worden waren, begaben sich die Wallfahrer in die Kirche. Weil
aber nicht alle Platz darin fanden, hielt ihnen ein Dominika-
nerpater auf der Wiese davor einen Gottesdienst. Er lenkte ihre
Andacht auf Christus hin, der drinnen in der Kirche an einem
Astkreuz hing; in seine offene Herzenswunde sollten sie ihre
Anliegen empfehlen. Viele Pilger nahmen diese Aufforderung
wörtlich, schrieben ihre Wünsche auf kleine Zettelchen und
schoben sie durch das Wundmal in die hohle Christusfigur.

Auch Rieder und seine Frau begaben sich auf der Epistelseite
des Altarraumes in die alte Annakapelle und schrieben abseits
von einander ihre Wünsche auf: Er sagte Dank für die
Menschen, die ihm Wohltaten erwiesen, und für die Frauen, die
sein Leben bereichert hatten; sie bat um Segen für ihren Mann.

Das letzte Kapitel

In kluger Voraussicht hatte Maria dem Andreas Micheler,
der wieder als Knecht zum Rieder gekommen war, aufgetragen,
am frühen Nachmittag mit dem Wagen in Altenhohenau zu
sein.

Johann war zunächst überrascht, als der Knecht daherfuhr;
doch dann sah er selbst ein, daß er möglichst rasch nach Hause
zurückkehren mußte. Sein Herz hämmerte stark und unregel-
mäßig in den Adern, so daß ihn wiederholt eine starke Atemnot
befiel.

Nach der Brotzeit, die ja mit zu einer anständigen Wallfahrt
gehört, traten sie den Heimweg an. Und es war eine glückliche
Fügung, daß sie in Vogtareut dem Audorfer Arzt Christian
Ahrnhardt begegneten, der hier seine alte Schwester besucht
hatte. Er ließ den Leibschiffmeister sofort zur Ader und unter-
sagte ihm jede körperliche und geistige Betätigung; denn die
Schwäche des Herzens sei wahrscheinlich bedingt durch eine
Überforderung der Kräfte, wenn nicht sogar durch eine angehende Lungensucht. Er fuhr auch gleich mit nach Rosenheim in
das Haus im Apfelgarten und traf daselbst weitere Maßnah-

men, die vor allem die erneut aufsteigende Bluthitze dämpfen sollten.

Zehn Tage lang gelang es dem aufopferungsvollen Bemühen des Arztes, das tobende Herz immer wieder zu besänftigen. Am letzten April gegen Abend mußte er jedoch Frau Maria gestehen, daß es an der Zeit sei, dem Kranken die Tröstungen der Religion zu gewähren. Sie schickte sofort zu den Kapuzinern. Ein steinalter Pater kam, nahm dem Rieder das Schuldbekenntnis ab und reichte ihm die letzte Ölung. Darauf setzte er sich auf die Bettkante und sagte: »Rieder, wenns d' a weng einen Anstand hättst, nacher tatst dich vor mir schämen; ich hab nämlich zehn Jahr' mehrer aufm Buckel!« Dabei gab er ihm mit der Faust einen leichten Stoß vor die Brust.

Diese Herzlichkeit tat dem Rieder wohl, und sein Gesicht nahm wieder etwas mehr von der Farbe der Lebenden an.

Als Joseph dann den Kapuziner hinausgeleitet hatte und ein Stück mit ihm gegangen war, glaubte er vorläufig nicht mehr in den Apfelgarten zurückkehren zu müssen, denn der Vater schien wieder gut beisammen zu sein und würde den morgigen Tag gewiß erleben.

So war der Rieder mit seiner Frau allein.

Beide spürten den Ernst der Stunde, spürten auch, daß es jetzt nichts mehr zu bereden gab. Sie wußten beide, daß die Jahre ihres Beisammenseins eine wunderbare Zeit gewesen waren und daß sie nun zu Ende gingen. Damit mußten sie sich abfinden. Das konnte aber am einfachsten und am lautersten nur dadurch geschehen, daß man schwieg. Der sterbende Kruzifixus hatte auch geschwiegen, ebenso seine Mutter, die dabeigestanden.

Maria sah, daß die Bluthitze überhand nahm und öffnete darum das halbe Fenster. Da hörte man, wie der Türmer die Mitternacht anblies. Der erste Tag des Wonnemonats Mai – wie sie sagten – hatte begonnen. Johann Rieder wandte sich noch einmal lächelnd seiner Frau zu...

Ganz Rosenheim war auf den Beinen.

Den meisten war zumute, als müßten sie jetzt den eigenen

Vater oder doch einen Verwandten zu Grabe tragen, denn der Rieder hatte ihnen jahrzehntelang Bewunderung und Ehrfurcht eingeflößt.

In St. Nikolaus waren der Chor der Kirche und alle Altäre mit schwarzem Tuch ausgeschlagen worden. Über diese Tücher hatte man weiße Kreuze geheftet, auf deren Mitte jeweils das Riedersche Wappen prangte. Stühle, Bänke und Eisengitter, ebenso die Kanzel verhüllten wallende Bahnen von Trauerflor.

Es war eine laue Mainacht, als Schlag zehn Uhr das Geläut aller Glocken einsetzte. Da nahmen die vier Amtsbrüder vom Inneren Rat die Bahre des Toten auf ihre Schultern und verließen das Haus im Apfelgarten; es waren dies die Bürgermeister Wolf Jakob Ruedorfer, Ignatius Zunhammer, Josef Reiffenstuel und Johann Zangenfeindt. Acht Buben mit Wachsfackeln leuchteten. Vor diesen schritt die Geistlichkeit und die Kantorei, denen sich der Benefiziat von Nußdorf und der Pfarrer Georg Ruedorfer von Rohrdorf anschlossen, desgleichen zwanzig Angehörige der Neubeuerer Schiffleutbruderschaft mit brennenden Kerzen.

Der Bahre folgten zunächst ganz allein Maria Riederin, dann Joseph Rieder mit der Frau und dem Sohn Johann Georg, ebenso Salome mit ihrem Manne, dem Fischer Kaspar Huber. Dahinter ritt der Pflegsverwalter Magnus Nikolaus von Prezner mit dem Kastner Franz von Gropper; sie hatten über ihre Rösser schwarze Satteldecken geschlagen. Die letzten Vertreter der Behörden waren der Marktschreiber Johann Christoph Sachs und der Marktphysikus Bonifaz Marian Schwelmayer. In weitem Abstand hinter ihnen kamen einzeln die Schiffmeister: Voran die beiden Gäste, Johann Caldera von Wasserburg und Georg Mayr von Kraiburg, sodann die fünf Rosenheimer, gefolgt von zwei Schoppermeistern. Hierauf hätten die vierundzwanzig Mann des Landfahnens kommen müssen; sie waren jedoch nicht ausgerückt, weil der Verstorbene sie einmal als versoffenes Gesindel bezeichnet hatte, eine Behauptung, die sie nicht hatten widerlegen können; – aber schließlich besaß man, wenn auch angekratzt, seine Ehre!

Darum schlossen sich sofort die beiden Schulen mit ihren

größeren Kindern an: die Lateinschule mit zwölf, die deutsche mit zweiunddreißig. Die Schulmeister hatten Mühe, das junge Volk zu bändigen.

Den Schluß des Trauergeleits bildeten schließlich die in langer Lichterprozession daherziehenden übrigen Bürger und Bürgerinnen des Marktes. Sie beteten laut den schmerzhaften Rosenkranz und fügten die Bitte ein: »Herr, gib ihm die ewige Ruh, und das ewige Licht leuchte ihm!«

Der Sarg wurde in die Kirche getragen und daselbst im Presbyterium auf einen Katafalk gestellt. Viele Leute mußten draußen bleiben und konnten das »Libera«, das die Geistlichkeit sang, nur durch die offenen Tore hören.

Gegen elf Uhr nachts bewegte sich dann der ganze Zug zum Gottsacker hinaus.

Und wiederum blies der Türmer die Mitternacht an, als sie den Hof- und Leibschiffmeister Johann Rieder ins Grab hinabließen.

Frau Maria, die mit zwei Wappen aufwarten konnte, dem Riederschen und dem Rechthalerschen, zog sich, als es Herbst wurde, ins Ritterstift Ettal zurück, wo schon seit eh und je auch ein paar noble Witwen ihre Tage in Ehren verbringen durften.